打造人力资源法律服务SOP

人力资源合规管理全流程手册

何　从　梁晓静 / 著

中国法制出版社
CHINA LEGAL PUBLISHING HOUSE

序　言

本书的目标读者为从事人力资源合规管理相关工作的律师、法务、人事（HR），这是一本为上述读者群量身打造的合规实操手册。

从事人力资源合规管理工作的人都知道，人力资源合规管理是一项入门容易，但真正做到精通、扎实却很难的工作，具体原因如下：

第一，企业在人力资源合规管理过程中出现的法律问题多、散、杂。

第二，司法实践当中大量裁判口径风向、地方性规定存在较大差异。

基于以上原因，企业人力资源合规管理工作是否完善，完全取决于管理过程当中对各个实操细节的把握。那么如何把这些繁杂的细节，系统地落实到实际的工作中？能否有一套工具作为辅助，实现人力资源合规管理从宏观到微观，从程序到实体，从法规到实操，真正地落地？本书就是从这个角度出发，力求为人力资源合规管理打造一款完整的实操工具产品。这款实操工具产品有以下优势：

第一，立足合规实践，易于上手。通过本书的阅读和学习，即使是刚刚接触人力资源合规管理的律师、法务、人事，也能够快速建立全流程体系，知道人力资源合规管理包括哪些环节，每个环节的风险点在哪里，如何预防各个环节的风险点，此环节的风险点与其他环节的风险点存在什么合规管理上的联动。

第二，打造有形产品，保障律师、法务、人事工作质量。以本书设计的实操工具产品作为基础进行产品优化，让做人力资源合规管理专项服务的读者，从流程管理、风险点防控到表单设计，有一套完整的产品可以交付。交付有形产品，使得律师、法务、人事为客户或为本企业提供服务时具有定制意义，让服务看得见、摸得着，提升服务的价值。

本书具有以下特色：

第一，强调对人力资源合规管理全流程中各个环节及细节风险的动态把握。笔者把劳动人事管理细分为如下六个环节：招聘、面试、入职、在职、离职、离职后合同义务管理，涵盖了一名员工从入职到离职的全过程，并针对每个环节的合规风险进行了梳理。以上六个环节，环环相扣，前置程序的疏漏就会给后面的管理埋下隐患，往往离职阶段劳动用工风险的引发，都是因为入职阶段、在职阶段甚至面试阶段的管理和风险防控出现了问题，故把握各个环节风险的联动十分重要。

第二，强调用表单管理工具为人力资源合规管理六个环节留下痕迹。除了从法律规定解析入手帮助读者了解基本管理“红线”，以案例形式列举裁判口径，作出风险提示与实操合规建议外，书中还适时配置相应的表单管理工具，这些工具的使用帮助企业留下管理痕迹存证，让读者在实务操作中既知道“为什么”，又知道“怎么做”。

第三，重视人力资源合规管理的时机。人力资源合规管理除了讲究程序，还要强调时机，针对候选人的从业背景调查，到底安排在哪个环节更为妥当，可以实现为企业遴选人才做充分的工作，又不耽误候选人的入职时间；针对掌握核心技术的人员，竞业限制协议的签订时机和启动流程如何设置，都是人力资源合规管理中需要动态考虑、准确把握时机的问题。笔者作为律师，多年来一直为企业提供法律顾问服务，处理了大量劳动纠纷案件，对人事风险防范的重要时机把握有丰富的经验，并据此提出了一套操作性强、易于上手的解决方案，供读者参考。

第四，回应新法的新要求。2020 年 1 月 1 日《民法典》① 实施，2021 年 11 月 1 日《个人信息保护法》生效，这些新法的颁布与实施，对于人力资源管理的合规工作都产生了新的影响，也提出了新的要求，本书结合新法的出台，梳理出了人力资源管理合规的建议。

本书成稿，是对笔者从业多年来在劳动法领域实践的一次总结，难免有疏漏之处，期待与广大读者互相学习，互相促进，并时刻保持对人力资源管理以及劳动法前沿问题的关注，推陈出新。

---

① 本书在提到法律文件名称时，为简洁方便，省略“中华人民共和国”。

目　录
Contents

第三篇　入职管理

第四篇　在职管理

第五篇 离职管理

第六篇　离职后管理

第七篇　表单管理工具汇总

底层逻辑：人力资源合规管理必备的三种思维

人力资源风险防范重在建立人力资源合规管理的基本思维。基本思维，从管理学角度来讲，是指管理者在进行管理的过程中，反映事物时所具有的某种相对稳定的样式、方法或途径，是管理者所运用的所有逻辑形式、结构、方法的总和。因此，形成相对稳定的、体系性的思维模式，对于指导人力资源的合规管理非常重要。指导思想错了，做多错多，指导思想脉络清晰，逻辑严密，才能在合规实务当中较为全面地进行风险防控。

一、宏观思维

很多企业在人力资源合规管理方面，由于法律知识、实务经验的欠缺，更多的是在劳动争议风险发生以后进行“救火式”处理，或者就管理过程当中的某一个点、某一条线进行风险防控，缺乏宏观的思维模式，未能从合规管理的整个体系出发看待人力资源管理。

例如，《劳动合同法》第39条第2项规定，劳动者严重违反用人单位的规章制度的，用人单位可以解除劳动合同。该条款赋予了用人单位对劳动关系的解除权，但如果在人力资源合规管理过程当中，孤立地去理解法条，很有可能会引发劳动争议风险。

用工风险场景：依据有瑕疵的制度解除劳动关系不合法①

2011年8月1日，郑某与某证券公司订立劳动合同。2013年1月11日，某证券公司以郑某存在虚假报销为由单方解除了与郑某的劳动合同。郑某主张某证券公司属于违法解除劳动合同，通过仲裁和诉讼要求继续履行劳动合同。审理中，郑某主张某证券公司解除劳动合同所依据的《员工手册》未经民主程序制定，其中关于违反一次即可立即解雇的“不符合正当并忠实履行职责的欺诈、不诚实或不当行

① （2017）京02民终6959号。

为”以及“不诚实或虚假陈述的行为”等规定过于宽泛且过于苛刻，容易导致某证券公司对解除权的滥用。某证券公司提交的证据不足以证实《员工手册》系经过民主程序制定。

法院认为：郑某的不实报销行为是否属于“严重违反用人单位的规章制度”，相关规章制度未经民主程序能否作为解除劳动合同的依据是本案的争议焦点。规章制度是用人单位依法制定，并在本单位实施的，效力范围及于全体职工的劳动管理的制度。用人单位制定规章制度不得违反法律、法规的规定，需公示并使劳动者对规章制度的内容知情。除了合法性、公示性之外，《劳动合同法》第 4 条对用人单位规章制度的民主程序作出了明确规定，劳动者作为用人单位劳动管理的亲历者，对涉及切身利益的规章制度内容最敏感也最有发言权，保障劳动者适当参与规章制度制定程序的权利，是对规章制度最重要、最有效的合理规制手段。尽管并非任何规章制度都需要经过严格的民主程序，但是某证券公司将郑某的不实报销行为等同于《员工手册》中列举的违反一次即可立即解雇的“不符合正当并忠实履行职责的欺诈、不诚实或不当行为”以及“不诚实或虚假陈述的行为”，郑某则从某证券公司未给予其申辩或自我纠正的权利、《员工手册》的相关规定过于宽泛等角度提出规章制度过于苛刻以及对某证券公司滥用解除权的质疑，鉴于防止用人单位通过宽泛且缺乏处罚程序规制的规章制度可能导致劳动者在履行劳动合同过程中极易陷入不安之中的价值判断，郑某的质疑具有一定的合理性。故在郑某所提合理质疑成立的前提下，法院应该对《员工手册》进行民主程序的审查，并据此认定某证券公司属于违法解除劳动合同。

上述案件是北京市第二中级人民法院发布的劳动争议典型案例（2008—2017）中的第六个案例。我们通过这个案件来解析一下宏观思维在人力资源合规管理当中的重要性。

在序言中，笔者介绍了，本书将人力资源合规管理分为招聘、面试、入职、在职、离职、离职后合同义务管理六个环节。这个案例，表面上看是某证券公司因郑某虚假报销对其予以除名而引发的劳动争议，是离职阶段引发的争议风险，但实际上，这个案件从人力资源合规管理角度讲，横跨了入职管理、在职管理、离职管理三个环节，其中还穿插了用人单位制定规章制度的合法性问题。其中任何一个环节没有做好，都有可能导致用人单位违法解除劳动合同的法律后果。

依据《劳动合同法》第 39 条第 2 项规定，劳动者严重违反用人单位的规章制度，用人单位解除劳动合同的，需要有以下几个前提：

第一，要有制度可依。对于劳动者的工作表现，用人单位要有对应的管理规章制度进行评价。在管理制度不健全的企业，就会有这方面的尴尬，当劳动者出现一些不规范的工作行为时，管理没有制度可依。因此，企业需要制定相应的管理制度。在规章制度的制定方面，应当注意可操作性，很多规章制度都规定了在工作期间的禁止行为，但没有规定发生该禁止行为的相应预后措施，这也会导致规章制度的实操性不强。因此，在规章制度当中应当对禁止行为发生后的处理措施有适当的列举，这样当劳动者工作表现评价不佳时，才有“法”可依。

第二，规章制度的内容必须合法。即用人单位的规章制度内容不得违反法律、法规的规定。依据《劳动合同法》第 38 条第 1 款第 4 项规定，如果用人单位制定的规章制度违反了法律、法规的规定，损害劳动者权益的，劳动者可以解除劳动合同。用人单位还需要支付经济补偿金。

第三，规章制度的内容必须合理。规章制度的合理性，体现在是否符合常识，亦体现在当劳动者发生过错时，其过错程度与其受到的处罚是否相匹配。同样是吸烟，在普通的企业和在加油站、烟花爆竹厂，其性质完全不同。普通企业员工在非吸烟区吸烟，属于普通的违纪行为，如果对于普通的违纪行为，用人单位设置了发现一次就开除的罚则，就是违纪行为与处罚措施不匹配，在司法裁判实践当中也很难得到支持。但是如果是在加油站、烟花爆竹厂这样易燃易爆的工作地点，出现劳动者吸烟的行为，是属于可以引起重大安全事故的严重过错行为，用人单位规定发现一次就予以除名，具备合理性。

第四，规章制度的制定必须履行合法的民主程序。《劳动合同法》第 4 条第 2 款规定：“用人单位在制定、修改或者决定有关劳动报酬、工作时间、休息休假、劳动安全卫生、保险福利、职工培训、劳动纪律以及劳动定额管理等直接涉及劳动者切身利益的规章制度或者重大事项时，应当经职工代表大会或者全体职工讨论，提出方案和意见，与工会或者职工代表平等协商确定。”

上述案例当中，郑某在工作当中确实出现了虚假报销的行为，但在某证券公司的规章制度当中，并没有针对虚假报销行为进行定义。某证券公司依据《员工手册》当中“不符合正当并忠实履行职责的欺诈、不诚实或不当行为”以及“不诚实或虚假陈述的行为”这样较为泛泛的表述，这些表述未能进一步用来直接约束员工的虚假报销行为，即运用《劳动合同法》第 39 条第 2 项的规定，对郑某作出了解除劳动合同的处罚决定，这就是孤立地理解法条带来的风险。在法院最终的裁判意见当中，我们也可以看出，郑某对《员工手册》的民主程序提出了质疑，也就是对某证券公司依据的制度产生过程是否符合法律规定，同时也对“违反一次即可立即解雇”这样的制度内容的合理性提出了质疑，最终法院支持了郑某的观点。

我们以追根溯源的方式再思考这个案件的时候就会发现，是用人单位最终解雇郑某所依据的制度出现了问题。那么，如何制定能被法律认可的规章制度。从哪些维度出发去制定，如何进行公示，在哪个管理环节送达劳动者。对劳动者在职管理中的工作表现如何进行合理的评价处理，这就是宏观的系统思维。可以这样说，一个劳动争议案件最终出现了败诉的风险，一定是在招聘、面试、入职、在职、离职、离职后合同义务管理的某一个环节或某几个环节出现了问题。如果不能通盘考虑人力资源合规管理，没有宏观的全局视角，一定会顾此失彼，导致败诉风险。

对于从事人力资源合规管理工作的律师、法务、人事来说，没有宏观的系统思维，在面对问题时，就难以做出正确的“诊断”。笔者在实务当中接触一家新的企业时，会有一个给企业人力资源管理工作“面诊”的环节，面诊就是要从全局的角度去观察合规管理的六个环节，然后结合企业在这六个环节当中的流程是否合理，各个环节之间是否做到了互相呼应，存在的问题是什么，最终给出一份面诊的“诊断书”。后续的人力资源管理的法律服务，也依据这份“诊断书”，设计适合企业的服务方案。

二、微观思维

如果说依据人力资源合规管理的宏观思维可以诊断一家企业在人力资源管理上存在的症结，那么微观思维就是依据诊断，开具处方抓药。人力资源合规管理的六个环节，每一个环节设置什么样的管理流程，用什么样的表单去管理，才能更好地规避法律风险，这就是微观思维需要解决的问题。

我们用具体的案例来说明微观思维在人力资源合规管理中的运用。《劳动合同法》第 39 条第 1 项，赋予了用人单位对于试用期不符合录用条件的劳动者无责解除劳动关系的权利。但是试用期劳动关系，用人单位有任意解除权吗？

用工风险场景：试用期未明确录用条件，用人单位任意解除违法①

杨某于 2015 年 12 月 31 日入职被告某科技公司，试用期 3 个月。2015 年 12 月 30 日，某科技公司以杨某试用期不合格为由解除了劳动关系。杨某不服，提起仲裁，要求支付违法解除劳动合同的赔偿金。庭审中，某科技公司表示，杨某做了一

① （2016）京 0102 民初 8721 号。

次产品规划 PPT，公司认为其产品规划思维落后，不具备产品规划的经验与思维，能力与公司发展要求不匹配。杨某不认可某科技公司前述主张，认为有当场述职，事后某科技公司通知述职不合格。

法院认为：某科技公司不能仅以杨某一次述职报告的单方评价判断杨某与职位的匹配度，更不足以证明原告不符合录用条件，判定某科技公司违法解除劳动关系并支付经济赔偿金。

从上述案例中不难看出，用人单位在试用期的解除权不能任意行使。那么，如何降低用人单位在试用期解除劳动关系的风险？依据这个风险点，如何在实操过程当中"对症下药"，做到试用期解除劳动关系的合规管理？这就需要运用微观思维，设计合理的管理流程，并设计适合的表单文件将管理流程落地。

首先，招聘阶段在招聘文案当中就要明确录用条件。其次，在劳动者入职时，双方应当以书面的形式再次细化试用期间对劳动者工作表现的约定，签署《试用期录用条件确认书》。最后，在试用期间，依照双方确认的录用条件去考核考察劳动者是否符合录用要求。

试用期管理的前置流程是招聘阶段和入职阶段，需要跨环节的管理设计，只有在前端将工作做扎实，才能减少风险的发生，而这种跨环节的思考又涉及了宏观思维。

因此，宏观思维与微观思维在人力资源合规管理当中，不是两个割裂的系统，两种思维应当互相补充，共同参与。宏观思维解决的是做什么的问题，微观思维解决的是怎么做的问题，宏观思维能帮助我们发现问题点、风险点，微观思维能帮助我们找到解决问题的方法和途径，把合规管理真正落地。

三、证据思维

如果从劳动争议产生以后，从仲裁、诉讼的后端去考虑人力资源合规管理的前端，管理最重要的事情是什么？那一定是证据。很多代理过企业劳动争议案件的律师都有体会，委托人对劳动者工作期间发生的问题、离职时间、离职原因说得头头是道，但谈到佐证其说法的证据时，却两手空空，没有留下任何可供参考的文件、记录、协议，甚至没有即时通信工具的聊天记录。产生这种现象最根本的原因就是在合规管理的过程当中，缺少证据思维。

笔者就曾经遇到过这样的案例，一位员工不辞而别，因为其所在的不是重要岗位，企业并没有重视。该名员工离职半年多后，企业收到了劳动仲裁通知，该员工仲裁请求用人单位支付经济补偿金。最后仲裁、诉讼阶段都支持了员工的请求。企业的负责人想不通，为什么员工自己离职了，企业还需要支付补偿金？其实，这就是企业在人力资源合规管理过程当中，在员工离职之后，对于员工离职没有做任何合规处理造成的，因为企业没有留下任何能够证明员工自己离职的证据。

那么，如何在管理过程当中存证？答案就是留下管理痕迹。那么管理痕迹如何留下呢？在本书当中，针对招聘、面试、入职、在职、离职、离职后的合同义务管理六个环节，配套了笔者精心设计的表单、文件。在合规管理过程当中，把这些表单、文件用起来，就是为管理留痕迹。此外，管理过程当中的邮件、社交账号的聊天记录、公司工作系统的工作记录等，都是管理的痕迹，这些管理痕迹就是日后争议发生时的证据。

在争议发生后再想去弥补或补强证据都是有困难的，因此不如在日常合规管理过程当中就坚持贯彻证据思维，将自己的管理做扎实，步步留痕，有备无患。

在人力资源合规管理过程当中，宏观思维、微观思维、证据思维，三种思维缺一不可。如果从哲学角度看，宏观思维就是看待人力资源合规管理的观点，微观思维、证据思维就是合规管理的手段和方法。

宏观的系统思维能让我们建立一个全局的视角去审视人力资源合规管理的各个环节，在各环节建立系统的联系，发现在整体框架下存在的问题和风险点，缺少宏观思维，考虑问题就会是点状的或线状的，得出的结论也会较为片面。微观思维，则是强调实操，让合规管理不再是空中楼阁，将发现的问题以具体的方法来解决。证据思维则是从程序上、流程上保障人力资源合规管理，将行为与制度落实相统一。这三种思维是人力资源合规管理工作的底层逻辑。

第一篇

招聘管理

本篇导读

▶招聘阶段人力资源管理的宏观目的

招聘是人力资源合规管理的第一个环节，也是非常重要却极易被忽视的一个环节。实践中，很多用人单位常常忽视了招聘过程中的法律风险，为之后的正常运营和用工管理埋下了隐患。随着网络和自媒体的迅猛发展，招聘阶段很有可能引发媒体热点追踪的话题事件，如就业歧视。

用工风险场景：招聘阶段不当言论引发舆情

2017 年 10 月，广州某高校学生在网络平台发布消息称，某大企业工作人员在招聘宣讲会上发表“不管是广东某大学，还是广东某学院，你们二本的都一样”“好岗位比如管培，只留给 985、211”等言论，引爆舆论。随后，某大企业在官方微博上发布致歉函，称涉事人员已受到严肃批评并被免职。该事件也被某官媒点名评论。

上述在校招过程当中对学历的歧视情形，经媒体发酵后，非常影响用人单位的声誉，而做好招聘阶段的合规管理能有效控制这种风险。

在招聘阶段合规管理当中，有三个最容易出现法律风险的点：就业歧视、录用条件不明、招聘广告发布随意。此外，用人单位还应该在收集简历的过程当中，注意履行对候选人个人信息的保密义务。

▶招聘阶段基本流程概述

1. 社会招聘

①需要招聘的部门填写《人员需求申请表》，其中载明用人人数、岗位、用人要求等信息。

②如果是新增设岗位的，用人部门要另行填写《岗位说明书》，对岗位职责等方面作出说明。

③《人员需求申请表》（《岗位说明书》）经相关部门及领导批准后，由人事部门组织进行人员的招聘。

④撰写招聘广告文案，参考本书第二十一章的《招聘文案模板》。

⑤联系招聘平台或在公司官网发布招聘信息。

⑥招聘结束后，将招聘广告及时撤回或隐藏。

2. 校园招聘

①公司（总经理、用人部门、人事部门）对校招目标学校、人数、岗位、薪资、福利等事项内部达成一致后，由人力资源部门筹备校招事宜。

②提前联系目标学校就业负责人，确定报到时间、招聘时间地点。

③准备宣讲材料、宣传材料。

④校招的实施：企业宣讲、接收简历、简历筛选、笔试（可根据实际情况安排，如有笔试提前准备笔试题目和试卷）、面试。

⑤录用：发送录用通知。

⑥签约：签署三方就业协议。需要注意的是，签署三方就业协议后，候选人与用人单位双方仍需签订书面劳动合同。

招聘管理表单工具清单

表单	作用
《人员需求申请表》	公司内部对聘用岗位人员的流程文件
《岗位说明书》	公司内部对新设岗位的说明文件
《招聘文案模板》	公司撰写招聘文案的参考文件

具体表单文本见本书第二十一章。

第一章 招聘信息的发布管理

用人单位人力资源管理的第一步是新员工招聘，这个时间节点也是用人单位最先可能面临法律风险的时间，如招聘信息发布不合规涉及就业歧视等。本章就用人单位在招聘信息发布阶段的人力资源管理注意事项展开详细说明，帮助用人单位做好人力资源管理第一步的合规工作。

思维导图

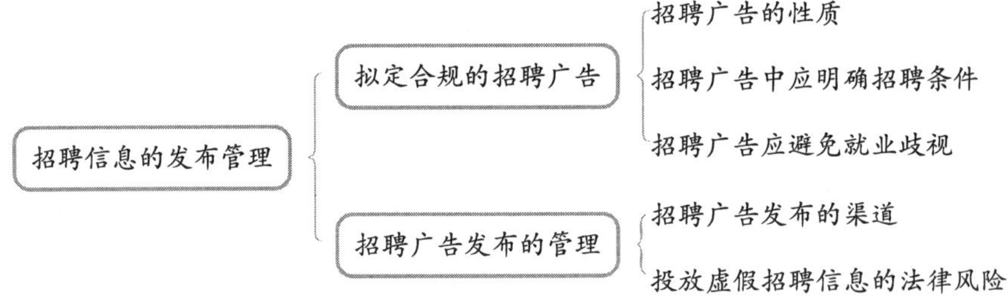

一、拟定合规的招聘广告

（一）招聘广告的性质

《民法典》第473条第1款规定："要约邀请是希望他人向自己发出要约的表示。拍卖公告、招标公告、招股说明书、债券募集办法、基金招募说明书、商业广告和宣传、寄送的价目表等为要约邀请。"由此可知，要约邀请是自己向不特定的人发出广告信息，希望他人看到自己的广告信息后，向自己发出订立合同的意思表示。这是订立合同的预备行为。同理，用人单位通过向不特定的人发出招聘广告，希望符合条件的劳动者向自己发出要约（投递简历），这也是要约邀请行为。

此后，双方面试及协商签约事宜的过程，实质上是一个要约、反要约的过程。最后，公司提供了录用通知书、格式劳动合同，这又是一个要约，劳动者确认录用通知书、在合同上签字属于承诺，至此劳动合同成立，双方的权利和义务受该劳动合同调整。

（二）招聘广告中应明确招聘条件

《劳动合同法》第 39 条赋予了用人单位主动解除劳动关系的权利，其中当劳动者工作表现符合第 1 项规定的情形时，即在试用期被证明不符合录用条件的，用人单位可以解除劳动合同。那么，在招聘广告或招聘简章当中清晰明确地描述录用条件，作为劳动者工作表现的评估标准，对用人单位遴选适合的人才就显得尤为重要。但在实务当中，用人单位通常不太重视录用条件的设置，这就会导致用人单位在试用期发现所录用的员工不符合岗位要求欲解除劳动关系的时候，要面临法律风险和承担不必要的解除成本。

用工风险场景：未设置录用条件试用期解除的法律后果①

2014 年 4 月 28 日，梁某入职浪某公司，担任云产品营销推广经理一职。劳动合同期至 2017 年 4 月 30 日，试用期至 2014 年 7 月 27 日。2014 年 7 月 25 日，浪某公司以梁某试用期不合格，不符合录用条件为由解除劳动合同，并出具了试用期终止通知书。2015 年 7 月，梁某提起劳动仲裁。用人单位称，试用期梁某的考核结论如下：1. 业绩未达标，试用期内没有任何业绩；2. 不遵循公司管理制度，没有打过任何考勤卡；3. 不服从上级管理，在多个场合诽谤上级和同事。

法院认为：浪某公司虽主张梁某试用期考核不合格，不符合录用条件，但是，其一，浪某公司未与梁某明确约定录用条件；其二，浪某公司提交的业绩考核邮件均为公司单方制定，并非双方对于录用条件的约定或对于试用期考核的约定；其三，浪某公司提交的考勤记录系统打印件，梁某对该证据的真实性不予认可，故对考勤记录的真实性不予采信；其四，公司组织的考评打分仅由部门经理进行，并未组织新员工试用期转正考评会，亦未由指导人、业务接口部门进行评价，与员工手册中关于试用期转正考核的规定不符，故浪某公司以不符合录用条件为由解除劳动合同，缺乏事实依据，属于违法解除劳动合同。

[实务建议]

明确录用条件的表述需要注意以下几点：

首先，对岗位描述既要有通用要求也要有特殊要求，例如对工作年限、工作经

---

① （2017）京 01 民终 3078 号。

验、证书要求、技能要求、参与过的项目、带领过团队的规模作出较为具体的描述。

其次，避免出现过多笼统模糊、难以量化考核的描述，例如吃苦耐劳、聪明、头脑灵活、能随机应变、识大体等。

最后，明确录用条件的合规程序是录用条件经过公示并获得劳动者认可，或者用人单位与劳动者双方合意的意思表示，常见的途径有以下四种：

（1）公开渠道发布的招聘广告、招聘简章。

（2）入职时，双方签署《试用期录用条件确认书》。

（3）在劳动合同条款中明确录用条件。

（4）在《员工手册》、规章制度中规定录用条件，并向劳动者明示。

（三）招聘广告应避免就业歧视

就业歧视是指没有法律上的合法目的和原因，而基于种族、肤色、宗教、政治见解、民族、社会出身、学习方式、性别、户籍、残障或身体健康状况、年龄、身高、语言等原因，对劳动者采取区别对待、排斥或者给予优惠等任何侵犯就业平等权的措施，侵害劳动者劳动权利的行为。实践中，表现为用人单位在招聘过程中对工作岗位作限制性、禁止性条件的描述。

用工风险场景：招聘广告存在歧视性描述的法律后果①

2019 年 7 月，闫某某通过招聘网站向某度假村有限公司提交了应聘材料，应聘“董事长助理”“法务专员”两个岗位，某度假村有限公司向闫某某发出两份不适合岗位的通知，不适合原因皆为“某地人”。闫某某认为自己在招聘过程中遭到地域歧视，某度假村有限公司的行为明显违反了《劳动法》《就业促进法》等相关法律法规规定，严重侵犯了自己的平等就业权，遂将该公司诉至法院。

法院认为：某度假村有限公司以“某地人”为由拒绝给予闫某某就业机会的行为已经构成就业歧视，其存在侵权的主观过错，该就业歧视行为造成闫某某丧失了就业机会，损害了闫某某作为劳动者的人格尊严，据此认定该公司构成对闫某某平等就业权的侵害，亦属妥当。判决某度假村有限公司赔偿原告闫某某精神抚慰金及合理维权费用损失共计 1 万元，并向闫某某进行口头道歉、在《法制日报》公开登报赔礼道歉。

2015 年修正的《就业促进法》第 3 条规定：“劳动者依法享有平等就业和自主

① （2020）浙 01 民终 736 号。

择业的权利。劳动者就业，不因民族、种族、性别、宗教信仰等不同而受歧视。”因此，招聘广告或招聘简章当中如果包含法律法规明确规定的不得歧视的情形，如对性别、身高、婚育、传染病原（乙肝）携带者的歧视，则可能面临就业歧视的风险。

［实务建议］

用人单位在发布招聘广告或招聘简章时，应当结合岗位的特点列出合理的限制性条件，保证招聘条件的正当性，这样才能保证用人单位的用人自主性，减少或者避免在招聘广告或招聘简章当中使用刚性的禁止、限制条件，在表达招聘条件时可采用更为宽泛的表述，例如达到某某条件“优先”录取等。

二、招聘广告发布的管理

（一）招聘广告发布的渠道

用人单位发布招聘广告的常规渠道主要有以下几种：

第一，内部推荐。公司员工、人事部门人员在朋友圈、微信群发布用工需求及岗位描述。

第二，公司官方渠道。公司人事部门通过公司官网、公众号等渠道发布招聘广告。

第三，第三方平台。公司人事部门通过第三方招聘平台或委托猎头、第三方招聘服务机构发布招聘广告，联系求职人员。

由于招聘广告发布渠道较多，发布人员广、杂等特点，若未对招聘广告发布渠道、方式、人员进行管理，则可能因招聘广告内容不当导致公司陷入严重舆论危机及法律风险。

用工风险场景：招聘广告内容不当导致用人单位舆论危机

2021 年 5 月，某知名互联网公司招聘人员于朋友圈发文：“招人，看上我哪个女同事，给我一份简历，我帮忙撩。”配图为公司女员工照片，并评论“给我简历，我甚至可以帮忙下药”。此事件被称为“下药招聘”，快速登上微博热搜，引发公众讨论，认为该公司以女性员工为入职福利，存在歧视女性的情况，企业文化存在严重问题。后该员工发文致歉，该公司亦发表声明公开致歉并对该员工给予立即解除劳动合同的处分。

［事件点评］

涉事公司招聘人员的不当行为虽未对公司造成诉讼风险与直接经济损失，然而公司声誉亦为公司重要资产，由于该公司未对招聘广告发布的主体、内容进行有效管理和限制，致使“下药招聘”事件对公司造成无法估量的名誉损失。

[实务建议]

用人单位尤其要注意对招聘广告发布主体及内容的管理，需要建立公司内部管理制度，设置好发布招聘广告的责任人、范围、内容审核机制及相关惩戒措施。

（二）投放虚假招聘信息的法律风险

虚假招聘，是指用人单位常年虚设岗位、职位，虚设薪酬，只收简历从不面试，或者面试只走过场，招而不聘的行为。一些用人单位投放虚假招聘信息的目的是在人才市场或招聘平台进行企业宣传，让同行或者劳动者知道自己的企业，因此常年发布招聘信息，一些不良企业则是为了恶意收集求职者的个人信息，还有一部分是招聘平台为了吸引人气，邀请一些企业来发布招聘信息，而这些企业即使没有用人需求，出于宣传企业的目的，也会迎合招聘平台的要求。

投放虚假的招聘信息，严重侵害了劳动者的个人权益，影响劳资双方的和谐，发布虚假招聘信息的用人单位应当承担相应的法律责任。

2021 年 3 月 1 日生效的《网络招聘服务管理规定》第 15 条第 1 款规定：“用人单位向人力资源服务机构提供的单位基本情况、招聘人数、招聘条件、用工类型、工作内容、工作条件、工作地点、基本劳动报酬等网络招聘信息，应当合法、真实……”《人力资源市场暂行条例》第 43 条规定：“违反本条例第二十四条、第二十七条、第二十八条、第二十九条、第三十条、第三十一条规定，发布的招聘信息不真实、不合法，未依法开展人力资源服务业务的，由人力资源社会保障行政部门责令改正；有违法所得的，没收违法所得；拒不改正的，处 1 万元以上 5 万元以下的罚款……”

第二章 用人单位在招聘中应遵守的义务

为了合规展开招聘工作，用人单位需要遵守相关义务。首先，用人单位需要具备招聘的主体资格；其次，用人单位在招聘阶段应向劳动者履行招聘相关内容的告知义务；最后，用人单位在招聘阶段为了了解候选人的岗位匹配程度，会调查、收集候选人的个人信息，此时用人单位需要履行相应的保密义务。本章主要就用人单位在招聘阶段应履行的相关义务为读者展开详细说明，方便读者在招聘阶段做好人力资源合规工作。

思维导图

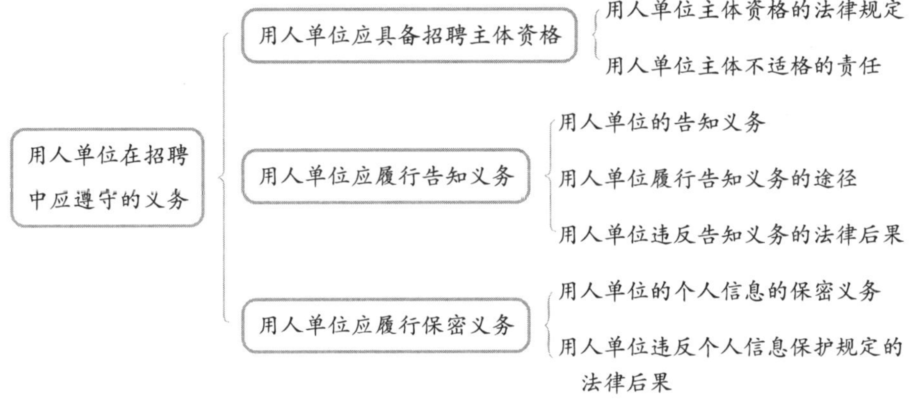

一、用人单位应具备招聘主体资格

（一）用人单位主体资格的法律规定

《劳动合同法》第 2 条规定：“中华人民共和国境内的企业、个体经济组织、民办非企业单位等组织（以下称用人单位）与劳动者建立劳动关系，订立、履行、变更、解除或者终止劳动合同，适用本法。国家机关、事业单位、社会团体和与其建立劳动关系的劳动者，订立、履行、变更、解除或者终止劳动合同，依照本法执行。”《劳动合同法实施条例》第3条规定：“依法成立的会计师事务所、律师事务所等合伙组织和基金会，属于劳动合同法规定的用人单位。”以上法规规定了用人单位的主体范围。常见的不具备用人单位主体资格的组织为以下几类机构。

1. 外国企业常驻代表机构

外国企业常驻代表机构的工作人员分为以下三种。

第一，外国企业委派过来的首席代表、代表和工作人员，这种情形与代表机构不存在劳动关系。

第二，劳务派遣关系，如前台、保洁等。

第三，代表机构没有委托外事服务单位而是自己直接聘用工作人员，此种情形国家没有统一的法律规定，部分地区（如广东）认为构成雇佣关系。

2. 处于筹备阶段的用人单位、公司

处于筹备阶段的用人单位、公司招聘劳动者从事公司筹建活动，如果筹建成功，设立人在筹建过程中的行为将被追认为公司行为，因用工产生的相关权利义务由筹建完毕的公司承受；如果筹建失败，则后果由发起人承受。

如果在筹建中就发生争议，由于筹建中的公司不具备主体资格，设立人才是真正的用工主体，双方属于劳务关系，设立人应对员工承担用工责任。

3. 非法用工单位

无营业执照，吊销、注销、撤销登记备案的单位为非法用工单位。

（二）用人单位主体不适格的责任

1. 行政责任

《劳动保障监察条例》第33条规定：“对无营业执照或者已被依法吊销营业执照，有劳动用工行为的，由劳动保障行政部门依照本条例实施劳动保障监察，并及时通报工商行政管理部门予以查处取缔。”一般而言，有劳动用工，则存在经营行为，工商管理部门会根据具体的管理办法或条例进行执法。

2. 民事责任

《劳动合同法》第93条规定：“对不具备合法经营资格的用人单位的违法行为，依法追究法律责任；劳动者已经付出劳动的，该单位或者其出资人应当依照本法有关规定向劳动者支付劳动报酬、经济补偿、赔偿金；给劳动者造成损害的，应当承担赔偿责任。”同时，因非法用工单位没有办理相应的工伤保险，故一旦发生工伤，该部分费用将全部由该用人主体承担。

二、用人单位应履行告知义务

(一) 用人单位的告知义务

《就业服务与就业管理规定》第 11 条第 2 款规定："招用人员简章应当包括用人单位基本情况、招用人数、工作内容、招录条件、劳动报酬、福利待遇、社会保险等内容，以及法律、法规规定的其他内容。"用人单位应当就上述与招聘相关的内容，在招聘阶段如实、全面地向劳动者告知。

(二) 用人单位履行告知义务的途径

用人单位应在《面试登记表》、《入职声明》或《劳动合同》等文件中声明，公司已告知劳动者工作内容、工作条件、工作地点、职业危害、安全生产状况、劳动报酬和其他与工作相关的情况，并由劳动者签字确认。

(三) 用人单位违反告知义务的法律后果

用人单位如果没有尽到如实告知的义务，对用人单位的招聘信息有故意隐瞒甚至欺诈的行为，那么就有可能导致与劳动者订立的《劳动合同》无效或者部分无效。《劳动合同法》第 26 条规定："下列劳动合同无效或者部分无效：(一) 以欺诈、胁迫的手段或者乘人之危，使对方在违背真实意思的情况下订立或者变更劳动合同的……"第 86 条规定："劳动合同依照本法第二十六条规定被确认无效，给对方造成损害的，有过错的一方应当承担赔偿责任。"

因此，当用人单位在招聘过程当中未履行如实告知义务，而劳动者以此为由要求解除劳动合同时，用人单位就有可能面临承担相应赔偿责任的法律后果。

三、用人单位应履行保密义务

(一) 用人单位的个人信息的保密义务

《就业服务与就业管理规定》第 13 条规定："用人单位应当对劳动者的个人资料予以保密。公开劳动者的个人资料信息和使用劳动者的技术、智力成果，须经劳动者本人书面同意。"因此，用人单位在招聘阶段，除了对劳动者有告知义务，还应当依法承担保密义务。用人单位作为个人信息处理者，对于采集的劳动者个人信息，应当依照《个人信息保护法》进行合规处理。

《个人信息保护法》第 51 条规定："个人信息处理者应当根据个人信息的处理目的、处理方式、个人信息的种类以及对个人权益的影响、可能存在的安全风险等，采取下列措施确保个人信息处理活动符合法律、行政法规的规定，并防止未经授权的访问以及个人信息泄露、篡改、丢失：（一）制定内部管理制度和操作规程；（二）对个人信息实行分类管理；（三）采取相应的加密、去标识化等安全技术措施；（四）合理确定个人信息处理的操作权限，并定期对从业人员进行安全教育和培训；（五）制定并组织实施个人信息安全事件应急预案；（六）法律、行政法规规定的其他措施。"

但用人单位作为较为特殊的信息处理者，《个人信息保护法》也给予了较为宽松的处理权限，依据第 13 条规定："符合下列情形之一的，个人信息处理者方可处理个人信息：（一）取得个人的同意；（二）为订立、履行个人作为一方当事人的合同所必需，或者按照依法制定的劳动规章制度和依法签订的集体合同实施人力资源管理所必需；（三）为履行法定职责或者法定义务所必需；（四）为应对突发公共卫生事件，或者紧急情况下为保护自然人的生命健康和财产安全所必需；（五）为公共利益实施新闻报道、舆论监督等行为，在合理的范围内处理个人信息；（六）依照本法规定在合理的范围内处理个人自行公开或者其他已经合法公开的个人信息；（七）法律、行政法规规定的其他情形。依照本法其他有关规定，处理个人信息应当取得个人同意，但是有前款第二项至第七项规定情形的，不需取得个人同意。"依据上述第 1 款第 2 项规定，用人单位与劳动者签订劳动合同或者依据规章制度、人力资源管理要求收集的劳动者个人信息，不需要取得劳动者的同意。

（二）用人单位违反个人信息保护规定的法律后果

1. 行政责任

《个人信息保护法》第 66 条规定："违反本法规定处理个人信息，或者处理个人信息未履行本法规定的个人信息保护义务的，由履行个人信息保护职责的部门责令改正，给予警告，没收违法所得，对违法处理个人信息的应用程序，责令暂停或者终止提供服务；拒不改正的，并处一百万元以下罚款；对直接负责的主管人员和其他直接责任人员处一万元以上十万元以下罚款。有前款规定的违法行为，情节严重的，由省级以上履行个人信息保护职责的部门责令改正，没收违法所得，并处五千万元以下或者上一年度营业额百分之五以下罚款，并可以责令暂停相关业务或者停业整顿、通报有关主管部门吊销相关业务许可或者吊销营业执照；对直接负责的主管人员和其他直接责任人员处十万元以上一百万元以下罚款，并可以决定禁止其在一定期限内担任相关企业的董事、监事、高级管理人员和个人信息保护负责人。"

2. 民事责任

《个人信息保护法》第 69 条规定："处理个人信息侵害个人信息权益造成损害，个人信息处理者不能证明自己没有过错的，应当承担损害赔偿等侵权责任。前款规定的损害赔偿责任按照个人因此受到的损失或者个人信息处理者因此获得的利益确定；个人因此受到的损失和个人信息处理者因此获得的利益难以确定的，根据实际情况确定赔偿数额。"

3. 刑事责任

《个人信息保护法》第 70 条规定："个人信息处理者违反本法规定处理个人信息，侵害众多个人的权益的，人民检察院、法律规定的消费者组织和由国家网信部门确定的组织可以依法向人民法院提起诉讼。"

第 71 条规定："违反本法规定，构成违反治安管理行为的，依法给予治安管理处罚；构成犯罪的，依法追究刑事责任。"

第二篇

面试、发送录用通知管理

本篇导读

▶面试阶段人力资源管理的宏观目的

做好面试工作可以帮助用人单位更高效地遴选适合用人单位的劳动者，而面试阶段人力资源合规管理的工作重点是要做好劳动者个人信息了解工作及录用通知发送工作，具体如下。

第一，合规收集劳动者个人信息。通过劳动者承诺和背景调查的形式可以收集劳动者个人信息，以便了解劳动者具体情况。一旦劳动者虚假陈述，可以通过相关证据合法解除劳动关系。但是，不当地收集劳动者个人信息容易招致用工风险，因此需要做好合规工作。

用工风险场景：用人单位不当收集候选人信息引发舆情

候选人在面试某知名盲盒公司岗位的时候，发现其《面试登记表》上有询问最近是否有生育计划的问题项。该问题项还限定了对象：限女性。后该候选人在互联网披露该公司调查候选人婚育计划的不当行为引发热议，导致该知名盲盒公司陷入舆论危机，并公开发文致歉表示将积极改进招聘中存在的问题。[①]

第二，合规设计并发送录用通知。通过录用通知书的条款设计，确定岗位录用条件、设置生效条件，有的作风强势的用人单位还会在录用通知中增设违约条款，若劳动者确认录用通知后不入职将承担违约成本，从而提高用人单位面试效率，降低用人单位招聘开支。

▶招聘阶段基本流程概述

①人事部门筛选简历，挑选出符合本单位用工要求的候选人。

②人事部门与候选人约定面试时间、地点。

---

① 孙岱：“面试被要求填写生育计划，‘越界’了吗？”，参见 https：//m. gmw. cn/baijia/2021-06/06/34903657. html，最后访问时间：2022 年 8 月 10 日。

③人事部门通知候选人面试时携带相关资料：简历、身份证、学历证书、荣誉证书、技能证书、代表作品、专利证书、著作权证书等。

④候选人填写《面试登记表》。

⑤人事部门组织初步面试，用人部门组织专业面试。这两次面试依据实际情况，可以安排在同一天，也可以分开进行。若有必要，可组织第三次总经理面试。如需专业考试的，人事、业务部门要提前准备考卷，安排考试时间。

⑥依据人事部门、用人部门及总经理面试结果，编制《面试评价表》对面试人员进行考评，并向有关部门及领导汇报。对拟录用的候选人要形成内部统一意见。

⑦磋商薪资。如遇各方面符合岗位要求的候选人对薪资要求与公司招聘条件有差距的，人事部门需和公司领导汇报后，再与拟录用人员进行磋商。

⑧人事部门制作《录用审批表》形成公司内部是否录用的决定。

⑨人事部门向符合要求的候选人发出《录用通知书》。

面试、发送录用通知管理表单工具清单

表单	作用
《面试登记表》	对应聘者的个人基本情况进行登记的文件
《面试评价表》	对应聘者面试基本情况进行登记的文件
《录用审批表》	拟录用应聘者的内部审批文件
《录用通知书》	向拟录用应聘者发送录取结果的文件

具体表单文本见本书第二十二章。

第三章　用人单位于面试中对劳动者个人信息的收集

2021 年 1 月 1 日生效的《民法典》中针对个人信息具体概念，个人信息合理、正当、必要使用原则，个人信息处理的范围等进行了明确。为用人单位合理收集、处理劳动者个人信息提出了新的合规要求。本章就用人单位于面试中对劳动者个人信息收集的范围、流程做了详细说明，帮助读者在人力资源合规工作中符合《民法典》提出的合规要求。

思维导图

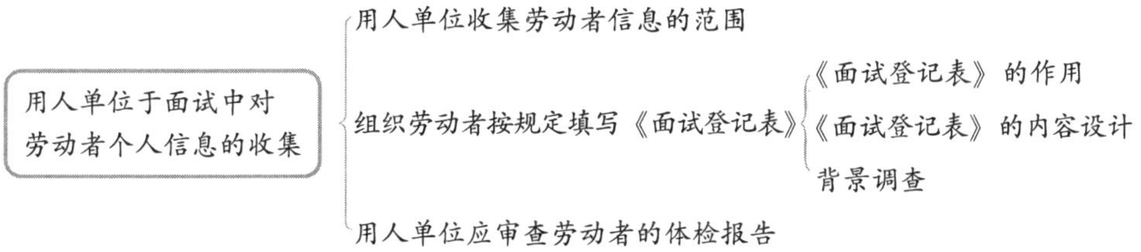

- 用人单位于面试中对劳动者个人信息的收集
  - 用人单位收集劳动者信息的范围
  - 组织劳动者按规定填写《面试登记表》
    - 《面试登记表》的作用
    - 《面试登记表》的内容设计
    - 背景调查
  - 用人单位应审查劳动者的体检报告

一、用人单位收集劳动者信息的范围

《民法典》第 111 条规定："自然人的个人信息受法律保护。任何组织或者个人需要获取他人个人信息的，应当依法取得并确保信息安全，不得非法收集、使用、加工、传输他人个人信息，不得非法买卖、提供或者公开他人个人信息。"这里的个人信息是以电子或者其他方式记录的能够单独或者与其他信息结合识别特定自然人的各种信息，包括自然人的姓名、出生日期、身份证件号码、生物识别信息、住址、电话号码、电子邮箱、健康信息、行踪信息等。个人信息中的私密信息，适用有关隐私权的规定；没有规定的，适用有关个人信息保护的规定。这要求用人单位要更加专业、更加严谨，依法收集使用劳动者个人信息。

《劳动合同法》对用人单位收集劳动者个人信息作了规定，用人单位应当建立职工花名册，以备劳动部门检查，职工花名册包括姓名、性别、民族、身份证号码、户口性质、文化程度、户籍地址及现住址、联系方式、职工类别、职称资质、用工形式、工种岗位、用工起始时间、合同期限、合同类型、入司年限等。

根据前述规定，用人单位收集劳动者的信息主要包括以下三类。

第一，与劳动者工作能力密切相关，对用人单位是否会聘用劳动者起到决定性作用的信息，比如学历状况、工作经验、所学专业、过往项目经历等。此类信息是用人单位决定是否雇用应聘者的基础，在用人单位的知情权范围内。

第二，与工作有间接关联，能够影响劳动合同履行、劳动者工作表现的个人信息，比如个人健康状况、社会关系等。此类信息是否能被用人单位所知悉可根据不同的行业领域和工作属性等作出个案判定。

第三，与工作无关的私密信息，比如婚育计划、社交媒体账号等。此类信息在劳动者的隐私合理期待范围内，用人单位不能以管理之名随意收集上述信息，在收集以上信息时应当经过劳动者书面授权同意。

二、组织劳动者按规定填写《面试登记表》

（一）《面试登记表》的作用

1. 便于用人单位高效地了解劳动者的基本情况

虽然劳动者于面试期间会提供简历对其基本情况做简要陈述，但简历为劳动者个人撰写，其中呈现的内容不一定为用人单位关切的内容。用人单位可以依据目标岗位需要了解的信息设计《面试登记表》的条款，要求劳动者按照《面试登记表》据实填写相关情况。《面试登记表》可以帮助用人单位高效地了解劳动者与目标岗位的匹配度。

2. 发生劳动争议时的重要存证工具

《劳动合同法》第 3 条第 1 款规定：“订立劳动合同，应当遵循合法、公平、平等自愿、协商一致、诚实信用的原则。”同时，该法第 26 条明确规定，以欺诈、胁迫的手段或者乘人之危，使对方在违背真实意思的情况下订立或者变更劳动合同的，将导致劳动合同无效或者部分无效。第 39 条规定，劳动者存在该法第 26 条规定的上述情形致使劳动合同无效的，用人单位可以解除劳动合同。若聘用后用人单位发现劳动者对个人基本信息存在虚假陈述的情况，想要依据《劳动合同法》第 3 条、第 26 条及第 39 条无过错解除与劳动者的劳动关系，则用人单位对劳动者违背诚实信用原则，存在欺诈行为承担较高的举证责任，而劳动者自己填写、签字确认的《面试登记表》即可成为劳动争议发生时的重要证据材料。

若想使《面试登记表》在劳动争议中成为用人单位的有利证据，需要《面试登记表》本身登记的内容具有正当性、必要性。以下为《面试登记表》要求登记的信息超过正当性、必要性，导致用人单位据此解除劳动合同无合法性基础的案例。

用工风险场景：单位以劳动者未如实披露婚育信息为由辞退女职工不合法①

林女士于2017年4月7日与A公司签署了劳动合同，岗位为人事行政专员兼行政，林女士在填写入职登记表及申请表时婚姻状况均填写为“未婚”。入职后，A公司发现林女士隐瞒婚史并已怀孕，于2017年6月14日以提供虚假个人信息，违背《劳动合同法》为由，与林女士解除了劳动合同。A公司认为，林女士故意隐瞒婚姻状况属欺诈行为，且林女士在入职时签署了若信息有不实同意与单位解除劳动合同的书面承诺，A公司解除与林女士的劳动关系符合法律规定。林女士向广州市白云区劳动人事争议仲裁委员会提起劳动仲裁。林女士主张：一、A公司支付违法解除劳动合同赔偿金20万元；二、A公司支付孕期、产期、哺乳期以及产检费用、分娩费用共计83317.49元。A公司辩称：解除劳动关系符合法律规定，不应支付解除劳动合同赔偿金。

仲裁委裁决驳回林女士的仲裁请求。一审法院判定：一、A公司属于违法解除，应支付违法解除劳动合同赔偿金3500元。二、孕期、产期、哺乳期的工资及产检、分娩费用另案处理。二审法院判定驳回上诉，维持原判。

法院认为：对于与劳动合同没有直接联系的信息，劳动者即使未如实说明，也不能认定为构成欺诈……本案中，A公司未举证证明其在招聘时对林女士的婚姻状况有明确要求，且本案林女士应聘的岗位为人事行政，婚姻状况不是其工作能力的影响因素，也不是林女士从事人事行政工作的必需条件，A公司也未提交公司的规章制度等证明林女士隐瞒已婚的事实属于严重违反公司管理制度的情形。故A公司以林女士入职时“婚姻状况”所填写的内容与事实不符为由辞退林女士，不符合法律规定的A公司可以解除劳动合同的情形，属于违法解除劳动合同，应向林女士支付解除劳动合同赔偿金。

（二）《面试登记表》的内容设计

《面试登记表》的内容具体如下：

第一，基本个人信息。包括但不限于性别、民族、年龄、籍贯、出生年月、教

① （2018）粤01民终12990号。

育经历、工作经历、政治面貌、联系方式、语言能力、职业资格、荣誉情况等。用人单位通过这些个人信息了解劳动者的基本个人情况，可以考察目标岗位的要求与劳动者的基本个人素质能否相匹配。

第二，岗位要求情况。包括但不限于岗位薪资待遇要求、期望工作地、是否接受调岗等。用人单位通过了解劳动者对岗位的要求，可以考察目标岗位的待遇与劳动者的期待能否相匹配。

第三，诚信保证。要求劳动者对《面试登记表》所载事项的真实性作出保证，声明若用人单位发现任何不符，用人单位有权与劳动者解除劳动合同，并且不承担任何责任。

第四，义务负担情况说明。要求劳动者对其保密义务、竞业限制义务负担情况作出说明。

第五，背景调查授权。背景调查是用人单位通过更多渠道了解劳动者真实情况的方式，若背景调查未获得劳动者授权，则可能造成侵犯劳动者个人隐私的风险，因此在《面试登记表》中设置背景调查授权项，以便用人单位在开启背景调查时有合法依据。

第六，其他情况。如是否有未结诉讼；行业限制病史；是否开办公司，担任法定代表人、董事、监事或实际控制人等用人单位想要了解的合理信息。

[实务建议]

《面试登记表》是用人单位进一步了解候选人信息的重要文件，因此在表格设置时，尽量将需要了解的信息融入进去，比如竞业限制义务，是否开设了同类竞品公司，担任法定代表人、股东、董事等信息。在表格的最后，应当有劳动者自述承诺性的条款，实务当中通常表述为："本人承诺以上所填内容皆真实有效，若贵公司发现任何不符，贵公司有权与本人解除劳动合同，并且不承担任何责任。如因本人的不实陈述或漏报给公司造成损失的，由本人承担。"

（三）背景调查

用人单位通过《面试登记表》直接收集劳动者的信息有赖于劳动者单方提供的材料，无法验证劳动者陈述的真伪。因此对于重要岗位的劳动者，用人单位有必要采取背景调查的形式更全面地了解劳动者的基本情况，验证劳动者陈述的真伪。所谓背景调查是以雇佣关系为前提，通过合法的调查途径及调查方法，了解待入职人员及在职人员的个人基础信息、过往的工作背景、能力及工作表现，形成对被调查人员的综合评价，是用人单位在用人环节中必不可少的招聘流程，可以为用人单位节省不必要的花销、降低用人单位招聘费用，规避用人风险。

1. 背景调查的必要性

第一，规避法律风险。对劳动者进行背景调查除了调查其工作能力、工作经验之外，还有一个很重要的目的，就是规避法律风险。如公司招聘到没有与其他公司解除劳动合同的劳动者或与其他公司存在保密协议或竞业限制协议的劳动者，可能会给公司带来不必要的风险。

第二，核实信息的真伪。核实劳动者学历证书、职称证书和其他证书的真实性。劳动者为了被用人单位录用，有可能在提交给用人单位的简历信息中存在一些不真实的信息，而实施背景调查就可以弥补这方面的不足。通过背景调查这一关口，可以将不合格的劳动者挑出来，提前淘汰，防患于未然。

第三，发现隐瞒的信息。了解劳动者更多的信息，职场人际关系，工作风格。在求职过程中，劳动者不但可能篡改个人的就业经历和教育背景，对一些他认为会影响其就业机会的不良背景信息，诸如职业道德、团队精神、心理卫生、行为操守等方面的负面信息，一般也都会略去，而这些东西很有可能就是一种潜在的不稳定因素，未来可能会对用人单位的资金安全、科技成果安全或者团队工作效率带来极为不利的影响，甚至会造成难以挽回的损失。

第四，预测未来工作业绩。核实工作经历、职位、以往的业绩。劳动者的工作经历是其自己表述的经历和业绩，这对用人单位招聘行为本身来说只应起到参考的作用，因此应当进行必要的调查核实，据此推测劳动者将来在本用人单位工作中的表现及其未来工作的成就。

2. 需要背景调查的岗位

第一，与资金有关的专业岗位。比如会计、出纳等，出于对资金方面的安全考虑，用人单位会对这些岗位的员工进行背景调查，来了解这些员工的廉洁性、工作能力以及有无犯罪记录和职场诚信状况。

第二，能接触到核心技术的岗位。比如技术总监、研发团队的成员等。用人单位在招聘这类人员时应当更为谨慎，要对拟录用者的犯罪记录、诚信状况等进行背景调查。

第三，中高层管理岗位。这些人员关系到用人单位运营策略，以及核心客户资源，比如销售总监、客户主管等，他们对于用人单位的日常运营甚至用人单位未来的发展都有着举足轻重的作用，大多数用人单位都会对中高层岗位求职者做背景调查。

第四，公司认为有必要的其他岗位。

3. 背景调查的内容及方式

第一，劳动者的学历。用人单位可以通过学信网核实劳动者的学历，可以选择零散查询，也可以要求劳动者自己申请打印学历认证报告。（登录网址：http：//www.chsi.com.cn/xlcx/）

第二，劳动者履历查询。劳动者在求职过程中容易虚构工作履历，夸大业绩，甚至会杜撰任职岗位，如编造虚假的工作经历、工作职位等。因此，用人单位要侧重对工作的起止时间、任职职位、离职原因、劳动关系是否解除以及工作业绩的核实。用人单位通过劳动者简历、《面试登记表》所载的过往单位信息，获取劳动者背景调查授权后，通过其过往工作单位进行核实。

第三，劳动者是否存在劳动争议。用人单位若需要评估劳动者的涉诉风险，可以查询劳动者是否有劳动争议经历，可以通过本地劳动社会保障官网以及裁判文书网进行查询。

第四，劳动者廉洁性调查。用人单位对于财务岗位或经手公司重要财物的岗位的员工廉洁性有更高的期待和要求，需要调查其是否有廉洁性污点，比如犯罪记录、不良征信情况、失信被执行情况等。可以通过裁判文书网、中国执行信息公开网查询。

第五，限制义务调查。这条主要是针对高级管理人员，调查劳动者是否和前一家单位有竞业限制约定，若有则用人单位会有用工风险。劳动者因违反竞业限制义务涉诉，会给用人单位造成不必要的损失。

4. 用人单位委托第三方机构调查劳动者个人信息

用人单位若无相关人力成本开展背景调查工作，则可委托第三方外部机构对劳动者展开背景调查。《个人信息保护法》第25条规定："个人信息处理者不得公开其处理的个人信息，取得个人单独同意的除外。"用人单位委托第三方调查机构调查劳动者信息，应遵守法律规定获得劳动者授权。

此外，用人单位还应当要求背景调查服务方对用人单位提供的劳动者个人信息进行保密，若背景调查的服务方在调查过程中出现非法收集、买卖劳动者个人信息或泄露劳动者隐私信息的行为，会导致用人单位承担连带责任。

三、用人单位应审查劳动者的体检报告

随着社会的不断发展和生活水平的不断提高，现在的用人单位越来越注重内部员工的身体健康状况，所以在入职或发送录取通知书前一般都会要求员工做入职体

检。体检结果是一项衡量员工是否能够胜任此工作的身体指标，如果员工因身体状况经常病假缺勤，则用人单位就没有达到遴选员工的目的。还有一些特殊岗位对身体要求较为严格，比如从事安保工作的人员，需要具备较好的身体素质。此外，还要排除不限于家族或本人具有精神疾病遗传史或患有癫痫、心脏病、传染病等影响正常履行职责的疾病。

［实务建议］

入职体检的时机安排，目前实务当中通行的做法是，在发送《录用通知书》时，同时告知候选人体检要求，包括体检的时间以及必检的项目。此种情形应注意在《录用通知书》当中写明将体检报告合格的结果作为录用通知生效的条件之一。

还有一种做法是在发送《录用通知书》前，要求候选人先进行体检，候选人向用人单位提交体检报告后，用人单位依据报告结论发送《录用通知书》。这种做法适用于对候选人健康状况以及身体素质要求较高的岗位。

第四章 用人单位《录用通知书》拟定及发送要点

劳动者经用人单位面试确定符合岗位要求后，用人单位为了与劳动者订立劳动合同会向劳动者发出《录用通知书》作为要约。要约的拟定、发出及撤回都有可能发生合规风险，如用人单位发出《录用通知书》后撤回，劳动者接受《录用通知书》后未如期报到对用人单位造成损失等。本章主要针对《录用通知书》的拟定及发送流程展开说明，帮助读者在用人单位人力资源管理的《录用通知书》发送环节做好合规工作。

思维导图

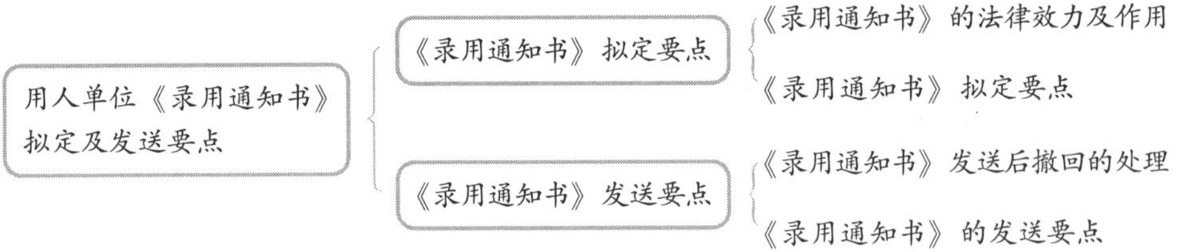

一、《录用通知书》拟定要点

（一）《录用通知书》的法律效力及作用

用人单位向劳动者发送的《录用通知书》，其中载明岗位、福利、培训、发展、报到时间等方面内容，其法律性质一般为“要约”。根据《民法典》第 472 条的规定：“要约是希望与他人订立合同的意思表示，该意思表示应当符合下列条件：（一）内容具体确定；（二）表明经受要约人承诺，要约人即受该意思表示约束。”在劳动关系中，《录用通知书》的要约是指用人单位希望与劳动者订立劳动合同，用人单位在《录用通知书》中明确劳动岗位的具体条件，劳动者收悉《录用通知书》后回复确认，自此双方就劳动合同的订立达成合意，用人单位与劳动者均受该《录用通知书》的约束。

（二）《录用通知书》拟定要点

第一，明确岗位、工作地点、签约主体、报到日期、劳动合同期限。

第二，明确薪酬福利待遇。薪酬待遇是劳动关系订立的重要条款，为了避免因薪酬待遇的分歧致使用人单位与劳动者不能顺利签订劳动合同，在《录用通知书》中应明确具体的薪酬待遇。

第三，确定期限限制。首先，要明确劳动者回复《录用通知书》的时间，要求劳动者在收到此《录用通知书》后的一定期限内要给予回复，期满前未予以回复确认，该《录用通知书》自动失效。这样做一来有利于用人单位做好劳动者的管理，若劳动者不能按期确认，则用人单位可以留出时间重新挑选候选人；二来可以防范潜在的法律风险，只要劳动者不能按期确认，公司将该劳动者的岗位给予其他新人并无法律风险。其次，要明确劳动者满足录用条件的期限。用人单位招聘劳动者的实际操作中，出于招聘成本及人才稀缺性考虑，即使有些劳动者暂未达到用人单位的录用条件如劳动者可能暂未离职、负有竞业限制义务、身兼董监高（公司董事、监事和高级管理人员）的高级管理职务需要一定时间解除等，用人单位往往会给予劳动者一定期限变更自身状态以满足录用条件。因此，可以在《录用通知书》中明确劳动者满足录用条件的具体期限，逾期仍未满足录用条件的，则《录用通知书》自动失效。

第三，确定劳动者报到时需提供的材料。除基本材料（身份证复印件、离职证明、学历证明、银行卡）外，还可包括重要材料，如体检合格的证明、退工单等，以便劳动者如期报到时，用人单位可以审查相关材料后正式与其签订劳动合同。

第四，设计违约条款。由于各种不可预期的原因存在，即使用人单位与劳动者就《录用通知书》达成合意，双方中的一方也有可能违约，不能按期签订劳动合同。为避免这种情况造成公司的损失，在《录用通知书》中应事先约定劳动者不能如期报到或不满足录用条件的违约责任，这样可以帮助劳动者了解违约后果，避免劳动者无契约精神随意违约，以提高用人单位的招聘效率。若后续产生争议，有相应解决争议的依据。

二、《录用通知书》发送要点

（一）《录用通知书》发送后撤回的处理

正如民法领域的其他要约一样，签订劳动合同的《录用通知书》书也是可以撤回的。用人单位如果想撤回《录用通知书》，撤回《录用通知书》的表示应当在《录用通知书》到达应征者之前，或者与《录用通知书》同时到达应征者。因此，如果想要撤回《录用通知书》，用人单位应当在应征者作出承诺的意思表示到达用人单位之前，向应征者提出撤回《录用通知书》的表示。

用工风险场景：用人单位撤回《录用通知书》是否需要承担责任？[①]

小王在收到A公司的《录用通知书》后，即向其任职公司提出离职申请，但后期A公司又收回对小王的《录用通知书》，导致小王失去工作，断送了小王良好的职业生涯，使其损失了丰厚的年终奖，并且最后入职工作的薪资也低于原工作的薪资。小王认为A公司录用通知发出后，用工双方处于劳动合同订立过程中，此时小王在充分信任A公司的基础上已经为签订劳动合同做了必要的准备和投入，但最终由于A公司的过错，导致未能订立劳动合同，A公司理应承担对小王的经济赔偿责任。故小王诉至法院，诉请判令A公司赔偿小王损失54000元。一审法院判决A公司赔偿小王损失10000元。

法院认为：当事人从事民事活动应当遵循诚实信用原则。《劳动合同法》第3条规定，订立劳动合同，应当遵循合法、公平、平等自愿、协商一致、诚实信用原则。《合同法》第42条[②]规定，当事人在订立合同过程中，有违背诚实信用原则的行为，给对方造成损失的，应当承担损害赔偿的缔约过失责任。本案中，原告与被告的纠纷系发生于劳动合同缔约过程中，此时双方尽管尚未签订正式的劳动合同，原告与被告仍应遵从诚实信用原则为劳动合同的订立进行积极磋商和准备。被告向原告发出《录用通知书》表明决定录用原告，并要求原告提供原单位离职证明，上述行为足以使原告产生被告与其订立劳动合同的合理信赖，然而在原告应被告的要求向前一家单位提出辞职申请后，被告又以岗位取消为由收回《录用通知书》，给原告造成损失，应承担缔约过失的赔偿责任。原告基于被告录用通知才从上一家公司申请辞职，虽然原告离职后立即在其他公司就职，但综合原告提交的上一家公司、现在的公司收入情况，证实原告存在薪酬待遇有所降低的情形，故本院酌情确定原告损失为10000元。

（二）《录用通知书》的发送要点

第一，慎重发送。在发送《录用通知书》前，应当认真核对拟录用者的相关信

① （2018）浙0110民初244号。

② 《合同法》已失效，现对应《民法典》第500条。

息和情况，避免在《录用通知书》发送出去后才发现拟录用者存在不符合公司录用条件的情况。

第二，《录用通知书》的内容应当简洁，可以列明承诺、失效等条件。可以在《录用通知书》中说明，录用者应当在一定期限内回复，若未按期回复，则《录用通知书》自动失效，不再具有约束力。

第三，提前沟通。如果真的出现需要取消《录用通知书》，不予录用的情况，建议用人单位先行与拟录用者协商一致，因为先行协商也可以降低用人单位的赔偿成本，减少损失。

第三篇

入职管理

本篇导读

▶入职阶段人力资源管理的宏观目的

入职阶段最重要的工作，就是同新入职员工签署入职阶段必要的文件，这是人力资源管理过程当中非常重要的一环。入职之初，在用人单位与劳动者双方互相了解有限的情况下，签署必要的入职文件就等于为人力资源合规管理过程保留了相关的证据，留下了管理痕迹。做好入职管理，可以为人力资源合规管理打下良好的基础。

▶入职阶段基本流程概述

①用人单位与劳动者签订《劳动合同》。

②劳动者填写《入职登记表》(含地址送达确认、紧急联系人)。

③劳动者签署《入职声明》《试用期录用条件确认书》。

④劳动者领取《员工手册》，在《〈员工手册〉签收确认单》上确认签收，以电子形式领取的，注意保留相关发送记录。

⑤依据工作岗位情形确定是否需要签订《保密协议》《竞业限制协议书》。

⑥在用人单位《劳动合同》上盖章后，将其中一份交付给劳动者，劳动者在《劳动合同签收单》上确认签收。签署电子劳动合同的，应当以电子形式存证用人单位已向劳动者送达劳动合同签署文本。

⑦人事管理人员在员工入职后，依照《入职手续清单》逐项检查入职事项是否有遗漏。

入职管理表单工具清单

表单	作用
《入职登记表》	对员工基本信息进行登记的文件
《劳动合同》	确定与员工的劳动关系，约定员工与用人单位权利义务的文件

续表

表单	作用
《劳动合同签收单》	确认员工已收悉《劳动合同》需签署的文件
《入职声明》	员工入职时对用人单位作出的声明，确认提交的材料真实，无违法情形等
《员工手册》	用人单位用于管理员工的制度汇编文件
《〈员工手册〉签收确认单》	员工确认收到并同意执行《员工手册》签署的文件
《试用期录用条件确认书》	员工入职时，用人单位要求员工签署的文件，对试用期录用条件进行确认，以作为试用期不符合录用条件时解除劳动合同的标准
《保密协议》	用人单位与员工之间约定保密义务，对保密范围、保密措施、违约责任等进行约定的文件
《竞业限制协议书》	用人单位与员工约定，员工在职以及离职后不得从事与本单位相竞争的工作，用人单位向员工支付竞业限制补偿
《员工培训服务期协议》	用人单位对员工进行培训，且要求员工在本单位服务一定期间，如果提前离职需要支付违约金，即返还一定的培训费用
《入职手续清单》	人事部门对员工入职手续办理情况进行核验的文件
《送达地址确认书》	对员工的地址、联系方式予以确认的文件，以便单位通知对员工的有效送达
《背景调查授权书》	用人单位为对员工展开背景调查需要的授权文件
《职工兼职协议》	公司聘请兼职性质人员签订的文件
《职工劳务合同（退休返聘人员）》	退休返聘人员签署的劳务合同
《劳务协议》	用人单位聘请人员从事一定的劳动，但双方不构成劳动关系
《实习协议》	在校实习生于用人单位实习签订的文件
《非全日制用工劳动合同》	针对非全日制用工劳动者签订的劳动合同
《劳务合同（外国人简易劳务合同模板）》	外国人为用人单位提供劳务签订的文件
《劳务派遣合同》	劳务派遣单位与用工单位签署的劳务派遣协议

具体表单文本见本书第二十三章。

第五章 劳动合同订立前的审查工作

订立劳动合同是劳动者与用人单位进入劳资关系，开始适用《劳动法》相关法律法规等制度规范的重要环节。因此，用人单位在劳动合同订立前应做好相关的合规审查工作。首先，用人单位应区分用工关系，将符合事实劳动关系且具有劳动者主体资格的劳动者与劳务关系、承揽关系等区分开来；其次，依据不同的用工关系与劳动者签订相应的入职文件；最后，做好劳动者个人信息的登记工作。通过以上《劳动合同》订立前的审查工作，帮助用人单位更好地区分用工场景，优化人力资源的使用效率。

思维导图

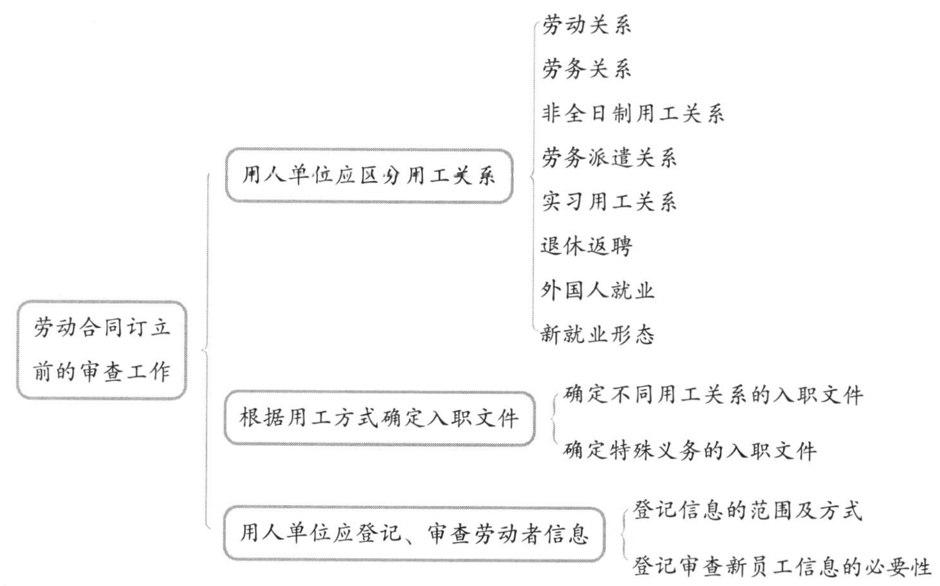

一、用人单位应区分用工关系

用人单位在与提供劳动的一方签订合同之前，应当区分用工关系，如劳动关系、劳务关系、承揽关系，还是其他的民事法律关系。这就需要用人单位对用工类型加以区分，依据用工关系的不同，签订不同的合同。另外，依据劳动者主体类型的不同，用工关系会产生变化，签订的合同类型也不同。例如，劳动者主体是实习生、退休返聘人员等，签订的合同类型也有别于劳动合同。

（一）劳动关系

劳动关系，有别于普通民事法律关系，最显著的特征就是劳动关系具有从属性，用人单位与劳动者是不平等主体之间的法律关系，这种从属性，既有人身从属性也有组织的从属性。劳动者作为用人单位的一员，需要接受用人单位的管理，遵守用人单位的规章制度，从工作内容、工作时间、劳动工具等各方面，都由用人单位安排，缺少自主性。此外，劳动者的劳动是被纳入用人单位的生产经营系统的，劳动者提供的劳动是用人单位业务的组成部分，反映的是双方之间一种稳定、持续的关系，符合这种特征的就是劳动关系。劳动者与用人单位双方应当签订书面劳动合同，在双方产生争议时，由《劳动法》《劳动合同法》以及劳动部门规章等法律法规去调整。

（二）劳务关系

劳务关系，是平等主体之间的法律关系，既可以是自然人之间，也可以是自然人与法人之间，依据口头或书面约定，由提供劳动的一方向雇佣者提供一次性或是特定的劳动服务的有偿劳动。在劳务关系下，劳动者和雇佣者双方只体现财产关系，不具有人身以及组织的从属性。劳务关系反映的是一种临时性、短期性、一次性的关系。当双方产生争议时，是平等主体之间履行合同产生的纠纷，应适用《民法典》进行规范和调整。

用工风险场景：劳动者可能以劳务关系存在事实劳动关系提起仲裁①

田某自2012年7月20日起在上海某颐养老院从事护工工作。上海某颐养老院对田某等护工采用在考勤表上打钩的形式记考勤，未为其缴纳社保。田某每月领一张考勤表，考勤表载有所护理老人姓名、护理日期、护理费金额、护工出勤日期

---

① 上海浦东法院发布2017年度劳动争议纠纷典型案例之二。

等。田某每月在工资条上签字领取工资，工资总额为所护理老人交付给上海某颐养老院护理费的65%，剩余35%归养老院所有。2013年年初，养老院辞退田某，田某申请仲裁，要求确认劳动关系，并主张双倍工资。

法院认为：上海某颐养老院虽然对护工田某进行考勤，但考勤表记录被护理老人姓名、护理日期、护理费金额、护工出勤日期等，该表格主要用于计算护理费用提成。田某虽然在工资条上签字领取工资，但田某所获报酬按其护理的老人每月缴纳护理费的65%计提，并按实际护理天数折算，剩余35%归养老院所有，该报酬方式近似于双方对护理费的分成，与一般劳动者领取工资报酬有所不同。田某平时24小时在上海某颐养老院处，夜间睡在老人房内，能够相对自主地安排工作和休息。田某与上海某颐养老院之间的人身从属性较弱，不符合典型的劳动关系所必须具备的紧密从属性特征。据此，田某基于劳动关系而主张的违法解除劳动合同赔偿金和2016年未休年假工资，法院均不予支持。

[实务建议]

对于劳务关系下提供劳务服务的人员，为了减少用工风险，以及发生类似“工伤”情形后的赔付风险，建议用工单位为该类人员购买商业保险。

（三）非全日制用工关系

非全日制用工关系，是灵活用工的重要形式，依据《劳动合同法》第68条等有关规定，非全日制用工是指以小时计酬为主，发薪日通常不超过15天，劳动者在同一用人单位一般平均每日工作时间不超过4小时，每周工作时间累计不超过24小时的用工形式。这种用工形式广泛存在于超市、餐饮等服务领域。

在非全日制用工关系中，双方既可以签订书面协议也可以口头订立合同，用工关系的建立及终止较为灵活，没有事先约定的，任何一方都可以随时通知对方终止用工，也不需要遵守法定的提前通知期，用人单位亦不需要向劳动者支付经济补偿。

虽然非全日制用工具备较高的灵活性，但其并不是完全不受任何限制的，非全日制用工的限制之一在于其工作时间受限，一般平均每日工作时间不超过4小时，每周工作时间累计不超过24小时，如果用人单位长期安排非全日制劳动者每日超时工作的，仍存在被认定为全日制用工的法律风险。因此，笔者建议用人单位应当严格限制非全日制劳动者每日的用工时间，以最大限度地降低被认定为全日制劳动关系的法律风险。

《劳动合同法》对于非全日制用工关系下是否还需要缴纳社会保险并未进行明

确的规定，依据《关于非全日制用工若干问题的意见》（劳社部发〔2003〕12 号）第 10 条、第 11 条、第 12 条的有关规定，用人单位应当按照国家有关规定为建立劳动关系的非全日制劳动者缴纳工伤保险费，而基本养老保险和医疗保险原则上参照个体工商户的参保办法执行，从事非全日制工作的劳动者可以以个人身份参加基本医疗保险。

因此，非全日制用工在本质上还是劳动关系，劳动者在劳动期间发生事故的，劳动者有权申请进行工伤认定，并享受相应的工伤保险待遇。如果用工单位未为非全日制劳动者依法缴纳工伤保险费的，相关的工伤保险待遇将会由用工单位承担。非全日制劳动者可以同时与两个或两个以上用工单位建立用工关系，那么所有用工单位依法都应当为该劳动者缴纳工伤保险。

［实务建议］

非全日制用工要点：第一，用人单位要严格控制劳动者的工作时间。第二，要为劳动者缴纳工伤保险。

（四）劳务派遣关系

劳务派遣是指由劳务派遣机构与劳动者订立劳动合同，由劳务派遣机构把劳动者派向其他实际用工单位，再由实际用工单位向派遣机构支付服务费用的一种用工形式。在劳务派遣用工模式下，劳动者在实际用工单位提供劳动，工资、社会保险费用由派遣机构支付。在实践当中常见的情形是由用工单位将社会保险费用，依据派遣协议约定支付给派遣机构，派遣机构作为用人单位再为劳动者缴纳。

在劳务派遣用工模式下，涉及派遣机构、实际用工单位、劳动者三方的法律关系，上述三方是三个双边的法律关系。

第一，派遣机构与实际用工单位双方是平等的民事主体的关系，应当签订《劳务派遣协议》，就派遣岗位、派遣期限、劳动报酬及社会保险的数额、支付方式、服务费用、违约责任进行明确约定。双方就派遣协议发生争议，由《民法典》进行调整和规范。

第二，派遣机构与劳动者双方是劳动关系，双方应当签订书面劳动合同，双方发生劳动争议的，必须经过劳动仲裁前置程序，由《劳动合同法》等相关法律规范调整。

第三，实际用工单位与劳动者之间，虽然不存在劳动法意义上的劳动关系，但作为实际用工单位，应当为劳动者提供劳动条件、劳动保护、支付加班费或其他与工作相关的福利待遇。

实际用工单位也会出现与派遣机构承担连带责任的情形，如实际用工单位违反《劳务派遣暂行规定》第 12 条、第 13 条规定违法退回劳动者的，应当就赔偿金、经济补偿金承担连带责任。《劳动合同法实施条例》第 35 条规定："用工单位违反劳动合同法和本条例有关劳务派遣规定的……给被派遣劳动者造成损害的，劳务派遣单位和用工单位承担连带赔偿责任。"

用工风险场景：劳务派遣用工超时加班发生工伤，用工单位、劳务派遣单位承担连带赔偿责任[①]

2017 年 8 月，某服务公司（已依法取得劳务派遣行政许可）与某传媒公司签订劳务派遣协议，约定某服务公司为某传媒公司提供派遣人员，每天工作 11 小时，每人每月保底工时 286 小时。2017 年 9 月，某服务公司招用李某并派遣至某传媒公司工作，未为李某缴纳工伤保险。2018 年 8 月、9 月、11 月，李某月工时分别为 319 小时、293 小时、322.5 小时，每月休息日不超过 3 日。2018 年 11 月 30 日，李某工作时间为当日晚 8 时 30 分至 12 月 1 日上午 8 时 30 分。李某于 12 月 1 日凌晨 5 时 30 分晕倒在单位卫生间，经抢救无效于当日死亡，死亡原因为心肌梗死等。2018 年 12 月，某传媒公司与李某近亲属惠某等签订赔偿协议，约定某传媒公司支付惠某等工亡待遇 42 万元，惠某等不得再就李某工亡赔偿事宜或在派遣工作期间享有的权利，向某传媒公司提出任何形式的赔偿要求。上述协议签订后，某传媒公司实际支付惠某等各项费用共计 423497.80 元。此后，李某所受伤害被社会保险行政部门认定为工伤。某服务公司、惠某等不服仲裁裁决，诉至人民法院。惠某等请求判决某服务公司与某传媒公司连带支付医疗费、一次性工亡补助金、丧葬补助金、供养亲属抚恤金，共计 1193821 元。某服务公司请求判决不应支付供养亲属抚恤金；应支付的各项赔偿中应扣除某传媒公司已支付款项；某传媒公司承担连带责任。

法院认为：按照《工伤保险条例》，因用人单位未为李某缴纳工伤保险，其工亡待遇由用人单位全部赔偿。某服务公司和某传媒公司连带赔偿惠某等医疗费、一次性工亡补助金、丧葬补助金、供养亲属抚恤金合计 766911.55 元。某传媒公司不服，提起上诉。二审法院判决：驳回上诉，维持原判。

［实务建议］

《劳动合同法》第 66 条第 1 款规定："劳动合同用工是我国的企业基本用工形

① 人力资源社会保障部、最高人民法院联合发布第二批劳动人事争议典型案例七。

式。劳务派遣用工是补充形式，只能在临时性、辅助性或者替代性的工作岗位上实施。”这就是通常说的劳务派遣“三性原则”，一旦突破“临时性、辅助性、替代性”的原则，则有可能导致劳动关系的穿透，即劳动者与实际用工单位被认定为劳动关系。在实践当中还存在用人单位与已经聘用在岗的员工终止劳动关系后，又以劳务派遣的方式再次聘用的情形，这种情形也被称为虚假派遣，在司法实践当中也不被裁判机关所认可。

用工风险场景：虚假派遣可能被认定为存在事实劳动关系[①]

李某于2002年1月至2012年11月30日一直在长某公司从事客车驾驶员工作。2007年12月1日和2009年12月1日，李某作为乙方（职工）与作为甲方的益某公司（劳务派遣企业）前后两次签订《南京市劳务派遣劳动合同书》，派遣期限分别为2007年12月1日至2009年11月30日、2009年12月1日至2012年11月30日。李某、长某公司、益某公司一致确认，2007年12月至2012年11月，李某在长某公司从事驾驶员工作。对于是不是以劳务派遣形式用工，李某与长某公司、益某公司存在分歧。后李某诉至法院请求确认李某与长某公司自2002年1月至2012年11月30日之间存在劳动关系；判决确认李某与益某公司于2007年12月1日、2009年12月1日签订的两份《南京市劳务派遣劳动合同书》无效。

法院认为：劳务派遣是指由劳务派遣机构与派遣职工订立劳动合同，把劳动者派向其他用工单位。劳务派遣用工是企业劳动合同用工的补充形式，一般在临时性、辅助性或者替代性工作岗位上实施。劳动者在与劳务派遣公司签订合同前，已与用工单位建立实际劳动关系的，属虚假劳务派遣，法律严格禁止虚假劳务派遣。李某提交的资质证、准驾证、审核卡等证件类资料，以及南京长某运输公司一分公司出具的证明，可以认定在第一份《南京市劳务派遣劳动合同书》签订之前，李某已经在长某公司从事驾驶员工作。劳务派遣合同中，实际用工单位和派遣岗位是最重要的合同内容，案涉两份《南京市劳务派遣劳动合同书》中该两项内容均为空白。结合派遣之后，李某仍在长某公司从事驾驶员工作的事实，参照本院10924号案件中长某公司的意见，可以认定长某公司存在将已实际建立劳动关系的劳动者逆向派遣情形。案涉两份《南京市劳务派遣劳动合同书》非双方真实意思，系以劳务派遣规避实际用工事实，违反劳动合同法禁止性规定，应为无效。该案二审后维持原判。

---

① （2020）苏01民终7883号。

［实务建议］

劳务派遣用工要点：

第一，劳务派遣用工要符合“三性”原则，即在临时性、辅助性、替代性岗位可以进行劳务派遣用工。

第二，劳务派遣员工不能超过一定的比例。《劳务派遣暂行规定》（人力资源和社会保障部令第 22 号）第 4 条第 1 款规定：“用工单位应当严格控制劳务派遣用工数量，使用的被派遣劳动者数量不得超过其用工总量的 10%。”

（五）实习用工关系

实习是指学生在校期间，到用人单位的具体岗位上参与实践工作的过程，其目的是达到理论联系实际和更好地学习理解科学文化知识，属于学校教育的范畴。原劳动部《关于贯彻执行〈中华人民共和国劳动法〉若干问题的意见》（劳部发〔1995〕309 号）第 12 条规定：“在校生利用业余时间勤工助学，不视为就业，未建立劳动关系，可以不签订劳动合同。”

因此，在实习期间，在校生与实习单位并不构成劳动关系，因此也不受劳动法相关法律的调整。作为用人单位应该与实习生签订《实习协议》或学校、实习生、用人单位签订《三方协议》。

实习生实习期间如果发生了类似“工伤”情形，即在工作时间因工作原因在工作地点受到了伤害，用人单位应当承担相应的赔偿责任。为了避免此类纠纷的产生，用人单位可以为实习生购买商业保险，由第三方保险公司平衡双方的风险。

在实务当中，很多用人单位在与实习生签订实习协议的过程当中，不注意核实实习生的身份。实习生需是未毕业的在校生，如不是签订学校、实习生、用人单位三方协议的，需要求实习生提供学校的实习证明。签订三方协议的，用人单位要注意在学校盖章、实习生签字后，用人单位再盖章自留一份。用人单位应避免与非在校生签订实习协议，导致劳动关系的穿透，实习协议被认定为劳动关系。

需要注意的是，如果在校生与用人单位建立了比较稳定的用工关系，在校生接受用人单位各项规章制度的管理，形成了较强的人身从属性，并且在校生所做的工作系用人单位的业务组成部分，符合劳动关系特征的，应当签订劳动合同。

（六）退休返聘

退休返聘，是指劳动者已经到达或超过法定退休年龄且已从用人单位退休后，再通过与原用人单位或者其他用人单位订立用工合同或协议继续作为人力资源存续的行为或状态。包括：其一，劳动者达到法定离退休年龄，在原工作岗位延长一定的工作时间；其二，劳动者离退休后被原用人单位聘回从事原岗位或其他岗位的工作；其三，劳动者离退休后重新进行择业，到原用人单位之外的单位工作等情况。

《最高人民法院关于审理劳动争议案件适用法律问题的解释（一）》（法释〔2020〕26号）第32条第1款规定："用人单位与其招用的已经依法享受养老保险待遇或者领取退休金的人员发生用工争议而提起诉讼的，人民法院应当按劳务关系处理。"

返聘人员的经验丰富，可以继续为用人单位发挥余热，还可以向新进员工传授经验，对用人单位文化和知识体系的建立非常有成效。同时，返聘人员的用工成本要大大低于普通员工。返聘人员因为已经达到法定的退休条件，可以开始享受社会统筹的养老保险和医疗保险，故用人单位无须再为其缴纳社会保险和住房公积金。

出于这两点的考虑，很多用人单位在一些适合的岗位都愿意聘用一些退休返聘人员。但由于返聘人员年龄较大，健康状况和身体机能逐步衰弱和退化，聘用退休返聘人员也存在突发疾病致死致残高概率的问题。为了避免因此引发的纠纷，建议用人单位为退休返聘人员购买商业保险，在一些可以为退休返聘人员缴纳工伤保险的地区，应当为其购买工伤保险，以降低用人单位用工伤害的赔付成本。

（七）外国人就业

外国人就业，是指依照我国《国籍法》规定，不具有中国国籍并且没有取得定居权的外国人在中国境内依法从事社会劳动并获取劳动报酬的行为。用人单位聘用外国人须为该外国人申请就业许可，经获准并取得《外国人就业许可证书》后方可聘用。上述就业手续的办理，由各省、自治区、直辖市人民政府劳动保障行政部门及授权的地市级劳动保障行政部门负责管理。

凡符合下列条件之一的外国人可免办就业许可和就业证：

第一，由我国政府直接出资聘请的外籍专业技术和管理人员，或由国家机关和事业单位出资聘请，具有本国或国际权威技术管理部门或行业协会确认的高级技术职称或特殊技能资格证书的外籍专业技术和管理人员，并持有外国专家局签发的《外国专家证》的外国人。

第二，持有《外国人在中华人民共和国从事海上石油作业工作准证》从事海上石油作业、不需登陆、有特殊技能的外籍劳务人员。

第三，经文化和旅游部批准持《临时营业演出许可证》进行营业性文艺演出的外国人。

2021年1月1日生效的《最高人民法院关于审理劳动争议案件适用法律问题的解释（一）》第33条规定："外国人、无国籍人未依法取得就业证件即与中华人民共和国境内的用人单位签订劳动合同，当事人请求确认与用人单位存在劳动关系的，人民法院不予支持。持有《外国专家证》并取得《外国人来华工作许可证》的外国人，与中华人民共和国境内的用人单位建立用工关系的，可以认定为劳动关系。"因此，外国人在中国境内持证合法就业的，认定为劳动关系，受中国境内劳动法相关法律调整和管辖，如果外国人未取得相关就业许可证就业，请求认定劳动关系的，不予支持，基于劳动关系请求的其他权益，自然也不能得到支持。

（八）新就业形态

互联网技术的深入发展，催生了新的就业形态，很多个人依托平台提供劳动或开展经营活动。据中国劳动和社会保障科学研究院的研究估计，在2亿灵活就业者中大约有7800万人是依托互联网的新就业形态。[①] 越来越多的劳动者通过数字平台实现了就业，产生了如外卖骑手、网约车司机、网约搬家、自媒体写手、网店店主、网络主播、互联网营销师等新的就业形态。互联网催生的新的就业形态，就业规模增长迅速，相关法律保障还亟待完善。

2021年7月16日，人力资源社会保障部、国家发展改革委、最高人民法院、全国总工会等八个部门共同印发《关于维护新就业形态劳动者劳动保障权益的指导意见》（人社部发〔2021〕56号），指导意见要求对符合确立劳动关系情形的，用人单位应当依法与劳动者签订劳动合同，对不完全符合确立劳动关系情形的，指导用人单位与劳动者订立书面协议，合理确定用人单位与劳动者的权利义务。个人依托平台自主开展经营活动、从事自由职业等，按照民事法律调整双方的权利义务。

同时，指导意见还要求强化职业伤害保障，以出行、外卖、即时配送、同城货运等行业的平台企业为重点，组织开展平台灵活就业人员职业伤害保障试点，平台

---

① 央视网：《灵活就业观察 灵活就业规模增长 法律保障亟待完善》，https：//tv. cctv. com/2021/03/24/VIDEHKuv7i0bqIaycITepqV5210324. shtml，最后访问时间2022年8月10日。

企业应当按规定参加。采取政府主导、信息化引领和社会力量承办相结合的方式，建立健全职业伤害保障管理服务规范和运行机制。鼓励平台企业通过购买人身意外险、雇主责任险等商业保险，提升平台灵活就业人员保障水平。

依据各地政策的不同，灵活就业的新参保人员可根据自身情况选择在灵活就业地或户籍所在地的社保经办机构参保缴费，部分地区要求灵活就业人员只能回到户籍所在地参保。参保人员可自主选择缴费基数进行缴费，目前来说，灵活就业人员只能参加职工养老保险和职工医疗保险两险，缴费比例分别是缴费基数的20%左右和8%左右，费用由灵活就业的个人全部承担。

［**实务建议**］

对于新的就业形态，与劳动者到底签订哪种协议，还应当依据工作内容、用工平台对劳动者的管理程度、劳动者对用工平台的从属性等方面考量，最终确定是劳动关系的，双方签署《劳动合同》；属于劳务关系的，双方签署《劳务合同》；属于合作或个人依托平台自主开展经营的，双方依照民事法律关系签订协议，明确双方权利义务。

二、根据用工方式确定入职文件

用人单位对于不同的用工方式有不同的管理侧重点，需要通过与劳动者签订具体协议的形式确定管理的侧重点。

（一）确定不同用工关系的入职文件

用人单位根据用工属性确认用工关系后，需要根据不同的用工关系签订不同的协议，具体参考如下：

①与普通劳动者签订《劳动合同》；

②与劳务人员签订《劳务协议》；

③与非全日制劳动者签订《非全日制用工劳动合同》；

④与派遣公司签订《劳务派遣合同》；

⑤与实习人员签订《实习协议》；

⑥与退休人员签订《职工劳务合同（退休返聘人员）》；

⑦与外国人签订《劳务合同》。

前述协议文本的拟定可参考本书第二十三章所列文本。

（二）确定特殊义务的入职文件

1. 应就劳动者的保密义务签订《保密协议》

（1）商业秘密的概念

①商业秘密的定义

在科技发展日新月异的今天，对于诸多高科技企业而言，以商业秘密为代表的知识产权成了企业最重要的财富，对用人单位的可持续发展起到至关重要的作用，是用人单位的核心竞争力。

依照《反不正当竞争法》有关规定，商业秘密，是指不为公众所知悉、具有商业价值并经权利人采取相应保密措施的技术信息、经营信息等商业信息。由此可见，商业秘密具有秘密性、保密性和价值性，也称作商业秘密的“三性”特征。依据《民法典》的有关规定，商业秘密被列为知识产权的客体，合同订立过程中泄露、不正当使用他人商业秘密的，应当承担赔偿责任。

②商业秘密的内容

《最高人民法院关于审理侵犯商业秘密民事案件适用法律若干问题的规定》第1条列举了《反不正当竞争法》中商业秘密的客体范围：

第一，与技术有关的结构、原料、组分、配方、材料、样品、样式、植物新品种繁殖材料、工艺、方法或其步骤、算法、数据、计算机程序及其有关文档等信息，人民法院可以认定构成《反不正当竞争法》第9条第4款所称的技术信息。

第二，与经营活动有关的创意、管理、销售、财务、计划、样本、招投标材料、客户信息、数据等信息，人民法院可以认定构成《反不正当竞争法》第9条第4款所称的经营信息。前文所称的客户信息，包括客户的名称、地址、联系方式以及交易习惯、意向、内容等信息。

《最高人民法院关于审理侵犯商业秘密民事案件适用法律若干问题的规定》虽然对商业秘密的客体范围进行了列举，但这种列举并非穷尽式列举，根据《反不正当竞争法》的立法本意，凡是符合“三性”特征的商业信息，均可作为商业秘密来保护。

③用人单位对商业秘密的保护形式

依据《反不正当竞争法》有关规定，经权利人采取相应保密措施的技术信息、经营信息等商业信息才能够称之为商业秘密。在司法实践中，权利人是否对其主张的受侵害的商业秘密采取相应保密措施，往往是案件审理的争议焦点以及难点。如果权利人未能举证证明其采取了相应保密措施，将导致其主张不能获得人民法院的支持。

那么从人力资源管理的角度，用人单位应当如何对商业秘密采取相应的保密措施？用人单位所采取的保密措施，并不是通常意义上的要确保商业秘密的万无一失，而是要“在正常情况下足以防止商业秘密泄露”。用人单位可以采取如下保密措施：与劳动者签订保密协议或者在劳动合同中约定保密义务；通过规章制度、培训、书面告知等方式，对能够接触、获取商业秘密的员工、前员工等提出保密要求；以及要求离职员工登记、返还、清除、销毁其接触或者获取的商业秘密及其载体，继续承担保密义务；对需要保密的信息采取加密措施，例如派专人保管，对接触信息的人员进行限制，在文件上标明保密字样等。

（2）确定《保密协议》的签订主体

在用人单位的诸多员工及众多岗位当中，是否所有的员工都是保密协议签订的主体呢？答案是否定的。保密协议签订主体，应当是接触、知悉、掌握用人单位的秘密信息的员工，比如公司的高级管理人员，技术研发人员，大客户经理，一些接触公司机密信息较多的管理岗位，比如财务、人事、法务、秘书、档案管理人员等。

（3）《保密协议》的拟定要点

用人单位与劳动者签订保密协议，是用人单位最常用的保密措施之一，也是人力资源合规管理的重要环节。在保密协议中可以和劳动者约定保守用人单位的商业秘密和与知识产权相关的保密事项，保守公司的商业秘密及技术秘密属于公司因经营管理需要对劳动者进行的规范性约束，知悉相关秘密的员工在劳动合同存续期间及解除后的一定期限内或用人单位未主动披露相关信息之前，有保密的义务，不能随意泄露、使用其知悉的公司商业秘密及技术秘密。保密协议当中，双方应当明确以下内容。

第一，明确保密信息的内容范畴。应当对用人单位的技术秘密以及经营秘密，按照用人单位的实际情况，进行适度的列举。

第二，明确劳动者的保密义务。例如，劳动者不得向任何个人（包括按照用人单位的保密规定无权知悉该项秘密信息的用人单位的其他职员）、公司或其他组织披露、传播、公布、发表、传授、转让任何秘密信息，不得将保密信息、文件等带离工作场所。

第三，约定保密期限。劳动者在职期间以及离职后都有义务保守商业秘密，直至商业秘密已通过合法的手段进入公开领域，不再属于商业秘密的范畴。

第四，可结合实际情况确定是否约定竞业限制条款，如约定了竞业限制条款的应当支付竞业限制补偿金。

第五，违反保密义务责任承担。

第六，确定纠纷管辖机构。

关于劳动者违反保密义务的责任承担，在保密协议当中，双方是否可以约定违约金？一旦劳动者违反了保密协议的约定，劳动者是否需要向用人单位支付违约金？

《劳动合同法》第25条规定："除本法第二十二条和第二十三条规定的情形外，用人单位不得与劳动者约定由劳动者承担违约金。"即用人单位仅可在两种法定情形下与劳动者约定违约金：一是用人单位为劳动者提供专项培训费用，双方可以约定服务期，劳动者违反服务期约定时应向用人单位支付违约金；二是用人单位与劳动者约定竞业限制条款，劳动者违反竞业限制约定时应向用人单位支付违约金。除上述法定的两种情形外，用人单位均不得与劳动者进行其他关于违约金的约定。因此在保密协议当中约定违约金，不符合法律有关规定。

在不能约定违约金的前提下，如果员工存在违反保密协议约定的行为，用人单位如何才能正当地维护自己的利益，进行减损、止损？

用人单位与劳动者双方可以约定损失赔偿以及损失的计算方法，《劳动合同法》第90条规定："劳动者……违反劳动合同中约定的保密义务或者竞业限制，给用人单位造成损失的，应当承担赔偿责任。"因此，用人单位可以与劳动者约定，如果劳动者存在违反了保密协议约定的情形，给用人单位造成了损失，应当承担相应的损失赔偿责任，并在协议当中对于损害的计算方法与范围进行约定。例如，利润损失、商誉损失、业务机会损失，以及为制止、调查违约行为所支付的合理开支、诉讼费、律师费、公证费、差旅费等。

（4）用人单位是否需要因保密协议的签订而支付保密费

在保密协议的签订以及履行过程当中，用人单位是否需要向劳动者支付保密费或者经济补偿？保密义务是劳动合同的附随义务，用人单位与劳动者双方建立了劳动关系，劳动者对用人单位商业秘密的保守是劳动者的义务之一，该义务的履行不以用人单位支付保密费以及经济补偿为前提。

依据《反不正当竞争法》第9条第1款第3项禁止侵犯商业秘密的规定，违反约定或者违反权利人有关保守商业秘密的要求，披露、使用或允许他人使用其所掌握的商业秘密，属于侵犯商业秘密的侵权行为之一。因此，劳动者违反保密协议约定的，属于法律禁止的行为，该义务的履行不以获得相应的保密费用以及补偿为前提或条件。

[实务建议]

既然劳动者履行保密义务不以用人单位支付保密费为前提，那么在实务当中，保密费的约定是不是毫无意义呢？笔者依据实务经验认为，如果员工的工资当中含有保密费的项目，那么对员工有提示、警示的心理作用，员工在工作当中会更加自觉、认真地履行保密义务。

2. 应与负有竞业限制义务劳动者签订《竞业限制协议书》

(1) 竞业限制的概念

劳动合同法范畴内的竞业限制是指用人单位与知悉本单位商业秘密或者其他对本单位经营有重大影响的劳动者，在终止或解除劳动合同后的一定期限内，要求劳动者有不得在生产同类产品、经营同类业务或有其他竞争关系的用人单位任职，也不得自己生产与原单位有竞争关系的同类产品或经营同类业务的义务。

其他商事法律当中也有对高级管理人员以及股东、合伙人的竞业禁止性规定，例如《公司法》第 148 条规定："董事、高级管理人员不得有下列行为：……（五）未经股东会或者股东大会同意，利用职务便利为自己或者他人谋取属于公司的商业机会，自营或者为他人经营与所任职公司同类的业务……" 第 69 条规定："国有独资公司的董事长、副董事长、董事、高级管理人员，未经国有资产监督管理机构同意，不得在其他有限责任公司、股份有限公司或者其他经济组织兼职。"《合伙企业法》第 32 条第 1 款规定："合伙人不得自营或者同他人合作经营与本合伙企业相竞争的业务。"

劳动法范畴的"竞业限制"与商事法范畴的"竞业禁止"，有很大的区别：

首先，承担不竞业义务的主体不同。劳动法范畴的竞业限制的对象是与用人单位建立劳动关系的员工，商事法律范畴的承担不竞业义务的主体是董事、高级管理人员、合伙人。

其次，承担不竞业义务的性质不同。竞业限制是用人单位与劳动者双方协商签订协议的结果，尊重双方的意思自治。竞业禁止是相关法律对特定的高级管理人员的约束，是法定义务，不因约定而成立。

最后，承担不竞业义务的期限不同。竞业限制的期限依照有关法律规定，是劳动者离职后最长不超过 2 年。竞业禁止的期限，则是特定的高级管理人员在职期间需要承担的义务。

但实务当中，会出现"竞业限制"与"竞业禁止"两者重合的情况，比如总经理与本单位建立了劳动关系，那么基于劳动关系签订的竞业限制协议，在总经理离职以后依然可以对其有约束力。

（2）确定《竞业限制协议书》的签订主体

《劳动合同法》第24条规定："竞业限制的人员限于用人单位的高级管理人员、高级技术人员和其他负有保密义务的人员。竞业限制的范围、地域、期限由用人单位与劳动者约定，竞业限制的约定不得违反法律、法规的规定。在解除或者终止劳动合同后，前款规定的人员到与本单位生产或者经营同类产品、从事同类业务的有竞争关系的其他用人单位，或者自己开业生产或者经营同类产品、从事同类业务的竞业限制期限，不得超过二年。"那么高级管理人员、高级技术人员及其他负有保密义务的人员，在实务中如何界定和考量？

高级管理人员：根据《公司法》第216条第1项规定，高级管理人员主要包括公司的经理、副总经理、财务负责人、上市公司董事会秘书和公司章程规定的其他人员。

高级技术人员：主管技术的人员，如技术总监；从事重要技术研发设计的人员，比如从事系统重要组件、设备主要部件研发设计的人员；掌握总体技术的人员，比如从事系统、设备总体结构设计的人员。实务中应当参考劳动者的岗位、工作内容、掌握的技术、技术与工作内容的关联程度等因素综合判定。

其他负有保密义务的人员：应考察劳动者是否具有获取商业秘密的可能，如劳动者从事研发、销售、财务、管理等接触单位客户、各项数据等敏感信息的岗位。

笔者在实务当中发现，有些企业对于一般职能工作岗位的员工也要求签署竞业限制协议，更有甚者，要求全员签署竞业限制协议，这属于对竞业限制义务主体的无限扩大。有关法律规定虽然赋予了用人单位一定的采取竞业限制措施的选择权，但对于一般职能岗位的劳动者，没有接触公司商业秘密的机会，即使签订了竞业限制协议，也可能因为主体不适格而无效，再者不必要的全员竞业限制也无端增加了企业的运营成本。

笔者曾经遇到过这样的案例，某科技公司的劳动合同当中约定了竞业限制的条款，该劳动合同版本为全员签署版本，也就是公司与全员约定了竞业限制条款。但公司缺乏人力资源管理的经验，在劳动者离职的时候对于该竞业限制条款并未再次明确启用或解除。这样的管理持续了两年多，直到有一位员工离职时与用人单位结束得不太愉快，该员工在离职10个月左右的时候，向劳动仲裁部门提起仲裁，要求用人单位支付10个月的竞业限制补偿金。此时，管理者才清楚，原来竞业限制条款不能随便签署。

（3）拟定《竞业限制协议书》的要点

竞业限制的条款，可以约定在保密协议中，也可以在劳动合同当中进行约定。笔者依据实务经验认为，对于有竞业限制需要的劳动者，应当单独签署竞业限制协议更便于管理和操作。那么在拟定竞业限制协议过程当中，除注意审查劳动者的主体资格外，还需要注意哪些要点呢？

第一，竞业限制范围。依据《劳动合同法》第 24 条的有关规定，竞业限制的范围、地域由用人单位与劳动者约定。由此可见，对于竞业限制的范围、地域，法律是尊重意思自治的态度，只要约定的内容不违反法律或法规，均应当被认定为有效。

那么，在实务中常见的竞业限制范围的条款是如何约定的？应当进行较为全面的涵盖，竞业保护范畴可将本公司及本公司的关联公司业务一并纳入竞业限制的保护范围，竞争对手可涵盖竞争对手的关联公司。对于竞业限制范围的扩大，学界目前尚有分歧，但大量的司法实践表明，法院以竞业限制范围过大或企业扩大竞业限制范围为由而判决原用人单位败诉的案例十分罕见。

用工风险场景：员工配偶在外开办同类企业，可能属于违反竞业限制的情形①

岳某从北京某国际贸易有限公司离职后，以其妻子任某的名义注册成立了安徽某科技有限公司及安徽某粉粒体工程有限公司，两者与岳某离职前的公司存在竞争关系。岳某在离职时与原单位有竞业限制义务的约定。北京某国际贸易有限公司将岳某诉至法院，岳某答辩称用人单位将竞业限制范围扩大到其配偶名下所有公司，属于违法行为，应当无效。

法院认为：公司可以与员工约定具体的竞业限制条款，所约定的内容有效。且夫妻婚姻关系存续期间，夫妻一方进行投资、收益的行为，一般可以推定为另一方参与投资经营行为。并因此判决离职员工需要支付 59760 元的违反竞业禁止义务的违约金。

第二，竞业限制地域。关于地域范围限制，要依据用人单位的业务影响力以及业务地域范围来确定。对于布局全球业务、华语区业务、全国业务等业务地域较宽的用人单位，竞业限制的地域限制也应当较宽。如果用人单位业务开展范围有局限性，劳动者也属于一般技能者，在其就业能力有限的情况下，不适宜约定较为宽泛的地域限制。

第三，竞业限制期限。依据《劳动合同法》第 24 条的有关规定，竞业限制期

① （2018）京 0112 民初 27850 号。

限最长为 2 年，即 24 个月。那么在拟定竞业限制期限条款时，应该如何约定，竞业限制期限为多久合适？劳动者在入职一家用人单位后，随着公司技术开发进度以及职位的变化，他的竞业限制期限也应当有所变化。掌握核心技术越来越多的，竞业限制期限应当越长，渐渐脱离技术核心的，竞业限制期限应当缩短或解除。那么，如果在竞业限制协议当中将竞业限制期限固定，则不利于双方的各自利益。

因此，在竞业限制期限的约定上，笔者在实务当中多采用弹性的约定，例如竞业限制期限在 1 个月到 24 个月可选择一个区间幅度，根据离职时用人单位对该名劳动者的整体评估，最终确定是否要启动竞业限制协议，履行的竞业限制期限是多久，确定上述信息后，用人单位以书面通知的形式告知劳动者。

第四，竞业限制补偿。对于竞业限制补偿金，用人单位与劳动者结合劳动者岗位的性质、作用与价值、同行业同级别劳动者的薪酬水平、竞业限制的期限等因素协商确定。《最高人民法院关于审理劳动争议案件适用法律问题的解释（一）》第 36 条规定："当事人在劳动合同或者保密协议中约定了竞业限制，但未约定解除或者终止劳动合同后给予劳动者经济补偿，劳动者履行了竞业限制义务，要求用人单位按照劳动者在劳动合同解除或者终止前十二个月平均工资的 30%按月支付经济补偿的，人民法院应予支持。前款规定的月平均工资的 30%低于劳动合同履行地最低工资标准的，按照劳动合同履行地最低工资标准支付。"

上述司法解释对于竞业补偿金进行了兜底的限制，即裁判机构支持按劳动合同终止前 12 个月平均工资的 30%计算竞业补偿费用，并且不得低于劳动合同履行地的最低工资标准。

竞业限制补偿费用标准除了上述通行规定，特殊地区执行本地特殊政策，《深圳经济特区企业技术秘密保护条例》第 24 条规定："竞业限制协议约定的补偿费，按月计算不得少于该员工离开企业前最后十二个月月平均工资的二分之一。约定补偿费少于上述标准或者没有约定补偿费的，补偿费按照该员工离开企业前最后十二个月月平均工资的二分之一计算。"

（4）《竞业限制协议书》的签订时机选择

第一，竞业限制协议签订的最佳时机是劳动者入职时。对于公司较为重要的岗位，尤其是掌握核心商业秘密的职位，应当在入职时就签署竞业限制协议，入职时劳动合同与竞业限制以及保密协议同时签署，因为上述协议与入职息息相关，用人单位又尽到了告知义务，劳动者往往较为容易接受。

第二，职位晋升或发放大额奖励时，也是签订竞业限制协议比较合适的时机。

最差的时机是劳动者离职时，因为劳动者即将离职，竞业限制协议会影响其离职后的就职选择，因此在离职时要求劳动者签署竞业协议的，往往成功率并不高。

三、用人单位应登记、审查劳动者信息

（一）登记信息的范围及方式

1.《入职登记表》

《入职登记表》是用人单位合法采集劳动者个人信息的途径，是新进员工需要填写的基本资料。《入职登记表》应包含以下主要内容：

①员工的基本信息，包括姓名、性别、年龄、身份证号码、电话号码、学历、专业、学校、职称、照片等。

②入职时间、劳动合同期限、入职部门、岗位。

③入职时的工资待遇、工资结构。

④教育经历和工作经历。

⑤家庭成员和紧急联系人及其联系方式。

⑥地址送达确认：现居住地址、户籍地址、常用电子账号（微信、QQ、邮箱）。

⑦员工签名栏：要求员工亲笔签名。

本书为用人单位提供了《入职登记表》的参考文本，详细可见第二十三章。

2.《入职声明》

《入职声明》是新员工入职时需要签署的另一项重要文件，该文件是劳动者对过往的一些工作情况、身体状况以及对虚假陈述与工作相关信息导致后果的承诺和声明。入职声明主要包含以下内容：

①对自己的履历、个人信息如实陈述的声明。

②对前一段劳动关系清晰界定的声明（已解除、不存在竞业、被聘用不侵犯前雇主权利）。

③对入职后的工作纪律的声明（不兼职、不变相从事同业业务）。

④对自身是否存在违纪犯罪的声明。

⑤对自身身体健康状况的如实陈述声明。

⑥对违反本声明时接受解职后果的承诺。

⑦其他需要入职时声明的内容。

本书为用人单位提供了《入职声明》的参考文本，详见第二十三章。

（二）登记审查新员工信息的必要性

通过《入职登记表》和《入职声明》这两个表单存证工具登记审查新员工信息的必要性体现在以下两点：

第一，加强对员工的了解。在入职之初，劳动者与用人单位互相了解较少的情况下，《入职登记表》及《入职声明》的重要作用在于能加深用人单位对劳动者情况的了解。

第二，减少用工风险。《入职登记表》及《入职声明》是劳动者对其提供给用人单位的个人信息真实性的承诺，在因劳动者违背诚实信用原则引发的劳动争议中，用人单位可以减少一些用工风险。《入职登记表》及《入职声明》所载信息，都可以为用人单位留下人力资源管理痕迹，作为用人单位在劳动争议协商、调解、诉讼中的证据使用，可以减少很多不必要的损失，避免给用人单位造成一些负面的影响。

第三，留档备查。在发生一些特殊情形，例如劳动合同丢失损毁的情况下，如果有保存好的《入职登记表》等，对于入职时间、岗位部门、劳动合同期限等信息都还有所记载，便于用人单位在特殊情形下了解劳动关系的状态，另外还可能用于规避未签订书面劳动合同的用工风险。

用工风险场景：入职登记等书面文书虽不具有劳动合同名称，但具备劳动合同实质要件的应视为双方签订了劳动合同①

杨某于2015年11月3日到某公司工作，双方未签订“劳动合同”，但根据该公司提交的由杨某2015年11月29日签字确认的《转正申请表》，有杨某岗位为市场销售，试用期为3个月，试用期工资为6000元，转正后月工资为7000元+提成，合同期限为两年，工作地点为成都，双方经协商一致可调整工作地点等约定。2016年2月22日，该公司将杨某辞退。杨某随后向成都市劳动争议仲裁委员会提起仲裁，要求该公司支付其未签订书面劳动合同二倍工资差额。该委员会作出仲裁裁决，驳回杨某的申请。杨某不服仲裁裁决，向法院提起诉讼，要求公司支付其未签订书面劳动合同二倍工资。

法院认为：《劳动合同法》第17条第1款规定：“劳动合同应当具备以下条款：（一）用人单位的名称、住所和法定代表人或者主要负责人；（二）劳动者的姓名、住址和居民身份证或者其他有效身份证件号码；（三）劳动合同期限；（四）工作

① 2017年度成都法院劳动争议十大典型案例之七。

内容和工作地点；（五）工作时间和休息休假；（六）劳动报酬；（七）社会保险；（八）劳动保护、劳动条件和职业危害防护；（九）法律、法规规定应当纳入劳动合同的其他事项。”从上述规定看，法律没有规定劳动合同必须具备“劳动合同”名称，也没有规定劳动合同必须采取特定的书面形式。但从法律以列举的方式明确规定劳动合同应当具备的基本条款看，其旨在规范用人单位与劳动者签订劳动合同的行为，明确用人单位与劳动者之间的权利义务，保护劳动者依法享有的劳动权利。因此，判定用人单位与劳动者之间签订的书面文件是否为劳动合同，除考查该书面文件形式外，重在考查该书面文件的形成是否系双方合意结果及内容是否具备《劳动合同法》所规定的劳动合同应当具备的基本内容，尤其应考查是否具有相关劳动者工作内容、劳动报酬、社会保险、劳动条件等与劳动者基本劳动权利密切相关的内容。该案中，首先，从涉案文件名称和形成过程看，该书面文件名称虽为“转正申请表”，但其形成过程系经双方协商共同形成，并由杨某签字确认。其次，从该《转正申请表》内容看，对杨某入职时间、工作地点、岗位、试用时间、试用期工资、转正后工资、合同期限、销售提成比例等均有明确记载，能够反映双方对牵涉劳动者最基本劳动权利的劳动报酬相关约定达成了一致。故该《转正申请表》虽不具有“劳动合同”名称，但应当视为双方签订了劳动合同。故对杨某要求公司支付未签订书面劳动合同二倍工资的诉讼请求不予支持。

第六章　劳动合同订立的合规流程

劳动合同是确定用人单位与劳动者权利义务的书面文件，订立涉及劳动合同条款的拟定以及劳动合同签订时间确定等的合规工作。本章为读者梳理了劳动合同订立的合规流程以及实操细节，帮助用人单位做好劳动合同签订的合规工作。

思维导图

一、拟定劳动合同的合规要件

（一）劳动合同的主体要件

签订劳动合同的用人单位和劳动者，是劳动合同关系的主体，根据《劳动法》有关规定，劳动合同的双方当事人必须具备合法的主体资格。

在《劳动合同法》以及《劳动合同法实施条例》总则当中，对于用人单位的主体资格作了明确的规定，作为用人单位必须是境内依法成立的企业，个体经济组织，国家机关，事业组织和社会团体，会计师事务所、律师事务所等合伙组织，基金会，以及依法取得营业执照或登记证书的用人单位分支机构，未取得营业执照或登记证书的，受用人单位委托可以与劳动者订立劳动合同。

劳动者作为劳动合同的另一主体，作为为用人单位提供劳动的自然人，也应当具备法律规定的一些条件，具体如下：

第一，年龄条件。《劳动法》第 15 条规定：“禁止用人单位招用未满十六周岁的未成年人。文艺、体育和特种工艺单位招用未满十六周岁的未成年人，必须依照国家有关规定，履行审批手续，并保障其接受义务教育的权利。”对于已满 16 周岁未满 18 周岁的劳动者，依据劳动法有关规定，不得安排其从事矿山井下、有毒有害、国家规定的第四级体力劳动强度的劳动和其他禁忌从事的劳动。

第二，身体健康条件。《传染病防治法》第 16 条第 2 款规定：“传染病病人、病原携带者和疑似传染病病人，在治愈前或者在排除传染病嫌疑前，不得从事法律、行政法规和国务院卫生行政部门规定禁止从事的易使该传染病扩散的工作。”因此对于患有传染病、病原携带者或疑似传染病的人，在未治愈或者排除前，不能从事诸如餐饮、医疗等禁止从事的工作，以防病情、疫情的扩散。

（二）劳动合同的形式要件

《劳动合同法》第 10 条第 1 款规定：“建立劳动关系，应当订立书面劳动合同。”因此，签订书面合同是劳动合同的形式要件，口头协议不能认定为劳动合同，并且劳动合同的文本也应当由用人单位和劳动者各持一份。

用工风险场景：书面劳动合同应同时具备形式要件和实质要件①

2015 年 11 月 20 日，梁某填写《某酒楼职位申请书》，申请入职某酒楼。该申请书背面印有合约，包括试用期、休息休假、工作时间、加班、薪酬发放时间、薪金制度、离职、旷工扣薪等条款。梁某在合约下方签名确认同意上述条款后，合约由某酒楼持有。因某酒楼未依法为梁某缴纳社保费，2017 年 2 月 10 日梁某提出与单位解除劳动合同并申请劳动仲裁，请求确认双方于 2015 年 12 月 1 日至 2017 年 2 月 9 日存在劳动关系，要求某酒楼支付 2017 年 1—2 月的工资、未签订书面劳动合同的双倍工资、未依法缴纳社保费导致解除劳动关系的经济补偿金等。

法院认为：案经劳动人事争议仲裁委员会和两级法院审理后，最终法院判决支持梁某的诉讼请求。涉案合约能否视为双方签订书面劳动合同？根据《劳动合同法》的规定，双方当事人签订的书面劳动合同应同时具备形式和内容两方面的要

---

① 江门市公布的 2017 年劳动人事争议十大典型案例之一。

件。劳动合同文本在形式上应由用人单位和劳动者各执一份，在内容上应具备法律所规定的必备条款。涉案合约形式上由用人单位单方保存，未交给劳动者，内容上缺少劳动合同期限、劳动报酬、社会保险、工作地点、劳动条件等必备条款，因此不能视为双方已签订书面劳动合同，用人单位须承担因未与劳动者签订书面劳动合同支付二倍工资的法律后果。

（三）劳动合同的内容要件

1. 劳动合同的必备条款

《劳动合同法》第 17 条规定："劳动合同应当具备以下条款：（一）用人单位的名称、住所和法定代表人或者主要负责人；（二）劳动者的姓名、住址和居民身份证或者其他有效身份证件号码；（三）劳动合同期限；（四）工作内容和工作地点；（五）工作时间和休息休假；（六）劳动报酬；（七）社会保险；（八）劳动保护、劳动条件和职业危害防护；（九）法律、法规规定应当纳入劳动合同的其他事项。劳动合同除前款规定的必备条款外，用人单位与劳动者可以约定试用期、培训、保守秘密、补充保险和福利待遇等其他事项。"

劳动合同条款的第 1 项、第 2 项内容，是为了明确签订劳动合同双方的主体资格。劳动合同的必备条款是劳动合同的重要内容，如果在履行劳动合同的过程当中对上述条款如劳动合同期限、工作内容、工作地点、工作时间、休息休假、劳动报酬、社会保险、劳动保护、劳动条件、职业危害防护有所变更，属于劳动合同的重大变更，征得劳动者的同意后方可生效。

2. 用人单位可根据需要拟定非必备条款

根据用人单位的人事管理实践，用人单位可在劳动合同中约定如下常用的非必备条款：

①试用期期限。

②保密义务。

③竞业限制义务。

④专项培训。

⑤特殊福利待遇。

⑥岗位职责。

⑦员工送达地址及有效送达依据等。

⑧其他用人单位认为有必要的事项。

3. 劳动合同的有效判定

劳动合同的双方当事人意思表示一致，劳动合同即可成立。劳动合同具备法律的形式要件和实质要件后即可生效。所谓形式要件即上文提到的劳动合同以书面形式订立，且具备法定的必备条款。《劳动合同法》第26条规定："下列劳动合同无效或者部分无效：（一）以欺诈、胁迫的手段或者乘人之危，使对方在违背真实意思的情况下订立或者变更劳动合同的；（二）用人单位免除自己的法定责任、排除劳动者权利的；（三）违反法律、行政法规强制性规定的。对劳动合同的无效或者部分无效有争议的，由劳动争议仲裁机构或者人民法院确认。"根据前述规定，导致劳动合同无效或部分无效的实质要件是指：

第一，用人单位或劳动者任意一方以欺诈、胁迫的手段或者乘人之危，使劳动合同相对方在违背真实意思的情况下订立或者变更劳动合同。如在用人单位要求劳动者如实披露个人信息的情况下，劳动者伪造简历，提供虚假的学历证书、资质证书就可能被认定为欺诈行为。

第二，用人单位在订立劳动合同的过程中，运用其在劳资关系中的强势地位，免除自己的法定责任、排除劳动者权利的。如在劳动合同中约定放弃加班费的条款免除了用人单位的法定责任，排除了劳动者权利，显失公平，应认定无效。[①]

第三，违反法律、行政法规强制性规定的。如用人单位与劳动者在劳动合同中约定试用期间，用人单位无须为劳动者缴纳社会保险，该条款因违反法律的强制性规定，而属于无效条款。

（四）劳动合同的类型

劳动合同期限，是指双方当事人相互享有权利、履行义务的时间界限，即劳动合同的有效期限。依据劳动合同期限的不同，劳动合同可分为以下三种类型。

1. 固定期限劳动合同

固定期限劳动合同是指用人单位与劳动者订立的有一定终止期限的劳动合同。劳动合同约定期限届满，双方当事人的劳动关系终止。如果双方同意，还可以续订劳动合同。

① 参见《人力资源社会保障部、最高人民法院关于联合发布第二批劳动人事争议典型案例的通知》（人社部函〔2021〕90号），案例2。

2. 无固定期限劳动合同

无固定期限劳动合同是指用人单位与劳动者订立的，没有确定终止时间的劳动合同。即除非出现劳动者开始享受养老保险待遇、劳动者死亡或者用人单位破产、解散等法定终止事由，否则劳动合同不得终止。

《劳动合同法》第 14 条规定："无固定期限劳动合同，是指用人单位与劳动者约定无确定终止时间的劳动合同。用人单位与劳动者协商一致，可以订立无固定期限劳动合同。有下列情形之一，劳动者提出或者同意续订、订立劳动合同的，除劳动者提出订立固定期限劳动合同外，应当订立无固定期限劳动合同：（一）劳动者在该用人单位连续工作满十年的；（二）用人单位初次实行劳动合同制度或者国有企业改制重新订立劳动合同时，劳动者在该用人单位连续工作满十年且距法定退休年龄不足十年的；（三）连续订立二次固定期限劳动合同，且劳动者没有本法第三十九条和第四十条第一项、第二项规定的情形，续订劳动合同的。用人单位自用工之日起满一年不与劳动者订立书面劳动合同的，视为用人单位与劳动者已订立无固定期限劳动合同。"根据此规定，签订无固定期限劳动合同的有以下三种情形。

（1）可以签订无固定期限劳动合同的情形

本着意思自治的原则，经用人单位与劳动者双方协商一致可以签订无固定期限劳动合同。

（2）应当签订无固定期限劳动合同的情形

第一，劳动者在该用人单位连续工作满 10 年。

第二，用人单位初次实行劳动合同制度或者国有企业改制重新订立劳动合同时，劳动者在该用人单位连续工作满 10 年且距离法定退休年龄不足 10 年的。

第三，用人单位和劳动者连续订立两次固定期限劳动合同，且劳动者没有《劳动合同法》第 39 条和第 40 条第 1 项、第 2 项规定的情形，续订劳动合同的。

（3）视为签订无固定期限劳动合同的情形

《劳动合同法》第 14 条第 3 款规定："用人单位自用工之日起满一年不与劳动者订立书面劳动合同的，视为用人单位与劳动者已订立无固定期限劳动合同。"一旦出现这种情况，用人单位除应立即与劳动者补签书面劳动合同外，还应当向劳动者支付自用工之日起超过一个月不满一年的每月二倍的工资。

用工风险场景：第二次固定期限劳动合同到期后，用人单位不与劳动者续签劳动合同将面临用工风险①

吴某与北京金某公司于2016年6月13日签订劳动合同，约定期限为2016年6月13日至2017年6月12日；于2017年5月10日第二次签订劳动合同，约定期限为2017年6月13日至2018年6月12日；于2018年5月10日第三次签订劳动合同，约定期限为2018年6月13日至2019年6月12日。2019年5月24日，金某公司作出《不续签劳动合同通知书》，主要内容为“吴某：公司与你于2018年6月签订的固定期限劳动合同将于2019年6月12日合同期限届满。公司决定不再与你续订劳动合同，现通知你劳动合同期满后，自然终止劳动关系”。

吴某向北京市顺义区劳动人事争议仲裁委员会提起仲裁申请，要求金某公司与其签订无固定期限劳动合同。2019年7月1日，该委员会以吴某的仲裁请求不属于劳动人事争议仲裁受案范围为由作出京顺劳人仲不字〔2019〕第54号不予受理通知书。吴某不服上述不予受理通知书，持诉称理由诉至一审法院。一审法院判决吴某与北京金某公司自2019年6月13日起建立无固定期限劳动合同关系。北京金某公司不服提起上诉，二审法院维持原判。

法院认为：根据《劳动合同法》第14条第2款规定，有下列情形之一，劳动者提出或者同意续订、订立劳动合同的，除劳动者提出订立固定期限劳动合同外，应当订立无固定期限劳动合同：（一）劳动者在该用人单位连续工作满十年的；（二）用人单位初次实行劳动合同制度或者国有企业改制重新订立劳动合同时，劳动者在该用人单位连续工作满十年且距法定退休年龄不足十年的；（三）连续订立二次固定期限劳动合同，且劳动者没有本法第三十九条和第四十条第一项、第二项规定的情形，续订劳动合同的。北京金某公司主张双方劳动关系已经终止且不具备继续履行劳动合同的条件。对此，本案中，北京金某公司与吴某已连续签订三次固定期限劳动合同，虽北京金某公司主张系双方协商的结果，但吴某对此予以否认，称其系被迫签署，北京金某公司亦未提交充分证据证明系吴某提出订立一年的固定期限劳动合同。现吴某要求继续履行劳动合同，且吴某不存在《劳动合同法》规定的第39条和第40条第1项、第2项规定的情形，北京金某公司亦未充分举证证明双方无法继续履行劳动合同。同时，最后一份固定期限劳动合同到期时间为2019年6月12日，故一审法院判令北京金某公司与吴某自2019年6月13日起建

① （2019）京03民终16961号。

立无固定期限劳动合同关系并无不当。北京金某公司的上诉主张缺乏依据，本院不予采信。

在本案中，用人单位败诉的关键是：

第一，根据北京地区的司法裁判口径，连续两次签订固定期限劳动合同，第三次续订劳动合同应签订无固定期限劳动合同是用人单位的义务。

第二，无法举证证明第三次签订固定期限劳动合同系双方合意。在劳动者第三次签订劳动合同时同意签订固定期限劳动合同的情况下，用人单位未保留劳动者意思表示的相关凭证，即未留下对劳动者签订合同自主选择权实施的管理凭证。

笔者基于以上场景制作了《放弃无固定期限合同申请书》，对于连续两次签订固定期限劳动合同后第三次签订劳动合同的用工管理进行存证，固定劳动者的真实意思表示。

另外，笔者提醒读者，两次签订固定期限劳动合同后，用人单位是否有必须签订无固定期限劳动合同的强制性义务？用人单位是否可以终止原固定期限劳动合同？这在司法实践当中存在两种不同的观点。

第一种是以北京市为代表。用人单位与劳动者连续两次签订固定期限劳动合同后，第三次签订劳动合同的，只要劳动者没有明确提出要求订立固定期限劳动合同的，用人单位就应当与劳动者签订无固定期限劳动合同，此项为用人单位的强制义务，无须双方达成合意，并且用人单位不可以单方到期终止原固定期限劳动合同。北京市、天津市、青岛市、江苏省、浙江省、广东省均持此观点。

用工风险场景：北京[①]

闫某波于2014年6月19日入职北京裕某通房地产开发有限公司（以下简称裕某通公司），同日签订期限至2016年6月18日的《劳务协议书》，工作岗位是设计部设计师，劳务报酬每月20000元。闫某波原系中国某矿业总公司的员工，2016年11月闫某波将社保转入北京华某置业有限公司（以下简称华某置业公司），2016年6月19日闫某波又与华某置业公司签订了期限至2017年6月18日的《劳务协议》。2016年12月9日，双方签订《补充协议》，约定劳务协议解除。2016年12月10日，闫某波与北京正某房地产开发有限公司（以下简称正某公司）签订期限至2017年6月18日的《劳动合同》，担任设计师，月工资5000元。正某公司每月等额以银行转账方式预付补偿费17780元。闫某波主张上述金额也是工资。闫某波月

---

① 京0101民初16879号。

工资25000元。2017年5月8日，双方签订《劳动合同终止协议》，约定劳动合同于2017年6月18日终止。

2017年6月19日，闫某波入职东某银座公司，同日签署期限至2018年6月18日的《劳动合同》，工作岗位、工资标准不变。2018年5月8日，双方签署《劳动合同终止协议》，约定劳动合同于2018年6月18日终止。2018年6月19日，闫某波再次与正某公司签订期限至2019年6月18日的《劳动合同》。2019年5月27日，双方签署《劳动合同终止协议》，约定劳动合同于2019年6月18日终止。2019年6月19日，闫某波再次与东某银座公司签订期限至2020年6月18日的《劳动合同》。2020年6月18日，闫某波与东某银座公司劳动合同到期终止，2020年5月6日东某银座公司通知闫某波合同到期不再续签，闫某波签收了邮件。闫某波称自己于2020年5月25日、6月5日向东某银座公司申请签订无固定期限劳动合同，但公司未给予答复。

闫某波向北京市劳动人事争议仲裁委员会申请仲裁，该委员会于2020年8月24日作出京劳人仲字〔2020〕第1222号裁决书，裁决：一、东某银座公司支付闫某波违法终止劳动合同赔偿金20万元；二、驳回闫某波的其他仲裁请求。闫某波与东某银座公司均不服裁决结果，向法院提起诉讼。

法院认为：用人单位连续与劳动者签订二次固定期限劳动合同，劳动者提出续订劳动合同的，除劳动者提出订立固定期限劳动合同外，应当订立无固定期限劳动合同。本案中，闫某波与东某银座公司及裕某通公司、华某置业公司、正某公司连续签订过四份劳动合同，虽然签订合同的主体不同，但是闫某波的工作地点、工作内容、工资标准均未变化，四个公司与闫某波连续交替用工，闫某波接受的管理相同，使用的办公系统相同，虽然东某银座公司不认可连续用工，但是上述四个公司无间隔交替用工，并且合同内容也没有变化，足以说明四个公司用工存在关联性，在闫某波连续签订二次固定期限劳动合同后，已经符合签订无固定期限劳动合同的条件，后一份劳动合同到期时，东某银座公司单方终止劳动合同，明显不符合法律规定，应承担支付违法终止劳动合同赔偿金的责任。在计算赔偿金时，由于闫某波工作岗位、工作内容、工作地点连续并未变更，其工龄应连续计算。2016年12月10日之前原告系中国某矿业总公司员工，其与公司签订的也是劳务协议，故其工龄不应计入赔偿年限中。东某银座公司称签订过终止合同协议书，闫某波工龄不应连续计算，但是终止协议均是在公司单方安排下签订，并且协议与劳动合同签订时间紧密交替，明显与常理不符，其他公司也未支付过闫某波离职补偿，本院对东某银座公司的主张，不予采纳。关于闫某波的工资标准，闫某波月工资25000元，东某银座公司主张在工资中包括了预付离职补偿金，有违法律规定，本院不予采纳。本院根据闫某波工作年限和工资标准核算，东某银座公司应支付闫某波违法终止劳动合同赔偿金20万元。

用工风险场景：江苏①

刘某于2012年5月4日入职某建医疗公司，岗位为高级销售代表，办公地点在南京市某区。在此期间双方连续签订了两份固定期限劳动合同，后一份固定期限劳动合同到期日为2017年6月30日。被告于2017年6月5日向原告寄送了《劳动合同终止通知书》，载明不再与原告续签劳动合同。刘某不服，提起仲裁、诉讼。

法院认为：原、被告连续两次签订劳动合同，被告应在后一期劳动合同期满前询问原告是否续签无固定期限劳动合同。被告直接通知原告终止合同违反法律规定，原告有权主张违法终止合同的赔偿金。

用工风险场景：青岛②

马某与沃某置业签订了两份劳动合同，合同期限分别为2011年4月19日至2014年4月18日、2014年4月19日至2017年4月18日，职位系装修工程师，合同签订后沃某置业安排马某在青岛海某置业有限公司工作。2017年4月18日，马某、沃某置业终止劳动合同，《解除终止劳动合同报告书》记载的解除原因系劳动合同到期。马某不服，提起仲裁、诉讼。

法院认为：沃某置业称在合同到期前，马某提出不续签劳动合同。因马某否认，且沃某置业没有证据证明，本院不予采信。马某与沃某置业已经连续订立两次固定期限劳动合同，根据《劳动合同法》第14条的规定，马某并未提出签订固定期限劳动合同，且未违反《劳动合同法》第39条及第40条第1项、第2项的规定，沃某置业应与马某订立无固定期限劳动合同。沃某置业以劳动合同期满为由出具了《解除终止劳动合同报告书》，违法终止了双方的劳动合同关系，一审法院判令沃某置业向马某支付违法终止劳动合同的赔偿金并无不当。

用工风险场景：广东③

2016年9月30日，廖某与广某装饰签订了劳动合同，约定合同期限从2016年

---

① （2017）苏0113民初6065号。

② （2018）鲁02民终10107号。

③ （2019）粤0605民初2182号。

9月30日起至2017年9月30日止，廖某从事生产辅助工作，实行计件工资制，被告每月30日发放原告上月工资。2017年4月1日，廖某与广某装饰签订了劳动合同，约定合同期限从2017年4月1日起至2018年4月1日止。2018年9月17日，广某装饰向廖某发出律师函，认为廖某发生事故后，消极怠工，要求其收到本律师函起两日内，到公司办理离职手续。廖某不服，提起仲裁、诉讼。

法院认为：廖某与广某装饰连续两次签订劳动合同，后一次签订的劳动合同于2018年4月1日届满。原告、被告之间应于2018年5月1日前续订无固定期限劳动合同，但被告没有与原告签订无固定期限劳动合同，故被告应向原告支付2018年5月1日至2018年5月31日（原告2018年5月31日被同事故意伤害受伤后没有回被告处工作，故2018年6月1日起不计算二倍工资差额）未签订无固定期限劳动合同的二倍工资差额。

第二种是以上海市为代表。两次签订固定期限劳动合同后，签订无固定期限劳动合同需以双方合意为前提，在原固定期限劳动合同到期时，用人单位可以单方终止劳动合同。《上海市高级人民法院关于适用〈劳动合同法〉若干问题的意见》第4条第4款中规定："《劳动合同法》第十四条第二款第（三）项的规定，应当是指劳动者已经与用人单位连续订立固定期限劳动合同后，与劳动者第三次续订合同时，劳动者提出签订无固定期限劳动合同的情形。"

3. 以完成一定工作任务为期限的劳动合同

这种劳动合同是指签订合同时的工作任务完成了，双方即可以解除劳动关系。

二、签订劳动合同的合规流程

（一）劳动合同的签订时间

《劳动合同法》第10条规定："建立劳动关系，应当订立书面劳动合同。已建立劳动关系，未同时订立书面劳动合同的，应当自用工之日起一个月内订立书面劳动合同。用人单位与劳动者在用工前订立劳动合同的，劳动关系自用工之日起建立。"

劳动合同签订时间的不同，导致的法律后果也不尽相同，笔者把签订劳动合同的时间点，称作"三段论"。

第一段：入职1个月内。劳动者入职1个月内，是用人单位与劳动者签订书面劳动合同的合法时间段。但如果是劳动者原因未签订劳动合同的，《劳动合同法实施条例》第5条规定："自用工之日起一个月内，经用人单位书面通知后，劳动者不与用人单位订立书面劳动合同的，用人单位应当书面通知劳动者终止劳动关系，无需向劳动者支付经济补偿，但是应当依法向劳动者支付其实际工作时间的劳动报酬。”

第二段：超过1个月未到1年的。《劳动合同法实施条例》第6条第1款规定：“用人单位自用工之日起超过一个月不满一年未与劳动者订立书面劳动合同的，应当依照劳动合同法第八十二条的规定向劳动者每月支付两倍的工资，并与劳动者补订书面劳动合同；劳动者不与用人单位订立书面劳动合同的，用人单位应当书面通知劳动者终止劳动关系，并依照劳动合同法第四十七条的规定支付经济补偿。”

第三段：超过1年的。《劳动合同法》第14条第3款规定：“用人单位自用工之日起满一年不与劳动者订立书面劳动合同的，视为用人单位与劳动者已订立无固定期限劳动合同。”

（二）劳动合同的签收

《劳动合同法》第16条规定：“劳动合同由用人单位与劳动者协商一致，并经用人单位与劳动者在劳动合同文本上签字或者盖章生效。劳动合同文本由用人单位和劳动者各执一份。”

因此，在用人单位与劳动者签署完劳动合同后，劳动合同的文本应当交付给劳动者一份，劳动者在收到劳动合同后，也应当在《劳动合同签收单》上签字，为劳动合同已向劳动者交付留下管理痕迹。

本书为用人单位提供了《劳动合同签收单》的参考文本，详见第二十三章。

（三）劳动合同的保存

1. 保存劳动合同的书面文本

劳动合同是证明劳动关系存在以及劳动关系双方权利义务履行情况的重要文本，《劳动合同法》第50条第3款规定：“用人单位对已经解除或者终止的劳动合同的文本，至少保存二年备查。”因此，用人单位对劳动合同文本有妥善保管的义务。笔者在实务当中通常建议用人单位劳动合同应当有三份文本，一份交付劳动者，两份由用人单位进行保管。用人单位保管的两份劳动合同文本应当由人力资源部门保管一份，行政部门或其他档案管理部门保管一份，并且应当指定专人在指定位置保管，并定期查看劳动合同存档情况，防止劳动合同的遗失。以电子形式签订的劳动合同，应将原始数据保留在合同签订平台两年。一旦有遗失情况，应当及时与劳动者协商，补签劳动合同。

2. 管理劳动合同的重要时间节点

用人单位应动态管理劳动合同的到期时间、试用期到期时间、固定期限劳动合同签订次数以及劳动者的工龄。劳动合同的到期时间涉及续签劳动合同、劳动合同终止、无固定期限劳动合同签订等的人事管理问题，试用期到期时间涉及试用期考核、试用期解除劳动合同等问题，固定期限劳动合同的签订次数涉及无固定期限劳动合同的签订问题，劳动者的工龄涉及年休假、经济补偿、医疗期待遇等问题。因此，用人单位应注意对劳动合同重要时间节点进行管理，避免错过具体人事管理的最佳时间。

本书为用人单位提供了《职工劳动合同汇总表》用于对劳动合同的重要时间节点进行登记，详见第二十三章。

3. 确定劳动合同管理职责

表单存证工具为用人单位劳动合同重要时间节点的管理做了表单管理方案，但是劳动合同管理的实践还是需要由具体岗位、具体人员去负责，用人单位应当明确人事、行政、法务人员的劳动合同管理职责，对涉及劳动合同管理的岗位作出具体的岗位说明，避免因劳动合同管理人员的失职行为致使劳动合同重要时间节点无人掌握，导致用人单位错过人事管理的最佳时间节点。

三、劳动合同签订应规避的风险

（一）混淆用工关系后被认定为事实劳动关系

实践中，有的用人单位未根据用工关系的实际情况对用工关系进行区分并签订合适合法的用工协议，发生混淆用工关系的法律风险。最常见的用工关系混淆问题为与存在事实劳动关系的劳动者签订《劳务合同》《业务合作合同》，以劳务用工的管理方式管理存在事实劳动关系的劳动者。

用工风险场景：与事实劳动关系劳动者签订《合作协议》，被认定为未签订书面劳动合同，承担相应法律后果①

上海某信息技术有限公司（以下简称某公司）运营一款名为“某厨师”的App，可在线预约厨师上门提供烹饪服务。2015 年 6 月 3 日，某公司与张某签订

---

① （2017）京 03 民终 11768 号。

《合作协议》，约定“乙方于本协议签署之日起正式与甲方建立合作关系，成为甲方‘某厨师’平台合作厨师。……第六条 双方约定按如下第2项形式分享收益：1. 乙方仅接受客户通过‘某厨师’平台点名预约乙方的上门烹饪服务的，则客户的服务费用由乙方100%分配；2. 乙方愿意接受甲方指派、调度的‘某厨师’平台预约上门烹饪服务的，则客户的服务费由甲、乙双方各自分配50%，且甲方支付乙方因甲方调度所产生的费用，为计算方便甲方统一按照5000元（大写：伍仟元）支付，多退少补。第七条 双方确认并强调，本协议系商务合作协议，无须接受甲方管理，双方不存在任何人身隶属关系，乙方为劳务成果承担相应的责任，乙方同意接受双方之间的法律关系不直接或间接构成劳动关系……”2015年10月，双方因履行协议产生纠纷。张某要求确认与某公司自2015年5月28日至2015年10月20日存在劳动关系、某公司支付违法解除劳动合同赔偿金。

法院认为：劳动关系认定与否是由强制性规范予以认定的范畴，不能仅凭当事人的书面约定就排除劳动关系，仍要结合双方的“合作”模式和劳动者的具体工作内容予以确定。根据查明的事实，某公司对张某进行指派、调度及奖惩等，按月发放张某较为固定的报酬，张某接受某公司的劳动管理，在某公司安排的工作地点，代表某公司从事该公司安排的有报酬的劳动；双方符合有关法律法规规定的用人单位和劳动者的主体资格；某公司仅经营厨师类业务平台，张某主要提供厨师技能，综合以上因素考虑，应当认定双方具有较强的从属关系，综合考虑在案证据并结合案件具体事实，法院认为：本案情况下双方建立的关系符合劳动关系的特点。

本书列举了各种用工方式应签订的用工协议类型，为用人单位提供签订协议的参考，详见第二十三章。

（二）未及时签订、续签劳动合同的风险

依据《劳动合同法》第10条的有关规定，用人单位应当自用工之日起一个月内订立书面劳动合同。依据第82条第1款的规定，用人单位自用工之日起超过一个月不满一年未与劳动者订立书面劳动合同的，应当向劳动者每月支付二倍的工资。随着《劳动合同法》的实施，用人单位越来越重视用工的合规性，大部分用人单位在与新入职员工及时签订劳动合同的合规层面做得都比较好。但由于管理的疏忽，在劳动合同期满续订方面会经常出现风险，劳动合同到期时间，即该劳动合同的终止时间，用人单位继续与劳动者保持劳动关系的，应当重新签订书面劳动合同。

用工风险场景：劳动合同到期未续签，用人单位应承担未签订书面劳动合同的法律责任①

郑某经福州某劳务派遣有限公司派遣在福建某混凝土有限公司工作，从事驾驶员岗位。其间郑某与福州某劳务派遣有限公司签订《派遣员工劳动合同》（两年一签），其中最后一份合同期限至2015年12月31日。2016年5月31日，郑某向福建某混凝土有限公司发出《解除劳动关系通知书》，载明：因福建某混凝土有限公司从2016年3月起拖欠工资至今未付，根据法律规定与贵单位解除劳动关系。2016年7月15日，福建某劳务派遣有限公司代为向郑某发放2016年3月、4月工资；2016年7月21日，福建某劳务派遣有限公司代为向郑某发放2016年5月工资。后郑某和福建某劳务派遣有限公司、福建某混凝土有限公司因故发生争议，郑某提起仲裁、诉讼，要求福建某劳务派遣有限公司、福建某混凝土有限公司共同向其支付2016年3月至5月被拖欠工资总额25%的经济补偿金3091.97元、解除劳动关系的经济补偿金35042.27元以及未签订劳动合同的双倍工资16490.48元。

福州市鼓楼区人民法院作出一审民事判决：一、被告福建某混凝土有限公司于本判决生效之日起十日内支付原告解除劳动合同经济补偿金35042.27元；二、被告福建某混凝土有限公司于本判决生效之日起十日内支付原告未及时支付工资经济补偿金3091.97元；三、被告福建某劳务派遣有限公司对上述债务承担连带责任；四、驳回原告的其他诉讼请求。宣判后，郑某、福建某混凝土有限公司提起上诉。福州市中级人民法院作出二审民事判决：一、维持福建省福州市鼓楼区人民法院一审民事判决第一项；二、撤销福建省福州市鼓楼区人民法院一审民事判决第二、三、四项；三、福建某混凝土有限公司于本判决生效之日起十日内支付郑某未签订书面劳动合同双倍工资差额16490.48元；四、福建某劳务派遣有限公司对福建某混凝土有限公司支付解除劳动合同经济补偿金的债务承担连带责任；五、驳回各方其他诉讼请求。

法院认为：《劳动合同法》第82条第1款规定：“用人单位自用工之日起超过一个月不满一年未与劳动者订立书面劳动合同的，应当向劳动者每月支付二倍的工资。”用人单位违反规定，不与劳动者签订书面劳动合同的情形，既包括自用工之日起满一个月未签订劳动合同的情形，也包括劳动合同期满后继续工作而未续签劳动合同的情形，劳动者均有权要求支付双倍工资。

① （2018）闽01民终1238号。

用工风险场景：劳动合同到期未续签，劳动合同的自动顺延条款可规避未签订书面劳动合同的法律责任[①]

秦某于2012年2月16日入职中某公司，劳动合同期限为2012年2月16日至2015年2月15日，该劳动合同约定，本合同期满前，双方均未提出异议，有效期自行延长，自行延长期限同本合同期限。2015年11月，双方发生劳动争议，秦某提起仲裁，该案经仲裁、一审、二审以及再审。

秦某方面认为劳动合同自动顺延条款无效。原因是《劳动合同法》规定，建立劳动关系应当订立书面合同，续订劳动合同应当就劳动条件报酬等重新作出约定。依据《劳动合同法》第26条，用人单位免除自己法定责任的，该劳动合同无效，或部分无效。中某公司应当支付未签劳动合同的双倍工资。

法院认为：劳动合同的自动顺延条款可以确定双方劳动关系持续存在，中某公司不存在恶意不签订劳动合同，否认法律关系的主观恶意，因此一审、二审法院未支持未签劳动合同的双倍工资，并无不当。

［实务建议］

为了避免在劳动合同管理过程当中，存在劳动合同到期未及时续签的法律风险，很多人事、法务、律师顾问在劳动合同中约定劳动合同到期自动顺延条款。本书为用人单位提供的《劳动合同》的参考模板，对劳动合同自动顺延做了约定，详见第二十三章。这种劳动合同的自动顺延条款，理论当中有有效说和无效说两种观点，但目前司法实务裁判的观点，还是认可劳动合同自动顺延条款的法律效力。

① （2017）京民申2268号。

第七章　确定劳动者试用期的合规要件

劳动合同的试用期一般是指在劳动合同约定的时间范围内，为用人单位考察劳动者的工作能力，劳动者了解用人单位的实际情况设置一个特定的时间段，以帮助用人单位与劳动者决定是否继续履行劳动合同。

在实践过程中，由于用人单位对试用期的理解与法律规定存在差异，在试用期管理中存在滥用试用期条款严重侵害劳动者合法权益的问题。例如，约定超过法定时长的试用期，约定较低的试用期工资，试用期不与劳动者签订劳动合同，试用期不为劳动者办理社会保险，试用期任意解除劳动合同等。上述问题的存在，不但侵害了劳动者的合法权益，也会为用人单位的人力资源管理埋下隐患。因此本章就试用期管理展开详细的说明，有助于用人单位在试用期阶段的人事管理过程中规避风险。

思维导图

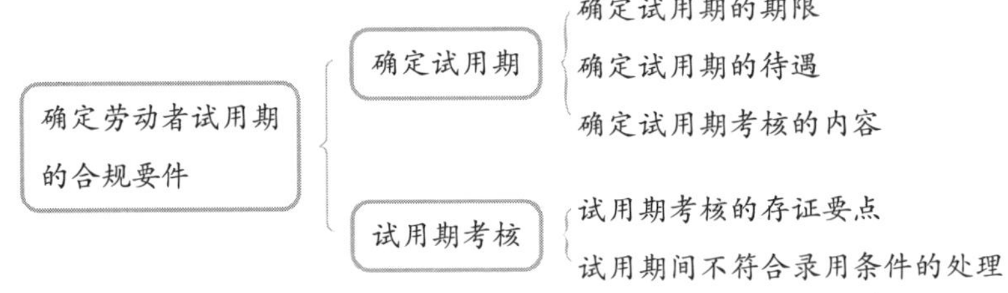

一、确定试用期

（一）确定试用期的期限

《劳动合同法》第 19 条规定：“劳动合同期限三个月以上不满一年的，试用期不得超过一个月；劳动合同期限一年以上不满三年的，试用期不得超过二个月；三年以上固定期限和无固定期限的劳动合同，试用期不得超过六个月。同一用人单位与同一劳动者只能约定一次试用期。以完成一定工作任务为期限的劳动合同或者劳动合同期限不满三个月的，不得约定试用期。试用期包含在劳动合同期限内。劳动合同仅约定试用期的，试用期不成立，该期限为劳动合同期限。”

因此，在劳动合同当中的试用期不能任意约定，应注意以下几点：

第一，试用期的长短应与劳动合同期限的长短匹配。（见表 1）

表 1 劳动合同期限与相应试用期期限对照表

劳动合同期限	试用期期限
以完成一定工作任务为期限	不得约定试用期
3 个月以下	不得约定试用期
3 个月以上 1 年以下	不得超过 1 个月
1 年以上 3 年以下	不得超过 2 个月
3 年以上	不得超过 6 个月
无固定期限	不得超过 6 个月

第二，试用期只能约定一次，不能重复约定试用期，不得任意延长试用期。

第三，试用期不能单独设定。在实践中，有的用人单位只与劳动者签订试用期协议，等到劳动者转正后再签订正式劳动合同。对此，《劳动合同法》第 19 条第 4 款规定：“试用期包含在劳动合同期限内。劳动合同仅约定试用期的，试用期不成立，该期限为劳动合同期限。”

若用人单位约定的试用期违反法律强制性规定，如试用期期限超过了法律规定的标准，或重复约定适用期等，则根据《劳动合同法》第 83 条规定：“用人单位违反本法规定与劳动者约定试用期的，由劳动行政部门责令改正；违法约定的试用期已经履行的，由用人单位以劳动者试用期满月工资为标准，按已经履行的超过法定试用期的期间向劳动者支付赔偿金。”根据前述法条，违法约定试用期的法律后果如下：

第一，由劳动行政部门责令整改。此规定针对试用期已经约定但尚未履行的。

第二，用人单位应支付赔偿金。此规定针对试用期超过法定标准或违法延长试用期的情况，且试用期约定已经履行的，则用人单位应以劳动者试用期满月工资为标准，按已经履行的超过法定试用期的期间向劳动者支付赔偿金。

（二）确定试用期的待遇

1. 试用期工资

试用期的工资待遇由劳动者与用人单位协商一致确定，但为了避免用人单位基于劳动合同签订时的优势地位，滥用试用期约定恶意压低劳动者工资，《劳动合同法》第 20 条规定："劳动者在试用期的工资不得低于本单位相同岗位最低档工资或者劳动合同约定工资的百分之八十，并不得低于用人单位所在地的最低工资标准。"《劳动合同法实施条例》对该条款进行了补充规定，其中第 15 条规定："劳动者在试用期的工资不得低于本单位相同岗位最低档工资的 80%或者不得低于劳动合同约定工资的 80%，并不得低于用人单位所在地的最低工资标准。"由此确定了试用期工资的以下两点原则：

第一，试用期工资不得低于本单位相同岗位最低档工资的 80%或者劳动合同约定工资的 80%。该原则中确定的条件是二者之中择其一的关系，即试用期工资可低于本单位相同岗位最低档工资的 80%，但不得低于劳动合同约定工资的 80%；或试用期工资可低于劳动合同约定工资的 80%，但不得低于本单位相同岗位最低档工资的 80%。

第二，试用期工资不得低于用人单位所在地的最低工资标准。在实践中可能存在用人单位的注册地与用人单位实际经营地、劳动合同履行地不一致的情况，同时，各地的最低工资标准也存在差异。这个差异影响了用人单位与劳动者的权益，引出了应适用哪一地最低工资标准的问题。为此《劳动合同法实施条例》第 14 条特别作出了规定："劳动合同履行地与用人单位注册地不一致的，有关劳动者的最低工资标准、劳动保护、劳动条件、职业危害防护和本地区上年度职工月平均工资标准等事项，按照劳动合同履行地的有关规定执行；用人单位注册地的有关标准高于劳动合同履行地的有关标准，且用人单位与劳动者约定按照用人单位注册地的有关规定执行的，从其约定。"

若用人单位约定的试用期待遇违反法律强制性规定的，则根据《劳动合同法》第 85 条规定："用人单位有下列情形之一的，由劳动行政部门责令限期支付劳动报酬、加班费或者经济补偿；劳动报酬低于当地最低工资标准的，应当支付其差额部分；逾期不支付的，责令用人单位按应付金额百分之五十以上百分之一百以下的标准向劳动者加付赔偿金：（一）未按照劳动合同的约定或者国家规定及时足额支付劳动者劳动报酬的；（二）低于当地最低工资标准支付劳动者工资的；（三）安排加班不支付加班费的；（四）解除或者终止劳动合同，未依照本法规定向劳动者支付经济补偿的。”根据前述法条，违法支付试用期工资的法律后果如下：

第一，试用期劳动报酬低于当地最低工资标准的，用人单位应予以补足。

第二，用人单位逾期未向劳动者补足应付劳动报酬的，则由劳动行政部门责令用人单位按应付金额百分之五十以上百分之一百以下的标准向劳动者加付赔偿金。

2. 试用期福利待遇

试用期属于劳动合同的履行期间，用人单位应当按照《社会保险法》的规定，为试用期劳动者办理社保缴纳手续。实践中，有些用人单位等到劳动者试用期结束、转正后再为其办理社保缴纳手续，存在法律风险，如劳动者在试用期间发生工伤，需要用人单位承担工伤保险待遇。

（三）确定试用期考核的内容

用人单位与劳动者在签订劳动合同的同时，也应当对试用期的考核有所约定，依据《劳动法》第 25 条有关规定，劳动者在试用期间被证明不符合录用条件的，用人单位可以解除劳动合同。该法律规定赋予了用人单位在试用期间用工的自主权，但该自主权的行使是有条件的，用人单位不能在试用期以任意理由解除与试用期员工的劳动关系。从举证角度讲，用人单位必须证明劳动者在试用期间不符合录用条件才能构成合法解除。

用工风险场景：用人单位试用期解除劳动合同依据不足，可能构成违法解除①

2018 年 12 月 17 日，沈某入职北京依某公司，担任 SA 解决方案架构师，月工资标准 60000 元。双方签订了期限自 2018 年 12 月 17 日至 2021 年 12 月 16 日的劳动合同，约定试用期为 6 个月。2019 年 3 月 14 日，北京依某公司以不符合录用条件为由将沈某辞退，沈某主张北京依某公司系违法辞退，要求继续履行劳动合同。

2018 年 12 月 21 日，人事陈某某向沈某发送“新员工成长目标设定”，要求其与直线经理共同制定成长目标。2018 年 12 月 28 日，沈某回复设定结果，表示附件为其与直线经理沟通的新员工目标设定结果。目标设定载明：“员工及主管已认同以上目标各项内容，员工必须在该目标所规定的时间内向公司证明试用期的结果，如果员工未达到上述全部要求，公司将有权在试用期内终止与员工的劳动合同。确认通过：1—3 分。需要讨论是否通过：4 分。不通过：5 分。本人的经理已经明确

① （2020）京 01 民终 5568 号。

与我对以上内容进行了充分沟通。”

北京依某公司提举了以下证据：1. 试用期考核评估表。显示内容包括新员工目标设定结果，附有“实际达到的结果”一栏，对沈某上述三方面的评价结果分别为：(1) 对产品知识的学习不到位，对一些产品的基本概念还不熟悉，一些细节把握上不到位。对产品组件之间的配合问题经常搞不清楚，试用期间改善不大，且与人沟通生硬，容不得同事的建议和批评，影响团队配合。(2) 不能独立完成××的标准方案，非常依赖下属指导完善，无法独立进行突破设计。因为自身对产品的方案的思考不深入不细致，所以无法创新，导致××项目错过排期，导致开发完成延期至7月。从目前状态看，被考核人各项工作没做到位，不足以在规定时间内完成方案交付。(3) 在处理外部项目时没有章法，思路比较乱，重要项目需要其他同事再次确认，不能独立完成任务。缺乏问题的主动推进意识，很多事情完成度不高……截至3月中，并未有改进，不足以满足试用期要求。下方主管、部门负责人签字处显示“梁×”“JOE”签字字样，沈某不认可该证据真实性。

法院认为：2019年3月14日北京依某公司以沈某不符合录用条件为由将沈某辞退，此举是否构成违法解除劳动合同，法院认定如下：《最高人民法院关于审理劳动争议案件适用法律若干问题的解释》第13条①规定：“因用人单位作出的开除、除名、辞退、解除劳动合同、减少劳动报酬、计算劳动者工作年限等决定而发生的劳动争议，用人单位负举证责任。”沈某入职后，北京依某公司通过沈某与其主管共同确认的方式，确立了沈某试用期的工作目标及要求达到的效果。现北京依某公司主张沈某无法达到上述要求，应当负有相应的举证责任。现北京依某公司就此提举的若干工作材料，系沈某与同事间针对技术问题的日常沟通，并未体现沈某无法达到试用期目标设定，故无法实现相应的证明目的；此外仅凭沈某上级主管对其的个人评价，不足以证明沈某在试用期内不符合录用条件。鉴于北京依某公司未能进一步举证证明己方主张，故法院认定北京依某公司将沈某辞退缺乏事实依据，构成违法解除劳动合同。

[实务建议]

上述案例表明，用人单位在试用期解除劳动关系时，对劳动者不符合录用条件负有举证责任。

---

① 该司法解释已失效，现相关规定见《最高人民法院关于审理劳动争议案件适用法律问题的解释（一）》第44条。

为了明确在试用期间的考核内容，笔者建议用人单位在新员工入职时与其签订《试用期录用条件确认书》，双方对试用期间的考核内容作出明确的约定，如在身体条件、技术能力、工作态度、业绩能力等方面列出具体可以执行的考核内容，让试用期的考核有据可依。除此之外，用人单位还应当对考核过程进行存证，应尽量避免缺乏实际证据的主观评定。

本书为用人单位提供了《试用期录用条件确认书》的参考文本，详见第二十三章。

二、试用期考核

（一）试用期考核的存证要点

在劳动者试用期间，用人单位应当注意加强对劳动者工作考核的存证，也就是笔者一再强调的留下管理痕迹，如果双方签署的《试用期录用条件确认书》约定，工作业绩是否达标是录用条件之一，那么就应当配套相应的考核制度，对工作任务目标以及达成率情况作出明确解释和说明，并将考核制度送达劳动者，保留劳动者认可考核制度的签字作为送达凭证。

此外，对劳动者有关工作的记录，例如工作邮件、每日工作报告、工作群内聊天记录、工作交付记录、工作过程中直属领导对其工作的改进意见，以及劳动者后续改进情况、工作配合情况等都属于对其考核的存证内容，新入职员工的直属部门领导应当避免口头下达工作指令、口头汇报工作等工作习惯，应尽量采取可存证形式（包括但不限于邮件、电子信息、工作任务书等）确定工作任务，保留管理痕迹。

（二）试用期间不符合录用条件的处理

若用人单位认为劳动者在试用期的工作表现不符合录用条件，还需继续考察的可考虑延长试用期，若认为没有考察的必要，可以试用期不符合录用条件为由解除劳动合同。

1. 延长试用期

在人力资源管理的实践中，可能出现劳动者在试用期表现平平，用人单位难以了解劳动者是否与岗位匹配，或者劳动者表现突出，即使试用期未届满，用人单位认为已达转正要求。此时用人单位可根据劳动者工作的实际情况，考虑延长或缩短劳动者的试用期。缩短试用期免去了试用期考察流程，让劳动者可以提前享受正式职工待遇，经用人单位单方通知即可。然而延长试用期可能损害劳动者权利，需要注意以下合规步骤。

第一，在原约定试用期届满前延长。若于试用期届满后提出延长试用期则构成二次约定试用期，违反了《劳动合同法》的强制性规定。不仅如此，用人单位还错过了对劳动者进行试用期考核工作的时间节点，致使工作能力与岗位不匹配的劳动者因试用期届满而自动转正。

第二，用人单位应与劳动者协商一致。根据《劳动合同法》第 35 条规定，用人单位与劳动者协商一致，可以变更劳动合同约定的内容。可见，变更劳动合同中约定的试用期期限是法律赋予用人单位和劳动者作为合同当事人的权利，是授权性规范，并非法律强制性规定。为了留下延长试用期系经用人单位与劳动者协商一致的管理痕迹，笔者建议通过劳动者自书《延长试用期的申请》，用人单位批复的形式，做好存证工作。

第三，延长后的试用期不得超过法定上限。《劳动合同法》对试用期的上限作了强制性规定。若用人单位与劳动者原约定的试用期已达法律规定上限，则任何一方均没有权利提出延长试用期的申请。

第四，延长试用期应采取书面形式。根据《劳动合同法》第 35 条规定，变更劳动合同，应当采用书面形式。变更后的劳动合同文本由用人单位和劳动者各执一份。即用人单位与劳动者应就劳动合同中试用期的变更以书面的形式作出变更约定。

虽然通过法律条文的解释和运用，用人单位可采取延长试用期的形式延长对劳动者的考察期限，但是为了构建和谐劳动关系，减少劳动纠纷，笔者建议用人单位在初次与劳动者签订劳动合同时，就应考虑好岗位考察的要点和时间周期，尽量约定好试用期的期限，避免事后出现延长试用期的情况。

2. 以不符合录用条件为由解除劳动合同

依据《劳动法》有关规定，劳动者在试用期间被证明不符合录用条件的，用人单位可以解除劳动合同，并且不需要支付经济补偿。但试用期以不符合录用条件为由解除劳动关系需要满足以下条件：

第一，要有明确的录用条件。用人单位可以在招聘广告、《岗位说明书》、《劳动合同》、《试用期录用条件确认书》等文件当中明确约定录用条件。

第二，录用条件需要已向劳动者明确告知。出于发生纠纷时用人单位举证责任的考虑，应当以劳动者对相关文件签收的形式履行告知义务。

第三，劳动者有不符合录用条件的情形、行为。用人单位应当对劳动者试用期间的工作、行为进行合法合理的书面存证，并依据双方签署的录用条件文件作为考核依据，考核过程、考核结论也应当以书面形式存证。

第四，在试用期届满前作出解除决定。

第五，以书面通知的形式告知劳动者解除理由。

用人单位在劳动者试用期间，不能任意地、非法地辞退员工，只有在满足上述条件的情况下，履行合理的程序，才能单方解除劳动关系并且不支付补偿金。如果用人单位不能举证证明劳动者在试用期间不符合录用条件，那么将面临违法解除劳动合同支付双倍赔偿金的风险。

第四篇

在职管理

本篇导读

▶在职阶段人事管理的宏观目的

在职阶段的人事管理主要围绕维护稳定的工作和生产秩序进行。用人单位通过社会保障、薪资福利、休假制度给劳动者提供正向激励，激发劳动者的积极性。通过相应的考核、纪律管理等使公司的每个成员都了解自己的职责与他人的工作关系，从而营造稳定有序、奖惩得当的工作环境。

▶在职阶段人事管理基本流程概述

①根据用人单位行业特点、业务模式确定工作时间制度。

②针对延长工作时间的问题设计并执行加班制度。

③对劳动者的休息休假进行管理。

④对劳动者的劳动报酬结构、福利待遇进行设计和执行。

⑤根据劳动者的工作表现对劳动者实行动态管理措施，如调岗、调薪、解除劳动合同等。

⑥设计民主管理制度。

⑦对女职工、工伤员工、医疗期员工、其他用工关系人员进行特殊管理。

在职管理表单工具清单

表单	作用
《转正评估审批表》	试用期内对员工进行考核的文件。如果在试用期内（不能等到试用期满），考核结论为“员工不符合录用条件”，则单位可以解除劳动关系且无须补偿，具体考核内容可根据公司需求修改
《请假申请表》	若员工需要请假时，向公司呈报的内部审批文件
《工作调休单》	若员工休息日在班，对员工休息日加班进行调休的文件

续表

表单	作用
《过失单》	若员工工作中出现失职行为，对员工工作表现进行评估的文件
《返岗通知书》	若员工不出勤又不按规定请假时，可发出此通知
《劳动合同到期通知书》	员工劳动合同到期通知，需载明员工不回复的后果
《员工调岗通知书》	员工因不能做现岗位的工作，或不胜任现在的工作进行调岗时，单位对员工发出的正式通知
《新岗位返岗通知书》	若员工调岗后不出勤的，可发出此通知
《收入证明承诺书》	员工因贷款、出国等要求公司配合出具收入证明时出具的文件
《劳动合同续订或变更书》	劳动合同续签或变更时，用人单位与员工可签署本协议，无须将原来的劳动合同重新修改签一次。同时本协议尽量将续签或变更前存在的用工风险进行化解
《考勤确认表》	对员工的出勤情况做登记
《工资变动审批表》	员工因升职、调岗等变更薪资的内部审批文件
《职工劳动合同汇总表》	为了实现对公司员工劳动合同签署时间、到期时间、合同性质等进行管理的信息登记表
《员工外出登记表》	若员工有外出工作的情况，可用该表格对员工的外出工作进行考核
《劳动合同变更协议书》	对原劳动合同约定的权利义务作变更时签署的文件
《出差登记表》	对员工的出差进行登记
《放弃无固定期限合同申请书》	针对符合签订无固定期限劳动合同的员工，续签固定期限劳动合同时需一并签订的文件
《岗位晋升评估表》	对需要晋升员工的考核评估文件
《工资单》	向员工发放工资时，要求员工对工资确认的文件
《关于春节放假的通知》	春节假期调休的通知文件
《加班申请单》	对员工加班进行审批的文件
《加班确认单》	对员工加班成果进行考核的文件
《奖惩申报表》	对员工的奖励、惩罚进行申报认定的文件
《警告通知书》	对员工违纪行为进行通知的文件
《培训申请表》	员工拟进行培训的申请文件
《员工培训登记表》	对单位全体员工培训情况进行登记的文件
《员工花名册》	对员工个人信息进行登记的文件

续表

表单	作用
《人事档案管理办法》	人事部门对人事档案进行管理的文件
《工会征询函》	用人单位向工会出具的函件，通知工会本企业提供的规章制度、具体决议已经讨论，并征求了职工意见
《特殊工时审批表》	用人单位对特定岗位需要采取特殊工时制度时向劳动管理部门提出的申请文件

具体表单文本见本书第二十三章。

第八章　用人单位应确定工时种类

我国宪法规定劳动者有休息的权利，为保障劳动者休息的权利，我国实行劳动合同制度，建立和完善了工作时间制度。本章主要为读者介绍工时制度，不同工时制度的人事管理要点，以及用人单位确立工时制度的合规流程。使用人单位在人事管理过程中既保障了劳动者的休息权利又通过不同工时制度的选择与运用充分提高用工效率。

思维导图

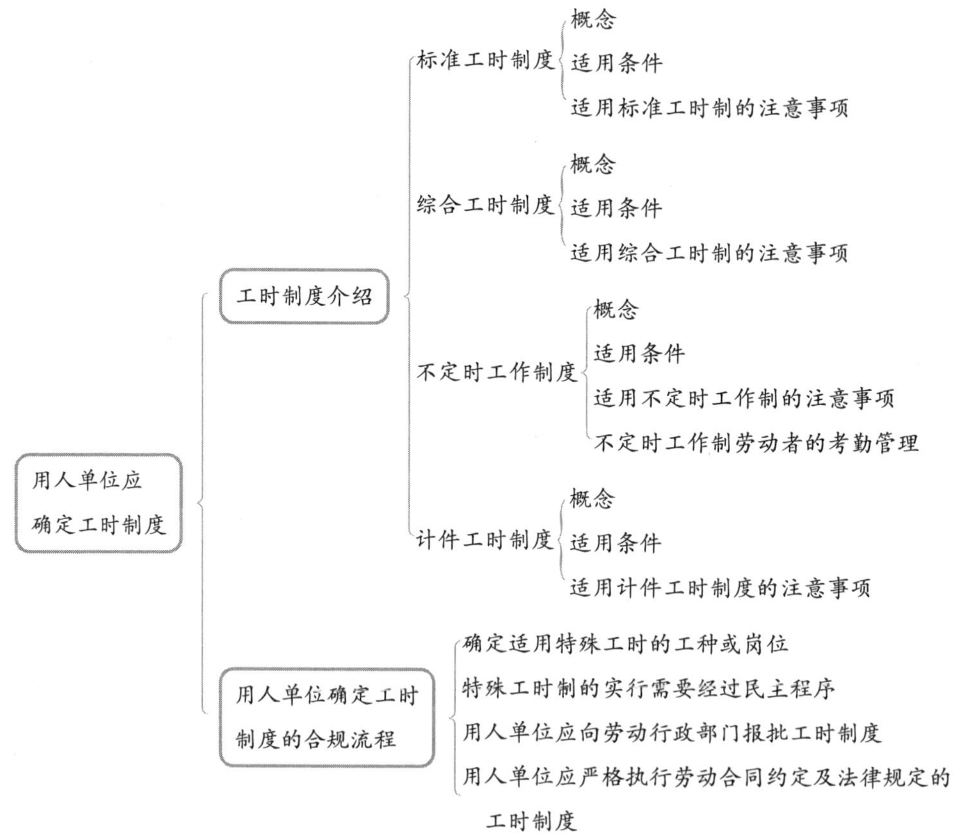

一、工时制度介绍

工时制度即工作时间制度，指的是在劳动关系中劳动者为用人单位履行劳动义务而从事劳动或者工作的时间制度。不同工时制度在适用条件、工资结算周期及加班工资支付方面各有差异。我国目前主要存在四种工时制度：标准工时制度、综合工时制度、不定时工作制度、计件工时制度。在不违反国家法律法规的情形下，用人单位可以根据企业的性质以及工作岗位的特点，依照法定程序确定不同的工时制度。

（一）标准工时制度

1. 概念

标准工时制，是指现有国家法律法规规定的，在正常情况下普通职工从事工作时间的制度，是由立法确定一昼夜中工作时间长度，一周中工作日天数。

2. 适用条件

标准工时制度可适用于所有企业。

3. 适用标准工时制的注意事项

（1）在标准工时制中工作时间计算的注意点

第一，根据《国务院关于职工工作时间的规定》，我国目前实行的是每日工作 8 小时、每周工作 40 小时的标准工时制。[①]

第二，用人单位应保证劳动者每周至少休息 1 日。

大部分用人单位采取一周“做五休二”的双休制度，但是对于一些服务业从业人员，用人单位可能采取“做六休一”的单休制度。单休制度保障劳动者每周至少休息 1 日，也是符合法律规定的。但需要注意的是，六个工作日的工作时间总和不得超过 40 小时的法定标准。若用人单位采取单休制度，而劳动者每日的工作时间仍为 8 小时，则每周工作时间 48 小时超过了法定标准，则该“做六休一”的单休制度不符合法律规定标准，延长工作时间部分，用人单位应当支付加班费。

第三，用人单位因生产经营需要，经与工会和劳动者协商可延长日工作时间，一般每天延长工作时间不得超过 1 小时，特殊情况每天延长工作时间不得超过 3 小时。

---

① 《国务院关于职工工作时间的规定》（中华人民共和国国务院令第 174 号）第 3 条。

此处需要注意的是，用人单位与工会协商应保留书面协商记录留档备查，不能仅通过口头协商。本书第二十三章中的《工会征询函》为读者提供了工会征询意见存证的参考文本。

第四，用人单位每月延长工作时间总计不得超过 36 小时。

（2）在标准工时制中，劳动者法定工作时间具体计算方式

第一，年工作日的计算：365 天－104 天（休息日）－11 天（法定节假日）＝250 天。

第二，季工作日的计算：250 天÷4 季＝62.5 天/季。

第三，月工作日的计算：250 天÷12 月＝20.83 天/月。

此处应注意月工作日 20.83 天/月与月计薪日 21.75 天/月的区别。月计薪日的计算中，法定节假日虽然不是工作日但是应算作计薪天数。因此，月计薪日的计算：［365 天－104 天（休息日）］÷12 月＝21.75 天/月。在计算劳动者日工资、小时工资时，应当以月计薪日 21.75 天/月作为除数，而不是月工作日 20.83 天/月作为除数。

第四，工作小时数的计算：以月、季、年的工作日乘以每日的 8 小时。

（二）综合工时制度

1. 概念

根据《劳动部关于企业实行不定时工作制和综合计算工时工作制的审批办法》的相关规定，综合工时制，是指用人单位因工作性质和生产特点不能实行标准工时制，对于需连续作业或受季节及自然条件限制的部分职工，以周、月、季、年等为周期综合计算工作时间，但其平均日工作时间和平均周工作时间应与法定标准工作时间基本相同。

2. 适用条件

不是用人单位所有的岗位都能适用综合工时制度，用人单位对符合下列条件之一的职工可实行综合工时制：①

第一，交通、铁路、邮电、水运、航空、渔业等行业中因工作性质特殊，需连续作业的职工。

---

① 《劳动部关于企业实行不定时工作制和综合计算工时工作制的审批办法》（劳部发〔1994〕503 号）第 5 条。

第二，地质及资源勘探、建筑、制盐、制糖、旅游等受季节和自然条件限制的行业的部分职工。

第三，其他适合实行综合计算工时工作制的职工。如因受季节条件限制，淡旺季节明显的瓜果、蔬菜等食品加工单位和服装生产，以及宾馆、餐厅和娱乐场所的工作人员等。

3. 适用综合工时制的注意事项

用人单位采用综合工时制时应注意以下事项：

第一，实行综合工时制度的岗位，需企业报经当地区县劳动保障局批准，未经批准，不能任意扩大范围。

第二，实行综合工时制度，其工作时间不区分工作日与公休日，按照劳动部门审批工作时间期限为周期执行（见表 2），其平均周、月、季、年工作时间应与法定标准工作时间基本相同。

表 2 劳动部门审批工作时间期限表

	年	半年	季	月
总天数	250 天	125 天	62. 5 天	20. 83 天
总小时数	2000 小时	1000 小时	500 小时	166. 64 小时

举例：某单位某岗位执行的是以季为周期的综合工时制度，7 月工作时间是 120 小时，8 月工作时间是 140 小时，9 月工作时间是 200 小时，加在一起是 460 小时，未超过季度总小时数上限 500 小时，即用人单位并未延长其工作时间。

第三，实行综合工时制度，对于第三级以上（含第三级）体力劳动强度的工作岗位，劳动者每日连续工作时间不得超过 11 个小时，且每周至少休息 1 天。[①] 平均每月延长工作时间的小时数不得超过 36 小时（包括法定休假日工作的时间）。

第四，实行综合工时制度，没有超过核准计算周期法定标准工作时间的，就无须支付加班报酬，即使是休息日安排加班（遇到法定节假日除外）也不支付加班费。

综合工时制对用人单位来说，其重要作用是把一定周期内的工作时间进行统筹安排，在闲时避免不必要的工时浪费，在忙时减少直接人力成本，避免因经营状况影响，导致“出工不出力”情况的发生。

以新冠肺炎疫情时期的餐饮行业为例，疫情严重时期为避免人员聚集，餐饮业

---

① 《劳动部关于职工工作时间有关问题的复函》（劳部发〔1997〕271 号）第 9 条。

大部分不能恢复正常的营业，或正常的营业受政策影响随时需要关停，但员工的工资不能停止发放。若按照以年为周期的综合工时，员工于上半年特殊营业时间没有实际工作的工时，都可以转移至下半年正常营业时期使用。通过工时制度的变化，用人单位可以于未能正常营业期间积攒空闲工时，待餐饮业的经营完全恢复，需要员工加班时，积攒的空闲工时就可以发挥作用，用人单位只要保证员工整年的工时不超过2000小时，就不用支付加班费，减少了企业的成本支出。

（三）不定时工作制度

1. 概念

根据《劳动部关于企业实行不定时工作制和综合计算工时工作制的审批办法》的相关规定，不定时工作制，是指不限制固定工作时间的工时制度。针对生产特点、工作性质特殊需要或职责范围关系，不适用标准工时制度，需要连续上班或难以按时上下班，需要机动作业的职工而采用的一种工作时间制度，劳动者每一工作日没有固定的上下班时间的限制。

2. 适用条件

用人单位对符合下列条件之一的职工可以实行不定时工作制：①

第一，企业中的高级管理人员、外勤人员、推销人员、部分值班人员和其他因工作无法按标准工作时间衡量的职工。

第二，企业中的长途运输人员、出租汽车司机和铁路、港口、机场、仓库的部分装卸人员以及因工作性质特殊，需机动作业的职工。

第三，其他因生产特点、工作特殊需要或职责范围的关系，适合实行不定时工作制的职工。

3. 适用不定时工作制的注意事项

（1）需要经过审批程序

实行不定时工时制度的岗位，需企业报经当地区县劳动保障局批准，未经批准，不能任意扩大范围。

（2）适用特殊的考勤制度

实行不定时工作制度的岗位，不能按照标准工时制的固定上下班时间考勤，但

---

① 《劳动部关于企业实行不定时工作制和综合计算工时工作制的审批办法》（劳部发〔1994〕503号）第4条。

可通过规定核心工作时间、会议考勤制度、工作日志上报制度、考勤抽查制度、IT系统电子邮件汇报、互联网新工具等方式妥善管理员工的工作情况。

（3）不受劳动法关于延长工作时间标准的限制

实行不定时工作制度的岗位不受劳动法关于延长工作时间标准的限制，即日延长工作时间不得超过1小时，特殊情况每天延长工作时间不得超过3小时；月延长工作时间总计不得超过36小时。但用人单位应采用弹性工作时间等适当的工作和休息方式，确保职工的休息休假权利和生产、工作任务的完成。

（4）不适用延长工作时间时要加付劳动报酬的有关规定

实行不定时工作制度的劳动者不适用延长工作时间时要加付劳动报酬的有关规定。即使是休息日安排加班（遇到法定节假日除外）也不支付加班费。

风险场景：不定时工作制未经审批，劳动者有权按照标准工时制要求加班工资①

钟某系厦门某公司员工，其职位为管理职务。钟某与厦门某公司在2004年3月签订了一份《责任制人员协议书》，约定对钟某采用不定时工作制，并称其为管理人员，需配合公司周六、周日和节假日之值班，责任制人员以个人职务责任为主，不产生加班时数和加班费用，也不予以转假，但其出勤情况仍应列入考绩评核。钟某离职后主张平时延长工作时间加班小时数合计109小时，周末加班时间合计300小时，节日加班时间为0小时。

后双方因加班费问题发生争议。案件先后经历仲裁、一审、二审、再审、检察机关抗诉、高院提审。

法院认为：

一审判决认为钟某与厦门某公司虽就实行不定时工作制达成协议，但未经法定审批程序，故关于对钟某实行不定时工作制的约定应被认定无效。

二审判决认为钟某与厦门某公司签订的《责任制人员协议书》系双方真实意思表示，未违反法律、法规的强制性规定，对双方均具有约束力，应适用不定时工作制来确定钟某的工作时间。

再审判决认为厦门某公司实行不定时工作制未向有关主管部门申报批准的程序问题，属有关行政主管部门对其监管及行政处理方面的问题。《责任制人员协议书》系双方真实意思表示，未违反法律、法规的强制性规定，对双方均具有约束力，应适用不定时工作制来确定钟某的工作时间。

---

① （2013）闽民提字第110号。

检察院抗诉：虽然《责任制人员协议书》约定厦门某公司对钟某实行不定时工作制，但未向有关主管部门申报批准，违反了法律的强制性规定，侵害了劳动者的休息权，应认定为无效，厦门中院再审判决以《责任制人员协议书》未违法为由，未支持钟某的加班费诉求，适用法律错误。

高院提审：法律规定对不定时工作制实行审批是为了保障职工的基本休息权利，若允许以约定规避审批，有违法律法规保护劳动者基本权利之意。因此，《责任制人员协议书》关于对钟某实行不定时工作制的约定，违反了法律规定，应属无效，检察机关抗诉意见成立。原一审认定钟某岗位属标准工时制并判决厦门某公司支付相应的加班费正确，原再审及原二审认定为不定时工作制缺乏依据，应予纠正。

根据本案判决，不定时工作制须以行政审批为前提，不得擅自约定适用，其原因在于不定时工作制直接影响劳动者的休息权和报酬权，关系着劳动者的根本利益，应避免滥用，未经审批即擅自适用不定时工作制属于违法行为，此类适用应被认定无效，劳动者有权按标准工时主张加班费。然而很多省市在司法实务中认为即便未经审批的不定时工作制无效，法院仍应在综合考虑劳动者的实际工作岗位特点等因素下合理计算加班费，而非简单按照标准工时计算加班费，江苏①、安徽②、四川③、广东中山市④等省市均对此发布了相关指导意见。

[实务建议]

对于未经审批的不定时工作制适用效力认定，尽管有许多法院在实务中认为审批前置是不定时工作制度的生效基础，但各地法院从平衡劳动者合法权益与企业良性生存发展角度出发，亦会突破不定时工作制度的适用应经行政审批的限制，如劳动者的岗位、工作性质符合不定时工作制的特点，且企业与劳动者对不定时工作制有明确的书面约定，即使未经审批程序，该不定时工作制适用的效力也可能获得法院的支持；即便无法完全按不定时工作制被认可，法院亦可能在判决加班费时综合考虑双方约定和劳动者岗位性质等因素。因此，笔者建议在为用人单位做人事用工风险评估和合规建议时，不能仅凭与劳动者书面约定就实行不定时工作制，还应当

---

① 《江苏省高级人民法院关于审理劳动争议案件的指导意见》（苏高法审委〔2009〕47号）第24条。

② 《安徽省高级人民法院关于审理劳动争议案件若干问题的指导意见》（皖高法〔2015〕34号）第7条。

③ 《四川省高级人民法院关于印发关于审理劳动争议案件若干疑难问题的解答的通知》（川高法民一〔2016〕1号）第23条。

④ 《广东省中山市中级人民法院关于审理劳动争议案件若干问题的参考意见（2011）》第4.5条规定。

考虑按照当地规定完成劳动行政部门的审批、备案手续。对实行不定时工作制的劳动者，也应当根据有关规定，采用集中工作、集中休息、轮休调休、弹性工作时间等方式，确保劳动者休息休假权利。

本书第二十三章中的《特殊工时审批表》为读者提供了向劳动行政部门提出审批手续文件的参考文本。

4. 不定时工作制劳动者的考勤管理

虽然不定时工作制对劳动者工作时间的安排更具有灵活性，但是并不意味着用人单位无权对劳动者的考勤进行管理。对不定时工作制劳动者进行考勤管理，是法律赋予用人单位的权利，在司法实践中亦被认可。但是，不定时工作制不受劳动法关于延长工作时间的相关规定及延长工作时间要加付劳动报酬的相关规定约束。因此，对于不定时工作制劳动者的考勤，在人力资源管理过程中应做特殊安排。

（1）法律规定

第一，不定时工作制劳动者工作时间更具弹性。《劳动部关于企业实行不定时工作制和综合计算工时工作制的审批办法》第 6 条规定："对于实行不定时工作制和综合计算工时工作制等其他工作和休息办法的职工，企业应根据《中华人民共和国劳动法》第一章、第四章有关规定，在保障职工身体健康并充分听取职工意见的基础上，采用集中工作、集中休息、轮休调休、弹性工作时间等适当方式，确保职工的休息休假权利和生产、工作任务的完成。"说明实行不定时工作制的劳动者在确保完成用人单位生产和工作任务的前提下，工作时间可以更有弹性。

第二，不定时工作制劳动者需要遵守用人单位考勤纪律。根据《劳动法》第 3 条第 2 款规定："劳动者应当完成劳动任务，提高职业技能，执行劳动安全卫生规程，遵守劳动纪律和职业道德。"说明劳动者有义务完成用人单位安排的工作义务，且需要遵守用人单位制定的规章制度。不定时工作制员工也是用人单位的普通劳动者，应当遵守用人单位的规章制度，而考勤制度作为用人单位重要的制度之一，不定时工作制员工自然应遵守。

（2）司法实践

司法实践中，裁审机关也大都不否定用人单位可以对实行不定时工作制的劳动者进行考勤管理。

在李某诉上海某公司的案例[1]中，法院认为："首先，不定时工作制并不意味

---

① （2015）沪一中民三（民）终字第 693 号。

着劳动者的出勤与否不再受用人单位的管理，本案中，李某如因个人原因在工作日不能上班，仍应遵循用人单位规章制度中的请假流程办理相应请假手续；其次，李某知晓上海某公司的《规章制度》，对于请假手续、请假流程以及上级领导批准后方可休假均系明知，应当遵照履行；再次，2014 年 5 月 27 日李某曾通过电子邮件的方式向主管杨某某请休年假，杨某某通过电子邮件的方式予以批准。而在 2014 年 6 月 5 日、6 日、10 日、13 日李某通过电子邮件申请休假后，杨某某并未作出同意的批复。故李某在明知杨某某未作出同意其休假的批复下，擅自休假，构成旷工，且累计达到严重违反上海某公司的《规章制度》，可直接予以解除劳动合同的程度。”在勾某诉杭州某公司的案例[①]中，法院认为：“勾某在杭州某公司处工作期间虽实行不定时工作制，但仍应当服从杭州某公司的合理工作安排。杭州某公司要求勾某‘不出差时必须到岗，严禁迟到早退’‘不出差时必须到岗，遵守杭州基地的考勤规定，8 点前到岗，17 点后离岗，严禁迟到早退’，均属于合理工作安排，原告应予以服从。”

以上二则案例说明，司法裁判机关认可用人单位有权对劳动者的工作进行安排和管理，并基于此认可用人单位对不定时工作制员工展开考勤管理。不定时工作制员工虽然上下班时间较为灵活，但不等于劳动者可以无视用人单位依法制定的规章制度自行安排并决定工作和休息时间而不再受用人单位的管理。

（3）不定时工作制员工进行考勤管理的注意事项

因不定时工作制岗位具有工作起止时间不固定、工作时长不确定、工作地点不固定的特点，因此，即使对不定时工作制员工进行考勤管理，亦应有别于标准工时制员工执行的固定上下班时间及工作地点的考勤制度。

①灵活安排考勤方式

对于不定时工作制度考勤安排，可按照下列方式确定：

第一，客户拜访记录。在王某诉上海某公司的案例[②]中，法院认为：“单位《员工手册》规定：不定时工作制员工进行考勤工作时通过 EIP7S 客户端摇一摇定位考勤，销售（深度）地区经理每月至少 15 天在医院有效拜访或者协访；不定时工作制员工连续 3 天（工作日）及以上无任何有效拜访记录且无其他出勤打卡记录、会议记录和请假记录的视为旷工行为，连续几日无拜访即视为几天旷工；销售

① （2019）浙 0191 民初 3517 号。
② （2020）豫 01 民终 3002 号。

人员当月连续3个工作日旷工或12个月累计旷工3天及以上的属于严重违纪行为。当劳动者未按上述要求考勤时，法院最终认定单位的解除行为合法。”

除此之外，还可以要求不定时工作制员工填报工作日志、限制打卡地区等对不定时工作制员工进行考勤。

第二，考勤应符合岗位属性。用人单位为了实现对不定时工作制员工进行考勤管理，在打卡时间、次数、地点的设置上，应符合劳动者工作岗位的属性和特点。若制度的设置劳动者根本无法执行，则可能被认定为无效。在朱某诉天津某公司的案例①中，法院认为：“朱某的岗位是代驾司机，工作时间不定时，工作地点不固定，变更考勤方式前的灵活考勤方式适合朱某的工作岗位，符合常理；变更考勤方式后，要求朱某上午打卡4次、下午打卡6次，打卡时间限制严格，与此前考勤方式差别巨大，且代驾司机完成工作任务的时间不固定，完成订单再返回考勤地点考勤的时间无法掌控，而且两个订单之间不一定会留给代驾司机往返考勤地点的时间，该考勤方式明显不适合代驾司机的工作性质和特点，可能出现代驾司机客观上考勤不能的后果。因此，天津某公司依据新的考勤方式主张朱某旷工，无事实和法律依据。”

②考勤制度应符合法律规定。

第一，考勤制度应保障劳动者的休息权。根据《劳动部关于职工工作时间有关问题的复函》第8条的规定，对于实行不定时工作制的劳动者，企业应当根据标准工时制度合理确定劳动者的劳动定额或其他考核标准，以便安排劳动者休息。因此，用人单位在制定及执行不定时工作制员工的考勤制度时，应参照标准工时制度，合理确定其时间定额。避免因违反法律规定致使考勤制度无效而在劳动争议中面临败诉的风险。在陈某诉北京某公司的案例②中，法院认为：“北京某公司对不定时工作制员工实行的考勤制度存在以下不合法之处：一是超出了标准工时制下法定的月总工时数166.64小时（20.83天×8小时）；二是在员工月实际工作时间超出上述总工时数的情况下，北京某公司以实行不定时工作制为由规避支付加班工资的义务，在员工月实际工作时间不足上述总工时数的情况下，北京某公司却让员工承担缺勤或旷工的责任，故上述规定显然不符合不定时工作制的真正含义，亦侵犯员工合法权益，本院对北京某公司上述规章制度的效力不予确认。”

---

① （2020）粤0112民初3022号。

② （2020）京02民终8161号。

第二，考勤制度的制定程序合法。用人单位考勤相关的规章制度草拟、颁布、送达应符合民主程序，避免因程序瑕疵致使民主制度无效。在闫某诉北京某公司的案例[①]中，法院认为："闫某主张其岗位实行不定时工作制，且从其工资上看一直都全额发放，故不存在违反北京某公司管理制度的行为，但是不定时工作制不代表可以不接受用人单位的管理，亦不代表可以不向用人单位提供劳动，全额发放工资亦不代表用人单位放弃解除权。现根据考勤打卡记录的记载，闫某存在多次异地打卡情况且未能作出合理说明；针对闫某存在的上述行为，北京某公司根据其公司的管理制度作出解除劳动合同的决定。一方面，北京某公司已提交其公司管理制度已履行民主及公示程序且实际生效实施的证据；另一方面，根据《中华人民共和国劳动法》的规定，劳动者应当遵守劳动纪律和职业道德，闫某的行为已严重违反劳动纪律，故北京某公司解除与闫某的劳动合同，无法认定为违法解除。"本案中裁判机关认定用人单位与劳动者不是违法解除劳动关系的考量的重要条件之一，就是用人单位的考勤制度履行了法定的民主公示程序，据此可以作为解除劳动关系的依据。

（四）计件工时制度

1. 概念

计件工时制度是指用人单位根据企业平均生产率核定劳动定额后，以劳动者完成一定数量的合格产品或一定的作业量来确定劳动报酬的制度。根据《劳动法》第36条、第37条规定，对实行计件工作的劳动者，用人单位应当根据标准工时制的规定，合理确定劳动定额和计件报酬标准。

2. 适用条件

计件工时制度较为适合产品固定、数量能够准确计量、生产任务排布饱满，且机械化、自动化程度较低的企业。采用计件工时制度能够调动和提高劳动者的积极性，从而提高生产效率，实现多劳多得、公平分配的目的。

但采用计件工时制度的用人单位必须有相应的管理水平，需要用人单位建立合理的生产品控体系、质量管理体系、劳动薪酬管理体系，以及统计统筹体系、劳动者定额体系和考评体系等各项管理体系，这样才能保证计件工时制度的正常运转，发挥效能。

---

① （2020）京02民终11419号。

3. 适用计件工时制度的注意事项

在适用计件工时制度时应当注意，如果劳动者工作时间超过了标准工时的法律规定，应当支付加班费，即计件工作的劳动者在完成劳动定额或规定的工作任务后，如果用人单位还要安排员工在法定标准工作时间以外继续劳动，那么企业应当按照相应延长劳动的时间核发加班费。

《工资支付暂行规定》第 13 条规定：“用人单位在劳动者完成劳动定额或规定的工作任务后，根据实际需要安排劳动者在法定标准工作时间以外工作的，应按以下标准支付工资：（一）用人单位依法安排劳动者在日法定标准工作时间以外延长工作时间的，按照不低于劳动合同规定的劳动者本人小时工资标准的 150% 支付劳动者工资；（二）用人单位依法安排劳动者在休息日工作，而又不能安排补休的，按照不低于劳动合同规定的劳动者本人日或小时工资标准的 200% 支付劳动者工资；（三）用人单位依法安排劳动者在法定休假节日工作的，按照不低于劳动合同规定的劳动者本人日或小时工资标准的 300% 支付劳动者工资。实行计件工资的劳动者，在完成计件定额任务后，由用人单位安排延长工作时间的，应根据上述规定的原则，分别按照不低于其本人法定工作时间计件单价的 150%、200%、300% 支付其工资。经劳动行政部门批准实行综合计算工时工作制的，其综合计算工作时间超过法定标准工作时间的部分，应视为延长工作时间，并应按本规定支付劳动者延长工作时间的工资。实行不定时工时制度的劳动者，不执行上述规定。”

二、用人单位确定工时制度的合规流程

（一）确定适用特殊工时的工种或岗位

用人单位需要基于对本单位生产经营的了解及本单位内部用工岗位的特点，选择合适的工时制度。例如，生产存在淡旺季产品的岗位，适用综合工时制；单位的运输人员、主管人员，适用不定时工作制；一般的生产性岗位，适用标准工时制等。

（二）特殊工时制的实行需要经过民主程序

工时制度涉及劳动者的劳动时间，直接关系到劳动者的切身利益，是用人单位和劳动者签订劳动合同中的重要内容，也是《劳动合同法》第 4 条规定的用人单位规章制度必备条款之一。《劳动合同法》第 4 条要求用人单位对于涉及劳动者切身利益的事项必须与劳动者协商一致，征求职工代表大会（职工大会）或者工会的意

见，并进行公示、告知。实行特殊工时制的用人单位，应做好特殊工时制度经过民主程序制定和公示的存证工作。

（三）用人单位应向劳动行政部门报批工时制度

用人单位的某些工作岗位符合适用综合工时制度或不定时工作制度条件的，用人单位应与劳动者书面约定适用的工时种类，并向劳动行政部门进行报批、备案。

（四）用人单位应严格执行劳动合同约定及法律规定的工时制度

我国法律对标准工时制、综合工时制、不定时工作制均作出了严格的适用限定。实践中，有些用人单位为逃避支付加班工资，就某些岗位申请并经审批适用综合工时制或者不定时工作制度，且与劳动者做了书面约定，但实际安排劳动者一周上 6 天班或 7 天班，每天工作 8 小时，依照标准工时制管理劳动者的上班考勤。此种情形，视为用人单位与劳动者已实际合意变更了工时制度而转为适用标准工时制度，用人单位超时安排劳动者工作仍需要支付加班或加点工资。因此，用人单位应严格执行约定的工时制度，切不可无视约定而随意变更。

第九章　用人单位应确定加班制度

为了保障劳动者休息休假的权利，我国现行劳动法律规定了工作时间、加班最长时间限制、休息日、法定休假日、年休假等休息制度，旨在平衡劳动者为用人单位提供劳动与劳动者休息权、健康权的关系。本章主要为读者介绍加班类型与加班费的支付、加班应注意的问题及加班合规操作建议，帮助用人单位在确实需要加班的用工场景下，平衡劳动者休息、健康权与工作需要，避免用人单位因对加班相关规定认识不足而陷入用工风险。

思维导图

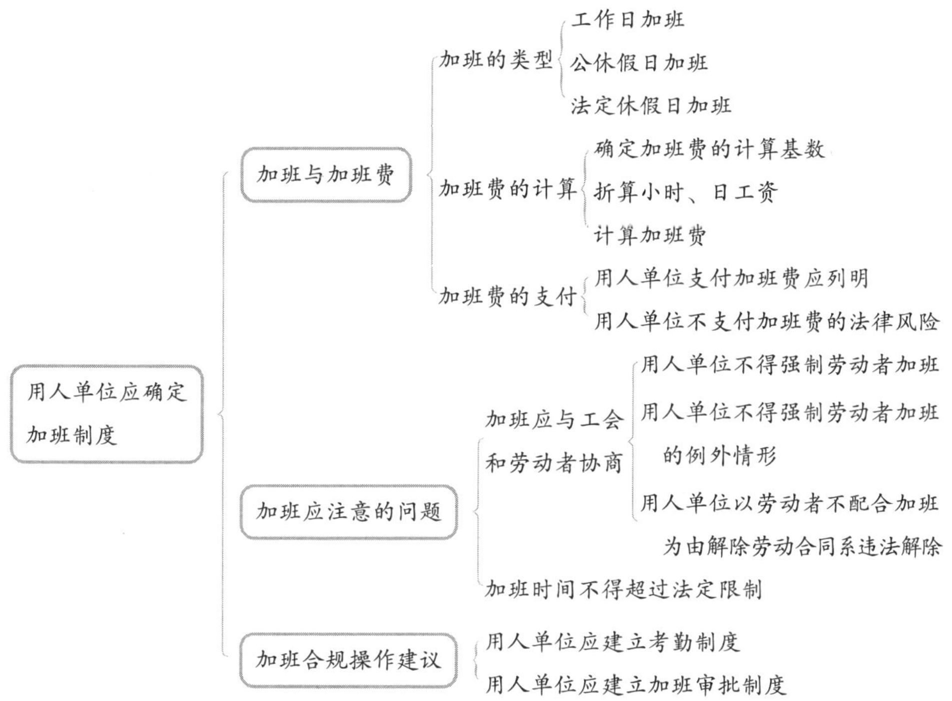

一、加班与加班费

《劳动法》第 41 条规定："用人单位由于生产经营需要，经与工会和劳动者协商后可以延长工作时间，一般每日不得超过一小时；因特殊原因需要延长工作时间的，在保障劳动者身体健康的条件下延长工作时间每日不得超过三小时，但是每月不得超过三十六小时。"也就是说，加班有以下三点限制：第一，加班需要用人单位进行组织安排，在实践当中劳动者自主延长工作时间的情况不能视为加班，应被视为劳动者主动放弃自己的自主休息权；第二，用人单位不可强制要求加班，应当经过工会或劳动者同意；第三，用人单位安排劳动者的延长工作时间不得超出法律规定的上限。

（一）加班的类型

用人单位安排劳动者延长工作时间一般分为三种形式：

1. 工作日加班

根据标准工时制，劳动者一个工作日的法定标准工作时间为 8 小时，超出标准工时以外延长的工作时间，视为工作日的加班。

2. 公休假日加班

公休日即周休息日，我国目前普遍实行每周 2 天的休息制度，一般安排在周六和周日。用人单位在保证劳动者每周至少休息一日的前提下也可以根据实际情况灵活安排劳动者公休假日加班。公休假日安排劳动者加班的，可安排劳动者进行补休，未安排补休的用人单位应支付劳动者加班工资。

3. 法定休假日加班

国家规定全体公民及部分公民享有的休息日即法定休假日，具体规定在《全国年节及纪念日放假办法》中。在《关于职工工作时间有关问题的复函》中规定，法定节假日安排劳动者加班的，一般不安排补休，用人单位应按规定支付加班工资。

上述三种情形的加班，在《劳动法》第 44 条中对不同休息时间加班费的支付倍率作出了规定："有下列情形之一的，用人单位应当按照下列标准支付高于劳动者正常工作时间工资的工资报酬：（一）安排劳动者延长工作时间的，支付不低于工资的百分之一百五十的工资报酬；（二）休息日安排劳动者工作又不能安排补休的，支付不低于工资的百分之二百的工资报酬；（三）法定休假日安排劳动者工作的，支付不低于工资的百分之三百的工资报酬。”

（二）加班费的计算

1. 确定加班费的计算基数

加班费计算基数也是劳动争议中的一大争议焦点，在实践中由于用人单位的薪资结构较为复杂，除基本工资外，往往还有各类津贴、补贴、奖金、绩效工资等，用人单位可以考虑在劳动合同中约定加班费的计算基数，但约定基数不得低于当地最低工资标准。

用工风险场景：用人单位与劳动者可就加班费计算基数进行约定[①]

尹某诉中某住公司劳动争议纠纷一案，尹某不服安徽省芜湖市中级人民法院作出的二审判决，向安徽省人民检察院申请监督，向安徽省人民检察院提出民事抗诉，安徽省高级人民法院作出民事裁定，指令安徽省芜湖市中级人民法院再审该案。

尹某认为，其主张的加班费及赔偿金合理有据。一审中尹某提交了排班交接表，该证据能够明确反映尹某工作的具体时间，中某住公司亦认可尹某工作时间为每天 12 小时，故尹某加班事实明确，中某住公司应支付加班费。尹某工资条上的工资组成约定固定加班费为 550 元，系基于最低工资 1040 元计算得出，但是 2015 年最低工资为 1350 元，所以 2015 年开始中某住公司每月均少发加班费，根据尹某基础工资 1950 元计算，尹某加班费为 7832.75 元。据此，尹某主张赔偿金合法有据。

法院认为：劳动者加班工资计算基数应为劳动者应得的工资，包括计时工资或者计件工资以及奖金、津贴、补贴等货币性收入。用人单位与劳动者明确约定奖金、津贴、补贴等项目不作为加班工资计算基数的，从其约定，但约定的正常工作时间工资低于当地最低工资标准的除外。尹某工资卡上每月工资数额不等，其二审自认每月工资 1950 元，不含固定加班费 550 元，说明加班费是其与中某住公司约定的，该数额计算标准不低于 2015 年当地最低工资发放标准，二审以此为由驳回尹某增加加班费的请求并无不当，维持原判。

在仲裁、诉讼中用人单位通常以基本工资或最低工资作为计算基数，而劳动者往往主张将所有薪酬项目加总作为加班费计算基数。在本案中，用人单位通过劳动合同、协议等方式与劳动者进行约定，将福利性、考核性和偶发性的浮动收入剔除在加班费计算基数之外，在司法实践中被认可。

---

① （2019）皖 02 民再 20 号。

2. 折算小时、日工资

在折算小时、日工资时，要注意区分工作日与计薪天数的区别，工作日确定的是工作时间，计薪天数确定的是劳动报酬。劳动者在法定休假日被视为提供正常劳动，因此法定节假日本身虽不是工作日，但是被计入计薪天数。根据《劳动部和社会保障部关于职工全年月平均工作时间和工资折算问题的通知》第 2 条及《劳动法》第 51 条的规定，法定节假日用人单位应当依法支付工资，即折算日工资、小时工资时不剔除国家规定的 11 天法定节假日。据此，日工资、小时工资的折算为：

日工资：月加班费的计算基数÷月计薪天数

小时工资：月加班费的计算基数÷（月计薪天数×8 小时）

月计薪天数=（365 天-104 天）÷12 月=21.75 天/月

3. 计算加班费

加班费的计算公式为：日/小时工资×加班时间（扣除调休）×加班工资系数=员工当月加班费。

（1）确定加班时间

依据《加班申请单》批复情况计算。

（2）确定加班工资系数

工作日加班 1.5 倍；双休日加班 2 倍；休息日加班，如果用人单位调休的，可以不支付加班费；法定节假日加班 3 倍，无论调休与否都必须支付加班费。

（三）加班费的支付

1. 用人单位支付加班费应列明

用人单位在支付劳动报酬时，应在工资表中区分正常工作时间工资与加班工资，并且在劳动者收取劳动报酬时对工资表当中的薪资以及加班费等确认，做好用人单位已支付工资及加班工资的证据固定工作，避免双方因加班费支付问题引起争议。

2. 用人单位不支付加班费的法律风险

《最高人民法院关于审理劳动争议案件适用法律问题的解释（一）》第 45 条规定："用人单位有下列情形之一，迫使劳动者提出解除劳动合同的，用人单位应当支付劳动者的劳动报酬和经济补偿，并可支付赔偿金：（一）以暴力、威胁或者非法限制人身自由的手段强迫劳动的；（二）未按照劳动合同约定支付劳动报酬或者提供劳动条件的；（三）克扣或者无故拖欠劳动者工资的；（四）拒不支付劳动者延长工作时间工资报酬的；（五）低于当地最低工资标准支付劳动者工资的。”用人单位若拒不支付加班费，则劳动者可以以此为由提出解除劳动合同，用人单位可能需要承担经济补偿金和经济赔偿金的支付责任。

用工风险场景：劳动者以用人单位拒不支付加班工资为由解除劳动合同，用人单位应支付经济补偿金①

李某于2017年1月进入凉山某公司工作，李某在职期间，凉山某公司以岗位调整为由无故降低、克扣李某工资，法定节假日安排李某工作却拒不发放加班工资，迫使李某在2021年6月1日向凉山某公司提出辞职，并经凉山某公司允许于2021年6月30日离职，于2021年7月2日办理离职手续。因凉山某公司办理离职手续时拒不支付李某法定节假日的加班工资、6月工资、解除劳动合同经济补偿金等相关待遇，李某提起仲裁。劳动争议仲裁委员会仅支持了李某对于2021年“五一”法定节假日加班工资的仲裁请求，对于李某主张的解除劳动合同的赔偿金予以驳回，故李某诉至法院。

法院认为：对于李某要求凉山某公司支付解除劳动合同经济补偿金25269.30元的诉讼请求，因李某于2021年6月1日向凉山某公司提出解除劳动合同关系时，在《离职说明》中明确提出要求凉山某公司支付2021年5月1日法定休假日加班工资的诉求，但至今凉山某公司拒不向李某支付2021年5月1日法定休假日加班工资，可见凉山某公司拒不支付李某2021年5月1日加班工资系致使李某向凉山某公司提出解除劳动合同关系的原因之一。综上，根据《最高人民法院关于审理劳动争议案件适用法律问题的解释（一）》第45条第1款第4项，“用人单位有下列情形之一，迫使劳动者提出解除劳动合同的，用人单位应当支付劳动者的劳动报酬和经济补偿，并可支付赔偿金：……（四）拒不支付劳动者延长工作时间工资报酬的”之规定，凉山某公司拒不支付李某延长工作时间工资报酬，应当向李某支付解除劳动合同经济补偿金。

值得注意的是，劳动者依据《最高人民法院关于审理劳动争议案件适用法律问题的解释（一）》第45条规定提出解除劳动合同，在司法裁判中，用人单位支付经济补偿金应以存在主观过错为前提，江苏省高级人民法院在《苏州某公司与宣某劳动争议申诉、申请民事裁定书》② 中认为：“用人单位未及时足额支付劳动报酬，

① （2021）川3401民初5802号。
② （2016）苏民申5326号。

劳动者提出解除劳动合同的，用人单位应当向劳动者支付经济补偿。劳动合同法的上述规定主要规制用人单位履行劳动合同中的有悖诚信行为。用人单位不存在未及时足额支付劳动报酬的主观恶意，因客观原因导致计算标准存在争议而未能及时足额支付劳动报酬，劳动者要求用人单位支付经济补偿的，不应予以支持。”上海市第一中级人民法院在蒋某诉上海某公司劳动合同纠纷①一案中认为：“用人单位因主观恶意而未‘及时、足额’支付劳动报酬的，可以作为劳动者解除合同的理由。但对确因客观原因导致计算标准不清楚、有争议，导致用人单位未能‘及时、足额’支付劳动报酬的，不能作为劳动者解除合同的依据。”因此，若劳动者在职期间就“加班费”的计算与发放提出异议的，用人单位应及时予以解释、处理，避免因怠于回复劳动者“加班费”的异议，导致用人单位存在“拒不支付”加班费的主观过错，在后续的仲裁、诉讼中产生不利影响。

二、加班应注意的问题

《宪法》保障了劳动者享有休息休假的权利，且《劳动法》规定，延长工作时间需经用人单位与劳动者协商一致。因此，用人单位不得强制劳动者加班。

（一）加班应与工会和劳动者协商

1. 用人单位不得强制劳动者加班

《劳动法》第41条规定：“用人单位由于生产经营需要，经与工会和劳动者协商后可以延长工作时间……”因此，用人单位不得强制要求劳动者加班，更不得以劳动者不配合加班为由，认为劳动者违反用人单位管理纪律。

2. 用人单位不得强制劳动者加班的例外情形

《劳动法》第42条规定：“有下列情形之一的，延长工作时间不受本法第四十一条规定的限制：（一）发生自然灾害、事故或者因其他原因，威胁劳动者生命健康和财产安全，需要紧急处理的；（二）生产设备、交通运输线路、公共设施发生故障，影响生产和公众利益，必须及时抢修的；（三）法律、行政法规规定的其他情形。”法律对用人单位可以未经与劳动者协商一致，要求劳动者加班作了列举规定，比如在新冠肺炎疫情期间，对于医用口罩、呼吸机等医疗器械生产厂商来说，就属于用人单位可以单方延长劳动者工作时间的特殊情况。

---

① （2016）沪01民终4687号。

3. 用人单位以劳动者不配合加班为由解除劳动合同系违法解除

用工风险场景：劳动者拒绝违法超时加班安排，用人单位能否解除劳动合同[①]

2018年9月3日，郑某与绍兴某公司签订书面劳动合同，合同约定郑某在工程管理岗位工作；实行标准工时制，郑某每日工作时间不超过8小时，每周工作时间不超过40小时，每周至少休息一天。2020年9月13日（休息日），绍兴某公司要求郑某加班，郑某予以拒绝，绍兴某公司认定郑某为旷工一天，并对其作出罚款100元的处罚。2020年9月14日及9月15日上午，郑某正常出勤。2020年9月15日下午，绍兴某公司以郑某存在"不请假、恶意不服从生产安排、拒不接受处罚结果，消极怠工"之行为为由，要求郑某立即离开公司并解除双方劳动关系，并在当天作出解除劳动合同的书面处理意见。2020年9月16日，郑某向劳动人事争议仲裁委员会申请仲裁，要求绍兴某公司支付其违法解除劳动合同的经济赔偿金。劳动人事争议仲裁委员会裁决，绍兴某公司支付郑某违法解除劳动合同的经济赔偿金28000元，绍兴某公司不服裁决，遂向法院提起诉讼。

法院认为：原告在要求被告于2020年9月13日休息日加班遭拒情况下，却以被告旷工一天对其作出罚款100元的处罚，明显侵犯了劳动者的休息权利。被告2020年9月14日及9月15日上午均正常出勤，不存在原告陈述的旷工的情形。结合劳动仲裁庭审时证人郑乙关于"其负责上报每月出勤的情况，据其所知被告只有2020年9月13日拒绝加班，其他不清楚"等证言，可见被告并未具有严重违反原告规章制度的行为，故原告解除与被告的劳动合同之行为不符合《劳动合同法》第39条之情形，系违法解除劳动合同行为。

（二）加班时间不得超过法定限制

《劳动法》第41条规定："用人单位由于生产经营需要，经与工会和劳动者协商后可以延长工作时间，一般每日不得超过一小时；因特殊原因需要延长工作时间的，在保障劳动者身体健康的条件下延长工作时间每日不得超过三小时，但是每月不得超过三十六小时。"可见，延长工作时间每天的上限是3小时，一个月累计不能超过36小时。

安排加班超过法定限制要面临劳动监察。根据《劳动保障监察条例》第25条规定："用人单位违反劳动保障法律、法规或者规章延长劳动者工作时间的，由劳

---

① （2020）浙0604民初8098号。

动保障行政部门给予警告，责令限期改正，并可以按照受侵害的劳动者每人 100 元以上 500 元以下的标准计算，处以罚款。”用人单位若违反相关法律法规的规定延长劳动者工作时间的，将面临行政处罚。在罚款的基础上，用人单位仍应当据实结算加班费。

三、加班合规操作建议

《最高人民法院关于审理劳动争议案件适用法律问题的解释（一）》第 42 条规定：“劳动者主张加班费的，应当就加班事实的存在承担举证责任。但劳动者有证据证明用人单位掌握加班事实存在的证据，用人单位不提供的，由用人单位承担不利后果。”最高人民法院在《最高人民法院新劳动争议司法解释（一）理解与适用》[①] 中认为，本条的构成要件为：

第一，劳动者主张加班事实的存在。

第二，劳动者已经有证据证明用人单位掌握加班事实存在的证据。前述证据可以表现为双方劳动合同中约定的加班所需履行的审批手续，而该手续最终由用人单位保管；也可以表现为劳动者之前领取工资的工资单，该工资单显示的内容能够证明用人单位有记录加班时间的内部系统；有时也会表现为在同一用人单位的其他劳动者提出的能够证明该用人单位掌握加班事实的证据。但是，无论何种证据，本要件的满足是以法官对劳动者提出的证据进行证明评价之后形成确信（用人单位掌握加班事实存在的证据）为条件的。

第三，用人单位不提供加班事实存在的证据。与《最高人民法院关于民事诉讼证据的若干规定》等司法解释不同的是，《最高人民法院关于审理劳动争议案件适用法律问题的解释（一）》第 42 条并未规定用人单位“无正当理由拒不提供”的要件。这一方面是与《劳动争议调解仲裁法》第 6 条的规定保持一致，另一方面并不能得出结论认为，在任何情况下用人单位只要不提供此类证据，即面临不利后果。例如，在用人单位发生火灾导致所存资料全部毁损的情况下，再适用本条规定显然不妥。此时，应当根据其他证据来认定加班事实是否存在。因此，解释上的妥当结论应当是，用人单位不提供此类证据的例外情况应当尽量限制。

根据最高人民法院关于加班费举证责任分配的相关解读，可以知道在加班费争

---

① 最高人民法院民事审判第一庭编著：《最高人民法院新劳动争议司法解释（一）理解与适用》，人民法院出版社 2021 年版，第 518—519 页。

议处理中，要充分考虑劳动者举证能力不足的实际情况，根据“谁主张谁举证”原则、证明妨碍规则，结合具体案情设置用人单位的相关举证责任。因此，为了应对加班费支付相关的劳动人事争议，用人单位有必要制定相关制度，做好工作时间、考勤、加班费支付的事实固定工作。

（一）用人单位应建立考勤制度

在司法实践中，考勤记录是确定劳动者工作时间、加班工资最主要的证据，而经过劳动者签字确认的考勤记录对加班时间的认定更是具有较强的证明力。建立考勤制度，对劳动者工作时间的事实固定有很重要的意义，特别是有一些用人单位为员工设置了一些福利，比如员工自己延长工作时间至晚8点以后安排晚餐，可以报销打车费等，此后劳动者很可能以相关报销凭证来主张加班事实，若用人单位并未建立考勤制度，且无有利证据反驳劳动者证据主张的工作时间，则司法机关可能认为用人单位负有考勤管理的相关义务及相关证据的出示义务，若用人单位未能出示的，司法机关可能按照劳动者主张的考勤时间来计算加班工资。

需要特别提醒的是，用人单位在制作考勤表时要对标准工作时间以及加班时间做区分，并且每个月要求劳动者在考勤表上签字确认或以其他电子形式进行确认，从而起到固定出勤时间包括加班时间的作用。

用工风险场景：法院最终以劳动者考勤记录裁判支付加班费①

施某与外某公司签有一份期限为2011年9月1日至2014年8月31日的劳动合同及派遣单，约定由外某公司派遣施某至骏某公司担任司机一职，每天工作8小时、一周工作5天，月基本工资人民币2500元（以下币种均为人民币）。施某在骏某公司工作至2013年4月30日，之后被退回外某公司。2013年5月13日，施某向上海市静安区劳动人事争议仲裁委员会申请仲裁，要求骏某公司支付：1. 2012年全年加班工资18319元；2. 2012年1月至2013年5月未休年假工资8620.68元；3. 外某公司承担连带责任。该仲裁委员会于2013年7月8日作出静劳人仲（2013）办字第538号裁决书，裁决：骏某公司支付施某2012年年休假工资3448.27元，外某公司承担连带责任；对施某其余仲裁请求不予支持。施某不服该仲裁裁决，诉至一审法院。一审法院认为：骏某公司应支付施某加班工资754.43元、未休年休假工资3448.27元。外某公司作为劳务派遣单位应与用工单位共同承担连带赔偿责

① （2013）沪二中民三（民）终字第1146号。

任。外某公司不服，提起上诉。

法院认为：外某公司上诉称，骏某公司有严格的加班审批制度，施某未能提供加班申请单佐证其所主张的加班事实，且施某提供的送（提）货单只能证明业务下单时间，不能证明提货时间，无法证明周六加班三天的事实，另公司副总刘某在2012年12月3日考勤卡上签字确认的下班时间，只能说明施某当天离开公司的时间，不能以此作为其延时加班3小时的依据。对此，法院认为，在劳动争议案件审理中，劳动者的举证能力明显弱于用人单位，本案中，骏某公司虽有明确的加班管理制度，即员工加班应当填写加班申请单经主管批准，但鉴于施某未能及时办理相关手续的情况下，其所提供的考勤卡等一系列证据足以证明其所主张的上述加班事实。外某公司对考勤卡、送（提）货单的相关上诉意见，均缺乏依据，本院不予采纳。原审法院根据查明的事实判决骏某公司支付施某2012年加班费754.43元，外某公司承担连带赔偿责任并无不当，本院予以维持。

（二）用人单位应建立加班审批制度

劳动者主动延长工作时间时，用人单位无须支付加班工资，但需要注意其中的举证问题。在请求支付加班费的仲裁、诉讼中，若劳动者提供了其在法定工作时间外进行工作的相关证据，用人单位仅以劳动者是自愿加班为由，却没有相关的加班管理制度作为事实凭证，司法机关很有可能以出勤及加班管理属于用人单位管理职责范围为由，不采纳用人单位的主张，认定用人单位应支付劳动者加班工资。因此，在用人单位人力资源管理的实践中，笔者建议用人单位建立加班审批制度，并将该制度写入员工手册，以达到规范管理及证据保存的目的。

本书第二十三章的《加班申请单》《加班确认单》为读者提供了参考文本。

第十章　用人单位应对员工的休假进行管理

我国宪法赋予劳动者休息休假的权利，本节将介绍我国现行劳动法律制度中规定的几类假期，其中病假和年休假尤其值得注意，是劳动争议纠纷多发领域，另外还有新增加的“育儿假”的实施，都值得人力资源合规管理者多加注意。

思维导图

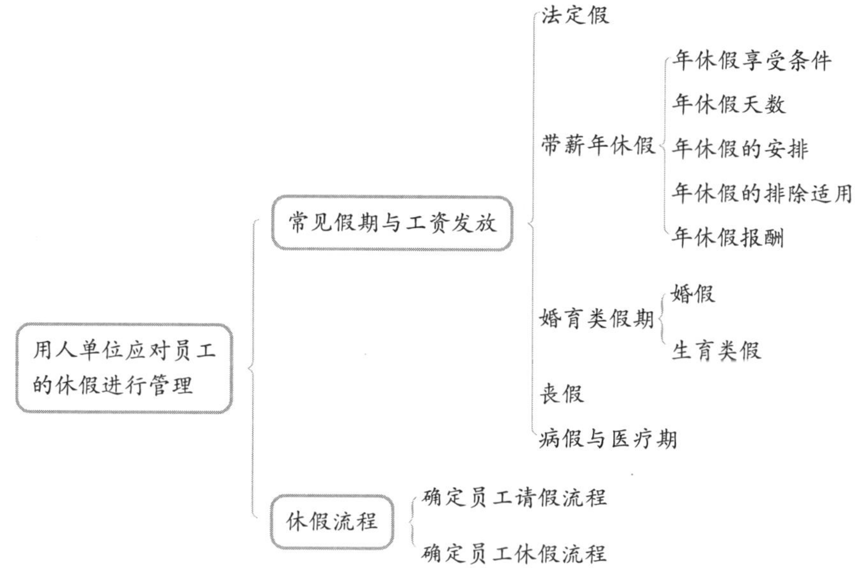

一、常见假期与工资发放

（一）法定假期

根据《全国年节及纪念日放假办法》的规定，节日及纪念日分为：全体公民放假的节日、部分公民放假的节日及纪念日、少数民族习惯的节日及其他节日和纪念日。其中，按照现行规定，全体公民放假的节日共计 11 天，分别为新年（1 月 1

日)、春节(农历正月初一、初二、初三)、清明节(农历清明当日)、劳动节(5月1日)、端午节(农历端午当日)、中秋节(农历中秋当日)和国庆节(10月1日、2日、3日)。

全体公民放假的假日，如果适逢星期六、星期日，应当在工作日补假，部分公民放假的假日，如果适逢星期六、星期日，则不补假。

(二) 带薪年休假

为了更好地保障员工休息休假的权利，我国实行职工带薪年休假制度。《劳动法》第45条规定，劳动者连续工作一年以上的，享受带薪年休假。

1. 年休假享受条件

《职工带薪年休假条例》第2条规定："机关、团体、企业、事业单位、民办非企业单位、有雇工的个体工商户等单位的职工连续工作1年以上的，享受带薪年休假(以下简称年休假)。单位应当保证职工享受年休假。职工在年休假期间享受与正常工作期间相同的工资收入。"《企业职工带薪年休假实施办法》第3条、第4条对职工享受带薪年休假的条件作了更为明确的规定，职工连续工作满12个月以上的，享受带薪年休假。年休假天数根据职工累计工作时间确定。职工在同一或者不同用人单位工作期间，以及依照法律、行政法规、国务院规定视同工作期间，应当计为累计工作时间。

关于"职工连续工作满12个月以上"的确定问题，人力资源和社会保障部就带薪年休假的享受条件和累计工作时间的确定，复函给上海市人力资源和社会保障局称：《企业职工带薪年休假实施办法》第3条中的"职工连续工作满12个月以上"，既包括职工在同一用人单位连续工作满12个月以上的情形，也包括职工在不同用人单位连续工作满12个月以上的情形。

用工风险场景：劳动者入职前工龄有断档，不享受年休假[①]

曹某因与A公司的劳动合同纠纷诉至法院，其中有一个诉求为，要求公司支付应休未休年休假工资。曹某于2013年9月9日从上家用人单位离职，于2013年10月8日进入A公司。至2013年12月31日，曹某累计工作年限已满16年。

本案经仲裁、一审、二审，最终驳回曹某的应休未休年休假工资诉请。

法院认为：根据规定，职工连续工作满12个月以上的，享受带薪年休假。曹

---

① (2015)沪一中民三(民)终字第1309号。

某2013年9月9日从上家用人单位离职、2013年10月8日入职A公司单位，故其入职时未连续工作满12个月，其应从2014年10月8日起方能享受带薪年休假，曹某要求A公司支付2013年10月8日至2014年10月7日的应休未休年休假工资缺乏依据，不予支持。

上述裁判认为劳动者入职前工龄有断档，连续工作未满12个月的则不能享受年休假，深圳市中级人民法院2015年发布的《关于审理劳动争议案件的裁判指引》第109条也就此作出规定：《企业职工带薪年休假实施办法》第3条所规定的“连续工作满12个月以上”，既包括劳动者在本单位连续工作满12个月以上的情形也包括劳动者在不同用人单位连续工作满12个月以上的情形，但劳动者在进入新用人单位时存在工作间断的除外。

因此，用人单位在劳动者入职时，可就劳动者的工龄情况做调查，比如要求劳动者书面承诺所述工龄真实有效，或要求劳动者提供工龄的相关凭证，可以作为在年休假相关诉讼中的重要证据。在王某诉上海某公司案件①中，因王某并无证据证明其在入职被告公司之前连续工作，故法院驳回了其应休未休年休假的相关诉请。

2. 年休假天数

《职工带薪年休假条例》第3条规定：“职工累计工作已满1年不满10年的，年休假5天；已满10年不满20年的，年休假10天；已满20年的，年休假15天。国家法定休假日、休息日不计入年休假的假期。”

3. 年休假的安排

《职工带薪年休假条例》第5条第1款、第2款规定：“单位根据生产、工作的具体情况，并考虑职工本人意愿，统筹安排职工年休假。年休假在1个年度内可以集中安排，也可以分段安排，一般不跨年度安排。单位因生产、工作特点确有必要跨年度安排职工年休假的，可以跨1个年度安排。”由此可见，劳动者虽然享有休年休假的权利，但是休年休假并非只有劳动者向用人单位提出申请一条途径，用人单位也是可以主动安排的。

4. 年休假的排除适用

《职工带薪年休假条例》第4条规定：“职工有下列情形之一的，不享受当年的年休假：（一）职工依法享受寒暑假，其休假天数多于年休假天数的；（二）职工请事假累计20天以上且单位按照规定不扣工资的；（三）累计工作满1年不满10

① （2017）沪0115民初80657号。

年的职工，请病假累计 2 个月以上的；（四）累计工作满 10 年不满 20 年的职工，请病假累计 3 个月以上的；（五）累计工作满 20 年以上的职工，请病假累计 4 个月以上的。”

5. 年休假报酬

对于用人单位原因导致劳动者应休未休年休假的，应当按照日工资收入的 300%支付年休假工资报酬。此处的 300%包含了正常工作期间支付的工资。《职工带薪年休假条例》第 7 条规定：“单位不安排职工休年休假又不依照本条例规定给予年休假工资报酬的，由县级以上地方人民政府人事部门或者劳动保障部门依据职权责令限期改正；对逾期不改正的，除责令该单位支付年休假工资报酬外，单位还应当按照年休假工资报酬的数额向职工加付赔偿金……”由此可见，侵犯劳动者休息休假权不仅将面临行政处罚，还将承担支付额外赔偿等民事责任。

（三）婚育类假期

1. 婚假

劳动者结婚的，依法享受相关的婚假。根据《国家劳动总局、财政部关于国营企业职工请婚丧假和路程假问题的通知》，职工本人结婚时可以根据具体情况，由本单位行政领导批准，酌情给予 1 到 3 天的婚假。一般情况下，认定的婚假为 3 天。2016 年 1 月 1 日开始实施的《人口与计划生育法》第 25 条第 1 款规定，符合法律、法规规定生育子女的夫妻，可以获得延长生育假的奖励或者其他福利待遇。新《人口与计划生育法》（2021 修正）实施后，各地删除了晚婚假的规定，并将相关延长婚假的福利普及所有结婚的劳动者。婚假延长假的天数规定在地方法规中，各地存在较大的差异。

婚假期间，用人单位照常发放工资。

2. 生育类假

第一，产前检查假。《女职工劳动保护特别规定》第 6 条第 3 款规定：“怀孕女职工在劳动时间内进行产前检查，所需时间计入劳动时间。”此规定意味着，女职工进行产前检查的应视为提供了劳动，用人单位不得将女职工进行产前检查未出勤的时间认定为缺勤或旷工。

产前检查假期间，用人单位应足额支付女职工的劳动报酬。

第二，产假。《女职工劳动保护特别规定》第 7 条规定：“女职工生育享受 98 天产假，其中产前可以休假 15 天；难产的，增加产假 15 天；生育多胞胎的，每多生育1个婴儿，增加产假15天。女职工怀孕未满4个月流产的，享受15天产假；怀孕满4个月流产的，享受42天产假。”除了上述国家层面的产假，各地会依照《人口与计划生育法》的规定给予女职工额外的假期。具体规定在地方法规中，各地存在较大的差异，如广州生育奖励假为80天①，北京延长生育假为60天②，上海延长生育假为60天③。

女职工产假期间享受生育津贴。《社会保险法》第56条第1款第1项规定：“职工有下列情形之一的，可以按照国家规定享受生育津贴：（一）女职工生育享受产假。”《女职工劳动保护特别规定》第8条第1款规定：“女职工产假期间的生育津贴，对已经参加生育保险的，按照用人单位上年度职工月平均工资的标准由生育保险基金支付；对未参加生育保险的，按照女职工产假前工资的标准由用人单位支付。”

那么，女职工产假期间产假工资与产假津贴能否兼得呢？

目前实务当中各地普遍采用的是“就高”原则，即产假工资与产假津贴哪个高得哪个，不能兼得。也有部分地区明确规定了“补差”原则。例如，《广东省职工生育保险规定》第17条第2款规定：“职工已经享受生育津贴的，视同用人单位已经支付相应数额的工资。生育津贴高于职工原工资标准的，用人单位应当将生育津贴余额支付给职工；生育津贴低于职工原工资标准的，差额部分由用人单位补足。”

除此之外，根据《女职工劳动保护特别规定》和《劳动部关于女职工生育待遇若干问题的通知》的规定，女职工怀孕，其检查费、接生费、手术费、住院费和药费等生育医疗费用由所在单位负担。但对于参加了生育保险的女职工，根据各地的生育保险规定，由生育保险基金支付所有的生育医疗费用。

第三，陪产假。陪产假是由女职工配偶享受的假期，具体规定在地方法规中，

---

① 《广东省人口与计划生育条例》（2021修正）第30条第1款规定：“符合法律、法规规定生育子女的夫妻，女方享受八十日的奖励假，男方享受十五日的陪产假。在规定假期内照发工资，不影响福利待遇和全勤评奖。”

② 《北京市人口与计划生育条例》（2021修正）第19条第1款规定：“按规定生育子女的夫妻，女方除享受国家规定的产假外，享受延长生育假六十日，男方享受陪产假十五日。男女双方休假期间，机关、企业事业单位、社会团体和其他组织不得将其辞退、与其解除劳动或者聘用合同，工资不得降低；法律另有规定的，从其规定。”

③ 《上海市人口与计划生育条例》（2021修正）第31条第2款规定：“符合法律、法规规定生育的夫妻，女方除享受国家规定的产假外，还可以再享受生育假六十天，男方享受配偶陪产假十天……”

各地存在较大的差异，如广州的陪产假为15天[①]，北京陪产假为15天[②]，上海陪产假为10天[③]。

配偶陪产假期间，用人单位照常发放工资。

第四，保胎假。《国家劳动总局保险福利司关于女职工保胎休息和病假超过六个月后生育时的待遇问题给上海市劳动局的复函》中规定："一、女职工按计划生育怀孕，经过医师开具证明，需要保胎休息的，其保胎休息的时间，按照本单位实行的疾病待遇的规定办理。"复函在当时虽然针对的是国有企业，但在实践中，各地和各性质的企业基本遵行上述规定，出台女职工劳动保护特别规定，对于符合相应条件的孕期女职工，根据医疗机构的证明安排其休息。

保胎假期间，用人单位按照病假工资标准发放工资。

第五，流产假。《女职工劳动保护特别规定》第7条第2款规定："女职工怀孕未满4个月流产的，享受15天产假；怀孕满4个月流产的，享受42天产假。"

流产假的工资待遇标准跟上述产假工资待遇标准是完全一致的，员工按照应休流产假的天数领取生育津贴或由单位按照劳动合同约定的本人工资标准支付。

第六，哺乳时间。《女职工劳动保护特别规定》第9条规定："对哺乳未满1周岁婴儿的女职工，用人单位不得延长劳动时间或者安排夜班劳动。用人单位应当在每天的劳动时间内为哺乳期女职工安排1小时哺乳时间；女职工生育多胞胎的，每多哺乳1个婴儿每天增加1小时哺乳时间。"

哺乳时间计算在劳动时间内，用人单位照常支付工资。

第七，育儿假。依据《人口与计划生育法》（2021修正）第25条规定："符合法律、法规规定生育子女的夫妻，可以获得延长生育假的奖励或者其他福利待遇。国家支持有条件的地方设立父母育儿假。"根据该规定及国家鼓励生育政策的逐步落实，各地纷纷出台育儿假，对符合法律法规规定生育的夫妻，在其子女年满3周

---

① 《广东省人口与计划生育条例》（2021修正）第30条第1款规定："符合法律、法规规定生育子女的夫妻，女方享受八十日的奖励假，男方享受十五日的陪产假。在规定假期内照发工资，不影响福利待遇和全勤评奖。"

② 《北京市人口与计划生育条例》（2021修正）第19条第1款规定："按规定生育子女的夫妻，女方除享受国家规定的产假外，享受延长生育假六十日，男方享受陪产假十五日。男女双方休假期间，机关、企业事业单位、社会团体和其他组织不得将其辞退、与其解除劳动或者聘用合同，工资不得降低；法律另有规定的，从其规定。

③ 《上海市人口与计划生育条例》（2021修正）第31条第2款规定："符合法律、法规规定生育的夫妻，女方除享受国家规定的产假外，还可以再享受生育假六十天，男方享受配偶陪产假十天……"

岁之前设置带薪育儿假，如广州夫妻双方享受育儿假各 10 天[①]，北京夫妻双方享受育儿假各 5 个工作日[②]，上海夫妻双方享受育儿假各 5 天[③]。

育儿假期间，用人单位照常支付工资。

（四）丧假

根据《关于〈劳动法〉若干条文的说明》第 51 条规定，丧假是指劳动者直系亲属死亡时依法享受的假期。根据《国家劳动总局、财政部关于国营企业职工请婚丧假和路程假问题的通知》规定，丧假规定的直系亲属是指父母、配偶和子女，丧假的天数为一天至三天。各用人单位也可以考虑实际情况，给予一定的路程假期。

丧假期间，用人单位照常发放工资。

（五）病假与医疗期

劳动者患病或非因工负伤的，有权休病假，休病假应当有相关医疗卫生机构和医师出具的符合要求的证明。

病假和医疗期经常会被混淆，其实二者是不同的概念。病假是一个生理上的概念，是指劳动者本人因患病或非因工负伤，需要停止工作进行医学治疗的期间，这个期间的长短取决于医生的建议和单位批准的时长（通常应等于医嘱），并且，员工享受病假意味着员工和用人单位正处于劳动关系期间。而医疗期是一个劳动法上的概念，这个期间的长短是法定的，不需要单位批准，而员工享受医疗期待遇，是指用人单位在此期间不能解除劳动关系，一旦医疗期届满，在劳动者满足不能从事原工作，也不能从事由用人单位另行安排的工作的前提条件下，用人单位享有劳动合同的解除权。

根据《企业职工患病或非因工负伤医疗期规定》第 2 条和第 3 条的规定，医疗期是指企业职工因患病或非因工负伤停止工作治病休息不得解除劳动合同的时限。

---

① 《广东省人口与计划生育条例》（2021 修正）第 30 条第 2 款规定："符合法律、法规规定生育子女的，在子女三周岁以内，父母每年各享受十日的育儿假。假期用工成本分担，按照国家和省的有关规定执行。"

② 《北京市人口与计划生育条例》（2021 修正）第 19 条第 3 款规定："按规定生育子女的夫妻，在子女满三周岁前，每人每年享受五个工作日的育儿假；每年按照子女满周岁计算。"

③ 《上海市人口与计划生育条例》（2021 修正）第 31 条第 3 款规定："符合法律、法规规定生育的夫妻，在其子女年满三周岁之前，双方每年可以享受育儿假各五天。育儿假期间的工资，按照本人正常出勤应得的工资发给。"

具体时限根据职工实际参加工作年限和在本单位工作年限，给予3个月到24个月的医疗期：①实际工作年限10年以下的，在本单位工作年限5年以下的为3个月；5年以上的为6个月。②实际工作年限10年以上的，在本单位工作年限5年以下的为6个月，5年以上10年以下的为9个月；10年以上15年以下的为12个月；15年以上20年以下的为18个月；20年以上的为24个月。

医疗期3个月的按6个月内累计病休时间计算；6个月的按12个月内累计病休时间计算；9个月的按15个月内累计病休时间计算；12个月的按18个月内累计病休时间计算；18个月的按24个月内累计病休时间计算；24个月的按30个月内累计病休时间计算。

医疗期的计算需要考虑劳动者实际工作年限及在本单位的工作年限，同时需要考虑地方特殊规定，比如上海的医疗期计算，根据上海市人民政府制定的《关于本市劳动者在履行劳动合同期间患病或者非因工负伤的医疗期标准的规定》，医疗期按照劳动者在本用人单位的工作年限设置。劳动者在本单位工作第1年，医疗期为3个月；以后工作每满1年，医疗期增加1个月，但不超过24个月。

员工在医疗期间内，用人单位应支付病假工资，具体标准可以在劳动合同中约定或在规章制度中规定，但不能低于最低工资标准的80%。

二、休假流程

（一）确定员工请假流程

为了预防有些劳动者“泡病假”的情形，避免劳动者通过违反诚实信用原则滥用休假权利的，用人单位需要制定请假相关流程。根据《劳动保险条例实施细则修正草案》规定，工人、职员患病或非因工负伤需要停止工作的医疗者，须经负责医疗机关提出证明，如当时无法取得上项证明，须由工会小组长或小组劳动保险干事证明，始得享受劳动保险待遇。病愈复工时，应取得负责医疗机关提出能工作的证明。因此，用人单位有权要求劳动者提供病假相关材料，如明确请假的具体时间，明确请假审批需要的材料清单及未提交、提交虚假材料的法律后果，并对员工滥用休假权利做违纪处分。

（二）确定员工休假流程

在各类休假中，年休假面临的诉讼风险更高，主要问题在于用人单位未做好员工实际已休年假的存证工作，而仅凭缺勤记录证明员工已休年假，法院很难支持用人单位的主张。因此，建议用人单位通过以下几步确定劳动者的休假流程：

第一，劳动者累计工龄的确认。要求劳动者提交相关材料（如社保记录）作为其工龄的支撑依据并明确材料的提交时限及未提交的后果；或要求劳动者签订工龄承诺并明确违背承诺的法律后果。

第二，做好休假审批工作。明确年休假的审批程序、申请时限，未在年度内申请假期的处理方式。

第三，做好休假存证工作。实际安排年休假时应注意保留相关的邮件、系统记录、书面通知留存等，员工有义务服从公司的统筹安排，如员工申请年休假应备注对应哪一年的假期。

第十一章 劳动者工资与福利计算

我国《宪法》第42条第2款规定："国家通过各种途径，创造劳动就业条件，加强劳动保护，改善劳动条件，并在发展生产的基础上，提高劳动报酬和福利待遇。"这说明了劳动报酬权和享受福利待遇权是劳动者的基本权利之一。本章主要为读者说明人力资源管理中劳动者薪酬、福利待遇的设计与发放，从而实现劳动者劳动报酬权、享受福利待遇权与用人单位人力成本支出的平衡。

思维导图

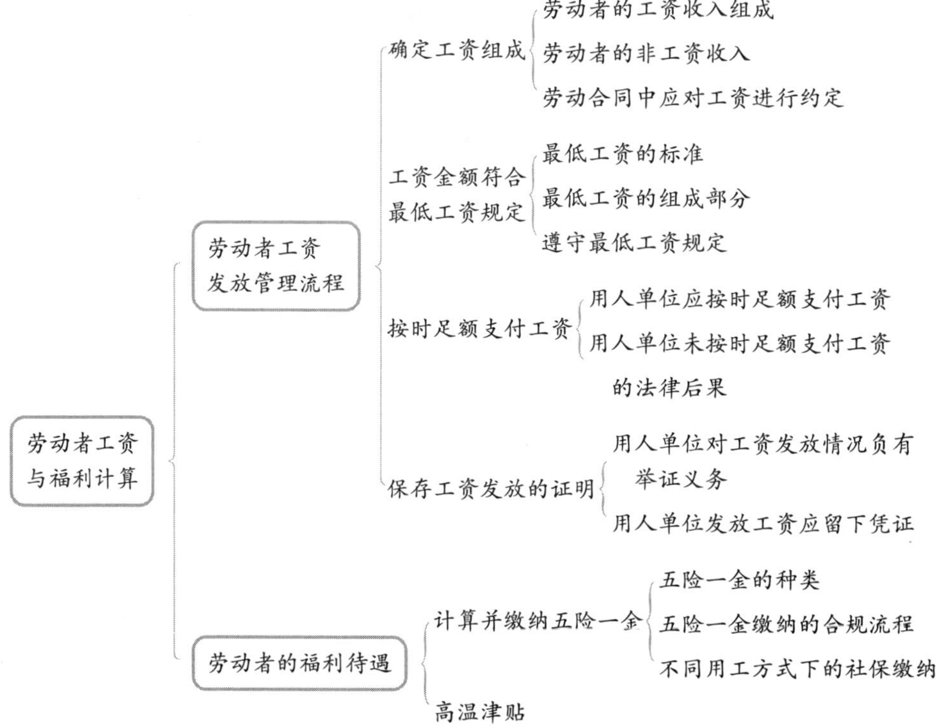

一、劳动者工资发放管理流程

劳动者主要依靠劳动获得收入来源，维系日常生活。而用人单位支付劳动报酬的惯例是在劳动者提供劳动后，于是劳动者提供劳动与获得报酬具有时间差。因此，为保障劳动者的权益，对于用人单位足额支付劳动报酬的规范显得尤为重要，我国现行劳动法律亦对用人单位支付劳动报酬作了严格规定，本节主要介绍劳动者工资组成和发放合规流程。

（一）确定工资组成

工资是指用人单位依据国家有关规定或劳动合同的规定，以货币形式直接支付给本单位劳动者的劳动报酬，一般包括计时工资、计件工资、奖金、津贴和补贴、延长工作时间的工资以及特殊情况下支付的工资等。用人单位发放给劳动者的货币中包含劳动者工资性收入和劳动者的非工资性收入，用人单位应明确劳动者工资性收入的组成部分，以确定加班工资、病假工资、工伤待遇、经济补偿金、经济赔偿金的计算基数。

1. 劳动者的工资收入组成

国家统计局1990年发布的《关于工资总额组成的规定》明确工资总额由六个部分组成。

（1）计时工资

《关于工资总额组成的规定》第5条规定："计时工资是指按计时工资标准（包括地区生活费补贴）和工作时间支付给个人的劳动报酬。包括：（一）对已做工作按计时工资标准支付的工资；（二）实行结构工资制的单位支付给职工的基础工资和职务（岗位）工资；（三）新参加工作职工的见习工资（学徒的生活费）；（四）运动员体育津贴。"

（2）计件工资

《关于工资总额组成的规定》第6条规定："计件工资是指对已做工作按计件单价支付的劳动报酬。包括：（一）实行超额累进计件、直接无限计件、限额计件、超定额计件等工资制，按劳动部门或主管部门批准的定额和计件单价支付给个人的工资；（二）按工作任务包干方法支付给个人的工资；（三）按营业额提成或利润提成办法支付给个人的工资。"

（3）奖金

《关于工资总额组成的规定》第 7 条规定："奖金是指支付给职工的超额劳动报酬和增收节支的劳动报酬。包括：（一）生产奖；（二）节约奖；（三）劳动竞赛奖；（四）机关、事业单位的奖励工资；（五）其他奖金。"

奖金虽然属于工资的组成部分，但是对于奖金的发放，用人单位具有一定的自主性，《劳动法》并未规定用人单位必须给劳动者发放奖金。奖金通常用于用人单位激发劳动者的生产积极性，是用人单位经营自主权的体现。用人单位常见的奖金制度有绩效奖金、年终奖金和十三薪。

①绩效奖金

绩效奖金是指用人单位根据劳动者的绩效考核结果给予劳动者的一次性奖金奖励。绩效奖金对用人单位的绩效管理制度起到重要的支撑作用。对于某些具有业绩要求的岗位，用人单位可以考虑提高工资中绩效奖金的比例，对于绩效奖金可以约定计算方式，但是不应明确具体的数额，根据劳动者的业绩考核情况，动态结算。

关于绩效制度与绩效奖金的发放详细说明在本书第十二章，此处不再赘述。

②年终奖金

年终奖是指用人单位对劳动者一年内所作的劳动贡献给予劳动者的奖励。《劳动法》第 47 条规定："用人单位根据本单位的生产经营特点和经济效益，依法自主确定本单位的工资分配方式和工资水平。"用人单位通常基于激励优秀员工或作为福利的目的设定年终奖。年终奖体现的是用人单位的用工自主权，因此用人单位是否有年终奖、如何发年终奖（如发放对象、发放条件、发放时间等）均系用人单位自主管理权的范畴。实务中，关于年终奖主要存在以下三个问题。

第一，劳动者若离职，用人单位是否应当向劳动者支付年终奖金。在司法实践中，主要审查用人单位与劳动者的入职通知书、劳动合同、规章制度中是否对年终奖的金额及发放时间作了明确约定，若有则采约定优先原则。若未作约定，用人单位在实践中有发年终奖的惯例，且离职劳动者同岗位人员领取了年终奖，则根据同工同酬原则，用人单位应向离职劳动者支付年终奖。除了以上裁判观点，亦有地方性法规，直接对离职劳动者年终奖的发放问题作出规定，《深圳市员工工资支付条例》第 14 条第 2 款规定："劳动关系解除或者终止时，支付周期未满的员工月度奖、季度奖、年终奖，按照劳动合同的约定计发；劳动合同没有约定的，按照集体合同的约定计发；劳动合同、集体合同均没有约定的，按照依法制定的企业规章制度的规定计发；没有约定或者规定的，按照员工实际工作时间折算计发。”

第二，年终奖是否应纳入经济补偿金的计算。《劳动合同法实施条例》第 27 条中规定：“劳动合同法第四十七条规定的经济补偿的月工资按照劳动者应得工资计算，包括计时工资或者计件工资以及奖金、津贴和补贴等货币性收入”。由于年终奖属于奖金范围，本质上属于劳动者的货币性收入，应当统计在经济补偿计算范围以内，但是各地劳动仲裁的司法实践中，对于年终奖是否纳入经济补偿金计算的问题，有不同的裁判观点和地方性法规。

深圳地区认为年终奖应当计入计算基数，依据《深圳市中级人民法院关于审理劳动争议案件的裁判指引》第 97 条第 1 款规定：“在计算经济补偿或赔偿金时，劳动者解除劳动合同前十二个月平均工资，除包括正常工作时间的工资外，还包括劳动者的加班工资。劳动者已领取的年终奖或年终双薪，计入工资基数时应按每年十二个月平均分摊。”

上海市有不同观点，上海的裁判案例①中，则认为“王某称应将发放的 2015 年奖金计入劳动合同解除前十二个月工资中，但认可双方并未就此进行过约定，上海某公司亦对此不予认可，称即使发放的系 2015 年奖金，也不应计入王某经济补偿金基数，故对王某的该主张，一审法院亦不予采纳”。体现了年终奖金不应计入经济补偿金计算基数的裁判原则。

（4）津贴和补贴

《关于工资总额组成的规定》第 8 条规定：“津贴和补贴是指为了补偿职工特殊或额外的劳动消耗和因其他特殊原因支付给职工的津贴，以及为了保证职工工资水平不受物价影响支付给职工的物价补贴。（一）津贴。包括：补偿职工特殊或额外劳动消耗的津贴，保健性津贴，技术性津贴，年功性津贴及其他津贴。（二）物价补贴。包括：为保证职工工资水平不受物价上涨或变动影响而支付的各种补贴。”

（5）加班加点工资

《关于工资总额组成的规定》第 9 条规定：“加班加点工资是指按规定支付的加班工资和加点工资。”

---

① （2019）沪 02 民终 1440 号。

（6）特殊情况下支付的工资

《关于工资总额组成的规定》第10条规定："特殊情况下支付的工资。包括：（一）根据国家法律、法规和政策规定，因病、工伤、产假、计划生育假、婚丧假、事假、探亲假、定期休假、停工学习、执行国家或社会义务等原因按计时工资标准或计时工资标准的一定比例支付的工资；（二）附加工资、保留工资。"

2. 劳动者的非工资收入

劳动部《关于贯彻执行〈中华人民共和国劳动法〉若干问题的意见》第53条第2款规定："劳动者的以下劳动收入不属于工资范围：（1）单位支付给劳动者个人的社会保险福利费用，如丧葬抚恤救济费、生活困难补助费、计划生育补贴等；（2）劳动保护方面的费用，如用人单位支付给劳动者的工作服、解毒剂、清凉饮料费用等；（3）按规定未列入工资总额的各种劳动报酬及其他劳动收入，如根据国家规定发放的创造发明奖、国家星火奖、自然科学奖、科学技术进步奖、合理化建议和技术改进奖、中华技能大奖等，以及稿费、讲课费、翻译费等。"除上述非工资性收入外，对于《关于工资总额组成的规定》第11条中以下几项不属于工资性收入的规定应予重视：出差伙食补助费、误餐补助、调动工作的旅费和安家费；对自带工具、牲畜来企业工作职工所支付的工具、牲畜等的补偿费用；对购买本企业股票和债券的职工所支付的股息（包括股金分红）和利息；劳动合同制职工解除劳动合同时由企业支付的医疗补助费、生活补助费等；支付给参加企业劳动的在校学生的补贴；计划生育独生子女补贴。

《财政部关于企业加强职工福利费财务管理的通知》（财企〔2009〕242号）第2条对工资外延作出了进一步规定，企业为职工提供的交通、住房、通讯待遇，已经实行货币化改革的，按月按标准发放或支付的住房补贴、交通补贴或者车改补贴、通讯补贴，应当纳入职工工资总额，不再纳入职工福利费管理；尚未实行货币化改革的，企业发生的相关支出作为职工福利费管理，但根据国家有关企业住房制度改革政策的统一规定，不得再为职工购建住房。企业给职工发放的节日补助、未统一供餐而按月发放的午餐费补贴，应当纳入工资总额管理。

3. 劳动合同中应对工资进行约定

在实践中，用人单位与劳动者主要通过以下几种方式确定劳动报酬的组成。

第一，固定工资方式，如直接约定固定的工资数额，仅约定基本工资，确定总包年薪等。

第二，结构工资方式，如具体列明基本工资、岗位工资、奖金、津贴、补贴等，或在约定底薪的同时明确绩效奖金的计算方式。

笔者认为，若劳动合同对劳动报酬仅约定一个固定的金额，那么用人单位若想根据企业经营的实际情况或绩效考核结果变更工资的实际发放数额，就会因无约定而变得困难。因此，笔者建议可以采取结构工资方式确定劳动报酬，实现固定工资与浮动工资之间的平衡，更好地激发劳动者的劳动积极性。

本书第二十三章的《劳动合同》模板第五条“劳动报酬”中“2. 乙方劳动报酬实行固定工资+岗位工资+绩效考核等浮动薪酬制度……”体现了结构工资的理念。

（二）工资金额符合最低工资规定

1. 最低工资的标准

《最低工资规定》第 3 条第 1 款规定：“本规定所称最低工资标准，是指劳动者在法定工作时间或依法签订的劳动合同约定的工作时间内提供了正常劳动的前提下，用人单位依法应支付的最低劳动报酬。”即劳动者于法定工作时间外的加班获得的加班工资，不作为最低工资的组成部分。

2. 最低工资的组成部分

根据《劳动部关于贯彻执行〈中华人民共和国劳动法〉若干问题的意见》第 54 条规定：“劳动法第四十八条中的‘最低工资’是指劳动者在法定工作时间内履行了正常劳动义务的前提下，由其所在单位支付的最低劳动报酬。最低工资不包括延长工作时间的工资报酬，以货币形式支付的住房和用人单位支付的伙食补贴，中班、夜班、高温、低温、井下、有毒、有害等特殊工作环境和劳动条件下的津贴，国家法律、法规、规章规定的社会保险福利待遇。”

3. 遵守最低工资规定

在国家通过规定最低工资标准规定，对劳动者的劳动报酬进行最低限度的行政干预的背景下，用人单位在节省人力成本的同时，也应遵守最低工资规定，主要应注意以下几点。

第一，了解和掌握各地最新的最低工资标准。由于劳动者生活水平、劳动待遇随着时间的推移逐步提高，我国各地的经济发展水平亦不相同。因此全国各地的最低工资水平并不一致，在劳动与社会保障部门官网会定期更新，用人单位应予以关注。

第二，熟悉各地最低工资标准的扣除范围。比如北京[①]、上海[②]、安徽[③]等地最低工资不包括社会保险费和住房公积金；江苏[④]的最低工资不包括住房公积金；江西[⑤]、湖南[⑥]等地最低工资包括个人应缴纳的社会保险费；四川[⑦]、浙江[⑧]等地最低工资包括个人应缴纳的社会保险费和住房公积金。

（三）按时足额支付工资

1. 用人单位应按时足额支付工资

《劳动法》第50条规定："工资应当以货币形式按月支付给劳动者本人。不得克扣或者无故拖欠劳动者的工资。"《关于〈劳动法〉若干条文的说明》第50条规定："工资应当以货币形式按月支付给劳动者本人。不得克扣或者无故拖欠劳动者的工资。本条中的'货币形式'排除发放实物、发放有价证券等形式。'按月支付'应理解为每月至少发放一次工资，实行月薪制的单位，工资必须每月发放，超过企业与职工约定或劳动合同规定的每月支付工资的时间发放工资即为不按月支付。实行小时工资制、日工资制、周工资制的单位工资也可以按日或按周发放，并且要足额发放。'克扣'是指用人单位对履行了劳动合同规定的义务和责任，保质保量完成生产工作任务的劳动者，不支付或未足额支付其工资。'无故拖欠'应理解为，用人单位无正当理由在规定时间内故意不支付劳动者工资。"前述规定说明，

---

① 《北京市人力资源和社会保障局关于调整北京市2021年最低工资标准的通知》第1条中规定："下列项目不作为最低工资标准的组成部分，用人单位应按规定另行支付：……（三）劳动者个人应缴纳的各项社会保险费和住房公积金；……"

② 《上海市人力资源和社会保障局关于调整本市最低工资标准的通知》第1条规定："月最低工资标准从2480元调整到2590元。下列项目不作为月最低工资的组成部分，由用人单位另行支付：……（四）个人依法缴纳的社会保险费和住房公积金。"

③ 《安徽省最低工资规定》第10条规定："在确定用人单位支付劳动者的工资是否低于当地最低工资标准时，下列项目不计入用人单位支付给劳动者的工资：……（三）用人单位和劳动者个人依法缴纳的社会保险费和住房公积金；……"

④ 《江苏省人力资源社会保障厅关于调整全省最低工资标准的通知》第2条第3项规定，劳动者按下限缴存的住房公积金不作为最低工资的组成部分，用人单位应按规定另行支付。

⑤ 《江西省人民政府办公厅关于调整最低工资标准的通知》规定："……月最低工资标准包含劳动者个人应当缴纳的社会保险费。"

⑥ 《湖南省人力资源和社会保障厅关于湖南省2019年调整最低工资标准的通知》规定："我省最低工资标准包括劳动者个人应缴纳的各种社会保险费。"

⑦ 《四川省人民政府关于调整全省最低工资标准的通知》第2条规定，最低工资标准包含个人应缴纳的社会保险费和住房公积金。

⑧ 《浙江省劳动和社会保障厅关于贯彻执行〈最低工资规定〉有关事项的通知》第2条规定："我省的最低工资标准包含职工个人缴纳的社会保险费（包括养老、医疗、失业保险费）和住房公积金。"

用人单位应以货币形式按时足额向劳动者支付劳动报酬，不得无故克扣、拖欠。

《对〈工资支付暂行规定〉有关问题的补充规定》第4条规定："《规定》第十八条所称'无故拖欠'系指用人单位无正当理由超过规定付薪时间未支付劳动者工资。不包括：（1）用人单位遇到非人力所能抗拒的自然灾害、战争等原因、无法按时支付工资；（2）用人单位确因生产经营困难、资金周转受到影响，在征得本单位工会同意后，可暂时延期支付劳动者工资，延期时间的最长限制可由各省、自治区、直辖市劳动行政部门根据各地情况确定。其他情况下拖欠工资均属无故拖欠。"对用人单位拖欠未按时足额支付劳动报酬不视为"无故拖欠"作了例外规定。

2. 用人单位未按时足额支付工资的法律后果

（1）劳动者有权向法院申请支付令

《劳动合同法》第30条第2款规定："用人单位拖欠或者未足额支付劳动报酬的，劳动者可以依法向当地人民法院申请支付令，人民法院应当依法发出支付令。"

（2）劳动者有权向劳动部门投诉

《劳动保障监察条例》第26条规定："用人单位有下列行为之一的，由劳动保障行政部门分别责令限期支付劳动者的工资报酬、劳动者工资低于当地最低工资标准的差额或者解除劳动合同的经济补偿；逾期不支付的，责令用人单位按照应付金额50%以上1倍以下的标准计算，向劳动者加付赔偿金：（一）克扣或者无故拖欠劳动者工资报酬的；（二）支付劳动者的工资低于当地最低工资标准的；（三）解除劳动合同未依法给予劳动者经济补偿的。"

（3）劳动者有权申请劳动仲裁

根据《劳动合同法》第38条、第46条、第27条规定，用人单位未及时足额支付劳动报酬，劳动者可解除劳动合同，用人单位应当支付经济补偿金，经济补偿按劳动者在本单位工作的年限，每满一年支付一个月工资的标准向劳动者支付。

（四）保存工资发放的证明

1. 用人单位对工资发放情况负有举证义务

工资标准及支付情况的举证责任一般应坚持"谁主张、谁举证"的原则，由劳动者承担举证责任。但是在劳动争议纠纷中，用人单位和劳动者有天然的不平等地位，因此法律对举证责任的分配作了特殊的规定。根据《工资支付暂行规定》第6条的规定，用人单位应当保存工资支付记录两年以上备查。《劳动争议调解仲裁法》

第 39 条第 2 款规定："劳动者无法提供由用人单位掌握管理的与仲裁请求有关的证据，仲裁庭可以要求用人单位在指定期限内提供。用人单位在指定期限内不提供的，应当承担不利后果。"根据前述法律规定，法律设置了用人单位保留两年工资支付证明的义务，说明用人单位应当掌握和管理工资发放的证据，若在劳动仲裁中，因劳动者无法提供工资支付相关证据，仲裁庭责令用人单位提供，用人单位需负举证不能的不利后果。

2. 用人单位发放工资应留下凭证

用工风险场景：工资发放的结构不明确，劳动者主张加班工资获法院支持①

刘某于 2015 年 3 月 23 日入职北京某公司，任空调维修工程师，双方签订为期 1 年的劳动合同，该合同约定刘某执行 10 小时工时制度。2015 年 7 月 7 日，刘某向北京市丰台区劳动人事争议仲裁委员会提出申请，要求北京某公司向其支付 2015 年 5 月 1 日至 2015 年 6 月 14 日的工资、延时加班工资及法定假日加班工资。该仲裁委员会支持了其请求，北京某公司不服，诉至北京市丰台区人民法院。

法院认为：工资应当以货币形式按月支付给劳动者本人。不得克扣或者无故拖欠劳动者的工资。按劳动合同约定，北京某公司安排刘某执行 10 小时工时制度，超过了国家规定的标准工时。北京某公司主张刘某的月工资标准为基本工资 3500 元加其他奖金出勤，6500 元包含了 10 小时劳动报酬，但未提交工资支付记录等证明工资构成的相关证据，本院不予采信。综上，法院判令用人单位向劳动者支付劳动报酬、延时加班工资及法定节假日加班工资。此后用人单位提起上诉，二审维持原判。

在本案中，用人单位主张已经支付了加班工资，但是并未保存工资支付的相关记录证明已经支付工资的结构，承担了举证不能的败诉后果。前述情况并非个例，因此笔者建议用人单位支付劳动报酬应注意以下几点：

第一，工资表的制作应列明类目。

第二，工资的发放，要求员工签字确认或以其他电子流形式确认（逾期未确认的，视为认同确认）。

第三，保留与工资有关的凭证。

本书第二十三章的《工资单》为读者提供了参考文本。

---

① （2016）京 02 民终 1532 号。

二、劳动者的福利待遇

《劳动合同法》规定，用人单位可以与劳动者在劳动合同中约定福利待遇等事项，主要包括社保、公积金、高温费、取暖补贴等法定福利和用人单位基于用工自主权确定的福利休假、商业保险、住房补贴等公司自由福利。

（一）计算并缴纳五险一金

养老保险、医疗保险、失业保险、工伤保险、生育保险以及住房公积金即通常所称的“五险一金”。《劳动法》第72条规定：“社会保险基金按照保险类型确定资金来源，逐步实行社会统筹。用人单位和劳动者必须依法参加社会保险，缴纳社会保险费。”《住房公积金管理条例》第20条第1款规定：“单位应当按时、足额缴存住房公积金，不得逾期缴存或者少缴。”因此，用人单位有义务为劳动者办理和缴纳五险一金，若用人单位未依法为劳动者缴纳社会保险费，劳动者有权解除劳动合同并要求用人单位支付经济补偿金。为了避免因为少缴、漏缴“五险一金”导致的用工风险，用人单位在用工管理中应对“五险一金”有所了解。

1. 五险一金的种类

（1）养老保险

1951年，原政务院颁布《劳动保险条例》，对企业职工的养老保险制度作出规定，建立了我国企业职工养老保险制度。2011年7月1日实施的《社会保险法》明确了养老保险由社保的基本养老保险①、新型农村社会养老保险②、城镇居民养老保险③和公务员养老保险④组成，通过法律形式确定了用人单位和劳动者共同缴纳基本养老保险，2014年4月25日，国务院颁布《事业单位人事管理条例》，实行并轨制，规定从7月1日起，事业单位及其工作人员将依法参加养老金缴费。《社会保险费征缴暂行条例》第3条第1款、第4款规定：“基本养老保险费的征缴范围：国有企业、城镇集体企业、外商投资企业、城镇私营企业和其他城镇企业及其职工，实行企业化管理的事业单位及其职工。”“省、自治区、直辖市人民政府根据当地实际情况，可以规定将城镇个体工商户纳入基本养老保险、基本医疗保险的

---

① 《社会保险法》第10条。
② 《社会保险法》第20条。
③ 《社会保险法》第22条。
④ 《社会保险法》第10条。

范围，并可以规定将社会团体及其专职人员、民办非企业单位及其职工以及有雇工的城镇个体工商户及其雇工纳入失业保险的范围。”关于养老保险待遇，主要应注意以下问题：

第一，享受条件。《社会保险法》第16条规定：“参加基本养老保险的个人，达到法定退休年龄时累计缴费满十五年的，按月领取基本养老金。参加基本养老保险的个人，达到法定退休年龄时累计缴费不足十五年的，可以缴费至满十五年，按月领取基本养老金；也可以转入新型农村社会养老保险或者城镇居民社会养老保险，按照国务院规定享受相应的养老保险待遇。”

第二，养老保险待遇。除领取基本养老金外，《社会保险法》第17条规定：“参加基本养老保险的个人，因病或者非因工死亡的，其遗属可以领取丧葬补助金和抚恤金；在未达到法定退休年龄时因病或者非因工致残完全丧失劳动能力的，可以领取病残津贴。所需资金从基本养老保险基金中支付。”

养老保险由用人单位和劳动者按照国家规定的基数和比例缴纳。

（2）医疗保险

基本医疗保险是指《社会保险法》《国务院关于建立城镇职工基本医疗保险制度的决定》等相关规定建立的基本医疗保险制度。《社会保险费征缴暂行条例》第3条第2款规定：“基本医疗保险费的征缴范围：国有企业、城镇集体企业、外商投资企业、城镇私营企业和其他城镇企业及其职工，国家机关及其工作人员，事业单位及其职工，民办非企业单位及其职工，社会团体及其专职人员。”第4款规定：“省、自治区、直辖市人民政府根据当地实际情况，可以规定将城镇个体工商户纳入基本养老保险、基本医疗保险的范围，并可以规定将社会团体及其专职人员、民办非企业单位及其职工以及有雇工的城镇个体工商户及其雇工纳入失业保险的范围。”即用人单位应当为其劳动者缴纳基本医疗保险。

医疗保险待遇主要是指对符合基本医疗保险基金支付范围的医疗费用，由基本医疗保险统筹基金和个人账户分别支付。

医疗保险由用人单位和劳动者按照国家规定的基数和比例缴纳。

（3）失业保险

失业保险是指通过建立失业保险基金，向符合一定条件的失业人员进行一定的给付，从而使因失业暂时失去收入的劳动者能够保障其基本生活。《社会保险费征缴暂行条例》第3条第3款规定：“失业保险费的征缴范围：国有企业、城镇集体企业、外商投资企业、城镇私营企业和其他城镇企业及其职工，事业单位及其职工。”第4款规定：“省、自治区、直辖市人民政府根据当地实际情况，可以规定将城镇个体工商户纳入基本养老保险、基本医疗保险的范围，并可以规定将社会团体及其专职人员、民办非企业单位及其职工以及有雇工的城镇个体工商户及其雇工纳入失业保险的范围。”劳动者失业享受的失业保险待遇主要注意以下几点：

第一，失业保险待遇享受条件。《社会保险法》第45条规定：“失业人员符合下列条件的，从失业保险基金中领取失业保险金：（一）失业前用人单位和本人已经缴纳失业保险费满一年的；（二）非因本人意愿中断就业的；（三）已经进行失业登记，并有求职要求的。”

第二，用人单位应为劳动者办理失业保险待遇。《社会保险法》第50条第1款规定：“用人单位应当及时为失业人员出具终止或者解除劳动关系的证明，并将失业人员的名单自终止或者解除劳动关系之日起十五日内告知社会保险经办机构。”

第三，失业保险待遇享受期限。《社会保险法》第46条规定：“失业人员失业前用人单位和本人累计缴费满一年不足五年的，领取失业保险金的期限最长为十二个月；累计缴费满五年不足十年的，领取失业保险金的期限最长为十八个月；累计缴费十年以上的，领取失业保险金的期限最长为二十四个月。重新就业后，再次失业的，缴费时间重新计算，领取失业保险金的期限与前次失业应当领取而尚未领取的失业保险金的期限合并计算，最长不超过二十四个月。”

第四，失业保险待遇支付项目。《失业保险条例》第10条规定：“失业保险基金用于下列支出：（一）失业保险金；（二）领取失业保险金期间的医疗补助金；（三）领取失业保险金期间死亡的失业人员的丧葬补助金和其供养的配偶、直系亲属的抚恤金；（四）领取失业保险金期间接受职业培训、职业介绍的补贴，补贴的办法和标准由省、自治区、直辖市人民政府规定；（五）国务院规定或者批准的与失业保险有关的其他费用。”

（4）工伤保险

工伤保险是指国家或社会为生产、工作中遭受事故伤害和患职业性疾病的劳动者及家属提供医疗救治、生活保障、经济补偿、医疗和职业康复等物质帮助，分散用人单位风险的一种社会保障制度。工伤保险与其他社会保险险种相比，其缴费费率实行行业差别费率，即国家根据不同行业的工伤风险程度确定行业的差别费率，并根据使用工伤保险基金、工伤发生率等情况在每个行业内确定费率档次。

工伤保险待遇于第十四章详细展开，此处暂不赘述。

工伤保险由用人单位根据国家规定的缴费基数和缴费比例进行缴纳，劳动者个人不缴纳工伤保险。

（5）生育保险

生育保险是国家通过建立生育保险基金，在怀孕和分娩的女性劳动者暂时中断劳动时，由国家和社会提供医疗津贴和产假的一种保险制度，从而保障女性劳动者不会因暂时中止劳动而遭受损失。

《企业职工生育保险试行办法》第5条规定：“女职工生育按照法律、法规的规定享受产假。产假期间的生育津贴按照本企业上年度职工月平均工资计发，由生育保险基金支付。”第6条规定：“女职工生育的检查费、接生费、手术费、住院费和药费由生育保险基金支付……女职工生育出院后，因生育引起疾病的医疗费，由生育保险基金支付……”

生育保险由用人单位根据国家规定的缴费基数和缴费比例进行缴纳，劳动者个人不缴纳生育保险。

（6）住房公积金

住房公积金是各单位及其在职职工对等缴存的长期住房储蓄金，主要用于劳动者购买、建造、偿还购房贷款、支付房屋租赁费用等，劳动者离职时如有余额可一次性结清退还职工本人。

2. 五险一金缴纳的合规流程

《社会保险法》第4条第1款规定：“中华人民共和国境内的用人单位和个人依法缴纳社会保险费”。《社会保险费征缴暂行条例》第12条第2款规定：“缴费个人应当缴纳的社会保险费，由所在单位从其本人工资中代扣代缴。”即缴纳社会保险是用人单位和劳动者的法定义务，其中劳动者应当缴纳的部分由用人单位从劳动者的工资中依法代扣代缴。用人单位缴纳社会保险应注意以下三个问题：

（1）及时开设账户

《社会保险法》第57条第1款、第2款规定：“用人单位应当自成立之日起三十日内凭营业执照、登记证书或者单位印章，向当地社会保险经办机构申请办理社会保险登记。社会保险经办机构应当自收到申请之日起十五日内予以审核，发给社会保险登记证件。用人单位的社会保险登记事项发生变更或者用人单位依法终止的，应当自变更或者终止之日起三十日内，到社会保险经办机构办理变更或者注销社会保险登记。”

（2）按时为劳动者缴纳社会保险

《社会保险法》第58条第1款规定：“用人单位应当自用工之日起三十日内为

其职工向社会保险经办机构申请办理社会保险登记。未办理社会保险登记的，由社会保险经办机构核定其应当缴纳的社会保险费。”用人单位未及时、足额为劳动者缴纳社会保险将面临以下风险：

①行政责任

《社会保险费征缴暂行条例》第 23 条规定：“缴费单位未按照规定办理社会保险登记、变更登记或者注销登记，或者未按照规定申报应缴纳的社会保险费数额的，由劳动保障行政部门责令限期改正；情节严重的，对直接负责的主管人员和其他直接责任人员可以处 1000 元以上 5000 元以下的罚款；情节特别严重的，对直接负责的主管人员和其他直接责任人员可以处 5000 元以上 10000 元以下的罚款。”

②被列入失信人员名单

《社会保险领域严重失信人名单管理暂行办法》第 5 条规定：“用人单位、社会保险服务机构及其有关人员、参保及待遇领取人员等，有下列情形之一的，县级以上地方人力资源社会保障部门将其列入社会保险严重失信人名单：（一）用人单位不依法办理社会保险登记，经行政处罚后，仍不改正的；（二）以欺诈、伪造证明材料或者其他手段违规参加社会保险，违规办理社会保险业务超过 20 人次或从中牟利超过 2 万元的；（三）以欺诈、伪造证明材料或者其他手段骗取社会保险待遇或社会保险基金支出，数额超过 1 万元，或虽未达到 1 万元但经责令退回仍拒不退回的；（四）社会保险待遇领取人丧失待遇领取资格后，本人或他人冒领、多领社会保险待遇超过 6 个月或者数额超过 1 万元，经责令退回仍拒不退回，或签订还款协议后未按时履约的；（五）恶意将社会保险个人权益记录用于与社会保险经办机构约定以外用途，或者造成社会保险个人权益信息泄露的；（六）社会保险服务机构不按服务协议提供服务，造成基金损失超过 10 万元的；（七）用人单位及其法定代表人或第三人依法应偿还社会保险基金已先行支付的工伤保险待遇，有能力偿还而拒不偿还、超过 1 万元的；（八）法律、法规、规章规定的其他情形。”

③向劳动者支付经济补偿金

根据《劳动合同法》第 38 条的规定，用人单位未依法为劳动者缴纳社会保险费的，劳动者可以解除劳动合同。根据《劳动合同法》第 46 条的规定，劳动者依照《劳动合同法》第 38 条规定解除劳动合同的，用人单位应当向劳动者支付经济补偿。在实践中，有的劳动者不要求用人单位缴纳社会保险的，会签署自愿放弃社保的声明，声明的效力还需要依据各地的裁判口径来评估，如劳动者因用人单位未依法缴纳社保提出解除劳动合同的经济补偿金请求是否能得到仲裁机构和法院的支持。

用工风险场景：劳动者自愿放弃社保的声明，不免除用人单位社保缴纳的法定义务①

2006年9月13日，王某进入魏某公司处工作。2017年9月10日，魏某公司向王某出具《关于参加城镇企业职工基本养老保险统筹的通知》一份，载明：公司准备为你缴纳养老、失业、医疗、工伤、生育五项社会保险，请你准备好所需材料并到户口所在地劳保所办理城镇居民社保、农村居民新农保退保手续或到原就业单位办理转移手续；办理完后将手续交公司；因未办理退保或转移手续影响其参加社会保险的责任自负。王某在该通知的被通知人处签字捺印。同日，王某向魏某公司出具《不参加城镇企业职工基本养老保险统筹申请》一份，载明：公司向我送达的《关于参加城镇企业职工社会保险统筹的通知》已收悉，本人因在家已参加农村新型养老保险，不参加该社会保险统筹，不提交相关材料；如此后本人要求公司补缴社会保险费，其产生的利息、滞纳金由本人承担，由此产生的一切法律后果由本人承担，同时本人保证今后不会以公司未依法缴纳社会保险费为由，向公司主张经济补偿金。2018年6月19日，王某以魏某公司未依法按时、足额为其缴纳各项社会保险费、拖欠加班费为由离职并提起劳动仲裁，其中一项诉请为要求公司支付经济补偿金。仲裁机构未支持王某经济补偿金的诉请。王某提起诉讼，经一审、二审、再审，其经济补偿金的诉请均未得到支持。

法院认为：对于王某签署自愿放弃社会保险的证明，应当分别从两个方面理解：一方面，从民事义务和社会义务的角度，因社会保险系对公民基本权利的基础保障，缴纳社会保险费也系用人单位的强制性义务，故无论劳动者是否声明放弃社会保险，用人单位该义务均不能得到豁免，劳动者也享有随时要求用人单位为其补缴社会保险费的权利。另一方面，从民事责任的角度，未办理社会保险属于《劳动合同法》第46条第1项规定的应当支付经济补偿金的情形，即“劳动者依照本法第38条的规定解除劳动合同的”。而该法第38条规定的未按照劳动合同约定提供劳动保护或者劳动条件、未及时足额支付劳动报酬、未依法为劳动者缴纳社会保险费、用人单位的规章制度违反法律法规的规定损害劳动者权益、因《劳动合同法》第26条第1款规定的情形致使劳动合同无效等，均以用人单位负有过错为基本特征。因此，《劳动合同法》第46条第1项所规定的经济补偿金的请求权基础，实际上是需要用人单位在履行劳动合同中存在过错。而本案中，王某三次出具申请公司

---

① （2021）鲁民再11号。

不为其缴纳社会保险的证明，应当认定王某未能办理社会保险的主要原因是因其个人的意志，若仍支持其支付经济补偿金的请求，有违诚实信用原则。王某作为完全民事行为能力人，应当对自己签署证明的行为负责，在其未提供证据证实魏某公司存在欺诈、胁迫、乘人之危等行为时，应当对其签字的行为承担相应法律后果。故王某要求支付经济补偿金的上诉理由不能成立。王某在仲裁阶段以及一审、二审上诉状中，均未对证明中其签字的真实性提出异议，仅是主张缴纳社会保险是用人单位强制义务以及用人单位利用强势地位迫使签署证明，但未提交证据予以证实，应承担举证不能的法律后果。

在本案中，劳动者自愿放弃缴纳社会保险，同时享有随时要求用人单位为其补缴社会保险费的权利，但劳动者以用人单位未依法为其缴纳社会保险为由，要求解除劳动合同并支付经济补偿金，法院认定为有违诚实信用原则不予支持。对于自愿放弃社保缴纳的声明，全国各地裁判口径不一致，比如《天津市贯彻落实〈劳动合同法〉若干问题实施细则》第 15 条第 2 款规定："用人单位与劳动者约定不缴纳或少缴纳社会保险费的，双方约定无效，应视为因用人单位原因导致未缴纳或未足额缴纳社会保险费。"2022 年 1 月 27 日，天津市人力资源和社会保障局发布《天津市人社局关于发布 2021 年度劳动人事争议典型案例的通知》，其中案例 5 "职工与用人单位签订自愿放弃缴纳社会保险的协议是否有效"又以典型案例的形式说明了不缴纳社保协议的无效性。用人单位应尽法律义务为劳动者缴纳社会保险，若存在确实必要不能缴纳的情况，应当积极与劳动者沟通，获得劳动者对于自愿放弃缴纳社会保险的真实承诺，以预防被劳动者以用人单位未及时缴纳社保为由提起诉讼。

（3）避免社保挂靠

"社保挂靠"是指由于劳动者个人自身原因（如自由工作者、无业人员）没有与用人单位建立劳动关系，在想要缴纳社会保险但没有单位为其缴纳社保的情况下，找代理机构（专门处理社保挂靠的公司）或熟人公司代其缴纳社保费的一种行为。

①社保挂靠行为本身不具有合法性

2022 年 3 月 18 日生效的《社会保险基金行政监督办法》（人力资源和社会保障部令第 48 号）第 32 条规定："用人单位、个人有下列行为之一，以欺诈、伪造证明材料或者其他手段骗取社会保险待遇的，按照《中华人民共和国社会保险法》第八十八条的规定处理：（一）通过虚构个人信息、劳动关系，使用伪造、变造或者盗用他人可用于证明身份的证件，提供虚假证明材料等手段虚构社会保险参保条件、违规补缴，骗取社会保险待遇的；（二）通过虚假待遇资格认证等方式，骗取社会保险待遇的；（三）通过伪造或者变造个人档案、劳动能力鉴定结论等手段违规办理退休，违规增加视同缴费年限，骗取基本养老保险待遇的；（四）通过谎报工伤事故、伪造或者变造证明材料等进行工伤认定或者劳动能力鉴定，或者提供虚假工伤认定结论、劳动能力鉴定结论，骗取工伤保险待遇的；（五）通过伪造或者变造就医资料、票据等，或者冒用工伤人员身份就医、配置辅助器具，骗取工伤保险待遇的；（六）其他以欺诈、伪造证明材料等手段骗取社会保险待遇的。"

社保挂靠属于用人单位与参保人不具备真实的劳动关系的情形，挂靠参保不符合法律的有关规定。

②通过社保挂靠来套取社保基金具有非法性

《社会保险法》第 88 条规定："以欺诈、伪造证明材料或者其他手段骗取社会保险待遇的，由社会保险行政部门责令退回骗取的社会保险金，处骗取金额二倍以上五倍以下的罚款。"另《全国人民代表大会常务委员会关于〈中华人民共和国刑法〉第二百六十六条的解释》规定："以欺诈、伪造证明材料或者其他手段骗取养老、医疗、工伤、失业、生育等社会保险金或者其他社会保险待遇的，属于《刑法》第 266 条规定的诈骗公私财物的行为。"因此，用人单位若通过欺诈、伪造证明材料的方式骗取社会保险待遇是非法的，可能面临行政处罚或承担刑事责任。

《社会保险法》第 57 条第 1 款规定，"用人单位应当自成立之日起三十日内凭营业执照、登记证书或者单位印章，向当地社会保险经办机构申请办理社会保险登记"。第 58 条规定，"用人单位应当自用工之日起三十日内为其职工向社会保险经办机构申请办理社会保险登记"。"自用工之日"起，说明社保缴纳人员需要与用人单位存在真实的用工关系，而社保挂靠人员与用人单位未存在真实用工关系，为社保挂靠人员缴纳社保一定是要虚构员工花名册。若用人单位通过伪造材料的方式为社保挂靠人员申报相关社会保险金或争取社会保险待遇，则具有非法性。

③用人单位应避免社保挂靠行为

根据《关于确立劳动关系有关事项的通知》（劳社部发〔2005〕12 号）第 1 条规定："一、用人单位招用劳动者未订立书面劳动合同，但同时具备下列情形的，劳动关系成立。（一）用人单位和劳动者符合法律、法规规定的主体资格；（二）用人单位依法制定的各项劳动规章制度适用于劳动者，劳动者受用人单位的劳动管理，从事用人单位安排的有报酬的劳动；（三）劳动者提供的劳动是用人单位业务的组成部分。"用人单位与劳动者之前若只有社保关系，并不必然认定为劳动关系，还需要用人单位与劳动者之间具备经济、人身从属的权利义务关系。但是，该通知第2条规定："二、用人单位未与劳动者签订劳动合同，认定双方存在劳动关系时可参照下列凭证：（一）工资支付凭证或记录（职工工资发放花名册）、缴纳各项社会保险费的记录；（二）用人单位向劳动者发放的'工作证'、'服务证'等能够证明身份的证件；（三）劳动者填写的用人单位招工招聘'登记表'、'报名表'等招用记录；（四）考勤记录；（五）其他劳动者的证言等。其中，（一）、（三）、（四）项的有关凭证由用人单位负举证责任。"该条法规对用人单位在未与劳动者签订书面劳动合同的情况下，是否存在事实劳动关系的举证责任作了规定。在实践中，社保挂靠人员可能钻用人单位管理的空子，凭社保记录发起劳动仲裁，要求社保挂靠单位承担"未签订劳动合同"的法律责任，若用人单位对员工无任何管理记录，如工资发放记录、考勤记录、招录记录，则可能有败诉风险。

因此，为了避免因社保挂靠被认定为事实劳动关系及因用工管理的疏忽为挂靠人员申请相关社保待遇招致用工风险，用人单位应避免社保挂靠。

3. 不同用工方式下的社保缴纳

（1）实习用工

在实习用工关系中，用人单位无须为实习人员购买社会保险，但需注意购买商业保险规避用工风险。

（2）派遣用工

第一，由劳务派遣单位为被派遣劳动者缴纳社会保险。《劳务派遣暂行规定》第8条规定："劳务派遣单位应当对被派遣劳动者履行下列义务：……按照国家规定和劳务派遣协议约定，依法为被派遣劳动者缴纳社会保险费，并办理社会保险相关手续……"

第二，特殊情况下由用工单位为被派遣劳动者缴纳社会保险。《劳务派遣暂行规定》第18条规定："劳务派遣单位跨地区派遣劳动者的，应当在用工单位所在地为被派遣劳动者参加社会保险，按照用工单位所在地的规定缴纳社会保险费，被派遣劳动者按照国家规定享受社会保险待遇。"《劳务派遣暂行规定》第19条规定："劳务派遣单位在用工单位所在地设立分支机构的，由分支机构为被派遣劳动者办理参保手续，缴纳社会保险费。劳务派遣单位未在用工单位所在地设立分支机构的，由用工单位代劳务派遣单位为被派遣劳动者办理参保手续，缴纳社会保险费。"

（3）劳务合同用工

在劳务合同用工关系中，雇佣单位无须为劳务者购买社会保险。若发生用工风险，根据《民法典》侵权责任编的相关规定，个人之间形成劳务关系，提供劳务一方因劳务自己受到损害的，根据双方各自的过错承担相应的责任。雇佣单位可购买商业保险减少用工风险。

（4）非全日制用工

第一，用人单位应为非全日制劳动者缴纳工伤保险。《实施〈中华人民共和国社会保险法〉若干规定》第 9 条规定："职工（包括非全日制从业人员）在两个或者两个以上用人单位同时就业的，各用人单位应当分别为职工缴纳工伤保险费。职工发生工伤，由职工受到伤害时工作的单位依法承担工伤保险责任。"《劳动和社会保障部关于非全日制用工若干问题的意见》第 12 条规定："用人单位应当按照国家有关规定为建立劳动关系的非全日制劳动者缴纳工伤保险费。从事非全日制工作的劳动者发生工伤，依法享受工伤保险待遇；被鉴定为伤残 5—10 级的，经劳动者与用人单位协商一致，可以一次性结算伤残待遇及有关费用。"

第二，非全日制用工劳动者可以以个人身份参加养老保险。《社会保险法》第 10 条第 2 款规定："无雇工的个体工商户、未在用人单位参加基本养老保险的非全日制从业人员以及其他灵活就业人员可以参加基本养老保险，由个人缴纳基本养老保险费。"

（二）高温津贴

《防暑降温措施管理办法》第 17 条规定："劳动者从事高温作业的，依法享受岗位津贴。用人单位安排劳动者在 35℃以上高温天气从事室外露天作业以及不能采取有效措施将工作场所温度降低到 33℃以下的，应当向劳动者发放高温津贴，并纳入工资总额。高温津贴标准由省级人力资源社会保障行政部门会同有关部门制定，并根据社会经济发展状况适时调整。"高温津贴的发放具有强制性，符合法律规定的用工场景，用人单位应依法支付高温津贴。

第十二章　劳动者工作表现管理

劳动者在职期间用人单位需要对劳动者的工作表现进行考察和评估，对表现优异的员工予以奖励，对表现不佳或者严重损害公司利益的员工进行处分，以此可以有效地调动员工的工作积极性，实现用人单位对人才使用效率的最大化。本章主要介绍用人单位的绩效考核制度及对应的调岗调薪的管理措施，使用人单位在人事管理过程中能够充分利用绩效工具，根据劳动者工作表现调整劳动者的岗位职级和待遇，以实现用工效率的提升和人员优化。

思维导图

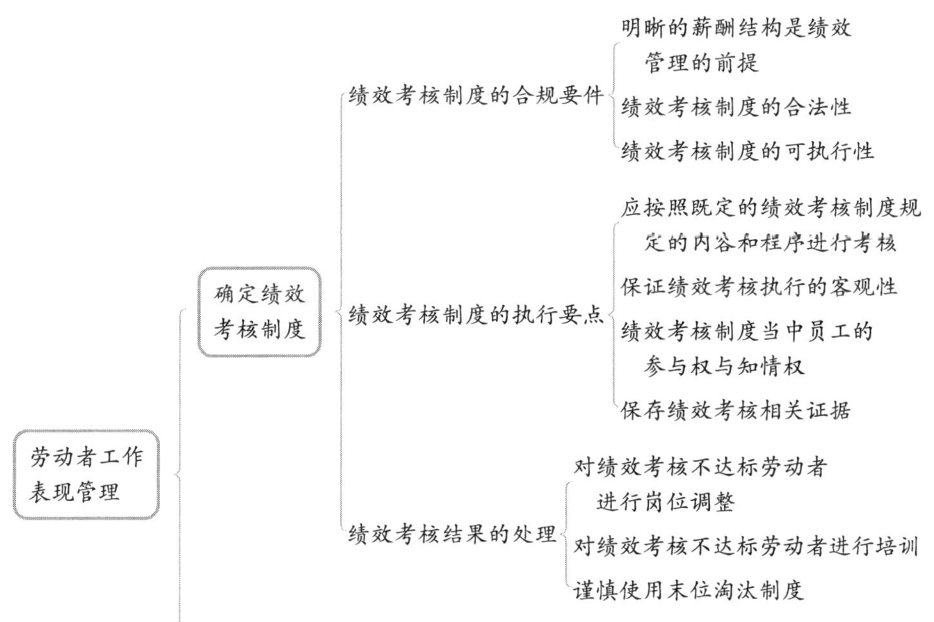

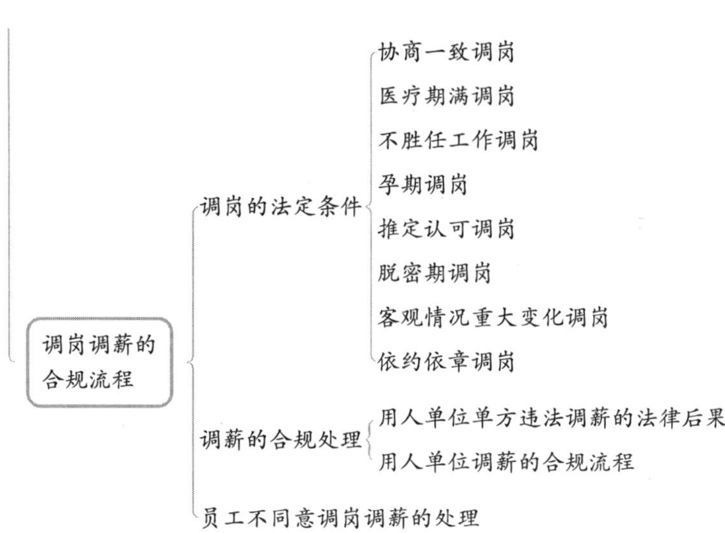

一、确定绩效考核制度

绩效在人事管理中的意思为劳动者的个人工作业绩成果。用人单位通过对劳动者绩效目标的设计，以及劳动者实际工作成果与绩效目标的完成情况，来评估劳动者的工作表现。在绩效考核的实践中，用人单位通常将绩效考核与判定“试用期内不符合录用条件”和“不胜任工作”相结合，在法律允许的范围内最大限度地发挥绩效考核的作用。

用人单位通过对劳动者绩效的考核，对能力、贡献突出的劳动者进行激励，包括但不限于升职、加薪、股权激励、奖金等。对能力、贡献达不到用人单位招聘预期的劳动者，绩效考核结果可以成为劳动者“不胜任工作”的事实依据，可以据此对达不到预期的员工进行优化。通过绩效考核制度对员工工作成果进行动态的评估，有利于激发劳动者的工作积极性，有效提升劳动者的生产效率，实现多劳多得。绩效考核主要有三个重要环节：一是制定绩效考核制度，明确绩效考核计划和标准；二是定期评估劳动者绩效执行情况；三是绩效考核结果的处理。

（一）绩效考核制度的合规要件

绩效考核是用人单位内部的管理行为，体现的是用人单位的用工自主权，但是用人单位不能任意设置劳动者无法达成的考核标准，亦不得滥用绩效考核制度，未经合法程序即认定劳动者不胜任工作，解除与劳动者的劳动关系。绩效考核制度的制定是用人单位人事管理不能忽视的重要工作，关于规章制度制定普遍需要遵守的民主程序原则，本书第十三章将进行详细表述，此处针对绩效考核强调以下应注意的问题。

1. 明晰的薪酬结构是绩效管理的前提

绩效考核设置的目的，是通过考核薪资的梯度设计，让劳动者明确多劳才能多得，以刺激劳动者的工作积极性。因此，明确的薪资结构设计是绩效考核制度设计的关键。若绩效工资无明确的薪酬结构作为制度支持，劳动合同中对于劳动者“绩效薪资”的表述，将因无调整依据而无效，绩效薪资将足额发放给劳动者，不能实现用人单位通过绩效薪资调动劳动者工作积极性的目的。

用工风险场景：绩效工资无绩效制度支撑，将导致绩效工资实际按照固定的发放①

唐某于2017年9月1日进入创某公司工作。双方签订了自2017年9月1日起至2018年8月31日止的固定期限劳动合同，其中试用期至2017年9月30日止。该劳动合同载明，唐某担任项目经理一职，月工资由基本工资3300元、绩效工资8700元、员工福利400元（包含电脑补助、通信补助、交通补助）及孝顺金300元（转入父母卡内）组成。创某公司根据经营发展的情况逐步提高唐某的工资水平。唐某试用期内无绩效工资。2017年10月19日，唐某签署了员工离职交接清单。

2017年11月21日，创某公司向上海市闵行区劳动人事争议仲裁委员会申请仲裁，要求唐某返还2017年9月的绩效工资7623.18元。唐某提出反请求，要求创某公司支付其2017年10月1日至2017年10月31日的工资、解除劳动合同的经济补偿金、延迟退工经济损失，并为其办理退工手续。该仲裁委员会于2018年1月8日作出闵劳人仲（2017）办字第6331号裁决书，对创某公司的仲裁请求及唐某的反请求，均未予支持。唐某不服，向一审法院提起诉讼，一审法院支持了唐某的诉请，二审法院维持原判。

法院认为：就唐某要求创某公司支付其2017年10月工资12700元之请求，唐某、创某公司间的劳动合同约定，唐某月工资由基本工资3300元、绩效工资8700元、员工福利400元（包含电脑补助、通信补助、交通补助）及孝顺金300元（转入父母卡内）组成。就其中的绩效工资部分，创某公司辩称根据其绩效考核管理制

① （2018）沪01民终11912号。

度，结合唐某该月的工作表现及绩效考评结果，唐某该月无绩效工资。原审法院认为：首先，创某公司并未提供充分有效证据证明唐某知晓上述制度。其次，劳动合同约定的绩效工资系固定金额，并未约定绩效工资根据绩效考核情况予以调整或不予发放。就其余工资部分，根据双方劳动合同的相关约定，原审法院应予以支持。综上，唐某此项诉请，于法有据，原审法院予以支持。

2. 绩效考核制度的合法性

第一，内容合法性。绩效考核制度属于公司内部规章制度的一部分，其制定过程必须遵守《劳动法》和《劳动合同法》等法律、法规对公司规章制度的规定。《劳动合同法》第4条规定，用人单位应当依法建立和完善劳动规章制度，保障劳动者享有劳动权利、履行劳动义务；第26条规定，用人单位免除自己的法定责任、排除劳动者权利的，该劳动合同无效或部分无效。根据上述规定，公司制定绩效考核制度时，内容应该合法，即必须符合《劳动法》《劳动合同法》及相关的法律法规，不能与法律法规相抵触，若发生抵触，则相抵触的部分无效。

例如，《劳动法》第48条第2款规定："用人单位支付劳动者的工资不得低于当地最低工资标准。"第50条规定："工资应当以货币形式按月支付给劳动者本人。不得克扣或者无故拖欠劳动者的工资。"若用人单位绩效考核制度规定"劳动者绩效考核为最低级时，用人单位有权不予发放当月工资"，排除劳动者获取工资报酬的权利，明显与《劳动法》相抵触。

第二，程序合法性。绩效考核制度履行了必要的民主和公示程序，是绩效考核制度能够发挥管理作用的保障。（2019）渝05民终3624号案件中，法院就认为"本案中，上诉人以被上诉人连续两个月考核不达标为由，根据《绩效考核管理制度》的规定，给予被上诉人降职、降薪处理，但上诉人并未举示证据证明该规章制度经过了民主公示程序，故上诉人系单方减少被上诉人的劳动报酬，在此情形下，文某以某公司未及时足额支付劳动报酬为由提出解除劳动合同符合上述法律规定"。维持一审判决，判定用人单位应向劳动者支付经济补偿。

3. 绩效考核制度的可执行性

绩效考核的目标应当按照具体岗位和劳动者的平均能力合理、客观地制定，并且进行细致的、可量化的考核，使得考核目标在具体实践中具有可执行性。不合理、模糊的以及依赖主观判断的考核标准在司法实践中很难获得审裁人员的认可。

用工风险场景：主观性绩效考核结果，劳动者不予确认致使绩效考核失灵①

苏某为高某公司员工，高某公司基于苏某2017年S2（含年度）阶段绩效及年度绩效结果对其作出了第一次不胜任工作的认定，但苏某对该绩效结果不予认可。后高某公司于2018年7月31日向苏某发出《解除劳动合同通知书》。解除劳动合同理由为不能胜任工作并经培训或转岗后仍不能胜任工作。

苏某以要求高某公司支付违法解除劳动合同赔偿金、股权折价款及奖金为由向北京市劳动人事争议仲裁委员会申请仲裁，仲裁委员会裁决如下：1. 高某公司支付苏某违法解除劳动合同赔偿金差额276413元；2. 驳回苏某的其他仲裁请求。高某公司不服该裁决，于法定期限内向法院提起诉讼，一审、二审法院均维持仲裁阶段的裁决。

法院认为：本案中，高某公司以不能胜任工作并经培训或转岗后仍不能胜任工作为由与苏某解除劳动合同，其应就解除劳动合同的事实依据承担举证责任。高某公司虽于2018年4月基于苏某2017年S2（含年度）阶段绩效及年度绩效结果对其作出了第一次不胜任工作的认定，但苏某对该绩效结果不予认可，且高某公司在仲裁阶段的证人葛某亦陈述在苏某对绩效结果提出过异议的情况下，高某公司仅提交了绩效管理系统中所显示的绩效考核结果，且其中所载评价主观成分较多，缺乏其他证据佐证该结果的客观性。

另外，高某公司虽主张苏某已接受绩效改进计划，且接受该计划即接受考核结果，并就此提交电子邮件予以证明，但在苏某对此予以否认的情况下，高某公司所提交的电子邮件并非苏某所发，高某公司亦未就其所持的该邮件系基于苏某确认改进计划的操作而由系统自动发出的主张进行举证，其应对此承担举证不能的不利后果。最后，高某公司提交的（2018）京方圆内经证字第29000号公证书内容仅为Excel表格，亦无法证实其公司所述的苏某绩效改进计划期间的业绩。退而言之，即便苏某确存在不胜任工作的情况，根据立法本意，我国《劳动合同法》第40条第3项中所规定的培训应当指用人单位针对劳动者不胜任工作而组织的专项培训或有针对性的培训，培训应当起到实质的推进作用及指导效果。本案中，高某公司所述的已经为苏某提供的培训系面向全体员工并由员工自愿选择报名，并非就苏某不能胜任工作一节而进行的有针对性的培训，而且该培训仅有两小时，因此，高某公司在未对苏某进行有针对性培训的情况下即以其接受培训后仍不能胜任工作为由解

① （2019）京01民终8371号。

除双方劳动关系，确存在不妥之处，高某公司解除劳动合同的事实依据欠充分，应当属于违法解除劳动合同行为。

若劳动者的岗位确实无法用量化的数据进行考核，则可以考虑结合多方的评定意见进行评估，如同级互评、上级评定、第三方（如客户）评定等。

（二）绩效考核制度的执行要点

1. 应按照既定的绩效考核制度规定的内容和程序进行考核

用人单位制定了绩效考核制度后，考核执行部门应严格按照考核制度规定的内容和程序对劳动者进行考核，若改变绩效考核制度规定的内容和程序，考核结果将不被认可。

用工风险场景：未依据绩效考核制度执行考核，绩效考核结果被认定缺乏依据①

易某于2016年4月6日入职百某公司，易某入职当天签署《确认函》，该函显示："本人确认在入职时百某公司已向我公示了《员工手册》以及其他各项规章制度，包括但不限于《百某职业道德与行为规范》、《百某奖惩管理制度》、百某绩效、培训及人才管理相关制度……我有义务在任职期间每日登录公司内部网主页浏览并学习公司的各项规章制度……我承诺严格遵守公司的《员工手册》以及各项规章制度。"2016年3月30日百某公司向易某发出的《录取通知书》显示："您入职后的薪酬待遇……目标年中奖金税前人民币13800元；目标年终奖金税前人民币46000元。以上奖金并非员工最终获得的实际奖金，实际奖金将基于目标奖金，根据公司、部门和个人业绩进行浮动，并结合当期工作时间等多种因素确定。实际奖金的具体计算和发放办法按公司相关政策执行……您加入公司后，我们将建议公司的董事会授予您价值120000元人民币的限制性股票……自董事会授予您限制性股票之日起工作每满一年，可以归属授予限制性股票总数的四分之一。"百某公司对易某进行绩效考核时，易某直接上级对其考核结果分档为3级，但其二线主管及总经理可以再行调整级别及系数，易某的二线主管与总经理系同一人，将易某的考核结果评为4级，二级主管对易某的级别调整并无制度支持。

双方就易某是否符合2016年年终奖的发放条件存在争议。仲裁委员会裁决百某公司向易某支付2016年年终奖金33808元。百某公司不服仲裁裁决，提起诉讼。

① （2018）京01民终1094号。

一审、二审法院均不支持百某公司的诉讼请求。

法院认为：首先，百某公司提交的《员工手册》中关于绩效管理的规定为：直接上级基于员工年度绩效目标，综合考虑绩效目标完成情况以及在同其他员工比较时的相对表现，对员工进行年度绩效评估，确定其绩效等级。该公司提交的《百某绩效管理规范》中年度绩效评估的步骤为：(1) 员工自评；(2) 上级评估；(3) 评估结果确认和审批；(4) 评估结果反馈和绩效沟通。上述制度中均未显示出易某的绩效考评结果由直线上级确定后，另需经过二线主管的最终确认，因此百某公司将易某的绩效考评结果由“3”变更为“4”缺乏制度依据。其次，就绩效考评结果变化的事实依据而言，根据本案查明事实，易某直线上级对其2016年年终绩效考评结果为3，百某公司虽列举易某的表现属于“部分满足期望”即等级为“4”的考评结果，并称经二线主管以及易某申诉后该公司绩效考评小组的最终评定，易某的绩效考评结果应当为4，但该公司并未就上述陈述充分举证。综上，法院认为：百某公司对易某2016年绩效考核结论的作出制度依据及事实依据均不充分，法院对该公司所持的易某当年绩效考核结果为4，考核系数为0，不应当享受当年年终奖的主张，难以采信。现易某虽主张应按照录用通知书中载明的目标年终奖金数额核算其2016年年终奖，但该录用通知书中载明的年终奖金数额仅为目标奖金，并非固定数额，故法院对其该项主张亦不予采信。根据百某公司提交的2016年年底绩效奖金分配方案，绩效结果为3的奖金系数亦存在中值、高值及低值的差别，现双方均未举证证明易某应按照何种奖金系数享受2016年度年终奖，故法院认为：根据公平原则酌情按照考评结果为3的奖金系数中值即0.8的系数对易某当年年终奖进行核算较为适宜，具体数额以法院核算为准。

在此案例中，用人单位认为劳动者当年绩效考核结果为4，考核系数为0，不应当享受当年年终奖，但是该考核认定并未严格按照绩效考核制度执行，因此法院不认可该考核结果。用人单位在执行绩效考核制度时，应严格按照绩效考核制定规定的标准对劳动者的工作成果进行评级，避免因对绩效考核制度的执行不到位，向劳动者发放与其实际绩效级别不符合的绩效工资。

2. 保证绩效考核执行的客观性

由于劳动者岗位、业务特征、用人单位行业属性等因素的影响，绩效考核制度确定的考核标准往往难以确定可量化的标准，此时合理设计绩效考核执行层面的流程，以程序的客观性避免主观性标准带来的考核结果被认为无效的风险。

用工风险场景：绩效考核标准虽然主观，但考核结果以客观的考核程序得出应被认定为有效①

陈某于2015年8月10日入职小某公司。双方签订《劳动合同》，合同约定：陈某应达到所在岗位要求的任职条件，应按照小某公司要求按时完成规定的工作任务、达到规定的标准；根据绩效评价，陈某被评为“不胜任”的，视为不胜任工作，小某公司可调整陈某工作岗位及相应岗位等级和薪酬。2016年11月24日，小某公司向陈某发出《单方解除劳动合同通知》，认为陈某有相关行为违纪，即刻单方解除陈某的劳动合同。陈某对小某公司提供的2016年6月《员工岗位晋升管理办法》《员工绩效管理办法》《员工退出机制管理办法》《员工薪酬管理办法》的真实性予以认可。2016年1月开始，小某公司围绕“工作绩效”“敬业精神”“团队与合作”“技能与创新”“廉洁与公正”五项，开展员工互评及主管评定，并据评定结果发放季度绩效清算。根据小某公司2016年总经理办公会议纪要，2016年第一季度至第三季度陈某的评定结果均为“待改进”。为此，小某公司派员数次约谈陈某。其间，小某公司于2016年7月31日通过电子邮件告知陈某，因第一季度、第二季度连续两个季度绩效等级为“待改进”，故自7月起陈某岗位自T3-TS技术支持工程师调整为T2-TS技术支持工程师，个人岗级薪档调整为13E，当月起执行。2016年11月22日，小某公司再次通过电子邮件通知陈某，自当日起停职。

2016年12月6日，陈某向上海市杨浦区劳动人事争议仲裁委员会申请仲裁，其中的一项诉请是要求小某公司支付2015年8月10日至2016年11月24日克扣工资差额69947元，该会作出仲裁裁决，不予支持陈某的工资差额（绩效）。陈某不服，提起诉讼。一审、二审法院均不支持陈某的绩效工资诉请。

法院认为：关于绩效考核。在案证据可以证明陈某对绩效工资调整考核及具体方案当属知晓，并且，小某公司取月绩效工资的20%作为视工作表现考核发放的部分，按“工作绩效”“敬业精神”“团队与合作”“技能与创新”“廉洁与公正”设置考核项目，经由员工互评、层层主管评分核算得分，报总经理办公会议集体表决，后反馈本人考评结果并多番约谈，上述考核基数、标准、程序未见明显失当或不合理之处，相反尚属合理，体现员工参与、知情权，亦兼顾用人单位自主管理权，陈某关于未经协商的意见不足以推翻，历经多名同事、数位主管互评、讨论得出的评定结论，符合客观性要求，故陈某2016年连续被评“待改进”具备事实依

---

① （2017）沪02民终10813号。

据。基于此，小某公司按相关管理办法的规定计发陈某相应季度绩效清算，以及调整薪酬标准并无不当。

3. 绩效考核制度当中员工的参与权与知情权

绩效考核制度制定层面需要民主和公示流程体现员工参与和知情权，绩效考核执行流程应尽可能反映员工的参与，具体如下：

第一，劳动者参与绩效目标的设置。比如，让劳动者递交个人绩效目标申请表，通过部门会议的形式确定部门绩效目标和劳动者个人绩效目标，并以会议纪要形式固定。

第二，对于绩效考核过程，上级主管的跟踪管理，如上级主管参与绩效目标设置；日常跟踪和反馈劳动者的绩效完成进度；针对绩效结果与劳动者进行面谈，对考核结果履行充分说明义务等。

第三，绩效考核的结果应经劳动者确认。绩效考核送达劳动者后应要求劳动者对考核结果进行书面自我评估并呈报绩效考核部门，劳动者的主管应向劳动者做好解释和说明，并保留相关谈话记录，据此保留劳动者已知道并接受考核结果的相关记录。

第四，对于绩效改进计划，设置劳动者绩效申诉程序和绩效复议程序，保障劳动者对绩效结果的复议权。

4. 保存绩效考核相关证据

《最高人民法院关于审理劳动争议案件适用法律问题的解释（一）》第 44 条规定："因用人单位作出的开除、除名、辞退、解除劳动合同、减少劳动报酬、计算劳动者工作年限等决定而发生的劳动争议，用人单位负举证责任。"绩效考核制度的制定与执行，将会直接影响劳动者的劳动报酬，根据前述法律的规定，用人单位负举证责任。因此在绩效考核制定与执行的每一步，用人单位都要做好存证工作。

（三）绩效考核结果的处理

《劳动合同法》第 40 条中规定，"有下列情形之一的，用人单位提前三十日以书面形式通知劳动者本人或者额外支付劳动者一个月工资后，可以解除劳动合同：……（二）劳动者不能胜任工作，经过培训或者调整工作岗位，仍不能胜任工作的"。根据该条规定，劳动者经过考核被用人单位判定为不能胜任工作的，用人单位应当首先采取培训或岗位调整的措施为劳动者提供改进的机会。只有经过调岗或培训后，劳动者仍不能胜任工作的，用人单位才有权依法无责解除劳动合同。因此，对于经用人单位考核不能胜任工作的劳动者，用人单位有以下两个处理方案：一是调整劳动者岗位；二是对该劳动者进行培训。根据《最高人民法院关于审理劳动争议案件适用法律问题的解释（一）》的规定，解除员工劳动合同的举证责任在于用人单位，所以为了发挥绩效考核优化员工的作用，对不能胜任工作的劳动者予以解雇，用人单位需要完成证明劳动者“不能胜任工作”“经过培训或者调整工作岗位”“仍不能胜任工作”三重举证义务。在司法实践中，用人单位未能完成此三重举证义务的，将面临败诉风险。根据以上举证义务，本节详细说明两个绩效考核结果处理的方案中，用人单位应注意的事项。

1. 对绩效考核不达标劳动者进行岗位调整

虽然《劳动合同法》赋予了用人单位调整劳动者岗位的法定权利，但是在调整时，用人单位应注意以下几点。

第一，岗位调整应当合理。应针对绩效考核结果体现的劳动者不足之处，对劳动者的工作岗位进行调整。

第二，完善内部制度，为劳动者拒不接受调岗处理做好制度准备工作。调岗的制度支撑在本书第十三章详述，此处不再赘述。

2. 对绩效考核不达标劳动者进行培训

若用人单位无合适的工作岗位调整给不能胜任工作的劳动者，则用人单位可以通过培训对劳动者进行绩效改进，但需要注意以下几点。

第一，培训应当具有针对性，针对绩效考核结果体现的劳动者不足之处。因为该等培训是为了让劳动者发现不足、了解改进的方式和方法以适应用人单位的用工需求，因此培训需要具有针对性，不能是针对所有劳动者的劳动安全培训、企业规章制度培训等普适性培训。

用工风险场景：不能胜任工作的培训无针对性，用人单位再以劳动者不能胜任工作为由解除劳动合同不具有合理性①

2011 年 11 月 1 日，冷某与惠某上海分公司签订无固定期限劳动合同，冷某担任软件 BTO 销售。2012 年 2 月惠某上海分公司向冷某发出《工资确认声明》，内容为：基本工资人民币 943740 元，目标奖金人民币 629160 元，工资奖金比例为 6：4，惠某上海分公司每月按人民币 67410 元标准支付冷某工资。

---

① （2015）沪二中民三（民）终字第 4 号。

2012年6月冷某和其直线经理签订了《销售函》，约定了冷某的销售计划、业务目标和激励薪酬计算参数，测定期为2012财务年度。

2012年12月31日，惠某上海分公司向冷某发出《警告函》，内容为：截至2012年12月，由于冷某未能完成向公司承诺的销售任务，并综合公司近期的考评结果，冷某目前的工作表现被视为不能胜任本职工作，公司希望通过培训指导或转岗，帮助冷某改进。冷某在收到《警告函》后，通过电子邮件形式进行了回复，表示不同意警告信的内容。但冷某仍按时参加了培训。

2013年6月24日，惠某上海分公司向冷某发出《解除劳动合同通知书》及离职结算单，解除劳动合同通知书载明：鉴于冷某此前因不能胜任工作，公司对冷某进行了专门培训后，经过评估，冷某仍不能胜任工作，公司依法决定于2013年6月29日解除与冷某的劳动合同，公司将依法向冷某支付相应的经济补偿。

2013年7月29日，冷某向上海市劳动人事争议仲裁委员会申请仲裁，其中有一项仲裁请求为：恢复劳动关系，继续履行劳动合同。仲裁委员会裁决同意冷某该项诉请。冷某、惠某上海分公司均不服裁决，诉至一审法院。一审法院判决冷某与惠某上海分公司自2013年7月3日起恢复劳动合同关系，至2014年2月21日止。二审法院支持一审法院该诉请判决意见。

法院认为：冷某、惠某上海分公司签订的《销售函》约定了冷某在2012财务年度需完成的销售指标，在冷某仅完成销售指标57%的情况下，惠某上海分公司即认为冷某不能胜任工作，向冷某发出《警告函》，要求冷某完成相应培训。然而，冷某、惠某上海分公司的《销售函》中并未明确不能胜任工作的量化标准，惠某上海分公司也未提供其他证据证明冷某存在其他不能胜任工作的情形。惠某上海分公司认为冷某不能胜任工作，难以令人信服。其后，惠某上海分公司虽然对冷某进行了培训，但培训的内容只是奖金计算和收入认定流程，而并非提高冷某销售能力和销售技巧方面的。培训后，惠某上海分公司又以冷某未完成销售指标认定冷某不能胜任工作，并解除劳动关系，惠某上海分公司的行为不具有合理性。故惠某上海分公司终止与冷某的劳动合同关系，依据不足，不符合法律规定。冷某要求恢复劳动关系的请求应予准许。

第二，用人单位应与劳动者书面确定培训的形式和培训期间的待遇。培训可分为在岗培训和离岗培训。一般情况下，在岗培训劳动者能正常提供劳动的，薪酬不发生变化，但是在离岗培训的情况下，劳动者不能正常提供劳动，为避免在劳动者脱岗期间仍为劳动者支付正常劳动报酬，用人单位应当事先与劳动者做好协商，并通过书面形式固定协商成果，做好存证工作。

本书第二十三章的《培训申请表》为读者提供了固定培训管理痕迹的参考文件。

3. 谨慎使用末位淘汰制度

“末位淘汰制”即指根据用人单位制定的绩效考核制度，经考核后排最后一名（或最后几名）的劳动者，用人单位有权直接将其辞退。虽然有“绩效考核制度”作为依据，但劳动者绩效考核最后一名，仅能证明该劳动者在参与考核的劳动者中工作能力相对较低，并不意味着其“不能胜任工作岗位”，更不能据此认定该劳动者违反了公司的规章制度。该种辞退方式实质上属于公司变相单方面辞退员工，可能涉嫌违法解除劳动关系。

用工风险场景：考核末位员工可调岗调薪，不得直接解除劳动合同①

戴某于1996年11月4日进入台某公司工作，为包装股员工，2010年11月起任包装股课长。双方最后一期劳动合同期限自2014年3月1日至2019年2月28日，约定戴某的工作岗位为操作工，台某公司根据工作需要，按照诚信原则，可依法变动戴某的工作岗位等。2015年11月18日，台某公司发布人员配置检讨事的公告，公司如下人员配置调整办法为：课股/长人数65，年度根据季度奖考绩排名，最后10%予以降职处理等。台某公司的2015年度考绩汇总表显示：戴某排名第43位，共47人，倒数第5名（戴某对此不认可）。2016年1月4日，台某公司对戴某作出人事通知，戴某通知前职务为课长，通知后职务为班长，职务加给由1500元调整至700元（减少800元）。自2016年2月起台某公司支付戴某职务加给700元，2016年2月奖金为950元、2016年3月起奖金部分固定为800元（2016年2月前奖金基本均在400元以下）。

在劳动合同期间，戴某于2016年7月向昆山市劳动人事争议仲裁委员会申请仲裁，要求台某公司支付2015年7月至2016年6月的工资差额21741.50元、未足额支付工资的经济补偿金5435元。该委员会作出裁决，驳回戴某的仲裁请求。戴某不服仲裁裁决，提起诉讼，一审、二审法院均不支持戴某的诉讼请求。

法院认为：戴某主张台某公司根据末位淘汰制度对其岗位的调整行为违反法律规定，本院认为，劳动者排名末位与劳动者不能胜任工作岗位之间并无必然联系，故用人单位根据末位淘汰制解除劳动关系违反法律规定。但在除解除劳动关系情形

---

① （2017）苏05民终450号。

之外，末位淘汰制并非当然违法。根据本院查明的事实，戴某调岗前担任的职务为台某公司包装股课长，该岗位具有一定的管理性质，要求劳动者具备更优秀、更全面的职业技能。用人单位根据劳动者的工作业绩安排相对更为优秀的劳动者担任该职务既符合用人单位对于保证和提高产品质量的要求，亦能较大程度激发劳动者的工作积极性，故用人单位依据末位淘汰制调整劳动者工作岗位在一定条件下应予以支持。本案中，台某公司与戴某的劳动合同中明确约定台某公司根据工作需要，按照诚信原则，可依法变动原告的工作岗位，2016 年 1 月 4 日台某公司根据人员配置检讨事的公告和戴某 2015 年度考绩汇总表对戴某的工作岗位进行调整，调岗后戴某并未提出异议，应视为戴某对本次调岗的认可。综上可见，本次调岗不违反双方劳动合同的约定，亦符合《劳动合同法》第 35 条的规定，应认定为合法，因本次调岗引起的薪资变动亦属合法。

在本案例中，法院认为：用人单位依据末位淘汰制对员工实行奖优惩劣，对排名靠后的员工采取调岗调薪等措施具有合理性，但是需要劳动合同或规章制度有事先约定。同时法院也明确了劳动者排名末位与劳动者不能胜任工作岗位之间并无必然联系，用人单位根据末位淘汰制解除劳动关系违反法律规定。因此，用人单位在绩效管理过程中，可以根据劳动者的绩效末位考评情况调整劳动者的薪资待遇，但不得以此为由认定劳动者不能胜任工作与劳动者解除劳动关系。

二、调岗调薪的合规流程

（一）调岗的法定条件

1. 协商一致调岗

《劳动合同法》第 35 条第 1 款规定：“用人单位与劳动者协商一致，可以变更劳动合同约定的内容。变更劳动合同，应当采用书面形式。”经用人单位与劳动者协商一致可以调岗。

2. 医疗期满调岗

《劳动合同法》第 40 条第 1 项规定，“有下列情形之一的，用人单位提前三十日以书面形式通知劳动者本人或者额外支付劳动者一个月工资后，可以解除劳动合同：（一）劳动者患病或者非因工负伤，在规定的医疗期满后不能从事原工作，也不能从事由用人单位另行安排的工作的”。

3. 不胜任工作调岗

《劳动合同法》第40条中规定，“有下列情形之一的，用人单位提前三十日以书面形式通知劳动者本人或者额外支付劳动者一个月工资后，可以解除劳动合同：……（二）劳动者不能胜任工作，经过培训或者调整工作岗位，仍不能胜任工作的”。本条间接规定了在员工不能胜任现有岗位的前提下用人单位有单方调岗的权利。不胜任工作调岗及基于不胜任工作解除劳动合同是用人单位比较常发生的用工场景，需要注意的是，劳动者不胜任工作的调岗需要严格受到法律规定的限制，未经合规流程即以劳动者不胜任工作为由解除劳动合同，可能构成违法解除。

本书第十二章绩效考核规定处，对于不胜任工作调岗作了详细说明，此处不再赘述。

4. 孕期调岗

《女职工劳动保护特别规定》第6条第1款规定：“女职工在孕期不能适应原劳动的，用人单位应当根据医疗机构的证明，予以减轻劳动量或者安排其他能够适应的劳动。”

5. 推定认可调岗

《最高人民法院关于审理劳动争议案件适用法律问题的解释（一）》第43条规定：“用人单位与劳动者协商一致变更劳动合同，虽未采用书面形式，但已经实际履行了口头变更的劳动合同超过一个月，变更后的劳动合同内容不违反法律、行政法规且不违背公序良俗，当事人以未采用书面形式为由主张劳动合同变更无效的，人民法院不予支持。”

6. 脱密期调岗

《劳动部关于企业职工流动若干问题的通知》（劳部发〔1996〕355号）第2条规定，用人单位与掌握商业秘密的职工在劳动合同中约定保守商业秘密有关事项时，可以约定在劳动合同终止前或该职工提出解除劳动合同后的一定时间内（不超过六个月），调整其工作岗位，变更劳动合同中相关内容。

7. 客观情况重大变化调岗

劳动合同订立时所依据的客观情况发生重大变化，致使劳动合同无法履行，用人单位可以与劳动者协商变更合同，调整劳动者的岗位。关于“客观情况发生重大变化”的规定在原劳动部《关于〈中华人民共和国劳动法〉若干条文的说明》第26条第4款中：“本条中的‘客观情况’指：发生不可抗力或出现致使劳动合同全部或部分条款无法履行的其他情况，如企业迁移、被兼并、企业资产转移等，并且排除本法第二十七条所列的客观情况。”

若经用人单位与劳动者协商不能达成一致意见的，则根据《劳动合同法》第40条的规定，用人单位提前30日以书面形式通知劳动者本人或者额外支付劳动者1个月工资后，可以解除劳动合同。

但是若用人单位的经营情况不符合“客观情况发生重大变化”规定，用人单位以此对劳动者的岗位和薪资进行调整，用人单位以劳动者不同意变更劳动合同为由解除劳动关系，将有可能被认定为违法解除劳动关系，面临支付违法解除赔偿金或恢复劳动关系的风险。

8. 依约依章调岗

劳动合同或用人单位规章制度中明确约定用人单位可以根据需要调整工作岗位的，用人单位可以按劳动合同约定予以调整。在实务中，企业通常约定的调岗情形有：

第一，符合劳动合同约定的员工身体状况不符合岗位要求、用人单位的经营情况发生异常等情形出现时，用人单位可以调岗。

第二，在员工违纪达到一定程度或绩效考核未达用人单位设置目标时，用人单位规章制度规定了降职降薪的处罚方式。

第三，部分单位存在关于利益冲突调岗约定，即近亲属或夫妻不能同在公司重要利益相关部门任职，否则单位有调整岗位的权利。以上规定在没有违反法律的强制性规定的情况下，在具体案例中，可能作为裁判案件的依据或参考。

依约依章调岗前，需要对此次调岗行为进行合规审查工作，主要如下：

第一，劳动合同、规章制度是调岗的重要依据，双方可在劳动合同、规章制度当中，对于调岗适用的情形、调岗后的工资调整作详细约定。

第二，调岗的合法性考察。用人单位在调岗前，应当先评估一下调岗的情况是否属于法定可以调岗的情形。

第三，调岗的必要性考察。即出现了特定情形，如劳动者身体不适合该岗位、劳动者本人不能胜任工作等，或因生产经营的需要，如业务外包、机构撤销、生产经营重大调整等，致使用人单位不得不对员工进行调岗。

第四，调岗的合理性。即所调整的岗位不具有惩罚性或者侮辱性，与员工本身的知识背景、劳动能力和职业技能相适应，如销售岗转财务岗，总经理转保洁岗等。劳动者需具备任职新岗位的能力，如劳动者不能够胜任新岗位的工作，用人单位还应当负责培训教育，以使劳动者能适应新的工作岗位。合理性还体现在薪资的调整上，如果调整岗位后薪资下浮过大，或者借调岗直接给劳动者降薪，如劳动者月薪6000元，调岗后直接降为3000元，降薪幅度达到50%，这在裁判实务当中也很难被认定为合理。笔者认为，同级别调岗应当保持薪资水平不变，调岗降薪，薪资下浮10%—20%，是一个相对合理的区间。

第五，调岗需经必要程序。用人单位单方调整前，应当先与员工进行协商，保留与员工进行谈话的笔录，并经员工签字认可，避免用人单位因员工后续不配合调岗工作而使之前的工作成果无效，用人单位成立工会的，调岗过程中也要征询工会的意见，最后的调岗结果以书面形式告知员工。

实务裁判当中对于调岗的合法性、合理性以及履行必要的程序这些认定都较为严格，因此在合规处理当中应当谨慎适用。

（二）调薪的合规处理

劳动者薪资的调整是岗位调整后要面临的问题，很多用人单位错误认为薪资调整是用工自主权的范畴，单方调整劳动者的薪资，与现行法律法规调薪需要经过协商一致的基本要求相违背，直接导致用工风险。

1. 用人单位单方违法调薪的法律后果

《劳动合同法》第29条规定："用人单位与劳动者应当按照劳动合同的约定，全面履行各自的义务。"第30条第1款规定："用人单位应当按照劳动合同约定和国家规定，向劳动者及时足额支付劳动报酬。"因此用人单位应该按照与劳动者正式签订的劳动合同履行义务，为劳动者提供工作岗位，依据约定支付相应的劳动报酬。如果未经合法依据和流程调整劳动者的工作岗位，降低劳动者的劳动报酬，将会面临下面的法律后果。

（1）劳动者有权解除劳动合同，用人单位可能支付经济补偿金

根据《劳动合同法》第38条及第46条的规定，用人单位未按照劳动合同约定提供劳动条件的或用人单位未及时足额支付劳动报酬的，劳动者有权依法解除劳动合同，用人单位应支付经济补偿金。用人单位未经合法程序调整劳动者岗位或调整劳动者薪资待遇的，属于未提供劳动条件和未及时足额支付劳动报酬，劳动者自然有权提出解除劳动合同，用人单位面临支付经济补偿金的法律风险。

用工风险场景：劳动者因违法降薪被迫离职的，用人单位应支付经济补偿金[①]

李某与广州某公司于2017年6月10日签订劳动合同，约定合同期限自2017年4月1日起至2019年3月31日止，试用期自2017年4月1日起至2017年4月30日止，李某任职出纳，正常工作时间工资标准2000元/月。李某在职期间实际的工资构成为基本工资3200元，另有不固定的加班费，相对固定的绩效奖金、补餐费，以及交通补贴200元、话费补助10元等项目。2018年3月28日，广州某公司向李某发出降薪通知书，载明：近期因公司内部管理调整，出纳工作量极少，多次与李某协商调换工作岗位无果，公司决定根据出纳的工作量、劳动合同签订的薪资标准，自2018年4月1日起，将李某每月薪资调整为2000元，年终奖金按经营情况另行通知。2018年4月18日，李某以EMS特快专递方式向广州某公司邮寄了解除劳动合同告知书，以广州某公司未与其协商，单方作出降低薪资决定具有惩罚性，严重侵犯其合法权益为由，依《劳动合同法》第38条的规定，被迫提出解除劳动合同，双方劳动关系于2018年4月19日解除，并在该告知书中注明解除理由：未按劳动合同约定提供劳动保护或者劳动条件。

法院认为：本案主要争议焦点在于李某提出解除劳动合同，广州某公司是否需要支付经济补偿金。本案中，李某向广州某公司邮寄的解除劳动合同告知书中虽然写明解除理由为未按劳动合同约定提供劳动保护或者劳动条件，但在该告知书中同时写明广州某公司作出的降低薪资决定具有惩罚性，由此可见，广州某公司决定降低李某劳动报酬是导致其提出解除劳动合同的原因。那么，广州某公司究竟是否构成未足额支付李某劳动报酬？首先，广州某公司提交的工资表有事后制作之嫌，且其将李某的工资3200元拆分成基本工资和奖金，在工资构成中又有绩效奖金一栏，与常理不符。相较之下，李某提交的工资条从形式到内容都符合常理，并能够与其银行交易明细互相印证，故一审法院对广州某公司的工资表不予采纳，采信李某所提交的工资条。根据《最高人民法院关于审理劳动争议案件适用法律若干问题的解释》第13条[②]规定，减少劳动报酬举证责任在用人单位。广州某公司未提交有效的证据证明李某的工资构成，应承担举证不能的法律后果。一审法院从李某提交的工资条分析，可以认定李某的基本工资为3200元。其次，如广州某公司所述，李某

---

① （2019）粤01民终5377号。

② 已失效，现相关规定见《最高人民法院关于审理劳动争议案件适用法律问题的解释（一）》第44条。

的基本工资为2000元，就不存在降薪问题，其标题为降薪通知书，亦从侧面印证了李某提交工资条的真实性，故广州某公司向李某发出的降薪通知书，从标题到文义，均反映了广州某公司拟降低李某工资之事实。据此，李某解除与广州某公司劳动合同，符合《劳动合同法》第38条的规定，根据该法第46条、第47条的规定，广州某公司应当按李某在其单位的工作年限支付经济补偿。

本案例为典型的用人单位因调薪不当，劳动者提出被迫解除劳动合同，用人单位承担经济补偿金的案例。在实务中，薪资调整一旦不合规即可能构成未及时足额支付劳动报酬的违法行为，用人单位将对调薪行为的正当性承担更为严苛的举证责任，且面临更大的败诉风险。

（2）用人单位应补齐劳动者相应的工资差额

由于用人单位的调薪不合法，导致劳动者劳动报酬损失，用人单位应予以补偿，按照原岗位的工资标准补发劳动报酬的差额。

2. 用人单位调薪的合规流程

（1）协商调薪

用人单位与劳动者协商一致对劳动报酬进行变更并签订书面劳动合同变更协议是最为理想的调薪方式。但是，若用人单位未注意处理流程，可能因书面劳动合同变更未能体现劳动者真实意思表示，存在胁迫可能性，导致劳动合同变更协议的效力存疑，用人单位存在用工风险，因此笔者建议通过以下几点保留协商一致变更劳动合同的管理痕迹。

第一，书面通知劳动者调薪原因，并告知劳动者新岗位的岗位职责、薪酬待遇。

第二，给予劳动者异议期间，劳动者经过异议期间未提出异议，签订《劳动合同变更协议》，或经异议与用人单位协商一致后签订《劳动合同变更协议》，都是劳动者真实意思表示的相关证据。

第三，劳动者认可调薪后，与劳动者签订《劳动合同变更协议》，并要求劳动者提出书面《调岗申请》，《调岗申请》中明确调整后的薪资待遇，通过书面形式固定劳动者接受调薪的意思表示。

（2）默示调薪

《最高人民法院关于审理劳动争议案件适用法律问题的解释（一）》第43条规定："用人单位与劳动者协商一致变更劳动合同，虽未采用书面形式，但已经实际履行了口头变更的劳动合同超过一个月，变更后的劳动合同内容不违反法律、行政法规且不违背公序良俗，当事人以未采用书面形式为由主张劳动合同变更无效的，人民法院不予支持。”该条司法解释以实际履行为原则，突破了劳动合同法中规定的变更劳动合同必须采取书面形式的规定。用人单位与劳动者的岗位、薪资调整行为只要实际履行超过一个月，而且在此期间劳动者也没有对调岗调薪提出异议，不违反法律、行政法规等，即可认定调岗调薪的合法性。默示调薪应注意以下几点。

第一，书面通知劳动者薪资调整，并要求劳动者对书面通知进行签字确认，以确定默示调薪的起算时间。

第二，调薪内容不得违反法律、行政法规，如调薪后的薪资待遇低于法定最低工资标准，即使已经实际履行超过一个月，也会因违反法律强制性规定而不具有效力。

（3）用人单位单方调薪

在司法实践中，用人单位在规章制度中，或与劳动者签订的劳动合同中明确调岗调薪的前提，在日后的劳动合同履行实践中，调岗调薪只是对劳动合同内容的履行，则可以有效降低用人单位单方调薪带来的法律风险。

用工风险场景：劳动合同中明确约定调岗调薪的条件，可规避用人单位单方调岗调薪的法律风险①

张某自1995年7月起分配到某铁路公司工作，从基层做到了车间副主任的职务。张某（乙方）与某铁路公司（甲方）签订《劳动合同书》，合同约定：“……乙方同意实际从事的具体工作岗位以人事通知为准。甲方可以根据工作需要调整乙方工作岗位，双方同意不再另行签订劳动合同变更协议，以人事通知作为劳动合同变更依据……甲方根据本单位的生产经营特点和经济效益、依法确定本单位的工资分配方式。乙方的工资水平，按照本单位的工资分配相关办法确定……”

2017年6月12日，某铁路公司发布《徐州车间副主任竞聘公告》，因工作需要，决定对连云港线路等16个车间的18个副主任岗位进行竞聘。张某未参与竞聘，后经公司决定，免除张某车间副主任职务，月岗位工资从5313元调整为3874元。张某认为其调岗前及调岗后工资差距巨大，遂提起本案仲裁，继而诉讼至法院，要求支付单方调岗后克扣的工资18万元，并恢复副主任工作岗位和副主任工资待遇标准。一审法院判决驳回了张某的诉讼请求，二审法院维持一审判决。

① （2019）苏03民终7092号。

法院认为：关于张某主张补发某铁路公司单方调岗克扣工资及恢复副主任工作岗位和工资待遇标准的问题。首先，双方签订的《劳动合同书》中关于工作内容和工作地点部分已明确约定某铁路公司可以根据工作需要调整张某工作岗位，双方同意不再另行签订劳动合同变更协议，应视为张某将工作场所和工作内容变更或决定的权限委托由某铁路公司行使，某铁路公司享有行使对张某合理调职的权限；其次，某铁路公司对岗位进行调整并非针对张某一个人，而是具有经营上的自主性和必要性，并且通过发布公告、组织考试、组织考察、会议研究、公示使用等程序；再次，张某并未提供证据证实某铁路公司的调岗对其工作内容以及订立劳动的目的产生实质性的影响。综上，张某主张补发某铁路公司单方调岗克扣工资及恢复副主任工作岗位和工资待遇标准，依法不予支持。

上述案例中，用人单位单方调岗调薪获得了法院支持，总结该案例调岗调薪的成功经验，笔者认为有以下几点值得借鉴。

第一，在劳动合同中要对调岗调薪进行明确、清晰、具体的约定。比如，明确约定何时、何地、符合何种条件的情况下，劳动者应当到什么岗位，薪资待遇情况如何。并且约定发生约定情形调岗时，不再另行签订劳动合同变更协议，同时还要明确约定薪随岗变。

第二，单方调岗要体现经营上的自主性和必要性，且调岗流程体现员工参与。比如，案例中的竞聘程序通过发布公告、组织考试、组织考察、会议研究、公示等程序，既体现了调岗程序的合理性，也充分体现了劳动者的知情权和参与权。

第三，岗位调整前后的工作内容具有一定关联性，薪资调整幅度具有一定合理性。

（三）员工不同意调岗调薪的处理

在人事管理的实践中，调岗往往伴随着降职、降薪或将员工从其心仪岗位调离至非心仪的岗位，过程当中也可能会伴随员工存在配合度不高的问题，极端情况下员工还可能拒不到岗，致使劳资关系紧张，引发仲裁诉讼风险。

用工风险场景：调岗具有合法性、合理性，为用人单位自主用工行为[①]

石某于2009年1月4日入职东某公司，双方劳动合同补充条款中约定“甲方（公司）有权根据公司工作需要和乙方（石某）工作表现、能力及发挥乙方工作

① （2018）京民申2706号。

技能，调整和调动乙方工作地点、工作岗位或职务（包括但不限于调换工种，另含晋升、降职、降级等各种形式），乙方必须自觉服从甲方的安排，相同工种系列或职级的工作调整或调动，其基本工资不变。其他情况依照甲方的相关政策和规定执行”。

石某原本担任西三环某分公司人事行政经理职务，工作地点为西钓鱼台，工资标准为工资5000元另加通信补助200元。2017年5月24日，公司将其调整至总公司，工作地点为朝阳区东四环外朝阳北路，工作职务为人事行政副经理，工资标准上调至工资5700元另加通信补助150元。此次调岗，因石某拒绝到总公司处工作，2017年5月26日公司将石某工作岗位调整至丰台分公司，职务为客服部经理，工资总额为3500元另加通信补助200元及职务补贴1500元。石某第二次拒绝东某公司的调岗处理。

石某于2017年6月7日向公司提出解除劳动关系，解除原因为公司擅自变更工作地点及工作岗位、降低工资标准，强行拒绝其考勤，阻止继续工作，逼迫其离职。

法院认为：本案经一裁二审并经高院再审，判决驳回石某的诉讼请求。北京高院经审查认为，公司因公司业务拓展和经营需要，对石某进行了两次调岗，两次调整均未降低工资待遇，工作地点亦在合理范围之内，但石某均未同意。第一次工作岗位调整，石某的工资标准上涨，石某拒绝用人单位对其进行首次调整后，公司再次作出石某的岗位调整，薪资总体待遇并未降低。公司的调岗行为属于用人单位根据生产经营需要自主用工行为，没有违反双方劳动合同的约定，亦不违反相关法律规定。现石某主张其因公司不提供劳动条件使其被迫提出解除劳动合同，但就此未提供充分证据证明。石某要求公司支付被迫解除劳动合同经济补偿金及赔偿金，缺乏事实及法律依据。一、二审法院认定事实清楚，适用法律正确。石某的再审申请不符合《民事诉讼法》第200条规定的情形。裁定驳回石某的再审申请。

在本案中，法院基于用人单位调岗行为的合法性及合理性，认为公司的调岗行为属于用人单位根据生产经营需要自主用工行为，没有违反双方劳动合同的约定，亦不违反相关法律规定，劳动者应当执行。在余某与瑞某（中国）热水器有限公司劳动争议二审案①中，法院亦认为“法律也赋予用人单位对劳动合同的单方解除权，以保障用人单位的用工自主权。在本案中，瑞某热水器公司与余某签订的劳动

① （2014）成民终字第5497号。

合同合法有效，对双方当事人具有法律约束力。双方在劳动合同中约定瑞某热水器公司可以根据生产的需要，在生产工作范围内调整余某的工作岗位，该约定系双方当事人真实意思的表示，对双方当事人具有约束力。因此，瑞某热水器公司可以根据工作的需要调整余某的工作岗位，公司依据双方签订的劳动合同、《员工奖惩管理办法》的规定，解除了与余某的劳动合同关系，其不属于违法解除劳动合同的情形”。即在用人单位调岗行为合法合理的前提下，劳动者有服从用人单位管理提供劳动的义务，劳动者未到岗报到的行为应当被认定为旷工。在实务中，以旷工为由管理经调岗未到岗的劳动者需要注意以下事项：

第一，在劳动合同或规章制度中对旷工的性质及后果作约定或规定。首先，对旷工性质做描述。例如，“无正当理由脱岗超过三个小时视为旷工半天，脱岗超过六个小时视为旷工一天”，对劳动者的旷工行为做具体的描述，亦可直接规定劳动者不配合用人单位调岗视为旷工，“经用人单位调岗，劳动者拒不到新岗位报到的视为旷工”。其次，对旷工后果做描述，例如，“一个考勤考核周期内旷工三日视为严重违纪，用人单位有权解除劳动合同”或“劳动者调岗后拒不到岗，经用人单位责令返岗后仍不到岗，视为严重违纪，用人单位有权解除劳动合同”。以实现用人单位对劳动者“旷工”这一违纪行为的处分，进一步约束劳动者的行为，加大用人单位对劳动者管理力度。

第二，对劳动者的工作情况需要有考勤存证，固定劳动者的旷工事实。

第三，向劳动者发送限期返岗通知，履行催告程序。

第四，经催告后，劳动者仍拒不到岗的，向劳动者发送解除劳动合同通知，列明违纪事项，保留通知的签收凭证。

本书第二十三章的《考勤确认表》《新岗位返岗通知书》和第二十四章的《员工辞退通知书》为读者提供了参考文本。

第十三章　确定用人单位民主管理制度

规章制度是用人单位对劳动者展开有效管理的工具，能够实现对劳动者权利的保护和行为的约束，其内容一般包括公司运行的流程性文件如财务报销制度、办公设备使用制度、用印流程，以及涉及劳动者切身利益的制度性文件如劳动报酬、工作时间、休息休假、劳动安全卫生、保险福利、职工培训以及劳动纪律等。

思维导图

- 确定用人单位民主管理制度
  - 规章制度的作用
    - 制定规章制度是用人单位应当履行的法定义务
    - 规章制度规范劳资双方权利义务
    - 规章制度是用人单位在劳动争议仲裁或诉讼中重要的证据来源
  - 制定合法有效的规章制度
    - 规章制度的内容应具有合法性
      - 审查基本法律法规
      - 审查地方性法律规定
      - 审查地方裁判口径
      - 审查规章制度与劳动合同是否存在冲突
    - 规章制度的内容应具有合理性
      - 应符合人力资源管理的规制范围
      - 应符合公序良俗原则
    - 规章制度的内容应具有可执行性
    - 规章制度的制定程序合法
      - 起草草案
      - 民主讨论
      - 修改定稿
      - 公示送达

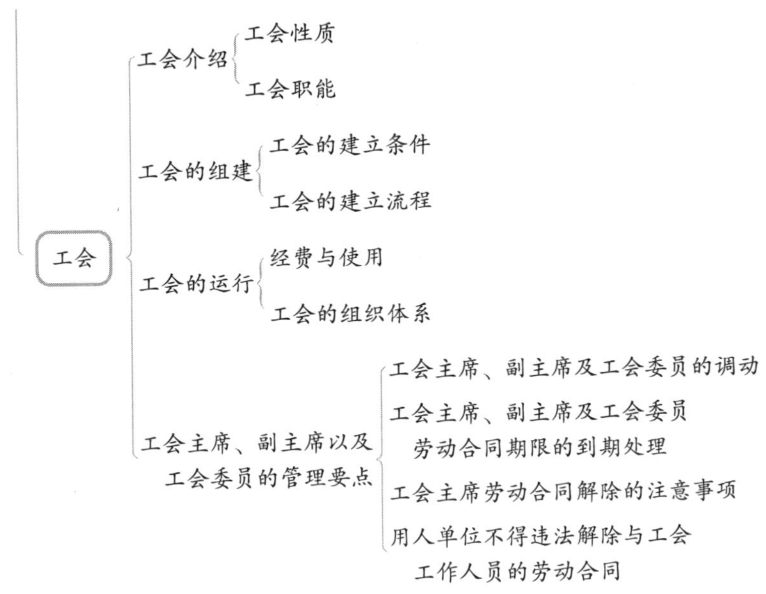

一、规章制度的作用

（一）制定规章制度是用人单位应当履行的法定义务

《劳动合同法》第4条第1款规定："用人单位应当依法建立和完善劳动规章制度，保障劳动者享有劳动权利、履行劳动义务。"故建立和完善规章制度为用人单位的法定义务，是用人单位在法律框架下行使自主管理权的重要依据，可以将用人单位对劳动者的要求、期待具体化。

用人单位通过规章制度明确劳动者的相关合法权益，亦可避免用人单位在管理劳动者过程中权力的任意扩张，降低用人单位管理的随意性，有利于用人单位与劳动者之间建立长期、稳定且和谐的劳资关系。

（二）规章制度规范劳资双方权利义务

用人单位与劳动者的权利义务一般约定在劳动合同中，但是劳动合同一经签订，效力往往有2年、3年甚至5年的时间，而在此期间伴随着用人单位日常管理中产生的问题及业务的经营与发展，用人单位与劳动者的权利义务可能产生变化，若仅通过劳动合同约束劳资双方，则需要频繁修改劳动合同，不符合劳动合同的稳定性需求，且将为劳资双方增添不必要的麻烦。因此，通过用人单位依法制定规章制度调整劳资双方权利义务，并经劳动者民主评议，且通过民主程序送达劳动者，该规章制度不仅对劳动者具有约束力，用人单位也应当服从和遵守，使劳资双方在劳动关系中的各项行为有评价依据。

（三）规章制度是用人单位在劳动争议仲裁或诉讼中重要的证据来源

《最高人民法院关于审理劳动争议案件适用法律问题的解释（一）》第 50 条第 1 款规定："用人单位根据劳动合同法第四条规定，通过民主程序制定的规章制度，不违反国家法律、行政法规及政策规定，并已向劳动者公示的，可以作为确定双方权利义务的依据。"因此用人单位制定规章制度进行管理非常重要，依据合法有效的规章制度对劳动者作出的处理决定，在劳动争议裁判实务当中也会得到裁判机关的认可。但如果制定规章制度没有履行必要的民主程序，或规章制度内容本身缺乏合理性，那么在劳动争议案件实务当中，往往不能得到裁判机关的支持。

二、制定合法有效的规章制度

（一）规章制度的内容应具有合法性

规章制度内容的合法性是规章制度赖以存在的基础。《最高人民法院关于审理劳动争议案件适用法律问题的解释（一）》第 50 条所称的"国家法律、行政法规及政策规定"指的是广义的法律概念，即包括宪法、法律、行政法规、地方性法规、政府规章、部门规章，以及各地区、各民族自治地方的自治条例、单行条例等。法律服务工作者或人事专员在为用人单位草拟规章制度时对合法性要件的审查需要经过以下步骤：

1. 审查基本法律法规

规章制度的内容不但不能违反《劳动法》《劳动合同法》及其配套法规，如工时、休假、加班等方面不能违反国家规定的基本标准；也不能违反《民法典》《妇女权益保障法》《残疾人就业保障法》等基本法律，如劳动合同签订存在欺诈、胁迫就违反《民法典》有关规定，规定女性员工在劳动合同存续期间不能结婚生育则违反《妇女权益保障法》有关规定等。

2. 审查地方性法律规定

全国不同省份在国家法律规定的基础上，根据各自省份劳动争议的特点与裁判口径颁布了相关的地方性法律规定，对相关法律的实施进行细化规定，不同省份之间可能存在较大差别，律师、法务或人事专员作为用人单位规章制度的设计者，在工作工程中不能忽视对地方性规定的审查。

3. 审查地方裁判口径

各地高院对于某些具体的法律问题会有不同的裁判口径，一般通过高院批复、会议纪要等形式体现，若规章制度某些条款存在严格限制劳动者权利，规避用人单位义务的情形，建议进一步对相关裁判口径进行审查。避免因忽视裁判口径致使规章制度的制定与适用导致劳动争议风险。

4. 审查规章制度与劳动合同是否存在冲突

《最高人民法院关于审理劳动争议案件适用法律问题的解释（一）》第50条第2款规定："用人单位制定的内部规章制度与集体合同或者劳动合同约定的内容不一致，劳动者请求优先适用合同约定的，人民法院应予支持。"若规章制度与劳动合同的约定存在冲突，则经劳动者请求，人民法院将优先适用劳动合同的约定，这将造成用人单位对劳动者的处分无合法性基础，而使用人单位在劳动争议当中面临风险。

（二）规章制度的内容应具有合理性

规章制度的合理性不像合法性具有规范的法规依据，其审查标准难以具体化。一般来说可参考以下原则审查规章制度的合理性。

1. 应符合人力资源管理的规制范围

在张某诉某科技公司支付赔偿金纠纷案①中，某科技公司以职员张某乘坐非法运营车辆至公司宿舍为由，依职代会通过的"不允许乘坐黑车，违者以开除论处"决议，解除了与张某的劳动合同。法院认为：张某乘坐黑车行为发生之日正值其休息之日，劳动者有权利支配自己的行为，公司不能以生产经营期间的规章制度来约束员工休息期间的行为。用人单位规章制度是在本企业内部实施的、关于组织劳动过程和进行人力资源管理的制度。用人单位以劳动者严重违反单位的规章制度为由解除劳动合同，劳动者提起相关诉讼的，法院应当依法审查该规章制度的合法性与合理性。如果用人单位的规章制度超越合理权限对劳动者设定义务，并据此解除劳动合同，属于违法解除，损害劳动者的合法权益，用人单位应当依法支付赔偿金。

2. 应符合公序良俗原则

《民法典》第8条规定："民事主体从事民事活动，不得违反法律，不得违背公

① 参见《最高人民法院公报》2014年第7期（总第213期）。

序良俗。”这一规定将公序良俗作为民事活动的基本准则。用人单位对劳动者违反社会道德且在一定程度上会对用人单位造成不良影响的行为作出规定，具有合理性，但是不能肆意扩大对公序良俗的解释范围，如将“员工有职场性骚扰的行为”视为违反公序良俗，按照严重违纪处理具有合理性，将“员工发生办公室恋情行为”视为违反公序良俗，按照严重违纪处理就明显不具有合理性，且侵犯了员工的人格权利。

（三）规章制度的内容应具有可执行性

《劳动合同法》第39条规定：“劳动者有下列情形之一的，用人单位可以解除劳动合同：……（二）严重违反用人单位的规章制度的；（三）严重失职，营私舞弊，给用人单位造成重大损害的……”此种情形下，用人单位解除劳动合同无须支付经济补偿金。《最高人民法院关于审理劳动争议案件适用法律问题的解释（一）》第44条规定：“因用人单位作出的开除、除名、辞退、解除劳动合同、减少劳动报酬、计算劳动者工作年限等决定而发生的劳动争议，用人单位负举证责任。”故用人单位在无责解除劳动关系时，需要对劳动者存在“严重违章”“严重失职”“造成重大损害”等行为负有举证责任。然而，对于劳动者的具体什么行为“严重违章”“严重失职”“造成重大损害”，法律并没有作出具体规定，若公司规章制度亦未对此作出具体规定，那么用人单位在管理实践中就无从下手，更谈不上保留对用人单位有利的证据了。故公司在规章制度的内容中就有必要对此作出具体明确的表述，并作适当的列举和类比。

（四）规章制度的制定程序合法

《劳动合同法》第4条第2款、第3款规定：“用人单位在制定、修改或者决定有关劳动报酬、工作时间、休息休假、劳动安全卫生、保险福利、职工培训、劳动纪律以及劳动定额管理等直接涉及劳动者切身利益的规章制度或者重大事项时，应当经职工代表大会或者全体职工讨论，提出方案和意见，与工会或者职工代表平等协商确定。在规章制度和重大事项决定实施过程中，工会或者职工认为不适当的，有权向用人单位提出，通过协商予以修改完善。”《劳动法》第8条规定：“劳动者依照法律规定，通过职工大会、职工代表大会或者其他形式，参与民主管理或者就保护劳动者合法权益与用人单位进行平等协商。”此外，《工会法》《公司法》等均对规章制度民主程序作了相关规定。由此可见，依照民主程序制定规章是用人单位的法定义务，是审查规章制度合法性的必备要素之一。

用工风险场景：制定规章制度未经民主程序，不能作为管理员工的规定[①]

杨某于2007年入职某公司。2019年3月，公司发布内部竞聘实施方案，决定就公司人力资源部、办公室等15个部门岗位展开内部竞聘，该方案规定，未通过竞聘上岗的，待岗3个月，直至解除劳动合同。该方案由公司制定并发布实施，未经民主程序。杨某收到竞聘通知后，未参加竞聘。11月15日，公司解除了与杨某的劳动合同。杨某申请劳动仲裁，主张公司继续履行劳动合同。

法院认为：经过一裁两审，法院最终支持了杨某的诉求，判决公司继续履行劳动合同。本院认为某公司对杨某调岗不尽合理，理由之一就是作为调岗依据的相关规章制度制定未经民主程序，具体如下：根据《劳动合同法》第4条的规定，用人单位在制定、修改或者决定直接涉及劳动者切身利益的规章制度或者重大事项时，应当经职工代表大会或者全体职工讨论，提出方案和意见，与工会或者职工代表平等协商确定。在规章制度和重大事项决定实施过程中，工会或者职工认为不适当的，有权向用人单位提出，通过协商予以修改和完善。本案中，公司调岗的依据是《关于安徽××安装内部竞聘的实施方案》。竞聘、调岗属于涉及劳动者切身利益的重大事项，应当经过民主程序制定。某公司虽然向员工发出竞聘通知，告知了员工，某公司也有权根据其内部管理需要对员工进行竞聘，但某公司并未提供竞聘实施方案经民主程序制定的相关证据。

上述案例认为涉及劳动者切身利益的重大事项未经民主程序，不能作为管理员工的规定。然而在司法实践中，未经民主议决的规章制度并非一律无效。如在（2016）浙0503民初2385号案件中，法院就认为尽管公司没有有效证据证明该制度经过《劳动合同法》第4条第2款规定的民主程序，但该制度中“连续三天以上旷工或一年累计旷工十天以上，单位有权解除劳动合同”的规定不违反法律、行政法规、政策及集体合同约定，不存在明显不合理的情形，且已向方某告知，由方某签字确认，方某并未提出异议。故公司以方某严重违反用人单位规章制度为由作出与方某解除劳动合同的决定并发布公告，与《劳动合同法》第39条第2项“劳动者严重违反用人单位规章制度的，用人单位可以解除劳动合同”之规定相符合，方某要求公司支付解除劳动合同赔偿金的依据不足，不予支持。不过，作为用人单位，为防范风险，还是应该从源头上做好合规工作，在制定公司规章制度时务必注意程序性要求，并且要对民主协商、公示公告的过程性证据予以留存。

---

① （2020）皖01民终4104号。

为了预防规章制度无效的法律风险，用人单位应按照法律规定的民主程序制定规章制度，具体步骤如下：

1. 起草草案

规章制度制定的职能部门根据业务发展、公司管理中出现的新问题和新需要来决定是否制定新的制度，需要制定新制度的，由有关部门人员起草制度草案。

2. 民主讨论

《劳动合同法》第4条第2款规定：“用人单位在制定、修改或者决定有关劳动报酬、工作时间、休息休假、劳动安全卫生、保险福利、职工培训、劳动纪律以及劳动定额管理等直接涉及劳动者切身利益的规章制度或者重大事项时，应当经职工代表大会或者全体职工讨论，提出方案和意见，与工会或者职工代表平等协商确定。”故民主讨论的程序分为两个步骤：一是经职工代表大会或者全体职工讨论，提出方案和意见；二是与工会或者职工代表平等协商确定。一般来说，建立了工会的企业，与企业工会协商确定；没有建立工会的企业，与职工代表协商确定。

3. 修改定稿

民主讨论并征集完毕员工讨论意见后，可依据员工意见进行修改，最后形成规章制度的定稿。

4. 公示送达

规章制度定稿后需要向员工公示，让员工知晓制度内容。《劳动合同法》第4条第4款规定：“用人单位应当将直接涉及劳动者切身利益的规章制度和重大事项决定公示，或者告知劳动者。”即规章制度只有向劳动者公示后才对劳动者产生约束力。若未向劳动者公示，即使劳动者行为构成严重违反规章制度，用人单位也不能仅凭规章制度解除和劳动者的劳动关系，否则用人单位可能面临被认定为违法解除劳动合同的风险。

规章制度的公示方式有很多种，实务中常见的有以下几种。

第一，向劳动者送达书面制度文件。用人单位通常会将规章制度做成《员工手册》，发给劳动者阅读，并制作相关的签收表单并要求劳动者于签收单上签收。

第二，将规章制度作为劳动合同附件。在签订劳动合同时随合同文本一并交给劳动者，并保留签收记录。

第三，张榜公示。将规章制度文本粘贴在用人单位的宣传栏、员工宿舍、员工食堂、企业文化宣传栏等处，并通过拍照、录像等方式备案，必要时采用邀请律师见证或公证机构公证等形式，固定张榜公示的相关证据。

第四，培训。把规章制度列为员工入职培训的内容之一，对新入职的劳动者进行培训，并保存有受训人员参加培训的签到记录，或于培训后组织相关考试测评，保存留有劳动者作答的考试测评原始文件。

三、工会

新修正的《工会法》于2022年1月1日起实施，工会是中国共产党领导的职工自愿结合的工人阶级群众组织，是中国共产党联系职工群众的桥梁和纽带，工会作为劳动者的群众组织，越来越受到党和国家的重视。《劳动合同法》中多处赋予了工会参与权利和监督权利，如用人单位规章制度要经过职工代表大会讨论，与工会进行协商；用人单位解除劳动合同要事先将理由通知工会；用人单位进行经济性裁员要听取工会意见；工会代表职工方进行集体协商并签订集体合同等。用人单位在人事管理过程中应重视工会的作用，避免因忽略工会相关流程致使用人单位相应人事管理措施失去程序性合法要件。

（一）工会介绍

1. 工会性质

（1）阶级性

《工会法》第2条规定："工会是中国共产党领导的职工自愿结合的工人阶级群众组织，是中国共产党联系职工群众的桥梁和纽带。中华全国总工会及其各工会组织代表职工的利益，依法维护职工的合法权益。"即工会是按照工人阶级的特性组织起来开展活动的。

（2）独立性

根据《工会法》第4条的规定，工会按照工会章程独立自主地开展工作。国家保护工会的合法权益不受侵犯。

（3）法人性

《工会法》第15条规定："中华全国总工会、地方总工会、产业工会具有社会团体法人资格。基层工会组织具备民法典规定的法人条件的，依法取得社会团体法人资格。"根据《中华人民共和国民法典（实用版）》[①]，法人成立的条件是：第一，须有设立行为。法人必须经过设立人的设立行为，才可能成立。第二，须符合设

① 《中华人民共和国民法典（实用版）》，中国法制出版社2020年版，第49—50页。

立的要求：一是法人要有自己的名称，确定自己法人人格的文字标识；二是要有能够进行经营活动的组织机构；三是必须有自己固定的住所；四是须有必要的财产或者经费，能够进行必要的经营活动和承担民事责任。第三，须有法律依据或经主管机关的批准。第四，须经登记。法人的设立，原则上均须经过登记方能取得法人资格。机关法人成立不须登记。事业单位法人和社会团体法人，除法律规定不需要登记的外，也要办理登记。成立法人，须完成以上条件才能够取得法人资格。法人成立前尚无法人资格。因此，工会作为法人，依法独立享有财产权、债权、知识产权等民事权利。

2. 工会职能

（1）发表意见

《工会法》第 39 条第 1 款规定：“企业、事业单位、社会组织研究经营管理和发展的重大问题应当听取工会的意见；召开会议讨论有关工资、福利、劳动安全卫生、工作时间、休息休假、女职工保护和社会保险等涉及职工切身利益的问题，必须有工会代表参加。”因此，用人单位在讨论和决定与劳动者利益密切相关的事项时，应通知工会派代表参加，并对工会代表提出的意见进行回应。

（2）参与用人单位经营管理

《公司法》第 18 条规定：“……公司研究决定改制以及经营方面的重大问题、制定重要的规章制度时，应当听取公司工会的意见，并通过职工代表大会或者其他形式听取职工的意见和建议。”因此，用人单位应根据上述规定，保证工会对企业经营管理及重大决策的知情权和监督权。

（3）参与用人单位民主管理

《劳动合同法》第 4 条第 2 款、第 3 款规定：“用人单位在制定、修改或者决定有关劳动报酬、工作时间、休息休假、劳动安全卫生、保险福利、职工培训、劳动纪律以及劳动定额管理等直接涉及劳动者切身利益的规章制度或者重大事项时，应当经职工代表大会或者全体职工讨论，提出方案和意见，与工会或者职工代表平等协商确定。在规章制度和重大事项决定实施过程中，工会或者职工认为不适当的，有权向用人单位提出，通过协商予以修改完善。”因此，用人单位应当充分发挥工会的作用，日常的民主管理流程体现工会的参与。

（4）与用人单位协商订立集体合同

《工会法》第 21 条第 2 款规定：“工会代表职工与企业、实行企业化管理的事业单位、社会组织进行平等协商，依法签订集体合同。集体合同草案应当提交职工代表大会或者全体职工讨论通过。”《劳动合同法》第 56 条规定：“用人单位违反集体合同，侵犯职工劳动权益的，工会可以依法要求用人单位承担责任；因履行集体合同发生争议，经协商解决不成的，工会可以依法申请仲裁、提起诉讼。”即工会有权订立集体合同，并监督集体合同的依法履行。

（5）监督劳动合同的履行

《劳动合同法》第78条规定：“工会依法维护劳动者的合法权益，对用人单位履行劳动合同、集体合同的情况进行监督。用人单位违反劳动法律、法规和劳动合同、集体合同的，工会有权提出意见或者要求纠正；劳动者申请仲裁、提起诉讼的，工会依法给予支持和帮助。”

（6）对用人单位解除劳动合同的知情权和监督权

工会对于用人单位解除劳动合同的知情权和监督权主要体现在以下几点：

第一，用人单位经济性裁员。根据《劳动合同法》第41条的规定，在三种情形下，需要裁减人员20人以上或者裁减不足20人但占企业职工总数百分之十以上的，用人单位提前30日向工会或者全体职工说明情况，听取工会或者职工的意见后，裁减人员方案经向劳动行政部门报告，才可以裁减人员。因此，用人单位确需进行经济性裁员的，应当向工会或职工说明裁员方案，并听取工会或职工的意见。

第二，用人单位单方解除劳动合同。《劳动合同法》第43条规定：“用人单位单方解除劳动合同，应当事先将理由通知工会。用人单位违反法律、行政法规规定或者劳动合同约定的，工会有权要求用人单位纠正。用人单位应当研究工会的意见，并将处理结果书面通知工会。”因此，用人单位单方解除劳动合同时，需要注意法定流程，解除合同前应通知工会并征求工会的意见，若工会对用人单位的单方解除行为提出异议的，用人单位应认真研究并答复工会的意见。

（7）对相关问题展开调查

工会有权对以下问题展开调查：

第一，劳动者合法权益受侵犯的调查。《工会法》第26条规定：“工会有权对企业、事业单位、社会组织侵犯职工合法权益的问题进行调查，有关单位应当予以协助。”

第二，劳动者健康问题的调查。《工会法》第27条规定：“职工因工伤亡事故和其他严重危害职工健康问题的调查处理，必须有工会参加。工会应当向有关部门提出处理意见，并有权要求追究直接负责的主管人员和有关责任人员的责任。对工会提出的意见，应当及时研究，给予答复。”

（二）工会的组建

1. 工会的建立条件

《工会法》第 11 条第 1 款规定："用人单位有会员二十五人以上的，应当建立基层工会委员会；不足二十五人的，可以单独建立基层工会委员会，也可以由两个以上单位的会员联合建立基层工会委员会，也可以选举组织员一人，组织会员开展活动。女职工人数较多的，可以建立工会女职工委员会，在同级工会领导下开展工作；女职工人数较少的，可以在工会委员会中设女职工委员。"

2. 工会的建立流程

工会的设立流程，具体以用人单位上级工会指导为准。参考流程如下：

第一步，向上级工会请示。向上一级工会以书面形式提出建立工会组织的请示报告《关于成立××工会委员会的请示》。

第二步，成立建会筹备组。上一级工会对请示批复后，立即成立建会筹备组（3—5 人），具体负责筹备期间的工作，在工会委员会选举产生之前暂时代行工会委员会职责。工会筹备组按照《工会法》《中国工会章程》等相关规定吸引职工加入工会组织，同时采集好会员信息。

第三步，按比例确定会员代表。向上级报批《关于召开××工会第×届第一次会员代表大会的请示》。请示包括工会委员会和经费审查委员会的正、副主席（包含简历）及委员候选人名单、经费审查委员会主任及委员候选人名单（职工人数没有超过 25 人的可不用成立经费审查委员会）。

第四步，召开会员代表大会或会员大会并举行选举。上一级工会批复《关于召开××工会第×届第一次会员代表大会的请示》后，召开会员大会，按照民主程序选举产生首届工会委员会和经费审查委员会。

第五步，结果报批。会员代表大会召开后，向上级报批《关于××工会第×届第一次会员代表大会选举结果的报告（间接或直接选举）》，对整个大会召开情况和选举产生的工会主席、副主席、委员名单以及经费审查委员会主任名单，要及时报上一级工会批复，若选举结果与候选人名单不一致，应以选举结果为准。

第六步，建立女职工委员会。在工会委员会产生后，女职工人数超过 10 人时应建立女职工委员会，以维护女职工特殊权益。

第七步，办理确认基层工会社团法人资格。填写《工会社会团体法人资格证申请书》，报上级工会审批，依法取得工会法人资格证书（统一社会信用代码），其工会主席为法定代表人。

第八步，开立工会账户，管理工会经费。

（三）工会的运行

1. 经费与使用

（1）工会经费的来源

《工会法》第43条规定："工会经费的来源：（一）工会会员缴纳的会费；（二）建立工会组织的用人单位按每月全部职工工资总额的百分之二向工会拨缴的经费；（三）工会所属的企业、事业单位上缴的收入；（四）人民政府的补助；（五）其他收入。前款第二项规定的企业、事业单位、社会组织拨缴的经费在税前列支。工会经费主要用于为职工服务和工会活动。经费使用的具体办法由中华全国总工会制定。"

用人单位应依法拨缴工会经费，否则要承担相应法律后果。《工会法》第44条规定："企业、事业单位、社会组织无正当理由拖延或者拒不拨缴工会经费，基层工会或者上级工会可以向当地人民法院申请支付令；拒不执行支付令的，工会可以依法申请人民法院强制执行。"

（2）工会经费的使用

工会经费使用的具体原则规定在《工会法》及《中国工会章程》中。《工会法》第45条第1款规定："工会应当根据经费独立原则，建立预算、决算和经费审查监督制度。"《中国工会章程》第40条规定："各级工会委员会按照规定编制和审批预算、决算，定期向会员大会或者会员代表大会和上一级工会委员会报告经费收支和资产管理情况，接受上级和同级工会经费审查委员会审查监督。"

工会经费使用的具体办法按照《工会会计制度》《工会预算管理办法》和《基层工会经费收支管理办法》等规定执行。

2. 工会的组织体系

（1）工会委员会

第一，工会委员会的产生及任期。《企业工会工作条例》第11条第1款规定："企业工会委员会由会员大会或会员代表大会差额选举产生，选举结果报上一级工会批准，每届任期三年或者五年。"

第二，工会委员会的职责。工会委员会是会员大会或会员代表大会的常设机构，对会员大会或会员代表大会负责，接受会员监督。在会员大会或会员代表大会闭会期间，负责日常工作。具体职责为：①执行会员大会或者会员代表大会的决议和上级工会的决定，主持基层工会的日常工作。②代表和组织职工依照法律规定，通过职工代表大会、厂务公开和其他形式，参加本单位民主管理和民主监督，在公司制企业落实职工董事、职工监事制度。企业、事业单位工会委员会是职工代表大会工作机构，负责职工代表大会的日常工作，检查、督促职工代表大会决议的执行。③参与协调劳动关系和调解劳动争议，与企业、事业单位行政方面建立协商制度，协商解决涉及职工切身利益问题。帮助和指导职工与企业、事业单位行政方面签订和履行劳动合同，代表职工与企业、事业单位行政方面签订集体合同或者其他专项协议，并监督执行。④组织职工开展劳动和技能竞赛、合理化建议、技能培训、技术革新和技术协作等活动，培育工匠人才，总结推广先进经验。做好劳动模范和先进生产（工作）者的评选、表彰、培养和管理服务工作。⑤加强对职工的政治引领和思想教育，开展法治宣传教育，重视人文关怀和心理疏导，鼓励支持职工学习文化科学技术和管理知识，开展健康的文化体育活动。推进企业文化职工文化建设，办好工会文化、教育、体育事业。⑥监督有关法律、法规的贯彻执行。协助和督促行政方面做好工资、安全生产、职业病防治和社会保险等方面的工作，推动落实职工福利待遇。办好职工集体福利事业，改善职工生活，对困难职工开展帮扶。依法参与生产安全事故和职业病危害事故的调查处理。⑦维护女职工的特殊利益，同歧视、虐待、摧残、迫害女职工的现象作斗争。⑧搞好工会组织建设，健全民主制度和民主生活。建立和发展工会积极分子队伍。做好会员的发展、接收、教育和会籍管理工作。加强职工之家建设。⑨收好、管好、用好工会经费，管理好工会资产和工会的企业、事业。

（2）工会专职工作人员

《工会法》第 14 条规定：“职工二百人以上的企业、事业单位、社会组织的工会，可以设专职工会主席。工会专职工作人员的人数由工会与企业、事业单位、社会组织协商确定。”《工会法》第 42 条规定：“用人单位工会委员会的专职工作人员的工资、奖励、补贴，由所在单位支付。社会保险和其他福利待遇等，享受本单位职工同等待遇。”因此，用人单位应根据“同工同酬”原则支付本单位工会专职委员及工作人员的相应待遇，不应有歧视。

（3）工会主席

第一，工会主席的任职资格。《企业工会主席产生办法（试行）》第 5 条规定：“企业工会主席应具备下列条件：（一）政治立场坚定，热爱工会工作；（二）具有与履行职责相应的文化程度、法律法规和生产经营管理知识；（三）作风民主，密切联系群众，热心为会员和职工服务；（四）有较强的组织协调能力。”第 6 条规定：

“企业行政负责人（含行政副职）、合伙人及其近亲属，人力资源部门负责人，外籍职工不得作为本企业工会主席候选人。”

第二，工会主席的职责。《企业工会工作条例》第27条规定：“企业工会主席的职权：（一）负责召集工会委员会会议，主持工会日常工作。（二）参加企业涉及职工切身利益和有关生产经营重大问题的会议，反映职工的意愿和要求，提出工会的意见。（三）以职工方首席代表的身份，代表和组织职工与企业进行平等协商、签订集体合同。（四）代表和组织职工参与企业民主管理。（五）代表和组织职工依法监督企业执行劳动安全卫生等法律法规，要求纠正侵犯职工和工会合法权益的行为。（六）担任劳动争议调解委员会主任，主持企业劳动争议调解委员会的工作。（七）向上级工会报告重要信息。（八）负责管理工会资产和经费。”

第三，工会主席的任期。工会主席的任期参考工会委员的规定为3年或5年，《工会法》第16条规定：“基层工会委员会每届任期三年或者五年。各级地方总工会委员会和产业工会委员会每届任期五年。”工会主席的劳动合同期限根据法律规定自动延长到任期期满，《工会法》第19条规定：“基层工会专职主席、副主席或者委员自任职之日起，其劳动合同期限自动延长，延长期限相当于其任职期间……”

第四，工会主席的罢免。《工会法》第18条第2款规定：“罢免工会主席、副主席必须召开会员大会或者会员代表大会讨论，非经会员大会全体会员或者会员代表大会全体代表过半数通过，不得罢免。”

（四）工会主席、副主席以及工会委员的管理要点

工会主席、副主席及工会委员是通过工会会员大会或者工会会员代表大会、从工会会员中选举产生的。工会主席、副主席及工会委员代表的是工会利益，为了履行工会的基本职责，需要站在工会的立场上维护劳动者的合法权益，而劳动者利益的对立面往往是用人单位的经营利益，故相关法律对工会主席、副主席及工会委员作了特殊保护规定。因此，工会主席、副主席及工会委员虽同为劳动者，但因工会主席、副主席及工会委员特殊的法律地位，用人单位在对工会主席、副主席及工会委员管理的过程中应作特殊处理。

1. 工会主席、副主席及工会委员的调动

（1）工会主席、副主席的岗位调动

《工会法》对用人单位调整工会主席岗位作了特殊规定，《工会法》第18条第1款规定：“工会主席、副主席任期未满时，不得随意调动其工作。因工作需要调动

时，应当征得本级工会委员会和上一级工会的同意。”《工会法》第 52 条第 1 款规定：“违反本法规定，对依法履行职责的工会工作人员无正当理由调动工作岗位，进行打击报复的，由劳动行政部门责令改正、恢复原工作；造成损失的，给予赔偿。”

（2）普通工会委员的岗位调动

关于普通工会委员任期内的岗位调整是否应经过工会委员会的同意，法律未作出明确规定。但是个别地区的地方性法规对工会委员岗位调动作出了相应规定，如《上海市工会条例》规定，工会主席、副主席、委员任期未满的，不得随意调动其工会工作岗位或者劳动合同约定的岗位，因工作需要调动的，应当事先征得本级工会委员会的同意；工会主席、副主席的调动以及经费审查委员会主任的任免，还应当征得上一级工会的同意。

工会主席、副主席及工会委员的当选，体现了选举人的意志。要调动其工作，应当尊重选举人的民主权利，除应遵守《劳动合同法》关于调岗的规定外，还应根据《工会法》和地方法规的要求，通过民主程序来实现。即使工会主席、副主席及工会委员满足法律规定的劳动者的调岗条件，用人单位也不能直接调整工会主席的岗位，需征得本级和上一级工会的批复。

2. 工会主席、副主席及工会委员劳动合同期限的到期处理

《工会法》第 19 条规定：“基层工会专职主席、副主席或者委员自任职之日起，其劳动合同期限自动延长，延长期限相当于其任职期间；非专职主席、副主席或者委员自任职之日起，其尚未履行的劳动合同期限短于任期的，劳动合同期限自动延长至任期期满。但是，任职期间个人严重过失或者达到法定退休年龄的除外。”关于“个人严重过失”规定在《最高人民法院关于在民事审判工作中适用〈中华人民共和国工会法〉若干问题的解释》第 2 条第 2 款中：“工会法第十八条规定的‘个人严重过失’是指具有《中华人民共和国劳动法》第二十五条第（二）项、第（三）项或者第（四）项规定的情形。”具体对应的情形分别为：严重违反劳动纪律或者用人单位规章制度；严重失职、营私舞弊，对用人单位利益造成重大损害；被依法追究刑事责任。

3. 工会主席劳动合同解除的注意事项

（1）用人单位可单方解除劳动关系的情形

工会主席出现个人严重过失的，用人单位可与其解除劳动关系。

（2）工会主席解除劳动关系的特殊规定

《企业工会主席合法权益保护暂行办法》第 5 条规定：“企业工会主席因依法

履行职责，被企业无正当理由解除或终止劳动合同的，上级工会要督促企业依法继续履行其劳动合同，恢复原岗位工作，补发被解除劳动合同期间应得的报酬，或给予本人年收入二倍的赔偿，并给予解除或终止劳动合同时的经济补偿金。在企业拒不改正的情况下，上级工会要提请劳动行政部门责令该企业改正，直至支持权益受到侵害的工会主席向人民法院提起诉讼。对于发生劳动争议，工会主席本人申请仲裁或者提起诉讼的，应当为其提供法律援助，支付全部仲裁、诉讼费用。”

另外，工会主席劳动关系的解除有特殊程序性规定，根据《劳动部关于企业工会主席签订劳动合同问题的通知》（劳部发〔1996〕122号）规定：“……已经与企业签订了劳动合同的工会主席，双方应继续履行劳动合同，不经本单位工会委员会和上级工会同意，企业不得解除劳动合同。”即用人单位解除与工会主席的劳动关系应获得本单位委员会及上级工会同意。

4. 用人单位不得违法解除与工会工作人员的劳动合同

《工会法》第53条规定：“违反本法规定，有下列情形之一的，由劳动行政部门责令恢复其工作，并补发被解除劳动合同期间应得的报酬，或者责令给予本人年收入二倍的赔偿：（一）职工因参加工会活动而被解除劳动合同的；（二）工会工作人员因履行本法规定的职责而被解除劳动合同的。”《最高人民法院关于在民事审判工作中适用〈中华人民共和国工会法〉若干问题的解释》第6条规定：“根据工会法第五十二条①规定，人民法院审理涉及职工和工会工作人员因参加工会活动或者履行工会法规定的职责而被解除劳动合同的劳动争议案件，可以根据当事人的请求裁判用人单位恢复其工作，并补发被解除劳动合同期间应得的报酬；或者根据当事人的请求裁判用人单位给予本人年收入二倍的赔偿，并根据劳动合同法第四十六条、第四十七条规定给予解除劳动合同时的经济补偿。”若用人单位对工会工作人员的解除不符合法律规定的条件，未履行法律规定的程序，有可能构成违法解除，将面临以下责任：

第一，支付违法解除劳动关系的赔偿金；

第二，恢复劳动关系，补发工会主席被解除劳动合同期间应得的报酬；

第三，支付工会工作人员年收入二倍的赔偿。

---

① 2021年《工会法》修正后为第53条。

第十四章　特殊员工合规管理

本章所指的特殊员工，并不是劳动法上的法律概念，而是实务上为了方便对员工进行管理，根据劳动者的岗位属性、法律上特别的规定及用人单位在人事管理中对劳动者特别的期待所作的区分，主要涉及女职工管理、工伤及医疗期员工管理和实习人员、派遣人员、劳务人员等其他用工关系人员的管理。

思维导图

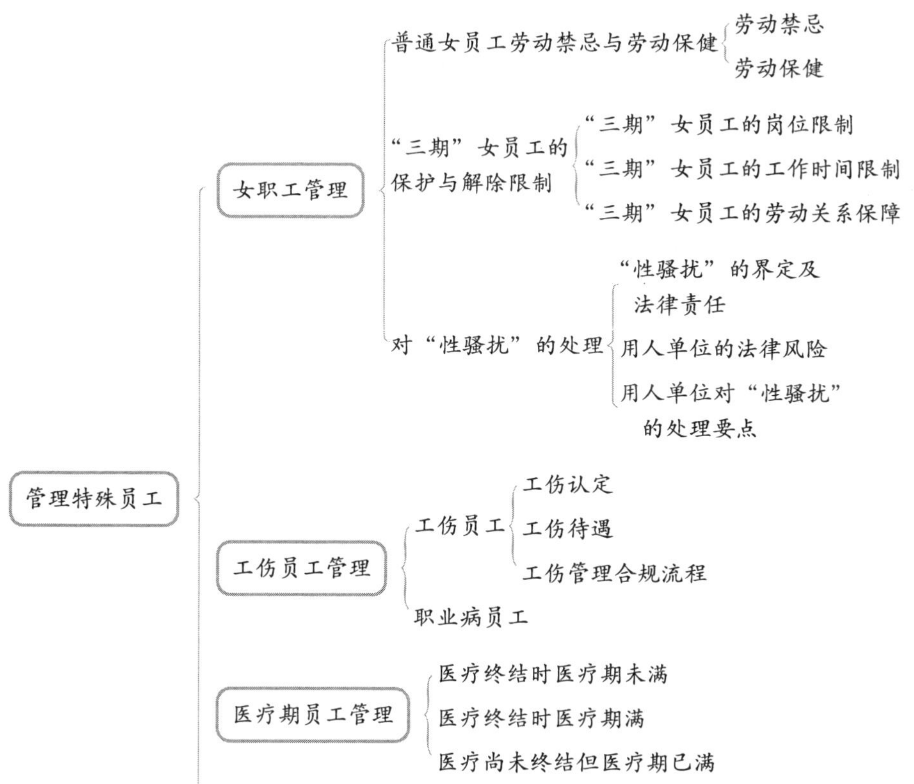

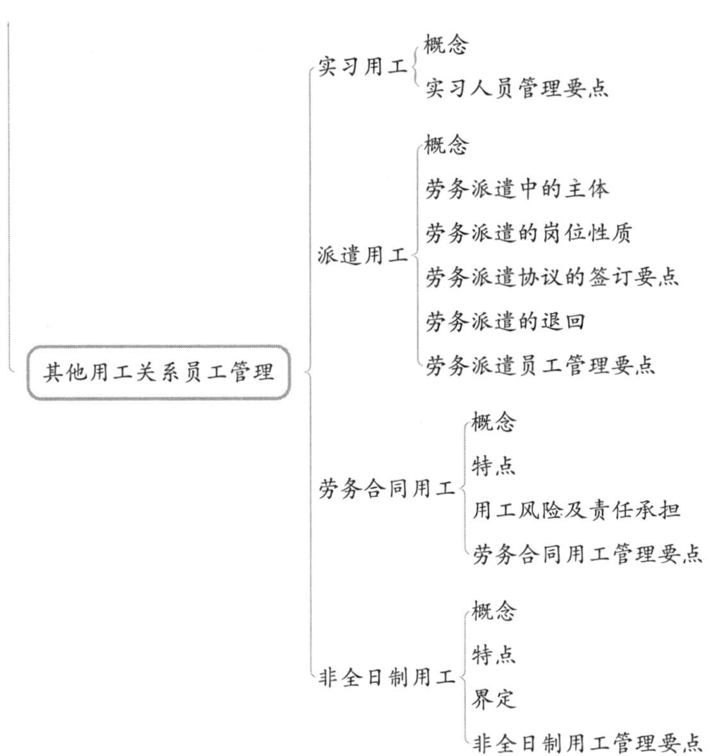

一、女职工管理

由于女职工的特殊生理构造及承担孕育社会下一代的特殊社会责任，对女职工进行特殊保护是世界各国立法的基本共识，我国法律规定也给予了女员工特别的福利与关怀，一个层面是对于女职工在任何时间均适用的保护，如女职工劳动禁忌、女职工保健、女职工职场性骚扰防护等，另一个层面是对处于生理期、“三期”（孕期、产期、哺乳期）这些特殊时期内女职工的特殊保护。这些对女职工制度性保护的存在，使得用人单位在进行合规管理时更加应当注意遵守法律法规的规定，避免不必要的诉累。

（一）普通女员工劳动禁忌与劳动保健

1. 劳动禁忌

劳动禁忌是指法律法规规定的女职工禁忌从事的劳动范围。女职工禁忌从事的劳动范围主要包括有毒、有害、重体力高负荷以及空气中有毒物质浓度超过国家作业标准的劳动作业。根据《女职工劳动保护特别规定》的规定，普通女职工的劳动禁忌如下：

（1）女职工禁忌从事的劳动范围

具体如下：①矿山井下作业；②体力劳动强度分级标准中规定的第四级体力劳动强度的作业；③每小时负重 6 次以上、每次负重超过 20 公斤的作业，或者间断负重、每次负重超过 25 公斤的作业。

（2）女职工在经期禁忌从事的劳动范围

具体如下：①冷水作业分级标准中规定的第二级、第三级、第四级冷水作业；②低温作业分级标准中规定的第二级、第三级、第四级低温作业；③体力劳动强度分级标准中规定的第三级、第四级体力劳动强度的作业；④高处作业分级标准中规定的第三级、第四级高处作业。

《女职工劳动保护特别规定》明确了用人单位违反女职工劳动禁忌相关法律责任，该法第 13 条规定："用人单位违反本规定第六条第二款、第七条、第九条第一款规定的，由县级以上人民政府人力资源社会保障行政部门责令限期改正，按照受侵害女职工每人 1000 元以上 5000 元以下的标准计算，处以罚款。用人单位违反本规定附录第一条、第二条规定的，由县级以上人民政府安全生产监督管理部门责令限期改正，按照受侵害女职工每人 1000 元以上 5000 元以下的标准计算，处以罚款。用人单位违反本规定附录第三条、第四条规定的，由县级以上人民政府安全生产监督管理部门责令限期治理，处 5 万元以上 30 万元以下的罚款；情节严重的，责令停止有关作业，或者提请有关人民政府按照国务院规定的权限责令关闭。"

2. 劳动保健

劳动保健是根据女职工的生理特点及需要，用人单位依据法律规定出于女职工保健的目的，应为女职工采取的措施。具体规定在《女职工保健工作规定》中。

（二）"三期"女员工的保护与解除限制

女职工"三期"，是指女职工孕期、产期和哺乳期。针对女职工的特殊情况，我国《劳动法》《劳动合同法》《女职工劳动保护特别规定》《人口与计划生育法》等法律法规对女职工保护作出了特别规定，尤其是对解聘"三期"女职工有限制性规定。①

---

① "三期"女员工的休假在本篇第三章有相关介绍，此处不再赘述。

1. “三期”女员工的岗位限制

根据《女职工劳动保护特别规定》的规定，用人单位应当遵守女职工禁忌从事的劳动范围的规定，不得安排“三期”女职工从事法律禁止的工作岗位和工作内容，主要如下：

（1）女职工在孕期禁忌从事的劳动范围

具体如下：①作业场所空气中铅及其化合物、汞及其化合物、苯、镉、铍、砷、氰化物、氮氧化物、一氧化碳、二硫化碳、氯、己内酰胺、氯丁二烯、氯乙烯、环氧乙烷、苯胺、甲醛等有毒物质浓度超过国家职业卫生标准的作业；②从事抗癌药物、己烯雌酚生产，接触麻醉剂气体等的作业；③非密封源放射性物质的操作，核事故与放射事故的应急处置；④高处作业分级标准中规定的高处作业；⑤冷水作业分级标准中规定的冷水作业；⑥低温作业分级标准中规定的低温作业；⑦高温作业分级标准中规定的第三级、第四级的作业；⑧噪声作业分级标准中规定的第三级、第四级的作业；⑨体力劳动强度分级标准中规定的第三级、第四级体力劳动强度的作业；⑩在密闭空间、高压室作业或者潜水作业，伴有强烈振动的作业，或者需要频繁弯腰、攀高、下蹲的作业。

（2）女职工在哺乳期禁忌从事的劳动范围

具体如下：①孕期禁忌从事的劳动范围的第 1 项、第 3 项、第 9 项；②作业场所空气中锰、氟、溴、甲醇、有机磷化合物、有机氯化合物等有毒物质浓度超过国家职业卫生标准的作业。

2. “三期”女员工的工作时间限制

《女职工劳动保护特别规定》第 6 条第 2 款规定：“对怀孕 7 个月以上的女职工，用人单位不得延长劳动时间或者安排夜班劳动，并应当在劳动时间内安排一定的休息时间。”

3. “三期”女员工的劳动关系保障

法律规定“三期”女员工的劳动关系保障，是为了减少和解决女职工在劳动中因生理特点造成的劳动权益受损风险，主要体现为以下三点保障：

（1）用人单位不得在女员工无过错的前提下单方解除劳动合同

《劳动法》第 29 条中规定，“劳动者有下列情形之一的，用人单位不得依据本法第二十六条、第二十七条的规定解除劳动合同：……（三）女职工在孕期、产期、哺乳期内的”。《劳动合同法》第 42 条中规定，“劳动者有下列情形之一的，用人单位不得依照本法第四十条、第四十一条的规定解除劳动合同：……（四）女职工在孕期、产期、哺乳期的”。

（2）劳动合同期满终止的应予以顺延

《劳动合同法》第45条规定："劳动合同期满，有本法第四十二条规定情形之一的，劳动合同应当续延至相应的情形消失时终止。但是，本法第四十二条第二项规定丧失或者部分丧失劳动能力劳动者的劳动合同的终止，按照国家有关工伤保险的规定执行。"也就是说，劳动合同期满，女职工在"三期"内的劳动合同应当续延至相应的情形消失时终止。

（3）劳动待遇保障

《女职工劳动保护特别规定》第5条规定："用人单位不得因女职工怀孕、生育、哺乳降低其工资、予以辞退、与其解除劳动或聘用合同。"

根据上述法律规定，女员工在"三期"内，用人单位不得单方面解除劳动合同，在"三期"内，女职工劳动合同到期的，应当延续至"三期"结束，并且女员工在职期间用人单位要保障女员工的待遇，不得降低其工资。

虽然相关法规对处于"三期"的女职工无论从工作条件、薪资待遇还是劳动合同解除限制方面都给予了特殊保护，但"三期"不是女职工的"尚方宝剑"，如果在劳动合同履行过程当中出现了严重违反单位规章制度的情形，用人单位依旧有单方解除权。

用工风险场景："三期"女职工存在严重违纪行为，用人单位可采取过失性辞退解除与"三期"女职工的劳动合同①

2017年11月20日，霍某入职北京某公司，任行政经理。2018年5月，霍某到医院检查，医生建议其卧床养胎。霍某通过发送电子邮件方式向北京某公司申请休病假，并以附件发送某妇儿医院出具的3份诊断证明书照片。2018年5月31日，北京某公司通知霍某2018年5月16日邮件提交的病假申请未经批准，根据公司《考勤与假期管理制度》的规定，该行为视为旷工，旷工连续3天的，属于严重违反公司制度，公司有权予以解除劳动合同，要求霍某于2018年6月4日到公司报到，逾期不报到，公司将解除劳动关系。2018年6月5日，北京某公司向霍某作出《解除劳动合同通知书》。解除劳动合同通知书载明北京某公司认为霍某存在代打卡3次以上、连续或累计旷工3天、《离职证明》内容与实际情况不符、多次利用职权使用滴滴企业账户款项为自己出行支付费用等行为，严重违反公司劳动纪律、规章制度和职业道德，公司决定于2018年6月5日起解除劳动关系。2018年7月18日，霍某向北京市丰台区劳动争议仲裁委员会就本案申请仲裁，要求北京某公

① （2019）京02民终7810号。

司继续履行劳动合同。2018 年 12 月 5 日，仲裁委员会作出京丰劳人仲字［2018］第 4196 号裁决书，裁决北京某公司自 2018 年 6 月 5 日起与霍某继续履行劳动合同。北京某公司对此不服，起诉至法院。

法院认为：当事人对自己的主张，有责任提供证据，没有证据或者证据不足以证明当事人的事实主张的，由负有举证责任的当事人承担不利后果。北京某公司于 2018 年 6 月 5 日向霍某作出《解除劳动合同通知书》，其作为用人单位为举证证明其与霍某解除劳动合同的合法性，主要提出三点理由：第一，霍某利用职务便利，以企业滴滴账户为个人出行支付费用；第二，霍某未按规定履行请假审批手续，连续旷工严重违反公司规章制度；第三，霍某多次找人代打卡，违反考勤管理制度。首先，双方当事人均认可霍某以个人手机号码注册北京某公司滴滴账户，由霍某先行充值的事实，北京某公司提交的（2018）京志诚内经证字第 00389 号公证书虽记录霍某以该滴滴账户多次往返家与公司之间，但通过其单位提交的记账凭证、客户回单、借款单、发票、滴滴账户充值明细等证据仅体现客运服务费及充值情况，未列明公务出行报销明细，无法与公证书所载的出行记录一一对应，不足以证明霍某以公司账户支付个人出行费用，故对北京某公司的第一个理由，本院不予采信。其次，霍某提交的诊断证明书、关于病假的往来电子邮件，与北京某公司提交的相关证据内容一致，与其提交的预约信息、就医票据、检验报告单、快递查询记录能够形成完整的证据链，本院据此采信霍某关于 2018 年 5 月 1 日至 6 月 14 日遵医嘱病休的主张，北京某公司提交的《考勤与假期管理制度》记载员工病假应持医疗机构开具的诊断证明书，与《员工手册》关于病假提交的就医材料约定不一致，北京某公司根据《员工手册》规定主张霍某病休期间为旷工，确有不妥，故对北京某公司的第二个理由，本院不予采信。再次，北京某公司提交（2018）京志诚内经证字第 00314 号公证书证明霍某存在代打卡的情形，霍某认可该公证书所载其与安某琪的微信聊天记录，故本院采信该证据。微信记录中霍某告诉安某琪“帮我打个卡”“给我打个卡”“请假了，不用打”，结合语境可以推断霍某存在要求他人代为打卡考勤的行为，霍某关于“打个卡”不是指考勤打卡、有可能是打的会议名牌或银行卡密码的解释并不符合常理，本院难以采信。霍某虽主张未见过《员工手册》及《考勤与假期管理制度》，但其认可的劳动合同书载明公司各项规章制度及《员工手册》为合同附件，结合北京某公司提交的证据 5 与证据 14，霍某作为行政经理理应知晓公司的规章制度。综上所述，霍某委托他人刷卡，累计达到 3 次，违反《员工手册》及《考勤与假期管理制度》的相关规定，依据《劳动合同法》第 39 条“劳动者有下列情形之一的，用人单位可以解除劳动合同：……（二）严重违反用人单位的规章制度”的规定，北京某公司于2018年6月5日与霍某解除劳动关系，并无不妥，故对北京某公司要求确认双方无须继续履行劳动合同的诉求，本院予以支持。

（三）对“性骚扰”的处理

1.“性骚扰”的界定及法律责任

职场性骚扰，是指发生在工作场所、工作过程中或基于工作关系，以言语、文字、图像、肢体行为等方式实施的，与性有关的、违背员工意愿的行为。2005年的《妇女权益保障法》首次将“性骚扰”作为禁止性行为明确纳入法律规范之中，其中第40条规定：“禁止对妇女实施性骚扰，受害妇女有权向单位和有关机关投诉。”2012年，国务院发布了《女职工劳动保护特别规定》，该文件明确了用人单位对性骚扰的预防及制止义务，并规定了用人单位违反规定的责任后果。

《女职工劳动保护特别规定》第11条规定：“在劳动场所，用人单位应当预防和制止对女职工的性骚扰”。第15条规定：“用人单位违反本规定，侵害女职工合法权益，造成女职工损害的，依法给予赔偿；用人单位及其直接负责的主管人员和其他直接责任人员构成犯罪的，依法追究刑事责任。”2021年1月1日生效的《民法典》将防治职场性骚扰规定为用人单位的法定义务，其中第1010条规定：“违背他人意愿，以言语、文字、图像、肢体行为等方式对他人实施性骚扰的，受害人有权依法请求行为人承担民事责任。机关、企业、学校等单位应当采取合理的预防、受理投诉、调查处置等措施，防止和制止利用职权、从属关系等实施性骚扰。”

一般的性骚扰属于民事侵权行为，即侵权人侵害了受害人的人格尊严和性自由权。若性骚扰上升到了暴力程度，则侵权人可能受到治安处罚甚至是刑事处分，具体如下：

第一，民事责任。《民法典》第995条规定：“人格权受到侵害的，受害人有权依照本法和其他法律的规定请求行为人承担民事责任。受害人的停止侵害、排除妨碍、消除危险、消除影响、恢复名誉、赔礼道歉请求权，不适用诉讼时效的规定。”

第二，行政处罚。《治安管理处罚法》第42条规定：“有下列行为之一的，处五日以下拘留或者五百元以下罚款；情节较重的，处五日以上十日以下拘留，可以并处五百元以下罚款：……（二）公然侮辱他人或者捏造事实诽谤他人的……（五）多次发送淫秽、侮辱、恐吓或者其他信息，干扰他人正常生活的……”

另外，若“性骚扰”行为构成《治安管理处罚法》第26条规定的寻衅滋事，可对加害人处5日以上10日以下拘留，并处500元以下罚款；情节较重的，处10

日以上15日以下拘留，并处1000元以下罚款。

第三，刑事责任。《刑法》第237条第1款、第2款规定：“以暴力、胁迫或者其他方法强制猥亵妇女或者侮辱妇女的，处五年以下有期徒刑或者拘役。聚众或者在公共场所当众犯前款罪的，或者有其他恶劣情节的，处五年以上有期徒刑。”

2. 用人单位的法律风险

《民法典》第1010条规定：“违背他人意愿，以言语、文字、图像、肢体行为等方式对他人实施性骚扰的，受害人有权依法请求行为人承担民事责任。机关、企业、学校等单位应当采取合理的预防、受理投诉、调查处置等措施，防止和制止利用职权、从属关系等实施性骚扰。”

上述条款规定了用人单位有义务采取各种合理措施来防止和制止性骚扰，单位若不采取相应的管理措施预防和制止职场性骚扰，则可能面临以下风险：

（1）舆论风险

2021年8月7日，某互联网公司女员工在互联网平台发布8000字长文，陈述其被领导要求在KTV陪客户喝酒，被灌醉后遭客户猥亵，又被领导性侵犯的遭遇。女员工遭遇性骚扰后，多次向公司更高管理者和人事寻求处理，但公司并未及时回应及处理。故该女员工在公司食堂及互联网进行曝光。产生舆论影响后，2021年8月8日，某互联网公司才发布道歉声明，当日晚“6000名××人关于807事件的联合倡议”的词条登上了微博热搜第一，对公司形象造成重大影响。如用人单位未建立女职工性骚扰预防和维权救济制度，容易在性骚扰事件的处理中处于被动地位。一旦受侵犯女员工的合理诉求得不到及时回应，极易发生公共舆情事件，影响公司形象。

（2）法律风险

用人单位缺乏性骚扰制度预防和维权救济机制，容易引发民事侵权纠纷和劳动争议。受害员工可能会以用人单位未提供劳动保护为由请求即时解除劳动合同并要求用人单位支付经济补偿金；也可能会以用人单位未采取措施防治职场性骚扰为由，请求用人单位和加害员工共同承担性骚扰损害赔偿。

3. 用人单位对“性骚扰”的处理要点

用工风险场景：用人单位妥善处理职场性骚扰后，可规避与加害员工共同承担性骚扰损害赔偿的风险①

兰某、宏某均系某外资公司的员工。2008年12月26日，某外资公司在黄埔区

① 广州市中级人民法院2019年公布的女职工权益保护典型案例。

丰乐路的酒店举行晚会，现场照片显示，宏某有从背后勒住兰某脖颈使其贴近身体、从背后抓住兰某手臂揽住兰某的行为。兰某认为受到了侮辱，自晚会结束后未返回某外资公司上班，并于2009年1月4日向某外资公司总经理反映此事，要求宏某给予书面赔礼道歉。2009年1月7日，某外资公司在公司会议室召开了情况反映和协调会，宏某在会上道歉。兰某在诉讼中还主张，宏某在办公场所多次对其实施性骚扰行为。

另，某外资公司依法成立了工会委员会，制定了《工会章程》，明确规定工会委员会的基本任务包括维护女职工的特殊利益，同歧视、虐待、摧残、迫害女职工的现象作斗争，同时规定女职工委员会负责接受女职工的投诉和法律咨询。兰某入职时，已接受《工会章程》培训并加入工会。该工会委员会未曾收到兰某对宏某的投诉。

兰某认为宏某的性骚扰行为已经违反了中国的法律并对其造成严重伤害，而某外资公司在接到投诉后扬言要将其开除亦存在严重过错，故请求某外资公司、宏某向其连带赔偿精神损害抚慰金40万元，且宏某就其性骚扰行为向兰某书面赔礼道歉。

裁判结果：一审判决：一、宏某向兰某书面赔礼道歉；二、宏某向兰某支付精神损害抚慰金3000元。双方均未上诉，宏某履行了判决。

法院认为：关于某外资公司是否应承担连带赔偿责任，用人单位已建立适当的工作环境、制定必要的调查投诉制度预防和制止对女性员工的性骚扰行为，且该公司在收到投诉后，也快速采取处理措施，故不需要对其员工实施的性骚扰侵权行为承担连带责任。

该案例说明用人单位做好职场反性骚扰的制度建设，并对员工反映的性骚扰事件作出积极的响应和处理，可以有效避免对女员工受到的职场性骚扰有过错而承担败诉风险。用人单位处理性骚扰问题的人事管理要点如下：

（1）创建良好的办公环境与企业文化

办公区域的布置尽量保证公开透明，减少密闭、封闭空间的设计。创建平等、和谐的企业办公文化，避免女职工陪酒文化的产生。

（2）制定与防止性骚扰有关的制度

在规章制度中明确性骚扰的定义、范围、行为特征、预防措施、救济途径、处罚依据和处罚方式，对于严重违反规定者可解除劳动合同。进一步，用人单位可在制度中加入免责条款，规定如果用人单位已采取有效措施防止性骚扰，员工将在相关纠纷中免除用人单位的法律责任，避免用人单位的诉累。

用工风险场景：将性骚扰在规章制度中确定为严重违反规章制度，据此解除劳动合同具备合理性①

2017年9月28日，小玲正式入职达某公司，王某是小玲的部门主管，丁某为王某的上级。入职第一天，小玲就遭遇了职场性骚扰，大领导丁某给她发了很多条暧昧微信。第二天，小玲将暧昧微信截图发给主管王某，询问该如何处理。对于小玲的求助，王某不仅未采取积极措施，反而于2018年11月中旬，以小玲工作表现不达标、不合群为由，向人事经理咨询希望解除小玲的劳动合同，人事经理认为小玲的行为不符合解除劳动合同的条件，遂拒绝王某。

同时，人事部门向小玲了解工作情况，小玲了解事情始末后，气愤不已，认为王某不仅不帮自己还打击报复，便将前因后果详细告知人事部门，后达某公司对丁某展开内部正式调查。2019年1月31日，调查结束，结论为丁某违反公司规定，应予以立即解除劳动关系。丁某得到调查结论通知后，于当日自行离职。同日，达某公司出具《单方面解除函》，指出王某未尽经理职责，在下属反映其遭受了上级领导的骚扰行为后，未采取任何措施帮助其不再继续遭受骚扰，反而对下属进行打击报复，并在调查过程中就上述事实作虚假陈述，已严重违反《员工手册》及《商业行为准则》，故即日起解除劳动合同。

王某不满，申请劳动仲裁，要求达某公司支付违法解除劳动合同赔偿金36万余元。仲裁未予支持。王某又诉至法院。一审法院经审理后认为，根据法律规定，劳动者严重违反用人单位规章制度的，用人单位可以解除劳动合同，故驳回了王某要求公司支付违法解除劳动合同赔偿金的诉讼请求。王某不服，上诉至上海一中院，上海一中院亦驳回王某诉请。

法院认为：在案证据显示，王某持有异议的公司《员工手册》和《商业行为准则》系经公司工会讨论通过。王某与公司签订的劳动合同明确约定《员工手册》《商业行为准则》属于劳动合同的组成部分，王某已阅读并理解和接受上述制度。《员工手册》《商业行为准则》对王某具有约束力。……被告依据《员工手册》及《商业行为准则》，于2019年1月31日解除与原告的劳动合同，并无不妥，法院予以采纳。对原告要求被告支付违法解除劳动合同赔偿金的诉讼请求，不予支持。

---

① （2020）沪0115民初10454号。

该案例说明劳动者未按用人单位管理制度做好性骚扰的预防和救济措施，被用人单位以严重违纪解除劳动合同得到法院支持。

本书第二十三章提供的《员工手册》“职场性骚扰预防制度”为读者提供了参考文本。

（3）员工培训增加性骚扰防范内容

提高劳动者对职场性骚扰行为、后果的认识，使员工知晓本人在工作单位中对预防职场性骚扰发生的相关权利义务，提高员工面对职场性骚扰的存证意识。通过培训提高劳动者对职场性骚扰的防范意识，从源头避免职场性骚扰的发生。

（4）建立职场性骚扰投诉响应机制

人事部门设专门邮箱收集员工对性骚扰的反映意见，设置响应期限及逾期未处理的惩戒机制，设专人负责响应、调查、跟踪处理员工的诉求，并要求其签订保密协议或承诺书，避免因处理人员违规泄露员工隐私或个人信息而给用人单位造成损失。

（5）用人单位做好证据固定工作

用人单位应做好性骚扰预防与救济的相关存证工作，一旦用人单位被投诉或起诉，用人单位能够充分举证已经积极履行性骚扰预防与救济义务。

二、工伤员工管理

（一）工伤员工

1. 工伤认定

工伤认定是工伤职业病争议处理的前提条件，也是《工伤保险条例》的核心内容之一。具体来说，工伤认定的每一种情形都需要满足特定的要件，实践中不同裁判者对于特定要件的含义，往往有不同的认定，致使在工伤职业病争议处理中工伤认定争议占较大的比重。

（1）工伤认定的条件

①主体必须是劳动关系中的劳动者

与用人单位不构成劳动关系的员工，如退休人员、在校实习生等，在劳动中受到损害，应适用《民法典》相关侵权规定，不能被认定为工伤而获得相应的救济。

虽然如此，我国法律还是在工伤主体的认定方面作了一些突破性的规定，给予退休人员更好的保护和救济。《最高人民法院行政审判庭关于超过法定退休年龄的进城务工农民因工伤亡的，应否适用〈工伤保险条例〉请示的答复》规定，用人单位聘用的超过法定退休年龄的务工农民，在工作时间内、因工作原因伤亡的，应当适用《工伤保险条例》的有关规定进行工伤认定。《人力资源社会保障部关于执行〈工伤保险条例〉若干问题的意见（二）》将适用范围从“农民工”扩大到全体职工，其第2条规定：“达到或超过法定退休年龄，但未办理退休手续或者未依法享受城镇职工基本养老保险待遇，继续在原用人单位工作期间受到事故伤害或患职业病的，用人单位依法承担工伤保险责任。用人单位招用已经达到、超过法定退休年龄或已经领取城镇职工基本养老保险待遇的人员，在用工期间因工作原因受到事故伤害或患职业病的，如招用单位已按项目参保等方式为其缴纳工伤保险费的，应适用《工伤保险条例》。”

另外，值得注意的是，在违法转包、分包关系中，具备用工主体资格的单位将承包业务违法转包、分包给不具备用工主体资格的组织或自然人的，职工发生工伤事故时，应由违法转包、分包的用工单位承担工伤保险责任。

用工风险场景：违法转包、分包的用工单位承担工伤保险责任①

重庆某公司经重庆市开县工商行政管理局注册登记，成立于2008年6月5日，属企业法人（自然人独资），经营范围：建筑劳务分包服务（按资质证核定范围期限经营）。2013年9月1日，中某公司将其承建的甘肃省永登县某镇的H项目工程的劳务部分分包给重庆某公司，重庆某公司又将铺设琉璃瓦劳务分包给自然人董某。2014年9月22日，董某的合伙人孙红卫招聘孙某生、蔺某、苏某和蔺某全四人共同铺设琉璃瓦。2014年10月8日11时左右，蔺某全在施工现场19#楼楼顶铺设琉璃瓦时，被吊沙灰的塔吊铁盘砸伤左足，后被送往甘肃锦华医院救治。

蔺某全就其与中某公司存在劳动关系，向甘肃省永登县劳动人事争议仲裁委员会（以下简称永登县仲裁委）申请劳动仲裁，永登县仲裁委裁决驳回蔺某全的诉讼请求。后蔺某全向甘肃省永登县人民法院（以下简称永登县法院）提起民事诉讼，请求确认其与中某公司或者重庆某公司之间存在劳动关系。永登县法院作出民事判决，驳回蔺某全的诉讼请求。蔺某全不服该民事判决，向甘肃省兰州市中级人民法院（以下简称兰州中院）提起上诉。兰州中院作出（2015）兰民一终字第1017号民事判决，驳回上诉，维持原判。

2015年9月9日，蔺某全向兰州市人社局提出工伤认定申请。兰州市人社局于

---

① （2018）最高法行再151号。

2016年4月12日受理后，于2016年4月14日向重庆某公司邮寄送达了兰州市职工工伤认定调查举证通知书。兰州市人社局经审查核实，于2016年6月20日作出《兰州市职工工伤认定决定书》（兰人社工伤字〔2016〕369号，以下简称369号工伤认定决定），依据《工伤保险条例》第14条第1项之规定，认定蔺某全为工伤，并于2016年7月5日、7月6日分别送达蔺某全、重庆某公司。重庆某公司不服，提起行政诉讼，请求撤销兰州市人社局作出的369号工伤认定决定。

一审法院驳回重庆某公司的诉讼请求，经重庆某公司上诉，二审法院以生效民事判决已确认重庆某公司与蔺某全之间不存在劳动关系为由，判决撤销一审判决和369号工伤认定决定，支持了重庆某公司的诉讼请求。蔺某全申请再审，再审法院认为二审法院判决不符合《最高人民法院关于审理工伤保险行政案件若干问题的规定》第3条等相关规定，属于适用法律错误，应依法予以纠正，撤销二审法院行政判决，维持一审法院行政判决。

法院认为：国家建立工伤保险制度，其目的在于保障因工作遭受事故伤害或者患职业病的职工获得医疗救治和经济补偿。用人单位有为本单位全部职工缴纳工伤保险费的义务，职工有享受工伤保险待遇的权利。即通常情况下，社会保险行政部门认定职工工伤，应以职工与用人单位之间存在劳动关系为前提，除非法律、法规及司法解释另有规定情形。《最高人民法院关于审理工伤保险行政案件若干问题的规定》第3条第1款规定："社会保险行政部门认定下列单位为承担工伤保险责任单位的，人民法院应予支持：……（四）用工单位违反法律、法规规定将承包业务转包给不具备用工主体资格的组织或者自然人，该组织或者自然人聘用的职工从事承包业务时因工伤亡的，用工单位为承担工伤保险责任的单位……"该条规定从有利于保护职工合法权益的角度出发，对《工伤保险条例》将劳动关系作为工伤认定前提的一般规定作出了补充，即当存在违法转包、分包的情形时，用工单位承担职工的工伤保险责任不以是否存在劳动关系为前提。根据上述规定，用工单位违反法律、法规规定将承包业务转包、分包给不具备用工主体资格的组织或者自然人，职工发生工伤事故时，应由违法转包、分包的用工单位承担工伤保险责任。

重庆某公司作为具备用工主体资格的承包单位，违法将其所承包的业务分包给自然人董某，董某聘用的工人蔺某全在铺设琉璃瓦时因工受伤，重庆某公司依法应当承担蔺某全所受事故伤害的工伤保险责任。兰州市人社局作出的369号工伤认定决定所认定的事实清楚，适用法律正确，符合法定程序。

《最高人民法院关于审理工伤保险行政案件若干问题的规定》第 3 条规定："社会保险行政部门认定下列单位为承担工伤保险责任单位的，人民法院应予支持：……（四）用工单位违反法律、法规规定将承包业务转包给不具备用工主体资格的组织或者自然人，该组织或者自然人聘用的职工从事承包业务时因工伤亡的，用工单位为承担工伤保险责任的单位……前款第（四）、（五）项明确的承担工伤保险责任的单位承担赔偿责任或者社会保险经办机构从工伤保险基金支付工伤保险待遇后，有权向相关组织、单位和个人追偿。"虽然根据上述规定，由具备用工主体资格的单位承担工伤保险责任，但其赔偿后有权向相关组织、单位和个人追偿。笔者认为，为防用工风险，用人单位在转包工程中，一来要注意审查是否存在违法转包的情形，二来应与分包方在合同中约定工伤责任承担问题，具备用工主体资格的单位承担后可依据合同向分包方进行追偿。

②劳动者必须有人身损害的事实发生，且执行无过失责任原则

《工伤保险条例》第 16 条规定："职工符合本条例第十四条、第十五条的规定，但是有下列情形之一的，不得认定为工伤或者视同工伤：（一）故意犯罪的；（二）醉酒或者吸毒的；（三）自残或者自杀的。"另外，《劳动部办公厅〈关于处理工伤争议有关问题的复函〉》（劳办发〔1996〕28 号，该文件已被《工伤保险条例》替代，但可作参考）第 6 条亦规定，对职工在工作时间、工作区域因工作原因造成的伤亡（包括因工随车外出发生交通事故而造成的伤亡），即使职工本人有一定的责任，都应认定为工伤，但不包括犯罪或自杀行为。即只要排除劳动者存在故意自残、自杀情形，都不会影响到工伤的认定。

③劳动者的损害必须是在其履行工作职责过程中发生的

劳动者是在履行工作职责中发生损害，是工伤认定的关键，本书将在下节具体工伤认定中具体展开，此处不再赘述。

④事故与劳动者受到损害有因果关系

⑤在法律规定的时间内提起工伤认定申请

《工伤保险条例》第 17 条第 1 款、第 2 款规定："职工发生事故伤害或者按照职业病防治法规定被诊断、鉴定为职业病，所在单位应当自事故伤害发生之日或者被诊断、鉴定为职业病之日起 30 日内，向统筹地区社会保险行政部门提出工伤认定申请。遇有特殊情况，经报社会保险行政部门同意，申请时限可以适当延长。用人单位未按前款规定提出工伤认定申请的，工伤职工或者其近亲属、工会组织在事故伤害发生之日或者被诊断、鉴定为职业病之日起 1 年内，可以直接向用人单位所

在地统筹地区社会保险行政部门提出工伤认定申请。”

另外，在《人力资源社会保障部关于执行〈工伤保险条例〉若干问题的意见（二）》第8条中还列举了不计算在工伤认定申请期限内的情形，主要包括：“（一）受不可抗力影响的；（二）职工由于被国家机关依法采取强制措施等人身自由受到限制不能申请工伤认定的；（三）申请人正式提交了工伤认定申请，但因社会保险机构未登记或者材料遗失等原因造成申请超时限的；（四）当事人就确认劳动关系申请劳动仲裁或提起民事诉讼的；（五）其他符合法律法规规定的情形。”

（2）应当认定工伤的情形

《工伤保险条例》第14条规定：“职工有下列情形之一的，应当认定为工伤：（一）在工作时间和工作场所内，因工作原因受到事故伤害的；（二）工作时间前后在工作场所内，从事与工作有关的预备性或者收尾性工作受到事故伤害的；（三）在工作时间和工作场所内，因履行工作职责受到暴力等意外伤害的；（四）患职业病的；（五）因工外出期间，由于工作原因受到伤害或者发生事故下落不明的；（六）在上下班途中，受到非本人主要责任的交通事故或者城市轨道交通、客运轮渡、火车事故伤害的；（七）法律、行政法规规定应当认定为工伤的其他情形。”

《劳动和社会保障部关于实施〈工伤保险条例〉若干问题的意见》《人力资源和社会保障部关于执行〈工伤保险条例〉若干问题的意见》《最高人民法院关于审理工伤保险行政案件若干问题的规定》相关规范性文件和司法解释针对上述七种应当认定为工伤情形的具体界定，作了进一步的含义释明。

（3）视同工伤的情形

《工伤保险条例》第15条规定：“职工有下列情形之一的，视同工伤：（一）在工作时间和工作岗位，突发疾病死亡或者在48小时之内经抢救无效死亡的；（二）在抢险救灾等维护国家利益、公共利益活动中受到伤害的；（三）职工原在军队服役，因战、因公负伤致残，已取得革命伤残军人证，到用人单位后旧伤复发的。职工有前款第（一）项、第（二）项情形的，按照本条例的有关规定享受工伤保险待遇；职工有前款第（三）项情形的，按照本条例的有关规定享受除一次性伤残补助金以外的工伤保险待遇。”

2. 工伤待遇

（1）停工留薪期

《工伤保险条例》第33条第1款规定：“职工因工作遭受事故伤害或者患职业病需要暂停工作接受工伤医疗的，在停工留薪期内，原工资福利待遇不变，由所在单位按月支付。”关于停工留薪期的概念有以下几点值得注意：

第一，停工留薪期的基本前提是因工作遭受事故伤害或者患职业病被认定为工伤。

第二，原工资福利待遇不变中的“工资”，是指职工工伤前正常出勤情况下的平均工资，单位不能停发工资或降低工资福利待遇。

《工伤保险条例》第33条第2款规定：“停工留薪期一般不超过12个月。伤情严重或者情况特殊，经设区的市级劳动能力鉴定委员会确认，可以适当延长，但延长不得超过12个月。工伤职工评定伤残等级后，停发原待遇，按照本章的有关规定享受伤残待遇……”该规定明确了停工留薪期的上限及延长的上限：停工留薪期的最长期限为24个月，但超过12个月的需要劳动能力鉴定委员会确认；停工留薪期的计算至多截至伤残等级评定之日。关于停工留薪期的期间有以下几点值得注意：

第一，在《工伤保险条例》的基础规定之上，结合各地劳动法法规及规章，各地关于停工留薪期的确定方式大致分为三种类型：一是分类目录型。山西①、山东②、天津③、重庆④等省市运用分类目录方式确定停工留薪期。该种方式主要由劳动能力鉴定委员会或用人单位按照《停工留薪期分类目录》列明的不同部位以及不同程度的伤情所对应的具体期限来确定停工留薪期。二是医疗机构出具证明型。江苏⑤、上海⑥等省市将医疗机构出具的证明作为确定停工留薪期主要依据。三是

① 《山西省工伤职工停工留薪期管理办法（试行）》第3条规定：“工伤职工停工留薪期由劳动能力鉴定委员会根据《山西省工伤职工停工留薪期分类目录》与医疗机构出具的诊断证明确认。经劳动能力鉴定委员会确认的工伤职工停工留薪期应以书面形式通知工伤职工、用人单位和经办机构。”

② 《山东省工伤职工停工留薪期管理办法》第3条规定：“工伤职工应及时将工伤医疗服务机构出具的诊断证明报送给所在单位，申请停工留薪。用人单位应当根据协议医疗机构出具的诊断证明，按照《山东省工伤职工停工留薪期分类目录》（附件1），确定其停工留薪期限，并书面通知工伤职工本人（附件2）。”

③ 《天津市工伤职工停工留薪管理办法》第3条规定：“工伤职工或其近亲属应及时将工伤保险协议医疗机构或首诊机构出具的诊断证明报送用人单位。用人单位应当在收到材料后10个工作日内，根据医疗机构出具的诊断证明，按照《天津市工伤职工停工留薪期分类目录》（附件1）确定工伤职工的停工留薪期，出具《工伤职工停工留薪期确定通知书》（附件2）送达工伤职工，同时抄送社会保险经办机构。”

④ 《重庆市工伤职工停工留薪管理办法》第4条规定：“工伤职工应及时将工伤医疗服务机构出具的诊断证明交所在单位。用人单位根据工伤医疗服务机构的诊断证明，按照《目录》确定工伤职工的停工留薪期，并书面通知工伤职工本人。”

⑤ 《江苏省实施〈工伤保险条例〉办法》第25条第1款规定：“工伤职工的停工留薪期应当凭职工就诊的签订服务协议的医疗机构，或者签订服务协议的工伤康复机构出具的休假证明确定。停工留薪期超过12个月的，需经设区的市劳动能力鉴定委员会确认。设区的市劳动能力鉴定委员会确认的停工留薪期结论为最终结论。”

⑥ 《上海市工伤保险实施办法》第37条第2款规定：“停工留薪期一般不超过12个月，具体期限根据定点医疗机构出具的伤病情诊断意见确定。伤情严重或者情况特殊，经鉴定委员会确认，可以适当延长，但延长不得超过12个月。工伤人员评定伤残等级后，停发原待遇，按照本办法的有关规定享受伤残待遇。工伤人员停工留薪期满后仍需治疗的，继续享受工伤医疗待遇。”

将医疗终结期鉴定结论作为确定停工留薪期的主要依据，广东[①]停工留薪期的确定主要依据经过劳动仲裁委员会确认的医疗终结期。

第二，工伤员工在工伤事故发生后 12 个月内进行了劳动能力鉴定的，停工留薪期至劳动能力鉴定结论得出之日结束。

（2）劳动能力鉴定

因工致残者或职业病患者被认定工伤之后，用人单位接下来要做好的一个重要流程就是劳动能力鉴定。劳动能力鉴定是用人单位对因工致残者或患职业病的劳动者接下来进行用工管理的重要依据。

（3）工伤保险待遇

劳动者发生工伤事故后享受的工伤保险待遇，一部分由工伤保险基金支付，另一部分由用人单位支付。

①由工伤保险基金支付的工伤费用

根据《社会保险法》第 38 条的规定，因工伤发生的下列费用，按照国家规定从工伤保险基金中支付：

第一，治疗工伤的医疗费用和康复费用。[②]

一是职工因工作遭受事故伤害或者患职业病进行治疗，享受工伤医疗待遇。治疗工伤所需费用符合工伤保险诊疗项目目录、工伤保险药品目录、工伤保险住院服务标准的，从工伤保险基金支付。工伤职工治疗非工伤引发的疾病，不享受工伤医疗待遇，按照基本医疗保险办法处理。

二是工伤职工到签订服务协议的医疗机构进行工伤康复的费用，符合规定的，从工伤保险基金支付。

第二，住院伙食补助费及到统筹地区以外就医的交通食宿费。[③]

职工住院治疗工伤的伙食补助费，以及经医疗机构出具证明，报经办机构同意，工伤职工到统筹地区以外就医所需的交通、食宿费用从工伤保险基金支付，基金支付的具体标准由统筹地区人民政府规定。

---

① 《广东省工伤保险条例》第 25 条第 1 款规定："职工因工伤需要暂停工作接受工伤医疗的，在停工留薪期内，原工资福利待遇不变，由所在单位按月支付。停工留薪期根据医疗终结期确定，由劳动能力鉴定委员会确认，最长不超过二十四个月。"

② 《工伤保险条例》第 30 条。

③ 《工伤保险条例》第 30 条。

第三，安装配置伤残辅助器具所需费用。①

工伤职工因日常生活或者就业需要，经劳动能力鉴定委员会确认，可以安装假肢、矫形器、假眼、假牙和配置轮椅等辅助器具，所需费用按照国家规定的标准从工伤保险基金支付。

第四，生活不能自理的，经劳动能力鉴定委员会确认的生活护理费。②

工伤职工已经评定伤残等级并经劳动能力鉴定委员会确认需要生活护理的，从工伤保险基金中按月支付生活护理费。生活护理费按照生活完全不能自理、生活大部分不能自理或者生活部分不能自理 3 个不同等级支付，其标准分别为统筹地区上年度职工月平均工资的 50%、40%或者 30%。

第五，一次性伤残补助金和一级至四级伤残职工按月领取的伤残津贴。③

一是职工因工致残被鉴定为一级至十级伤残的，工伤保险基金按伤残等级支付一次性伤残补助金。

二是职工因工致残被鉴定为一级至四级伤残的，保留劳动关系，退出工作岗位，工伤保险基金按月支付伤残津贴。

第六，终止或者解除劳动合同时，应当享受的一次性医疗补助金。④

一是职工因工致残被鉴定为五级、六级伤残的，经工伤职工本人提出，该职工可以与用人单位解除或者终止劳动关系，由工伤保险基金支付一次性工伤医疗补助金，具体标准由省、自治区、直辖市人民政府规定。

二是职工因工致残被鉴定为七级至十级伤残的，劳动、聘用合同期满终止，或者职工本人提出解除劳动、聘用合同的，由工伤保险基金支付一次性工伤医疗补助金，具体标准由省、自治区、直辖市人民政府规定。

第七，因工死亡的，其遗属领取的丧葬补助金、供养亲属抚恤金和因工死亡补助金。⑤

一是丧葬补助金为 6 个月的统筹地区上年度职工月平均工资。

二是供养亲属抚恤金按照职工本人工资的一定比例发给由因工死亡职工生前提供主要生活来源、无劳动能力的亲属。标准为：配偶每月 40%，其他亲属每人每月

---

① 《工伤保险条例》第 32 条。

② 《工伤保险条例》第 34 条。

③ 《工伤保险条例》第 35 条。

④ 《工伤保险条例》第 36 条、第 37 条。

⑤ 《工伤保险条例》第 39 条。

30%，孤寡老人或者孤儿每人每月在上述标准的基础上增加10%。核定的各供养亲属的抚恤金之和不应高于因工死亡职工生前的工资。

三是一次性工亡补助金标准为上一年度全国城镇居民人均可支配收入的20倍。

第八，劳动能力鉴定费。

②由用人单位支付的费用

根据《社会保险法》第39条的规定，因工伤发生的下列费用，按照国家规定由用人单位支付。

第一，治疗工伤期间的工资福利。①

职工因工作遭受事故伤害或者患职业病需要暂停工作接受工伤医疗的，在停工留薪期内，原工资福利待遇不变，由所在单位按月支付。生活不能自理的工伤职工在停工留薪期需要护理的，由所在单位负责。

第二，五级、六级伤残职工按月领取的伤残津贴。②

职工因工致残被鉴定为五级、六级伤残的，保留与用人单位的劳动关系，由用人单位安排适当工作。难以安排工作的，由用人单位按月发给伤残津贴，标准为：五级伤残为本人工资的70%，六级伤残为本人工资的60%，并由用人单位按照规定为其缴纳应缴纳的各项社会保险费。伤残津贴实际金额低于当地最低工资标准的，由用人单位补足差额。

第三，终止或者解除劳动合同时，应当享受的一次性伤残就业补助金。③

一是职工因工致残被鉴定为五级、六级伤残的，经工伤职工本人提出，该职工可以与用人单位解除或者终止劳动关系，由用人单位支付一次性伤残就业补助金，具体标准由省、自治区、直辖市人民政府规定。

二是职工因工致残被鉴定为七级至十级伤残的，劳动合同、聘用合同期满终止，或者职工本人提出解除劳动合同、聘用合同的，由用人单位支付一次性伤残就业补助金，具体标准由省、自治区、直辖市人民政府规定。

（4）劳动关系保护

第一，经鉴定1—4级伤残的工伤员工。根据《工伤保险条例》第35条的规定，职工因工致残被鉴定为一级至四级伤残的，保留劳动关系，退出工作岗位。

---

① 《工伤保险条例》第33条。

② 《工伤保险条例》第36条。

③ 《工伤保险条例》第36条、第37条。

第二，经鉴定5—6级伤残的工伤员工。根据《工伤保险条例》第36条的规定，应保留与用人单位的劳动关系，经工伤职工本人提出，该职工可以与用人单位解除或终止劳动关系。

第三，经鉴定7—10级伤残的工伤员工。根据《工伤保险条例》第37条的规定，劳动合同期满终止，或者职工本人提出解除劳动合同的，可以解除或终止劳动关系。

第四，根据《劳动合同法》第42条的规定，在本单位患职业病或者因工负伤并被确认丧失或者部分丧失劳动能力的员工，用人单位不得非过错性单方解除劳动合同（《劳动合同法》第40条及第41条）。

综上，用人单位不得以劳动合同法规定的非过错性单方解除理由解除与经鉴定为1—10级伤残的工伤员工的劳动合同。1—4级伤残的工伤员工，已经完全失去劳动能力的，应当保留劳动关系，直至办理退休手续；5—6级伤残的工伤员工，已经丧失大部分劳动能力，应当保留劳动关系，但员工自行提出解除劳动关系的可以解除；7—10级伤残的工伤员工，丧失部分劳动能力，劳动合同期内，员工提出解除的可以解除，劳动合同到期后，用人单位可以终止。

3. 工伤管理合规流程

（1）依法为员工缴纳工伤保险

《工伤保险条例》第62条第2款规定："依照本条例规定应当参加工伤保险而未参加工伤保险的用人单位职工发生工伤的，由该用人单位按照本条例规定的工伤保险待遇项目和标准支付费用。"根据上述规定，若用人单位未依法为劳动者缴纳工伤保险，发生工伤的，由用人单位支付工伤待遇。

用工风险场景：用人单位与劳动者以协商方式免除工伤保险缴纳义务，发生工伤的，仍需支付工伤待遇[①]

汪某于2017年3月8日入职北京某公司上海分公司处担任保洁员，入职后同年4月1日汪某向公司提出"自动放弃缴纳社保声明"，并需要公司给予200元社保补助，由此产生的一切后果本人自负与公司无关。汪某发生交通事故死亡后，长宁区人社局作出长宁人社认（2018）字第411号认定工伤决定书，汪某受到的事故伤害属于工伤认定范围。北京某公司上海分公司认为应依据汪某的声明，查明事实不予认定工伤，并向上海铁路运输法院提起诉讼，请求撤销长宁人社认（2018）字

① 《最高人民法院公报》2020年第1期（总第279期）。

第411号认定工伤决定。

一审、二审法院均驳回北京某公司上海分公司的诉讼请求。

法院认为：本案的争议焦点是汪某在入职后向北京某公司上海分公司提交的“自动放弃缴纳社保声明”能否构成不予认定工伤的理由。根据《社会保险法》的相关规定，职工应当参加工伤保险，由用人单位缴纳工伤保险费。这是保障公民在工伤情况下，依法从国家和社会获得物质帮助的权利，也是法律明确规定的用人单位的义务，并不是由职工和用人单位自由协商处分的权利。而且是否缴纳社会保险费与认定工伤并无直接关联，社会保险行政部门受理工伤申请以及认定工伤并不以伤（亡）者是否缴纳社会保险费为依据。故对北京某公司上海分公司主张的汪某放弃缴纳社保不予认定工伤的理由不予采信。

该公报案例明确了职工应当参加工伤保险，缴纳工伤保险费是用人单位的法定义务，不能由职工和用人单位协商排除用人单位的法定缴纳义务。认定工伤并不以用人单位缴纳工伤保险费为前提。用人单位未依法缴纳工伤保险费的，职工在被认定为工伤后可以依法请求用人单位承担相应的工伤保险待遇。

用人单位除缴纳工伤保险的法定义务外，还会购买雇主责任险、商业性人身意外伤害保险等商业保险。在实践中，有的用人单位在工伤风险管理中，错误地认为工伤保险和商业保险是二者择一的关系，而陷入工伤纠纷诉讼中。

用工风险场景：职工获得用人单位为其购买的人身意外伤害保险赔付后，仍然有权向用人单位主张工伤保险待遇[①]

2012年7月，安某重和兰某姣之子安某卫在深圳市水某渔业有限公司（以下简称水某公司）处任职，担任大管轮职务。2013年8月5日，安某卫工作的船舶“中某26”轮在法属波利尼西亚南方群岛拉帕岛附近海域遇险侧翻，包括安某卫在内的8名船员遇难。安某卫生前与水某公司约定以商业保险替代工伤保险。安某重和兰某姣于安某卫过世后，已经拿到商业保险金60万元。2015年3月16日，深圳市人力资源和社会保障局认定安某卫遭受事故伤害情形属于工伤，依法应当享受工伤保险待遇。安某重和兰某姣作为安某卫的法定继承人，请求判令水某公司支付拖欠安某卫的工资、奖金以及丧葬补助金、供养亲属抚恤金、一次性工亡补助金等工伤保险待遇。

一审法院支持了安某重和兰某姣工伤保险赔偿的诉讼请求。水某公司不服一审

① 《最高人民法院公报》2017年第12期（总第254期）。

判决，向广东省高级人民法院提起上诉，广东高院判决：驳回上诉，维持原判。

法院认为：《工伤保险条例》第 2 条第 1 款规定："中华人民共和国境内的企业、事业单位、社会团体、民办非企业单位、基金会、律师事务所、会计师事务所等组织和有雇工的个体工商户（以下称用人单位）应当依照本条例规定参加工伤保险，为本单位全部职工或者雇工（以下称职工）缴纳工伤保险费。"根据该规定，为职工缴纳工伤保险费是水某公司的法定义务，该法定义务不得通过任何形式予以免除或变相免除。《工伤保险条例》第 62 条第 2 款又进一步规定："依照本条例规定应当参加工伤保险而未参加工伤保险的用人单位职工发生工伤的，由该用人单位按照本条例规定的工伤保险待遇项目和标准支付费用。"在上诉人水某公司未为安某卫缴纳工伤保险费的情况下，水某公司应向安某卫的父母被上诉人安某重和兰某姣支付工伤保险待遇。水某公司为安某卫购买的商业性意外伤害保险，性质上是水某公司为安某卫提供的一种福利待遇，不能免除水某公司作为用人单位负有的法定的缴纳工伤保险费的义务或支付工伤保险待遇的义务。

此外，法律及司法解释并不禁止受工伤的职工或其家属获得双重赔偿。《最高人民法院关于审理工伤保险行政案件若干问题的规定》第 8 条第 1 款规定："职工因第三人的原因受到伤害，社会保险行政部门以职工或者其近亲属已经对第三人提起民事诉讼或者获得民事赔偿为由，作出不予受理工伤认定申请或者不予认定工伤决定的，人民法院不予支持。"第 3 款规定："职工因第三人的原因导致工伤，社会保险经办机构以职工或者其近亲属已经对第三人提起民事诉讼为由，拒绝支付工伤保险待遇的，人民法院不予支持，但第三人已经支付的医疗费用除外。"由此可见，上述规定并不禁止受工伤的职工同时获得民事赔偿和工伤保险待遇赔偿。上诉人水某公司称被上诉人安某重和兰某姣同时获得保险金和工伤保险待遇属一事二赔、违反公平原则，没有法律依据，不予支持。一审法院判决水某公司向安某重和兰某姣支付工伤保险待遇正确，予以维持。

该公报案例明确了用人单位为职工购买商业性人身意外伤害保险的，不因此免除其为职工购买工伤保险的法定义务。职工获得用人单位为其购买的人身意外伤害保险赔付后，仍然有权向用人单位主张工伤保险待遇。

综上所述，用人单位应当在员工入职当月即为劳动者办理社会保险登记手续，若员工无法提供离职证明、社保转出证明，致使用人单位办理社会保险登记手续存在障碍的，应及时督促劳动者办妥相关手续，若劳动者无法在指定期间办理完毕的，用人单位应及时与劳动者终止劳动关系。

用人单位为劳动者购买商业保险的，可在劳动合同中有所约定，商业保险赔付金额可以抵扣用人单位应当依法向劳动者支付的赔偿、补偿金额，降低用人单位的赔付压力。

（2）工伤发生时及时救治

用人单位在劳动者发生工伤时，应及时救治，并保存好采取救治措施的相关凭证。《工伤保险条例》第4条第3款规定："职工发生工伤时，用人单位应当采取措施使工伤职工得到及时救治。"

（3）及时为工伤员工办理工伤认定

《工伤保险条例》第17条规定："职工发生事故伤害或者按照职业病防治法规定被诊断、鉴定为职业病，所在单位应当自事故伤害发生之日或者被诊断、鉴定为职业病之日起30日内，向统筹地区社会保险行政部门提出工伤认定申请……"若用人单位超过法定期限，未为工伤员工办理工伤认定，则相应的工伤保险待遇应由用人单位来承担。

用工风险场景：因用人单位原因未申请工伤认定的，劳动者可以请求民事赔偿①

巫某到江苏省句容某公司从事空调安装工作。句容某公司把巫某的工作内容安排为外出安装空调。后在工作期间，由于缺少空调配件，巫某便骑摩托车回单位拿取。在拿取配件途中，巫某不慎跌倒受伤，当即被送往医院治疗，结果诊断为：右髌骨骨折。在其后的一段时间里，巫某先后四次住院，句容某公司支付了全部的医疗费用。事故发生后，句容某公司一直未向劳动保障行政部门申请工伤认定。不久，巫某向劳动和社会保障局提出工伤认定申请，该局作出了工伤认定已超过申请时效的认定，并作出不予受理通知书。之后，巫某向劳动争议仲裁委员会提出申诉，请求句容某公司对相应的工伤待遇进行发放，劳动争议仲裁委员会未予受理。

巫某以仲裁裁决违法为由，提起诉讼，请求判令句容某公司给付工伤待遇25270元。诉讼中，巫某变更诉讼请求为：句容某公司赔偿因履行职责而遭受的人身损害各项经济损失残疾赔偿金、误工费、护理费、住院期间伙食补助费、营养费、精神损害抚慰金等计25270元。

一审法院判决句容某公司赔偿巫某误工费、护理费、住院伙食补助费、营养

① （2005）句民一初字第181号。参见《中国指导案例》编委会编：《人民法院指导案例裁判要旨汇览：劳动·社保卷》，中国法制出版社2013年版，第382页。

费、残疾赔偿金、精神损害抚慰金计人民币31012.20元，扣除句容某公司已支付给巫某的生活费6400元，句容某公司尚应给付巫某24612.20元。

宣判后，双方当事人均未上诉，判决已发生法律效力。

法院认为：本案中，巫某系句容某公司职工，其依法享有享受社会保险的权利。巫某系在工作期间发生意外导致伤残。而句容某公司在巫某发生工伤后，未在工伤认定期限内提交工伤认定申请，在此之前也一直未给巫某参保工伤保险。根据法律、法规的规定，巫某在发生工伤不能获得工伤保险待遇赔偿的情况下，有权在法定期限内请求句容某公司予以适当赔偿。

如果按照《工伤保险条例》的规定无法得到救济，基于工伤赔偿与民事赔偿的特殊关系，可按民事赔偿程序得到救济。《最高人民法院关于审理人身损害赔偿案件适用法律若干问题的解释》第12条第1款规定，依法应当参加工伤保险统筹的用人单位的劳动者，因工伤事故遭受人身损害，劳动者或者其近亲属向人民法院起诉请求用人单位承担民事赔偿责任的，告知其按《工伤保险条例》的规定处理。[①]该规定应当解释为是一种程序性的规定，而不应当解释为实体上排除适用侵权行为法，巫某有权要求单位承担民事赔偿责任。

在实践中，用人单位内部对劳动者是否为工伤有争议时或存在特殊情况未能展开工伤认定工作时，经常会为此未在工伤发生的30日内进行申报，笔者建议用人单位即使对是否存在工伤有异议，也应在劳动者受伤的第一时间向社保行政部门提交相关材料以确定是否属于工伤，并且可以提交用人单位对工伤认定存疑的意见。如果用人单位未及时申报工伤，最终劳动者自行认定工伤成功的，用人单位有可能会承担劳动者认定工伤前所产生的一些费用。

（4）配合员工办理工伤保险待遇支付手续

对于依法缴纳社会保险的用人单位，员工工伤待遇由工伤保险基金支付的，若用人单位事先垫付医疗费用的，应保留好医疗费支付的相关凭证，在社保理赔后要求劳动者返还。对于用人单位应当承担的停工留薪期工资、就业补助金等，用人单位应依法及时支付。

如因第三人侵权导致员工发生工伤，对于实际发生的误工费、医疗费等，如果第三方已经支付的，用人单位无须额外支付，若用人单位先行支付的，用人单位应

---

① 现相关规定见《最高人民法院关于审理人身损害赔偿案件适用法律若干问题的解释》（2022修正）。

积极配合并督促员工向侵权方索赔。以上费用中一次性的伤残补助、医疗补助等员工可以重复获赔。遇到侵权责任与工伤保险责任竞合的问题时，由于各地做法不一，应根据地方裁判口径来确定用人单位应如何支付。

（5）不服工伤认定结果及时提出复议

《工伤保险条例》第55条规定：“有下列情形之一的，有关单位或者个人可以依法申请行政复议，也可以依法向人民法院提起行政诉讼：（一）申请工伤认定的职工或者其近亲属、该职工所在单位对工伤认定申请不予受理的决定不服的；（二）申请工伤认定的职工或者其近亲属、该职工所在单位对工伤认定结论不服的；（三）用人单位对经办机构确定的单位缴费费率不服的；（四）签订服务协议的医疗机构、辅助器具配置机构认为经办机构未履行有关协议或者规定的；（五）工伤职工或者其近亲属对经办机构核定的工伤保险待遇有异议的。”

用工风险场景：用人单位在法定期限内未提起行政复议或行政诉讼则认定工伤生效①

焦某自2010年5月起到新某建设集团有限公司（以下简称新某公司）工作。工作期间，双方未签订书面劳动合同，新某公司亦未为焦某缴纳各项保险费。2010年10月19日，焦某在新某公司工地施工时，掉入风井内，被送往郑州市骨科医院治疗，直至次月30日出院。郑州市人力资源和社会保障局于2011年12月23日作出工伤认定决定书，认定焦某为工伤。次年3月12日，焦某再次进入郑州市骨科医院接受治疗，并于次月6日出院。2012年6月4日，焦某的伤情被郑州市劳动能力鉴定委员会认定为九级伤残，停工留薪期为自受伤之日起八个月。

随后，因劳动关系事宜，新某公司与焦某发生争议，焦某遂向郑州仲裁委（郑州市劳动人事争议仲裁委员会）提出劳动仲裁申请，请求解除双方劳动关系，新某公司支付未签订书面劳动合同的双倍工资、医疗费、住院伙食补助费、停工留薪期待遇、一次性伤残补助金、一次性工伤医疗补助金、一次性伤残就业补助金、工伤鉴定费用，并为其补办社会保险。郑州仲裁委最终作出仲裁裁决：双方劳动关系自2012年8月2日起解除，新某公司向焦某支付一次性工伤医疗补助金23694元（35541元/年÷12个月×8个月）、一次性伤残就业补助金47388元（35541元/年÷12个月×16个月）、一次性伤残补助金21600元（2400元/月×9个月）、停工留薪期工资19200元（2400元/月×8个月）、医疗费2345.2元、住院伙食补助费1700

① （2013）郑民二终字第268号。

元（25 元/天×68 天）、鉴定费 600 元，共计 116527.2 元。

新某公司不服仲裁裁决，提起诉讼，请求确认其与焦某之间不存在劳动关系，其不应向焦某支付一次性工伤医疗补助金、一次性伤残就业补助金、一次性伤残补助金、停工留薪期工资、医疗费、住院伙食补助费、鉴定费。一审法院判决：新某公司向焦某支付一次性伤残补助金、一次性工伤医疗补助金、一次性伤残就业补助金、停工留薪期工资、医疗费、住院伙食补助费、劳动能力鉴定费用等共计 100159.4 元。新某公司不服一审判决提起上诉，二审法院驳回上诉，维持原判。

法院认为：根据我国法律规定，申请工伤认定的职工或者其近亲属、该职工所在单位对工伤认定结论不服的，可以依法申请行政复议，也可以依法向人民法院提起行政诉讼。本案中，郑州市人力资源和社会保障局已经依法作出工伤认定决定书，认定作为新某公司职工的焦某构成工伤，在此情况下，如果新某公司对该认定结论不服，其可以通过复议或者诉讼途径解决。但实际上，新某公司在法定期限内，既未就工伤认定结论提起过行政复议，也未提起过行政诉讼，故该工伤认定书已经生效。诉讼中，新某公司否认与焦某存在劳动关系，但未能举证证明，法院不予支持。由于焦某已经在仲裁请求书中明确提出解除与新某公司之间的劳动关系，故自新某公司收到该仲裁请求书副本的当日，即 2012 年 8 月 2 日，双方之间的劳动关系解除。

另外，根据国务院 2010 年《工伤保险条例》的规定，用人单位应当按照条例规定的工伤保险待遇项目和标准向劳动者支付相关工伤费用。依照上述规定并结合本案，由于新某公司并未给焦某办理过工伤保险手续，故新某公司应当向焦某支付一次性伤残补助金、一次性工伤医疗补助金、一次性伤残就业补助金、停工留薪期工资、医疗费、住院伙食补助费、鉴定费等相关费用。

该案例说明用人单位在收到工伤鉴定结论后，未在法定期限内就此提起行政复议或行政诉讼，应当认定工伤认定生效。因此用人单位如果对工伤鉴定结论不服，应及时通过复议途径或者诉讼途径解决。

（6）停工留薪期、进行劳动能力鉴定

《工伤保险条例》第 33 条第 1 款规定："职工因工作遭受事故伤害或者患职业病需要暂停工作接受工伤医疗的，在停工留薪期内，原工资福利待遇不变，由所在单位按月支付。"第 21 条规定："职工发生工伤，经治疗伤情相对稳定后存在残疾、影响劳动能力的，应当进行劳动能力鉴定。"但现实当中也存在员工小伤大养、拖延劳动能力鉴定的情况，对此用人单位应跟踪员工的停工留薪期，督促员工及时办理劳动能力鉴定手续。无正当理由拒绝鉴定的，做好存证工作，后期可根据规章制度处理。

(7) 工伤职工岗位安排

《工伤保险条例》第 36 条规定:“职工因工致残被鉴定为五级、六级伤残的,享受以下待遇:……(二)保留与用人单位的劳动关系,由用人单位安排适当工作。难以安排工作的,由用人单位按月发给伤残津贴……”

(二) 职业病员工

《职业病防治法》第 2 条第 2 款规定:“本法所称职业病,是指企业、事业单位和个体经济组织等用人单位的劳动者在职业活动中,因接触粉尘、放射性物质和其他有毒、有害因素而引起的疾病。”《职业病分类和目录》中共列出了 10 类 132 种职业病,具体分类如下:职业性尘肺病及其他呼吸系统疾病,尘肺病 13 种,其他呼吸系统疾病 6 种;职业性皮肤病,9 种;职业性眼病,3 种;职业性耳鼻喉口腔疾病,4 种;职业性化学中毒,60 种;物理因素所致职业病,7 种;职业性放射性疾病,11 种;职业性传染病,5 种;职业性肿瘤,11 种;其他职业病,3 种。

用人单位所在地、劳动者本人户籍所在地或者经常居住地的职业病诊断机构按照《职业病防治法》《职业病诊断与鉴定管理办法》有关规定和国家职业病诊断标准,依据劳动者的职业史、职业病危害接触史和工作场所职业病危害因素情况、临床表现以及辅助检查结果等,进行综合分析。职业病诊断原则为,若没有证据否定职业病危害因素与病人临床表现之间的必然联系的,应当诊断为职业病。①

对于职业病员工,《工伤保险条例》第 4 条第 2 款规定:“用人单位和职工应当遵守有关安全生产和职业病防治的法律法规,执行安全卫生规程和标准,预防工伤事故发生,避免和减少职业病危害。”原国家安全监管总局组织制定了《用人单位职业健康监护监督管理办法》(安监总局 49 号令)为用人单位职业病防护制定了相关参考规定。

三、医疗期员工管理

根据《企业职工患病或非因工负伤医疗期规定》第 2 条的规定,医疗期是指企业职工因患病或非因工负伤停止工作治病休息不得解除劳动合同的时限,具体内容见本书第十章,为避免因医疗期员工管理上的疏忽产生用工风险,此节主要内容为医疗期员工的管理建议。对医疗终结或医疗期满的病休劳动者,用人单位应根据具

---

① 《职业病防治法》第 46 条第 2 款。

体治疗情况，及时对劳动关系作出处理。

（一）医疗终结时医疗期未满

《企业职工患病或非因工负伤医疗期规定》第 6 条规定："企业职工非因工致残和经医生或医疗机构认定患有难以治疗的疾病，在医疗期内医疗终结，不能从事原工作，也不能从事用人单位另行安排的工作的，应当由劳动鉴定委员会参照工伤与职业病致残程度鉴定标准进行劳动能力的鉴定。被鉴定为一至四级的，应当退出劳动岗位，终止劳动关系，办理退休、退职手续，享受退休、退职待遇；被鉴定为五至十级的，医疗期内不得解除劳动合同。"

（二）医疗终结时医疗期满

《企业职工患病或非因工负伤医疗期规定》第 7 条规定："企业职工非因工致残和经医生或医疗机构认定患有难以治疗的疾病，医疗期满，应当由劳动鉴定委员会参照工伤与职业病致残程度鉴定标准进行劳动能力的鉴定。被鉴定为一至四级的，应当退出劳动岗位，解除劳动关系，并办理退休、退职手续，享受退休、退职待遇。"五级至十级医疗期满，可按医疗期满有关规定处理。

（三）医疗尚未终结但医疗期已满

《企业职工患病或非因工负伤医疗期规定》第 8 条规定："医疗期满尚未痊愈者，被解除劳动合同的经济补偿问题按照有关规定执行。"根据《劳动合同法》第 40 条第 1 款第 1 项的规定，劳动者患病或者非因工负伤，在规定的医疗期满后不能从事原工作，也不能从事由用人单位另行安排的工作的，用人单位提前 30 日以书面形式通知劳动者本人或者额外支付劳动者一个月工资后，可以解除劳动合同。

四、其他用工关系员工管理

除《劳动合同法》框架下的劳动关系外，由于劳动者的主体不同，以及用工方式的不同，还存在实习用工、派遣用工、劳务合同用工等用工方式。

（一）实习用工

1. 概念

实习用工主要针对全日制在校就读且尚未毕业的学生，实习人员通常指的是学生实习人员，根据《职业学校学生实习管理规定》第 2 条第 1 款规定："本规定所指职业学校学生实习，是指实施全日制学历教育的中职学校、高职专科学校、高职本科学校（以下简称职业学校）学生按照专业培养目标要求和人才培养方案安排，由职业学校安排或者经职业学校批准自行到企（事）业等单位（以下简称实习单位）进行职业道德和技术技能培养的实践性教育教学活动，包括认识实习和岗位实习。"根据《关于贯彻执行〈中华人民共和国劳动法〉若干问题的意见》第 12 条的规定："在校生利用业余时间勤工助学，不视为就业，未建立劳动关系，可以不签订劳动合同。"但是，若在校学生已经毕业或者系非全日制就读学生，则符合"劳动者"的身份，用人单位实际用工的，应当与劳动者签订劳动合同。若未能签订劳动合同，则可能被认为存在事实劳动关系，承担未签订书面劳动合同的法律风险。

2. 实习人员管理要点

实习人员管理过程中，需要注意以下问题：

第一，甄别实习人员学生身份。鉴于目前实习用工主要针对全日制在校大学生，用人单位应审查实习人员的学生身份信息、在校证明等。同时还需要确定实习人员毕业时间，避免实习人员毕业后继续用工，但未与实习人员签订书面劳动合同的法律责任。

第二，审查实习人员年龄。《职业学校学生实习管理规定》第 47 条第 2 款规定："对违反本规定安排、介绍或者接收未满 16 周岁学生在境内岗位实习的，由人力资源社会保障行政部门依照国家关于禁止使用童工法律法规进行查处；构成犯罪的，依法追究刑事责任。"用人单位违法接收使用未满 16 周岁实习人员将面临行政处罚和刑事风险，应在实习人员入职前仔细核实年龄信息，并保留履行年龄审查义务的相关凭证，包括但不限于实习人员身份证件、实习人员对身份证件真实性的陈述保证、实习人员监护人作出的知情同意书等。

第三，与实习人员签订实习协议，明确用工性质。用人单位若不希望与实习人员建立劳动关系，应签订实习协议对实习活动的性质进行确定。

第四，为实习人员购买人身损害保险。实习人员若在实习工作中受到伤害，用人单位将依据《民法典》侵权责任编及《关于审理人身损害赔偿案件适用法律若干问题的解释》等规定进行赔偿。由于上述赔偿内容包括精神损失费等工伤保险待遇未涵盖的内容，若发生实习人员人身损害事故的，用人单位支付赔偿的标准将远高于同等条件下的工伤赔偿。因此，用人单位应为实习人员购买商业保险，以降低赔偿风险。

第五，注意实习人员数量限制。《职业学校学生实习管理规定》第 11 条规定："实习单位应当合理确定岗位实习学生占在岗人数的比例，岗位实习学生的人数一般不超过实习单位在岗职工总数的 10%，在具体岗位实习的学生人数一般不高于同类岗位在岗职工总人数的 20%。"

第六，向实习人员支付工作报酬。《职业学校学生实习管理规定》第 18 条规定："接收学生岗位实习的实习单位，应当参考本单位相同岗位的报酬标准和岗位实习学生的工作量、工作强度、工作时间等因素，给予适当的实习报酬。在实习岗位相对独立参与实际工作、初步具备实践岗位独立工作能力的学生，原则上应不低于本单位相同岗位工资标准的 80%或最低档工资标准，并按照实习协议约定，以货币形式及时、足额、直接支付给学生，原则上支付周期不得超过 1 个月，不得以物品或代金券等代替货币支付或经过第三方转发。"

本书第二十三章提供的《实习协议》为读者提供了参考文本。

（二）派遣用工

1. 概念

劳务派遣是指用人单位可以根据自身岗位和发展需要，通过劳务派遣公司，派遣所需要的人员。劳务派遣中涉及的劳务派遣单位、被派遣劳动者、用工单位三方，是一种典型的三角雇佣关系。实行劳务派遣后，劳务派遣公司与劳务人员签订《劳动合同》，劳务派遣单位"雇人不用人"；实际用人单位与劳务派遣公司签订《劳务派遣协议》，实际用人单位与劳务派遣员工之间只有用工关系，没有劳动关系，用工单位"用人不雇人"。我国的劳务派遣出现于 20 世纪七八十年代，当时主要是为了解决外国企业在中国设立的代表处的用工问题。随着我国经济的发展，其他用人单位也开始采用该种用工方式。但是劳务派遣的立法长期滞后于用人单位对劳务派遣的实际运用。2008 年《劳动合同法》第五章第二节首次以法律形式对劳务派遣作了专门规定，明确了劳务派遣中各方权利义务、用工限制和责任承担。

在"签合同、交社保"这一标准劳动关系中，用人单位用工易进难出，员工工作表现跟不上用人单位发展速度、业务需求时，用人单位淘汰冗员将面临很大的法律风险。而劳务派遣灵活用工的特点，可以大大降低用人单位的用工风险，用人单位需要时劳务派遣可以提供大量劳动力，用人单位不需要时又可以将派遣人员退回到派遣单位，大大提升了用人单位的用工灵活性。因此 2008 年《劳动合同法》颁布实施后，为了规避标准劳动关系中用人单位的责任和相关成本，产生了个别地区和个别用人单位对劳务派遣进行大规模滥用的情况，出现了一些不法劳务派遣单位和用工单位违法经营、非法用工和侵害劳动者权益等违法情况，同时劳动立法的滞后性又不能有效解决上述违法问题。

鉴于此，2012 年全国人大常委会启动了专门针对劳务派遣的《劳动合同法》的修正工作，于 2012 年 12 月 28 日审议并通过了《关于修改〈中华人民共和国劳动合同法〉的决定》，并于 2013 年 7 月 1 日正式施行新修正的《劳动合同法》，《劳务派遣暂行规定》作为新法最重要的配套法规于 2014 年 1 月出台，并于 2014 年 3 月 1 日起正式施行。新法及《劳务派遣暂行规定》进一步明确了劳务派遣准入门槛、劳务派遣岗位限制、劳务派遣用工比例、同工同酬的认定标准、被派遣劳动者的退回、违法经营劳务派遣业务的处罚等热点问题，从某种程度上规范了劳务派遣行业的良性发展及用人单位对劳务派遣这一用工方式的合法、合理运用。

用人单位如何在合规框架下，处理好劳务派遣各方的利益平衡问题，避免违法用工给用人单位带来的风险与损失，是用人单位法律工作者在劳务派遣用工关系中的工作重点。

2. 劳务派遣中的主体

劳务派遣中的主体主要包括劳务派遣单位、实际用工单位以及被派遣劳动者。

（1）劳务派遣单位

①劳务派遣单位的准入门槛

第一，注册资本要求。经营劳务派遣业务的单位，注册资本不得少于人民币 200 万元。

第二，应获得行政许可。任何单位经营劳务派遣业务，应当向劳动行政部门依法申请行政许可；经许可的，依法办理相应的公司登记。未经许可的，任何单位和个人不得经营劳务派遣业务。

第三，用人单位不得设立劳务派遣单位向本单位或者所属单位派遣劳动者，这里的“所属单位”主要包括以下几种形式：母公司与子公司、总公司与分公司、集团公司与下属公司，以及其他具有关联性质的公司等。

②劳务派遣单位的义务

根据《劳动合同法》及《劳务派遣暂行规定》的规定，劳务派遣单位的义务如下：

第一，劳务派遣单位应当依法与被派遣劳动者订立 2 年以上的固定期限书面劳动合同。

第二，如实告知被派遣劳动者《劳动合同法》第 8 条规定的事项、应遵守的规章制度以及劳务派遣协议的内容。

第三，建立培训制度，对被派遣劳动者进行上岗知识、安全教育培训。

第四，按照国家规定和劳务派遣协议约定，依法支付被派遣劳动者的劳动报酬和相关待遇。

第五，按照国家规定和劳务派遣协议约定，依法为被派遣劳动者缴纳社会保险费，并办理社会保险相关手续。

第六，督促用工单位依法为被派遣劳动者提供劳动保护和劳动安全卫生条件。

第七，依法出具解除或者终止劳动合同的证明。

第八，协助处理被派遣劳动者与用工单位的纠纷。

第九，被派遣劳动者在无工作期间，劳务派遣单位应当按照所在地人民政府规定的最低工资标准，向其按月支付报酬。

第十，被派遣劳动者在用工单位因工作遭受事故伤害的，劳务派遣单位应当依法申请工伤认定。

第十一，法律、法规和规章规定的其他事项。

③劳务派遣单位的权利

《劳动法》《劳动合同法》规定的用人单位的权利及劳务派遣协议约定的权利，包括但不限于：

第一，根据用工单位的要求，自主决定录用劳动者的条件、方式及人数等。

第二，决定劳动者的内部调配、日常管理。

第三，决定劳动者的报酬。

第四，依法对违纪劳动者进行处理。

第五，法律、法规和规章规定的其他事项。

（2）劳务派遣的用工单位

①劳务派遣用工单位的范围

《劳务派遣暂行规定》第 2 条明确了受其约束的用工单位范围，即企业、依法成立的会计师事务所、律师事务所等合伙组织和基金会以及民办非企业单位等组织。也就是说国家机关、事业单位在劳务派遣用工方面，因为其用工的特殊性，暂时不受《劳务派遣暂行规定》当中对劳务派遣用工比例、同工同酬、“三性”等方面的约束。

②劳务派遣用工单位的义务

根据《劳动合同法》《劳务派遣暂行规定》规定的义务及劳务派遣协议约定的

义务，包括但不限于：

第一，执行国家劳动标准，提供相应的劳动条件和劳动保护。

第二，告知被派遣劳动者的工作要求和劳动报酬。

第三，支付加班费、绩效奖金，提供与工作岗位相关的福利待遇。

第四，对在岗被派遣劳动者进行工作岗位所必需的培训。

第五，连续用工的，实行正常的工资调整机制。

第六，不得将被派遣劳动者再派遣到其他用人单位。

第七，向被派遣劳动者提供与工作岗位相关的福利待遇，不得歧视被派遣劳动者。

第八，被派遣劳动者在用工单位因工作遭受事故伤害的，用工单位应当协助工伤认定的调查核实工作。被派遣劳动者在申请进行职业病诊断、鉴定时，用工单位应当负责处理职业病诊断、鉴定事宜，并如实提供职业病诊断、鉴定所需的劳动者职业史和职业危害接触史、工作场所职业病危害因素检测结果等资料，劳务派遣单位应当提供被派遣劳动者职业病诊断、鉴定所需的其他材料。

第九，向劳务派遣单位支付服务费。

第十，法律、法规和规章规定的其他事项。

③劳务派遣用工单位的权利

《劳动合同法》规定的权利及劳务派遣协议的相关约定的权利，包括但不限于：

第一，要求派遣单位提供合适的劳动者。

第二，对派遣劳动者进行用工管理。

第三，将不胜任工作或违纪的劳动者退回劳务派遣单位。

第四，法律、法规和规章规定的其他事项。

（3）被派遣劳动者

①被派遣劳动者的义务

根据《劳动法》《劳动合同法》《劳务派遣暂行规定》的规定，以及《劳务派遣协议》中的约定，被派遣劳动者有以下权利：

第一，自觉遵守劳务派遣单位及用工单位的规章制度，服从管理，按要求提供劳动。

第二，服从用工单位的管理。

第三，法律、法规和规章规定的劳动者负有的其他义务。

②被派遣劳动者的权利

根据《劳动法》《劳动合同法》《劳务派遣暂行规定》的规定，及《劳务派遣协议》中的约定，被派遣劳动者有以下权利：

第一，领取劳动报酬、参加社会保险等《劳动合同法》规定的劳动者的基本权利。

第二，对劳务派遣协议的知情权。

第三，享有与用工单位劳动者同工同酬的权利。

第四，有权在劳务派遣单位或者用工单位参加或组织工会。

第五，获得劳动保护和接收岗位培训的权利。

第六，法律、法规和规章规定的劳动者负有的其他权利。

3. 劳务派遣的岗位性质

《劳动合同法》第 66 条第 1 款规定："劳动合同用工是我国的企业基本用工形式。劳务派遣用工是补充形式，只能在临时性、辅助性或者替代性的工作岗位上实施。"明确了劳务派遣岗位临时性、辅助性或者替代性的"三性"标准，以保障劳务派遣用工只能作为用人单位用工的补充形式。"三性"具体衡量标准如下：

第一，临时性工作岗位是指存续时间不超过六个月的岗位。

第二，辅助性工作岗位是指为主营业务岗位提供服务的非主营业务岗位。为了防止用人单位对劳务派遣的滥用，《劳动合同法》第 66 条第 3 款规定："用工单位应当严格控制劳务派遣用工数量，不得超过其用工总量的一定比例，具体比例由国务院劳动行政部门规定。"《劳务派遣暂行规定》明确了具体比例，其第 4 条第 1 款规定："用工单位应当严格控制劳务派遣用工数量，使用的被派遣劳动者数量不得超过其用工总量的 10%。"

除此之外，《劳务派遣暂行规定》第 3 条规定了用工单位决定使用被派遣劳动者的辅助性岗位的程序要件，应当经职工代表大会或者全体职工讨论，提出方案和意见，与工会或者职工代表平等协商确定，并在用工单位内公示。

第三，替代性工作岗位是指用工单位的劳动者因脱产学习、休假等原因无法工作的一定期间内，可以由其他劳动者替代工作的岗位。

需要明确的是，相关岗位无须同时具备"三性"，只要具备"三性"中的"一性"就可以使用劳务派遣。"临时性"与"辅助性"有可量化的数字标准，在司法实践中比较便于界定，但是"辅助性"的标准比较抽象，用工单位需要更加注意，笔者认为需要注意以下两点：一是，在与劳务派遣单位签订派遣协议时将派遣岗位的性质进行描述，根据用工单位所处行业的性质、业务特点对于派遣岗位为何属于用工单位的辅助性岗位作一个合理说明，以达到“辅助性”的标准；二是，用工单位需要依据法律规定通过民主和公示程序确定辅助性岗位，同时保留好民主程序的相关凭证。

4. 劳务派遣协议的签订要点

用工单位采取劳务派遣这一用工方式时，需要与劳务派遣单位签订《劳务派遣协议》，以约定双方权利义务。《劳动合同法》第59条第1款规定：“劳务派遣单位派遣劳动者应当与接受以劳务派遣形式用工的单位（以下称用工单位）订立劳务派遣协议。劳务派遣协议应当约定派遣岗位和人员数量、派遣期限、劳动报酬和社会保险费的数额与支付方式以及违反协议的责任。”除上述法律规定条款外，用工单位在拟定与劳务派遣单位的《劳务派遣协议》时，应注意以下问题：

（1）审查劳务派遣单位的主体资质

用工单位应要求劳务派遣单位提供行政许可文件作为合同附件进行审查，并通过国家企业信息公示系统进一步核实劳务派遣单位劳务派遣资质的许可时限。若用工单位使用没有劳务派遣资质的单位派遣的劳动者，则用工单位和劳动者之间会被认为建立劳动关系，不仅不能达到降低用工风险的目的，甚至还可能使用工单位陷于劳动纠纷中。

（2）同工同酬条款

同工同酬是劳动法的基本原则之一，是同工同权的必然要求。《劳动合同法》第63条规定：“被派遣劳动者享有与用工单位的劳动者同工同酬的权利。用工单位应当按照同工同酬原则，对被派遣劳动者与本单位同类岗位的劳动者实行相同的劳动报酬分配办法。用工单位无同类岗位劳动者的，参照用工单位所在地相同或者相近岗位劳动者的劳动报酬确定。劳务派遣单位与被派遣劳动者订立的劳动合同和与用工单位订立的劳务派遣协议，载明或者约定的向被派遣劳动者支付的劳动报酬应当符合前款规定。”该条规定说明了用人单位不仅需要在基本工资、岗位工资等固定收入上实现同酬，而且需要在奖金、提成等可变的收入分配上依据“相同的劳动报酬分配办法”。

（3）明确劳务派遣单位与派遣员工的订约义务

《劳动合同法》第58条第2款规定：“劳务派遣单位应当与被派遣劳动者订立二年以上的固定期限劳动合同，按月支付劳动报酬……”明确劳务派遣单位的订约义务，可防止因劳务派遣单位不签、迟签或违法签订劳动合同，致使用工单位面临与被派遣劳动者存在事实劳动关系的法律风险。

（4）明确用工单位“退工”情形

除法律规定的“退工”情形外，用人单位还可以根据岗位特征及业务实际需求，约定“退工”的具体情形，以实现“灵活用工”的目的。

（5）明确劳务派遣单位为劳动者支付工资及缴纳社保的义务

《劳务派遣协议》中应明确约定劳务派遣公司发放工资的日期，并约定未经用工单位的同意，派遣公司不得以任何目的扣减劳动者的工资。明确劳务派遣单位依法缴纳社保的义务及违反法定义务的责任，防止劳务派遣公司为了节省成本漏缴社会保险的用工风险。

（6）明确工伤责任处理与违约事项处理

针对工伤事故、劳务纠纷等劳资冲突，用工单位可与劳务派遣单位在《劳务派遣协议》中明确责任分配问题和费用承担问题。针对劳务派遣单位的违约情况，用工单位应在《劳务派遣协议》中明确违约金支付及相关的损失赔偿问题，除此之外，用工单位还可设置合同解除权，避免因劳务派遣单位的违约行为致使用工单位难以实现“灵活用工”的目的。

本书第二十三章提供的《劳务派遣合同》为读者提供了参考文本。

5. 劳务派遣的退回

在劳务派遣关系中，用工单位与被派遣劳动者并无劳动合同关系，因此用工单位无法直接与被派遣劳动者解除劳动合同，只能依据法律规定或者派遣协议的约定将被派遣劳动者退回至派遣单位。《劳动合同法》第 65 条第 2 款规定：“被派遣劳动者有本法第三十九条和第四十条第一项、第二项规定情形的，用工单位可以将劳动者退回劳务派遣单位，劳务派遣单位依照本法有关规定，可以与劳动者解除劳动合同。”即被派遣劳动者有下列情形的，用人单位可以将被派遣劳动者退回劳务派遣单位：

第一，在试用期间被证明不符合录用条件的。

第二，严重违反用人单位的规章制度的。

第三，严重失职，营私舞弊，给用人单位造成重大损害的。

第四，劳动者同时与其他用人单位建立劳动关系，对完成本单位的工作任务造成严重影响，或者经用人单位提出，拒不改正的。

第五，因《劳动合同法》第 26 条第 1 款第 1 项规定的情形致使劳动合同无效的。

第六，被依法追究刑事责任的。

第七，劳动者患病或者非因工负伤，在规定的医疗期满后不能从事原工作，也不能从事由用人单位另行安排的工作的。

第八，劳动者不能胜任工作，经过培训或者调整工作岗位，仍不能胜任工作的。

在上述法定情形之外，若用工单位与劳务派遣单位对被派遣劳动者的退回另有约定的，用工单位也可以依据约定将被派遣劳动者退回劳务派遣单位。

6. 劳务派遣员工管理要点

用人单位对劳务派遣人员进行管理时，应注意以下问题：

（1）劳务派遣用工的岗位应符合“三性”标准

《劳动合同法》第92条规定：“违反本法规定，未经许可，擅自经营劳务派遣业务的，由劳动行政部门责令停止违法行为，没收违法所得，并处违法所得一倍以上五倍以下的罚款；没有违法所得的，可以处五万元以下的罚款。劳务派遣单位、用工单位违反本法有关劳务派遣规定的，由劳动行政部门责令限期改正；逾期不改正的，以每人五千元以上一万元以下的标准处以罚款，对劳务派遣单位，吊销其劳务派遣业务经营许可证。用工单位给被派遣劳动者造成损害的，劳务派遣单位与用工单位承担连带赔偿责任。”因此，用工单位违反“三性”用工的，劳动行政部门将责令用工单位限期整改，用工单位逾期未改正的将面临行政处罚。此外，在少部分案件中，违反“三性”的情况还可能直接导致用工单位在劳动争议的事实认定中处于不利地位。

用工风险场景：用工单位违反“三性”用工的法律后果①

黄某于2011年8月1日在重庆禾某汽车零部件有限公司（以下简称禾某公司）处工作，岗位为汽车零部件液压工。自2012年9月3日起，建兴永某劳动服务有限公司（以下简称永某公司）为黄某参加了工伤保险。2013年9月12日，黄某在工作期间受伤。2015年6月5日，黄某向重庆市九龙坡区劳动人事争议仲裁委员会提出申请，要求确认与永某公司自2011年8月8日起至2015年6月5日存在劳动关系。该委员会于同年8月20日作出裁决，裁决黄某与永某公司在2011年11月至2013年10月18日存在事实劳动关系。永某公司不服该裁决结果，遂起诉至重庆市九龙坡区人民法院（以下简称九龙坡法院），九龙坡法院依法将禾某公司追加为第三人。九龙坡法院一审判决黄某与永某公司不存在劳动关系，黄某与禾某公司存在劳动关系。

法院认为：本案中，黄某未与永某公司及禾某公司签订劳动合同，黄某自2011年8月1日到禾某公司处从事汽车零部件液压工作，黄某的工作内容属于禾某公司

① （2017）渝05民终4632号。

的主营业务范围，不符合法律规定的劳务派遣用工辅助性的要求，且黄某在禾某公司处工作已达两年以上，也不属于临时性的工作岗位，此外禾某公司也未举证证明其安排被告在替代性工作岗位工作，因此禾某公司对黄某的用工形式不符合使用劳务派遣员工的情形，根据永某公司的诉讼请求，法院确认黄某与禾某公司在2011年11月至2013年10月18日存在劳动关系，黄某与永某公司在2011年11月至2013年10月18日不存在劳动关系。

在本案中，用工单位违反“三性”使用被派遣劳动者，在事实劳动关系认定的案件中，直接导致原本的用工单位被认定与被派遣劳动者建立劳动关系。因此用工单位要仔细甄别劳务派遣用工的岗位是否符合“三性”标准。

（2）同工单位运用专门或通用规章制度管理被派遣劳动者

用工单位可以通过制定专门的规章制度或者参照本单位劳动合同员工的通用规章制度来管理被派遣劳动者，如在劳动保护、工时休假和薪资福利等方面保持一致。

（3）避免派遣员工与正式员工“混岗”

一来可以保证用工单位只在“三性”岗位上合法使用派遣员工；二来不同岗位的员工即时采取一样的薪资计算方式，也可以从根本上杜绝“同工不同酬”的现象。

（4）异地派遣时，核查被派遣劳动者的社保缴纳地

由于各地的社保标准不一，劳动者享受的相关社会保险待遇也不一致，用工单位出于降低用工成本的需要，将与劳动者的劳动合同、社保关系通过劳务派遣的方式建立在社保标准较低的地区，但用工却在发达地区，严重影响了劳动者正常享受应得的社保待遇。为了遏制这种以侵害劳动者合法权益为代价的用工方式，《劳动合同法》第61条规定：“劳务派遣单位跨地区派遣劳动者的，被派遣劳动者享有的劳动报酬和劳动条件，按照用工单位所在地的标准执行。”《劳务派遣暂行规定》第18条规定：“劳务派遣单位跨地区派遣劳务的，应当在用工单位所在地为被派遣劳动者参加社会保险，依照用工单位所在地的规定缴纳社会保险费，被派遣劳动者按照国家规定享受社会保险待遇。”因此，用工单位应督促劳务派遣单位必须在用工单位所在地（劳动者实际工作地点）为劳动者缴纳社保。

（5）不得再次将被派遣劳动者派遣至其他用人单位

用工单位应给被派遣劳动者安排工作岗位，不得转派。

（三）劳务合同用工

1. 概念

劳务关系是指提供劳务一方为接受劳务一方提供劳务服务，由接受劳务一方按照约定支付报酬而建立的一种民事权利义务关系。劳务用工是区别于标准劳动关系用工的一种灵活用工方式，并不是劳动法上的概念，在《民法典》中也并没有明确概念性规定，实务中用人单位对雇员的相关责任主要体现在《民法典》第1192条："个人之间形成劳务关系，提供劳务一方因劳务造成他人损害的，由接受劳务一方承担侵权责任。接受劳务一方承担侵权责任后，可以向有故意或者重大过失的提供劳务一方追偿。提供劳务一方因劳务受到损害的，根据双方各自的过错承担相应的责任。提供劳务期间，因第三人的行为造成提供劳务一方损害的，提供劳务一方有权请求第三人承担侵权责任，也有权请求接受劳务一方给予补偿。接受劳务一方补偿后，可以向第三人追偿。"同时也体现在《最高人民法院关于印发修改后的〈民事案件案由规定〉的通知》（2020）中："139. 劳务合同纠纷""367. 提供劳务者致害责任纠纷""368. 提供劳务者受害责任纠纷"。基于法律层面并无劳务关系、劳务合同、雇佣关系的概念，为了便于读者理解，结合审判实践中法院的案由确定方式，笔者暂将之表述为"劳务合同用工"。在劳务合同用工模式下，企业不需要为劳务提供者缴纳社保，可以最大化地降低企业的用工成本，而备受用人单位青睐。

2. 特点

劳务合同用工的主要特征如下：

第一，是平等民事主体之间的一种民事法律关系。雇员与雇主之间不存在管理与被管理关系。在劳务合同用工中，雇主一般只对雇员的工作内容作出要求和约定，雇员不需要遵守雇主单位工作时间（如考勤）的规定。

第二，在劳务费用支付上按照劳动报酬代扣个人所得税。因此劳务合同用工关系中费用的结算方式、支付周期更加灵活。

3. 用工风险及责任承担

劳务合同用工模式下用工单位承担责任的情形：

（1）雇员提供劳务致他人伤害

根据《民法典》的规定，对于提供劳务者在提供劳务过程中致人损害的，用工单位都需要承担相应的侵权责任，用工单位承担赔偿责任后，可以向有故意或重大过失的劳务提供者进行追偿。

（2）雇员提供劳务致自己损害

根据《民法典》的规定，在此情形下根据雇主和雇员各自的过错承担相应的责任。值得注意的是，《民法典》对此责任承担情形设置了前置条件，即只有在个人之间构成的劳务关系下才适用该规定，对企业与个人之间形成的劳务关系并未规定是否适用。但是在法律实践中，如上海，对于企业与个人之间构成劳务关系时提供劳务者因劳务发生的损害比照个人劳务关系时发生损害的责任承担的规定处理，即根据双方各自的过错承担相应的责任。

（3）雇员提供劳务期间因第三人的行为发生损害的

根据《民法典》1192条的规定，提供劳务者因第三人造成的损害，只能向第三人主张赔偿，或向接受劳务方主张补偿，接受劳务一方补偿后，可以向第三人追偿。

4. 劳务合同用工管理要点

（1）劳务合同用工务必签订书面合同

雇主与雇员就劳务合同用工关系签订劳务合同并非雇主的法定义务，但鉴于劳务合同用工与劳动关系用工之间存在混同因素（如都存在提供劳动支付报酬的关系，甚至提供的劳动是单位业务组成部分），通过劳务合同签订的形式固定用工关系，避免被认定为事实劳动关系的风险。

（2）劳务合同签订的格式应有别于劳动合同条款

虽然劳务合同的签订经雇员与雇主平等协商一致，即对双方产生约束力，但雇主切忌利用甲方地位为雇主设置过多劳动法上的用人单位权利，为雇员设置过多劳动法上的劳动者义务。如果双方按照劳动法规、劳动合同的必备条款缔结合约，则可能面临无法认定劳务合同关系，被认定为事实劳动关系的风险。

本书第二十三章提供的表单工具《劳务协议》为读者提供了参考文本。

（3）避免对雇员严格劳动管理方式

劳务合同用工关系中雇主与雇员不存在严格的人身隶属关系，雇员无须服从雇主的严格劳动关系，雇主也无须承担劳动法确定的相关用人单位义务，包括但不限于为劳动者缴纳社保、最低工资标准等。但是若在实际用工中，雇主对雇员实施严格的劳动关系，包括考勤、考核、奖惩、规章制度约束等，则可能面临无法认定劳务合同关系，被认定为事实劳动关系的风险。

（4）为雇员购买雇主责任险分散事故赔偿风险

劳务合同用工中，雇员在提供劳务过程中受到伤害的，雇佣单位根据实际情况要承担相应的赔偿责任，购买雇主责任险可以在事故发生后分散事故赔偿风险。

（四）非全日制用工

1. 概念

非全日制用工作为一种灵活的用工方式，在餐饮、超市、服务等领域为许多用工单位所采用，以降低用工成本。《劳动合同法》第五章“特别规定”第三节就非全日制用工作出了规定，其中第 68 条作了概念表述：“非全日制用工，是指以小时计酬为主，劳动者在同一用人单位一般平均每日工作时间不超过四小时，每周工作时间累计不超过二十四小时的用工形式。”

2. 特点

非全日制用工与一般劳动关系的区别主要在于：

第一，非全日制用工双方当事人可以订立口头协议而未必签订书面合同①。

第二，从事非全日制用工的劳动者可以与一个或者一个以上用人单位订立劳动合同（后订立的合同不得影响先订立的合同的履行）②。

第三，非全日制用工双方不得约定试用期③。

第四，任何一方都可随时通知对方终止用工，且在终止用工时用人单位不向劳动者支付经济补偿④。

第五，非全日制用工小时计酬标准不得低于用人单位所在地人民政府规定的最低小时工资标准⑤。

第六，非全日制用工的劳动报酬结算支付周期最长不得超过 15 日⑥。（详见表 3）

表 3 非全日制劳动关系与全日制劳动关系主要特征对比

比较项目	非全日制劳动关系	全日制劳动关系
劳动合同	可以订立口头协议	应当签订书面合同
试用期	不得约定	可以约定
工作时间	每周不得超过 24 小时	一般每周不超过 40 小时

① 《劳动合同法》第 69 条。
② 《劳动合同法》第 69 条。
③ 《劳动合同法》第 70 条。
④ 《劳动合同法》第 71 条。
⑤ 《劳动合同法》第 72 条。
⑥ 《劳动合同法》第 72 条。

续表

比较项目	非全日制劳动关系	全日制劳动关系
工资标准	执行小时最低工资标准	执行月最低工资标准
工资周期	不得超过 15 日	按月发放
社会保险	应当缴纳工伤保险	应当缴纳“五险”
加班费	无	有
年休假	无	有
解约条件	随时解约	根据法定条件方可解约
解约补偿	无	有（视情形）
合同主体要求	劳动者可以与一个以上用人单位建立劳动关系	劳动者一般只能与一个用人单位建立劳动关系
是否适用劳务派遣	劳务派遣单位不得以非全日制用工形式招用被派遣劳动者	劳务派遣单位可以以全日制用工形式招用被派遣劳动者

3. 界定

非全日制用工这一用工方式在实践中常见的问题之一，是非全日制用工劳动者基于为用工单位劳动的实际情况，要求认定与用人单位存在一般劳动关系，因此用人单位有必要掌握非全日制用工的界限问题。基于前述非全日制用工的特征，司法层面认定双方劳动关系性质的焦点多集中在用工时间、工资发放周期等有明确数字标准的规定，以及双方的用工关系是否构成原劳动和社会保障部在 2005 年 5 月颁布的《关于确立劳动关系有关事项的通知》第 1 条规定的事实劳动关系成立要件上，主要界定因素如下：

第一，工作时间。若劳动者的实际工作时间长期超过前述每日 4 小时、每周累计 24 小时的限度，则司法机关有较大可能认定双方为全日制用工关系。

第二，工资支付。用人单位应当注意工资支付周期，但对于用工性质的判断，其重要性不及工作时间。即使用人单位的工资支付存在瑕疵，超过 15 日为工资支付周期，司法机关大多也不会仅凭此确定双方存在全日制用工关系。此外，非全日制用工一般采取小时计薪制，若用人单位发放的薪酬除小时薪资外还包括各种补贴、奖金、津贴、加班费等，则可能被司法机关认定为属于全日制用工。

4. 非全日制用工管理要点

用人单位在管理非全日制用工时，应注意以下几点：

第一，非全日制用工务必签订书面劳动合同。虽然法律并不强制用人单位就非全日制用工签订书面劳动合同，在非全日制用工中未签订书面劳动合同亦不会有相应的法律后果。但是在实践中，用人单位对非全日制用工的管理往往较为松散，不会有专门的考勤打卡制度管理员工的工作时间，在此现实情况下，要求用人单位举证证明劳动者每周工作时间累计不超过 24 小时本身具有难度。若通过签订劳动合同的形式约定工作时间，在一定程度上可降低用人单位的举证责任。需要注意的是，非全日制用工的劳动合同应当有别于全日制用工的劳动合同版本。

第二，严格管理工作时间。用人单位在使用非全日制用工这一种用工方式时，应避免随意安排加班或无意识延长工作时间，而造成实际上全日制用工的用工结果。否则非但不能节省用工成本，还可能直接导致整个非全日制用工方式的无效，使用人单位面临巨大法律风险，包括执行月最低工资标准（非小时最低工资）、二倍工资（未签订书面劳动合同）、经济补偿金（辞退补偿）、年休假工资等。

第三，工资发放。用人单位应尽量将工资支付周期，由“按月发放”改为“每 15 日发放”，此外用人单位给非全日制用工发放薪酬时，一般按照小时计薪制。尽量避免发放补贴、奖金、津贴、加班费等。若用人单位不具备双周发放工资的条件，或可能存在向劳动者发放小时薪资以外的劳动报酬，需要与劳动者事先达成书面协议，以便发生仲裁、诉讼纠纷时能够充分举证。

第四，缴纳工伤保险费用。《劳动和社会保障部关于非全日制用工若干问题的意见》第 12 条规定：“用人单位应当按照国家有关规定为建立劳动关系的非全日制劳动者缴纳工伤保险费”。《实施〈中华人民共和国社会保险法〉若干规定》（2011 年 7 月 1 日起施行）第 9 条规定：“职工（包括非全日制从业人员）在两个或者两个以上用人单位同时就业的，各用人单位应当分别为职工缴纳工伤保险费……”虽然非全日制用工属于灵活用工关系，但是劳资双方建立的仍是劳资关系，若在工作时间发生工伤事故，劳动者有权申报和认定工伤，若用人单位未为非全日制用工缴纳工伤保险，则劳动者一旦发生工伤，相应的工伤保险待遇则需要用人单位来承担。

第五，商业秘密管理。对于涉及商业秘密的岗位，一般不宜使用非全日制员工，若确实需要的，应当与员工签订保密协议。

第五篇

离职管理

本篇导读

▶离职阶段人力资源管理的宏观目的

员工离职是人事管理中的常见问题，也是劳动关系矛盾最为突出的阶段。离职管理是人力资源管理最关键的一个环节，其主要实现的管理目的，是通过对离职流程的把控和相关表单文件的配合，对离职人员的离职申请、工作交接、离职审计、签署离职协议、启动竞业限制协议等环节进行有效的管理，帮助用人单位平稳度过员工离职的动荡期。

▶离职阶段基本流程概述

①通知义务：无论是用人单位提出解聘还是劳动者提出辞职，除非出现法定情形，否则都应当提前30天通知，在无过失性辞退的情况下（《劳动合同法》第40条）用人单位不提前30天通知的，需要支付一个月的代通知金。处于试用期的劳动者提出辞职的，应当提前3天通知用人单位，对于试用期间用人单位辞退的通知期，法律没有明确规定，但建议提前3—5天时间通知劳动者，预留送达、交接时间。

②离职交接：由人力资源部门协调劳动者与各部门填写《离职交接单》，涉及部门有人事/财务/行政/IT/离职员工本部门。

③离职文件的签署：由人力资源部门与劳动者填写《员工离职表》、双方协商一致签署《协商一致解除劳动关系协议书》。

④审查员工年休假情况，安排员工于离职前休完年休假。

⑤审查员工是否需要启动竞业限制协议、离职审计以及离职谈话。

⑥员工办理完离职交接手续，签署相关离职文件后，需退出各工作群组包括但不限于部门微信群、企业微信群、邮箱群及其他工作群。

⑦由用人单位开具《离职证明》，员工签署《离职证明签收单》。

离职管理表单工具清单

表单	作用
《离职工作交接单》	员工离职时对工作交接情况做登记的文件
《离职结算单》	员工离职时就员工与用人单位间的金钱给予义务的结算文件
《员工辞退通知书》	过失性解除劳动合同情形向员工发送的通知文件
《解除劳动合同通知工会函》	用人单位解除与员工的劳动合同时向工会作出的通知文件
《员工离职表》	就员工离职情况用人单位的内部审批文件
《劳动合同到期终止通知书》	劳动合同到期前30日用人单位向员工发出的通知文件
《协商一致解除劳动关系协议书》	用人单位与员工协商一致解除劳动合同签订的文件
《离职证明》	员工离职后，公司应向员工开具的证明
《员工辞职信》	员工主动离职应向公司递交的文件
《试用期员工辞退通知书》	向试用期考核不合格的员工发送的通知文件
《无过失性解除劳动合同通知书》	无过失性解除劳动合同情形向员工发送的通知文件
《解除竞业限制协议书》	若认为员工离职后不需要履行竞业限制义务的签署该文件
《竞业限制义务通知》	若认为员工离职后需要履行竞业限制义务的签署该文件

具体表单文本见本书第二十四章。

第十五章　劳动合同的解除

劳动合同的解除，是指劳动合同虽尚未到期，但是劳动合同的一方或双方当事人通过一定法律行为致使劳动关系提前终结。主要方式有劳动者单方解除、用人单位解除，与劳动者、用人单位协商一致解除。

思维导图

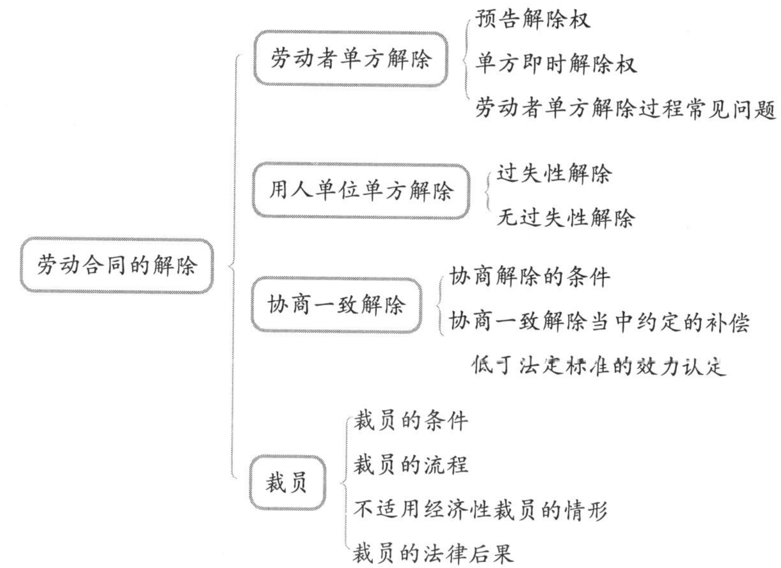

一、劳动者单方解除

劳动者单方解除权包括劳动者的预告解除权和单方即时解除权。

（一）预告解除权

依照《劳动合同法》第37条的规定："劳动者提前三十日以书面形式通知用人单位，可以解除劳动合同。劳动者在试用期内提前三日通知用人单位，可以解除劳动合同。”这是法律赋予劳动者的任意解除权，劳动者享有劳动自由，有自主择业的权利。但是，要考虑到用人单位生产经营的稳定，法律也为这种任意解除权设置了前置程序，要求员工须提前通知企业，即劳动者需要履行预告程序后方能单方解除劳动关系。预告程序有两种情形：一种是劳动者提前 30 天书面通知用人单位可以解除劳动合同，另一种是试用期间劳动者提前 3 天通知用人单位，可以解除劳动合同。在预告解除当中，劳动者发出解除通知只要 30 天或 3 天的预告期满，辞职的法律行为立即生效，不以用人单位是否批准为前提。

劳动者未提前 30 天提出辞职，是否应当承担责任？

《违反〈劳动法〉有关劳动合同规定的赔偿办法》（劳部发〔1995〕223 号）第 4 条规定：“劳动者违反规定或劳动合同的约定解除劳动合同，对用人单位造成损失的，劳动者应赔偿用人单位下列损失：（一）用人单位招收录用其所支付的费用；（二）用人单位为其支付的培训费用，双方另有约定的按约定办理；（三）对生产、经营和工作造成的直接经济损失；（四）劳动合同约定的其他赔偿费用。”

对于劳动者未提前 30 天辞职的情形，是否需要承担责任，在实务当中还有争议。从证据角度分析，首先要看劳动者的行为是否造成了损失，用人单位对损失有举证责任，在司法实践中，用人单位的损失赔偿诉请常因证据不足而导致败诉后果。其次要看劳动合同中对于劳动者未提前 30 天提出辞职的情形的赔偿情况是否有约定。

（二）单方即时解除权

除预告解除外，法律还赋予了劳动者单方即时解除劳动关系的法定权利。依据《劳动合同法》第 38 条的规定，用人单位有下列情形之一的，劳动者可以单方解除劳动合同：

①未按照劳动合同约定提供劳动保护或者劳动条件的。

②未及时足额支付劳动报酬的。

③未依法为劳动者缴纳社会保险费的。

④用人单位的规章制度违反法律、法规的规定，损害劳动者权益的。

⑤因本法第 26 条（劳动合同无效或者部分无效的种种情形）第 1 款规定的情形（以欺诈、胁迫的手段或者乘人之危，使对方在违背真实意思的情况下订立或者变更劳动合同）致使劳动合同无效的。

⑥法律、行政法规规定劳动者可以解除劳动合同的其他情形。

⑦用人单位以暴力、威胁或者非法限制人身自由的手段强迫劳动者劳动的，或者用人单位违章指挥、强令冒险作业危及劳动者人身安全的，劳动者可以立即解除劳动合同，不需事先告知用人单位。

上述第7条是赋予劳动者在特殊情形下有“即时解除”劳动关系的权利，无须履行告知程序。那么在前6种情况下，劳动者行使法定解除权，是否需要履行告知程序，实务当中，笔者倾向于劳动者应当履行告知程序，但该告知程序不是预告解除，无须有预告期，可在履行告知程序后即时解除劳动关系。

劳动者行使法定解除权与用人单位解除劳动关系的，用人单位是否需要支付经济补偿金？依据《劳动合同法》第46条第1项的规定，劳动者依据《劳动合同法》第38条解除劳动关系的，用人单位应当支付其经济补偿金。

（三）劳动者单方解除过程中的常见问题

劳动者行使单方解除权的过程中，用人单位常因未有效管理与重视劳动者辞职与离职流程，而发生人事管理风险。

1. 劳动者口头辞职的处理原则

依照《劳动合同法》第37条的规定，劳动者提前30日以书面形式通知用人单位，可以解除劳动合同。按照该条款规定，理论上劳动者通知的形式应当是“书面”形式，而非“口头”形式。在实务当中，劳动者以口头形式提出辞职的，用人单位应当要求劳动者以书面形式向公司提交辞职信，或在公司电子流中发起离职流程。

用工风险场景：劳动者口头辞职后不来上班的情况，用人单位存证不当，可能构成违法解除①

刘某于2007年10月1日入职山西大某公司处工作，担任汽车驾驶员。2017年8月14日上午，在山西大某公司董事长袁某家中，刘某与袁某因家务琐事发生口角争执，刘某顶撞袁某，提出“我不干了”的口头辞职申请。2017年8月16日，刘某受山西大某公司指派公出。2017年8月17日，山西大某公司根据刘某口头辞职申请向刘某出具《解除劳动合同通知书》。后刘某提起仲裁，山西大某公司不服仲裁裁决提起诉讼。

① （2019）晋01民终1381号。

法院认为：原、被告属于劳动关系。《最高人民法院关于审理劳动争议案件适用法律若干问题的解释》第13条①规定："因用人单位作出的开除、除名、辞退、解除劳动合同、减少劳动报酬、计算劳动者工作年限等决定而发生的劳动争议，用人单位负举证责任。"根据《劳动法》第31条的规定，劳动者解除劳动合同，应以书面形式通知用人单位。原告主张被告在与袁某发生口角争执的过程中，当即提出"我不干了"的口头辞职申请，不符合劳动法规定的劳动者辞职的形式要件。被告认可当时发生了争执，但并不认可自己已经提出了辞职申请。结合事后被告继续接受原告的指派公出的事实，原告提供的证据不足以证明被告提出解除劳动关系是其确定的、完全的、当然的意思表示，故原告主张被告主动辞职，是合法解除劳动关系，一审法院不予认定。据此，原告下达《解除劳动合同通知书》解除与被告的劳动合同不符合《劳动合同法》第39条规定的用人单位可以解除劳动合同的情形，故原告应向被告支付违法解除劳动合同经济赔偿金。

在本案中，用人单位以劳动者口头提出辞职为由向劳动者下达《解除劳动合同通知书》被认定为违法解除劳动关系。在北京时某公司诉鄂某的案件②中，劳动者提出口头离职后未再回公司上班，劳动者认为系被公司口头辞退，用人单位主张劳动者自行离职。法院认为：劳动者与用人单位均未就各自主张进行举证证实，视为双方于该日协商一致解除劳动关系，用人单位应当向劳动者支付解除劳动关系经济补偿金。因此，面对劳动者口头辞职的风险场景，用人单位若未对劳动者辞职的意思表示进行存证，则可能承担败诉风险。

［实务建议］

《最高人民法院关于审理劳动争议案件适用法律问题的解释（一）》第44条规定："因用人单位作出的开除、除名、辞退、解除劳动合同、减少劳动报酬、计算劳动者工作年限等决定而发生的劳动争议，用人单位负举证责任。"因此，用人单位应当采取措施固定劳动者辞职的证据，可以书面要求其补办离职手续，或者以电话录音形式对劳动者离职的事实加以确认并存证。如果上述做法都无法对劳动者辞职进行有效的存证，诸如劳动者不配合等因素，用人单位应当及时向劳动者发出《返岗通知书》，要求其限期返岗，未按时返岗的，依据公司规章制度规定，由用人

---

① 该司法解释已失效，现相关规定见《最高人民法院关于审理劳动争议案件适用法律问题的解释（一）》第44条。

② （2019）京03民终16797号。

单位向劳动者发出书面解除劳动关系通知。

本书第二十三章提供的《返岗通知书》模板及《员工手册》模板，对于劳动者限期不返岗用人单位有单方无责解除劳动关系的权利作了规定。

2. 劳动者提出辞职后在预告期内撤回的后果

在实务当中，也经常会出现劳动者在递交辞职信后因为种种原因想要撤回的情况，那么在通知的预告期内，劳动者可否撤回辞职信？这种情况在法律法规以及相关的司法解释当中，并没有明确规定。从法理上讲，劳动者预告解除劳动关系的权利属于“形成权”，是指权利依照单方意思表示即可使民事法律关系发生、变更、与消灭的权利。也就是劳动者行使辞职的权利，无须用人单位的批准或同意，其辞职的意思表示自送达用人单位后即发生法律效力。因此在预告期内，劳动者不能撤回已经发生法律效力的辞职的意思表示。

但是，如果在劳动者提出辞职后，用人单位进行挽留，或劳动者与用人单位协商一致达成新的意思表示的情况除外。

3. 劳动者的不辞而别

笔者在长期服务企业客户的过程当中，每年都会遇到劳动者因各种各样的原因没有履行正常的辞职程序不辞而别的情形，缺乏人力资源合规管理经验的用人单位往往会认为这种员工是自动离职，对其放任不管，不进行合规处理，不及时行使解除权，从而引发劳动争议风险。

用工风险场景：劳动者不辞而别，用人单位未作管理即退工，可能构成违法解除①

粟某于2008年5月30日入职北京某电子通信技术有限公司（以下简称通信公司），双方共签订两份劳动合同，最后一份劳动合同期限至2014年2月1日。2012年6月至2013年5月，粟某持续请病假，通信公司于此期间向粟某支付病假工资。2013年6月、7月，粟某每月应发工资3916.98元。2013年8月1日后，粟某未再提供劳动，通信公司未再支付劳动报酬。

粟某于2014年9月26日向北京市海淀区劳动人事争议仲裁委员会提出申请，要求确认通信公司与其自2005年5月30日至2013年11月1日存在劳动关系，并要求支付解除劳动关系经济补偿金、工资差额。该委员会支持其部分请求后双方均不服，诉至北京市海淀区人民法院。劳动者认为通信公司未向其支付2013年8月至

① （2015）海民字第43322号。

10月病假工资，本人以此为由解除劳动合同，公司应当支付工资差额及经济补偿金。用人单位认为栗某自2013年8月1日后再未到岗上班，亦未履行请病假手续，其属于自动离职。故双方劳动关系自该日解除。贾某自2014年9月26日提起仲裁，其主张已经超过仲裁时效，并且其属于自动离职，公司无须支付补偿金。

法院认为：关于双方劳动关系解除时间，通信公司虽主张双方劳动关系于2013年8月1日解除，但鉴于当时及其后通信公司并未对双方劳动关系进行过处理，故本院采信栗某之主张，确认双方劳动关系存续至2013年11月1日。鉴于此，本院对栗某要求确认通信公司与其自2008年5月30日至2013年10月31日存在劳动关系的诉讼请求予以支持。综上，法院判决确认双方自2008年5月30日至2013年10月31日存在劳动关系，并判令用人单位向劳动者支付解除劳动合同经济补偿金及生活费。

［实务建议］

笔者认为应当通过《劳动合同》条款设置、规章制度的制定、事后的处理程序三个维度的表单管理手段，去减少不辞而别情形的发生以及引发劳动争议的风险：

第一，《劳动合同》条款设置。劳动者与用人单位可在《劳动合同》当中对不辞而别的情形作一个定性，将不辞而别视为劳动者严重违反公司规章制度的行为，同时也是违约行为，并且可以约定当出现这种违约情形后，劳动者应当承担的责任。

第二，规章制度的制定。用人单位在规章制度当中，也应当明确员工在不辞而别的情形下属于旷工行为，用人单位可以解除劳动合同。

第三，处理程序。当劳动者出现不辞而别行为后，用人单位应当及时作出合规处理，向劳动者发出返岗通知或催告函，在返岗通知以及催告函期满后，行使解除权，向劳动者发出《解除劳动关系通知书》。

以上三个维度的合规手段，均体现在表单存证工作中，读者若遇到劳动者不辞而别的用工风险场景，可参考本书第七篇提供的表单存证工具，为用人单位留下管理痕迹。

二、用人单位单方解除

用人单位单方解除劳动关系，可分为劳动者过失时用人单位单方解除和劳动者无过失时用人单位单方解除。

（一）过失性解除

在特定情形下，用人单位可单方解除劳动合同，无须支付经济赔偿金或经济补偿金。

1. 过失性解除的条件

过失性解除，是指用人单位在劳动者存在过错的情形下行使的解除权，《劳动合同法》第 39 条规定："劳动者有下列情形之一的，用人单位可以解除劳动合同：（一）在试用期间被证明不符合录用条件的；（二）严重违反用人单位的规章制度的；（三）严重失职，营私舞弊，给用人单位造成重大损害的；（四）劳动者同时与其他用人单位建立劳动关系，对完成本单位的工作任务造成严重影响，或者经用人单位提出，拒不改正的；（五）因本法第二十六条第一款第一项规定的情形致使劳动合同无效的；（六）被依法追究刑事责任的。"

对于过错情形，法律只作出了原则性规定，用人单位若想充分运用上述过错情形，实现有效的用工管理，则需要将原则性的规定细化到劳动合同或员工手册中。例如，构成不符合录用条件的具体情形，构成严重违反用人单位规章制度的具体情形，"重大损失"的标准是什么。通过将原则性的规定实操细节化，才能帮助用人单位更好地运用法律做好用工合规管理。如果用人单位因劳动者确实存在过失，过失程度也确实达到了法定解除的标准，而行使单方的解除权，用人单位则无须向劳动者支付任何补偿费用。否则，如果用人单位单方辞退劳动者不符合过失性辞退的法律规定，将承担违法解除劳动合同的法律后果。

2. 过失性解除的流程

为了保障劳动者的权利，预防用人单位滥用单方解除权，损害劳动者利益，《劳动法》《劳动合同法》等法律法规对用人单位过失性解除劳动合同权利的行使作了严格的规定和约束。

用工风险场景：用人单位过失性解除劳动合同不当，可能承担违法解除劳动合同的法律后果①

陈某于 2018 年 11 月 26 日入职阿某丁公司，任董事长助理，双方签订为期 3 年的劳动合同，转正后工资为 25000 元/月，2021 年 11 月 25 日合同期满。2019 年 5 月 10 日，阿某丁公司向陈某出具《解除劳动合同通知书》，解除理由为不能够完成职责

① （2021）京 03 民终 17794 号。

所需的相关工作，工作中唯我独尊，对待同事态度恶劣，没有自我反省精神，对相关领导进行人身攻击，严重扰乱工作秩序。陈某不服，提起仲裁、诉讼，要求继续履行劳动合同，并支付加班费、工资差额、年假工资等。陈某离职后就职于其他单位。

法院认为：当事人对自己提出的诉讼请求所依据的事实有责任举证，阿某丁公司向陈某送达《解除劳动合同通知书》，但未向法院提交充分有效的证据证明阿某丁公司与陈某解除劳动关系符合法律规定，故阿某丁公司系违法解除，陈某于2019年6月8日入职案外人公司，故支持双方劳动合同应当继续履行至2019年6月7日，并支付2019年5月11日至2019年6月7日的工资22988.5元。

[表单管理方案]

对于过失性辞退，从证据角度讲，用人单位应主要做好以下几个维度的存证工作：

第一，应当对劳动者存在的过错进行充分举证。实践中，通常采取劳动者书面说明过错情况或向劳动者送达《警告通知书》（可参考本书第二十三章提供的模板）并要求劳动者签字确认的方式，保留劳动者存在过错的相关凭证。

第二，应当对规章制度的合法性进行举证，对依据单位规章制度解除劳动合同的情形，用人单位还需要对规章制度的民主程序合法性举证，对制度内容的合理性进行说明。

第三，向劳动者说明理由并送达解除通知。用人单位应当将解除劳动关系的通知以及解除的理由向劳动者书面告知和送达，可参考本书第二十四章《员工辞退通知书》模板。

第四，经过工会程序。《劳动合同法》第43条规定："用人单位单方解除劳动合同，应当事先将理由通知工会。用人单位违反法律、行政法规规定或者劳动合同约定的，工会有权要求用人单位纠正。用人单位应当研究工会的意见，并将处理结果书面通知工会。"用人单位成立工会的，还应当通知工会，向工会送达《解除劳动合同通知工会函》（可参考本书第二十四章提供的模板）。《最高人民法院关于审理劳动争议案件适用法律问题的解释（一）》第47条规定："建立了工会组织的用人单位解除劳动合同符合劳动合同法第三十九条、第四十条规定，但未按照劳动合同法第四十三条规定事先通知工会，劳动者以用人单位违法解除劳动合同为由请求用人单位支付赔偿金的，人民法院应予支持，但起诉前用人单位已经补正有关程序的除外。"若用人单位在解除劳动合同时未经工会程序的，应当在劳动者起诉前予以补正，避免因程序瑕疵而承担向劳动者支付经济补偿金的法律后果。

3. 过失性解除的适用范围

过失性解除劳动合同适用于用人单位的全体劳动者，《劳动合同法》第 42 条规定的处于医疗期、“三期”的女员工，或因其他情形而享有劳动合同解除保护的劳动者，存在《劳动合同法》第 39 条规定事项，用人单位可以单方解除劳动合同。

（二）无过失性解除

在特定情形下，用人单位单方解除劳动合同，无须支付经济赔偿金，但需支付经济补偿金。

1. 无过失性解除的条件

无过失性解除，是指劳动者没有过错，用人单位依据《劳动合同法》第 40 条与劳动者解除劳动合同的情形。《劳动合同法》第 40 条规定：“有下列情形之一的，用人单位提前三十日以书面形式通知劳动者本人或者额外支付劳动者一个月工资后，可以解除劳动合同：（一）劳动者患病或者非因工负伤，在规定的医疗期满后不能从事原工作，也不能从事由用人单位另行安排的工作的；（二）劳动者不能胜任工作，经过培训或者调整工作岗位，仍不能胜任工作的；（三）劳动合同订立时所依据的客观情况发生重大变化，致使劳动合同无法履行，经用人单位与劳动者协商，未能就变更劳动合同内容达成协议的。”

《劳动合同法》第 46 条规定：“有下列情形之一的，用人单位应当向劳动者支付经济补偿：……（三）用人单位依照本法第四十条规定解除劳动合同的……”即用人单位依法无过失性解除劳动关系的，应当向劳动者支付经济补偿金。

2. 无过失性解除的流程

需要注意的是，用人单位行使无过失性解除权时，应当自证存在无过失性辞退的情形，无论用人单位依据《劳动合同法》第 40 条的 3 项中哪一项行使无过失性解除权，都应当对所依据的情形做好存证工作。

用工风险场景：用人单位无过失性解除劳动合同不当，可能承担违法解除劳动合同的法律后果①

赵某于 2017 年 10 月 10 日入职泰某北京分公司，双方于当日签订期限自 2017 年 10 月 10 日至 2020 年 10 月 31 日的劳动合同，合同约定赵某担任集团人力资源部总监职务。2018 年 7 月 16 日，公司以赵某 2018 年第一季度、第二季度绩效未达

① （2021）京 03 民终 7567 号。

标，不能胜任本岗位工作为由，根据《劳动合同法》第 40 条第 2 款之相关规定，解除与赵某的劳动合同。

法院认为：2018 年赵某招聘人员情况表和业绩分析系泰某北京分公司自行制作的打印件，赵某对此并不认可，且该证据亦不足以证明赵某未完成绩效目标。故对于泰某北京分公司关于赵某未完成业绩目标、不能胜任工作的主张不予采信。

泰某北京分公司提交的证据不足以证明赵某存在解除劳动合同通知书中陈述的事实，故其解除行为缺乏事实依据，应属违法解除。赵某要求撤销该解除通知符合法律规定。关于劳动合同继续履行问题，泰某北京分公司提交的证据不足以证明双方在 2018 年 7 月 16 日之后无法继续履行劳动合同，且其提交的网站截图亦不足以证明赵某入职新的公司，故一审法院对泰某北京分公司上述主张不予采信。但鉴于双方签订的劳动合同已到期，现泰某北京分公司明确表示不同意与赵某续订该劳动合同，故一审法院确认双方劳动合同继续履行至 2020 年 10 月 31 日。

［实务建议］

（1）法律适用的存证工作

①依据《劳动合同法》第 40 条第 1 项的规定“劳动者患病或者非因工负伤，在规定的医疗期满后不能从事原工作，也不能从事由用人单位另行安排的工作的”解除。

第一，核算劳动者医疗期。若劳动者的治疗期（病假期限）超过医疗期期限的，则对劳动关系的处理不适用本条规定。

第二，劳动者医疗期满复工，若劳动者恢复原状的，应该恢复其工作，若劳动者不能从事原岗位工作的，用人单位可向劳动者发送《员工调岗通知书》（可参考本书第二十三章提供的模板），单方调整劳动者的岗位。用人单位调岗时应注意合理性，相较于原岗位，新岗位工作应该较轻或者工作量较低。

第三，劳动者不能从事调整后的岗位的，应保留工作考核的相关凭证，证明劳动者不能从事调整后的岗位工作。

②依据《劳动合同法》第 40 条第 2 项的规定“劳动者不能胜任工作，经过培训或者调整工作岗位，仍不能胜任工作的”解除。

第一，设定岗位标准。用人单位应与劳动者签订《岗位说明书》（可参考本书第二十一章提供的模板），确定劳动者的岗位的职责和目标，作为评价劳动者是否胜任工作的参考标准。

第二，对劳动者的工作进行考核。按照《岗位说明书》确定的岗位目标，对劳动者进行考核，并通过劳动者《述职报告》《绩效考核登记表》等表单存证工作做好考核记录。

第三，对于不胜任工作进行处理。对不胜任工作的劳动者进行专项培训或者调整劳动者到与其能力相适配的岗位，并保留培训和调岗的相关证明，如《培训计划书》《不胜任工作的岗位调整申请》等。

③依据《劳动合同法》第40条第3项的规定“劳动合同订立时所依据的客观情况发生重大变化，致使劳动合同无法履行，经用人单位与劳动者协商，未能就变更劳动合同内容达成协议的”解除。

第一，判定客观情况变化。《关于〈劳动法〉若干条文的说明》第26条第4款规定：“本条中的‘客观情况’指：发生不可抗力或出现致使劳动合同全部或部分条款无法履行的其他情况，如企业迁移、被兼并、企业资产转移等，并且排除本法第二十七条所列的客观情况。”第27条规定：“用人单位濒临破产进行法定整顿期间或者生产经营状况发生严重困难，确需裁减人员的，应当提前三十日向工会或者全体职工说明情况，听取工会或者职工的意见，经向劳动行政部门报告后，可以裁减人员。用人单位依据本条规定裁减人员，在六个月内录用人员的，应当优先录用被裁减的人员。本条中的‘法定整顿期间’指依据《中华人民共和国破产法》和《民事诉讼法》的破产程序进入的整顿期间。‘生产经营状况发生严重困难’可以根据地方政府规定的困难企业标准来界定。‘报告’仅指说明情况，无批准的含义。‘优先录用’指同等条件下优先录用。”即《劳动合同法》第40条第3项所指的客观情况发生重大变化，主要包括企业迁移、被兼并、企业资产转移，但是排除裁员的情况。

第二，协商前置。依据《劳动合同法》第40条第3项的规定，该解除劳动合同，用人单位应当履行协商义务，并保留协商未达成一致的相关凭证，如向劳动者发送《协商解除劳动合同通知》，协商时做好《协商笔录》等书面凭证。

（2）向劳动者送达《劳动关系解除通知》

向劳动者说明理由并送达解除通知。用人单位应当将解除劳动关系的通知以及解除的理由向劳动者书面告知和送达，可参考本书第二十四章《无过失性解除劳动合同通知书》。

（3）经过工会程序

《劳动合同法》第43条规定：“用人单位单方解除劳动合同，应当事先将理由通知工会。用人单位违反法律、行政法规规定或者劳动合同约定的，工会有权要求用人单位纠正。用人单位应当研究工会的意见，并将处理结果书面通知工会。”用人单位成立工会的，还应当通知工会，向工会送达《解除劳动合同通知工会函》(可参考本书第二十四章提供的模板)。

用人单位在无过失性情形成立的情况下解除劳动关系时，应当依据劳动者的工作年限支付经济补偿金。而对于无过失性解除的情形如果自证不足，有可能面临违法解除的风险，需要支付违法解除的赔偿金或被要求继续履行劳动合同。

3. 无过失性解除的适用范围

虽然法律赋予用人单位无过失性解除的权利，但也有例外情形，《劳动合同法》第42条规定了无过失性辞退的不适用情形："劳动者有下列情形之一的，用人单位不得依照本法第四十条、第四十一条的规定解除劳动合同：（一）从事接触职业病危害作业的劳动者未进行离岗前职业健康检查，或者疑似职业病病人在诊断或者医学观察期间的；（二）在本单位患职业病或者因工负伤并被确认丧失或者部分丧失劳动能力的；（三）患病或者非因工负伤，在规定的医疗期内的；（四）女职工在孕期、产期、哺乳期的；（五）在本单位连续工作满十五年，且距法定退休年龄不足五年的；（六）法律、行政法规规定的其他情形。"

三、协商一致解除

（一）协商解除的条件

《劳动合同法》第36条规定："用人单位与劳动者协商一致，可以解除劳动合同。"劳动合同依法订立后，双方当事人必须履行合同义务，遵守合同的法律效力，任何一方不得因后悔或者难以履行而擅自解除劳动合同。但是，为了保障用人单位的用人自主权和劳动者劳动权的实现，在特定条件和程序下，用人单位与劳动者协商一致，可以提前解除劳动合同，但必须符合以下几个条件：

第一，双方签订的劳动合同是依法成立的有效的劳动合同。

第二，双方签订劳动合同的行为必须在被解除的劳动合同依法订立生效之后、尚未全部履行之前进行。

第三，用人单位与劳动者均有权提出解除劳动合同的请求。

第四，在双方自愿、平等协商的基础上达成一致意见，可以不受劳动合同中约定的终止条件的限制。

那么，在协商一致解除劳动关系的情况下，用人单位是否需要支付经济补偿金？

依据《劳动合同法》46条第2项的规定，用人单位依照本法第36条规定向劳动者提出解除劳动合同并与劳动者协商一致解除劳动合同的，用人单位应当支付经济补偿金。也就是说，在用人单位先提出解除的情况下，应当支付经济补偿金。

协商解除是所有劳动关系解除当中的最优方案，在双方达成一致后，签订《协商一致解除劳动关系协议书》，在管理后期出现劳动争议的概率也较小。《协商一致解除劳动关系协议书》的参考文本见本书第二十四章。

（二）协商一致解除当中约定的补偿低于法定标准的效力认定

在实务当中，有些用人单位在与劳动者协商解除劳动合同的过程当中，并未严格依照法定标准计算离职经济补偿，会出现劳动者事后反悔，以仲裁、诉讼的方式主张确认双方的约定无效或要求单位按标准补齐补偿金的情况。

那么，在双方约定的经济补偿确实低于法定标准的情况下，该协商解除协议对于各方是否仍具有约束力？

《劳动合同法》第 47 条规定："经济补偿按劳动者在本单位工作的年限，每满一年支付一个月工资的标准向劳动者支付。六个月以上不满一年的，按一年计算；不满六个月的，向劳动者支付半个月工资的经济补偿。劳动者月工资高于用人单位所在直辖市、设区的市级人民政府公布的本地区上年度职工月平均工资三倍的，向其支付经济补偿的标准按职工月平均工资三倍的数额支付，向其支付经济补偿的年限最高不超过十二年。本条所称月工资是指劳动者在劳动合同解除或者终止前十二个月的平均工资。"

用工风险场景：劳动者以协商一致解除劳动合同的经济补偿低于法定标准而提起仲裁①

邓某于 2012 年 10 月 15 日入职唐某公司，先后担任人事经理及生产经理。双方签订过三次固定期限的劳动合同，最后一次本应签订无固定期限劳动合同，但唐某公司表示拒绝，邓某迫于就业压力就与之签了固定期限劳动合同。2013 年、2014 年邓某每年应休带薪年休假 15 天，但唐某公司未安排其休带薪年假，故应当支付未休带薪年休假工资。2014 年 7 月 31 日唐某公司无故将邓某辞退，构成违法解除劳动合同，并胁迫邓某签订解除劳动合同协议，仅支付邓某 5000 元作为补偿，内容显失公平，应予撤销，故该公司应向邓某支付违法解除劳动合同赔偿金。邓某不服仲裁裁决，请求法院判令唐某公司：一、支付邓某 2014 年 1 月 1 日至 2014 年 7

① （2016）京民申 218 号。

月31日未签订无固定期限劳动合同二倍工资差额35000元；二、支付邓某2013年1月1日至2014年7月31日未休年假工资14400元；三、支付邓某违法解除劳动合同赔偿金20000元。一审法院判决：一、唐某公司向邓某支付解除劳动关系经济补偿金10000元，其中已支付5000元，余款5000元于本判决生效之日起十日内支付；二、唐某公司支付邓某未休年假工资6436.78元；三、驳回邓某的其他诉讼请求。唐某公司不服一审法院判决，向北京一中院提起上诉。北京一中院判决：一、撤销北京市海淀区人民法院（2015）海民初字第00168号民事判决；二、驳回邓某的诉讼请求。邓某不服二审判决，申请再审称：一、撤销北京市第一中级人民法院（2015）一中民终字第3795号全部判决；二、依法改判，支持再审申请人提出的下列的全部诉讼请求，即要求再审被申请人向再审申请人立即支付经济补偿金5000元、未休年假工资6436.78元，计11436.78元及利息17元；三、本案一、二审诉讼费用及再审相关费用全部由再审被申请人承担。北京高院驳回邓某的再审申请。

法院认为：唐某公司与邓某签订的解除劳动合同协议书不违反法律、行政法规的强制性规定，邓某作为具有完全民事行为能力的主体，应当知道该协议书系其对自身权利义务所作出的处分，虽协议补偿标准低于法定标准但不构成显失公平。而依据该协议书的约定，双方不再存在任何劳资纠纷，故唐某公司无须再向邓某支付解除劳动合同经济补偿金及未休年假工资，故二审法院对本案所作处理正确，再审法院不持异议。

在上述案例中，法院认为：用人单位与劳动者订立的协商一致解除劳动合同的协议补偿标准低于法定标准但不构成显失公平。在“协商一致解除劳动合同”的情形下，如双方自行约定的经济补偿金额低于上述标准的，劳动者主张无效或主张按标准补齐时，司法实践中有两种处理观点。

第一种观点认为：经济补偿低于法定标准是排除劳动者的权利，违反法律法规的强制性规定，且劳动者在法律认识方面处在弱势地位，应当从严认定。

第二种观点认为：协商解除应当以双方合意为先，只要协商内容是双方真实意思表示，应当认定为有效，不应当支持劳动者任意反悔的权利。

《最高人民法院关于审理劳动争议案件适用法律若干问题的解释（一）》第35条规定：“劳动者与用人单位就解除或者终止劳动合同办理相关手续、支付工资报酬、加班费、经济补偿或者赔偿金等达成的协议，不违反法律、行政法规的强制性规定，且不存在欺诈、胁迫或者乘人之危情形的，应当认定有效。前款协议存在重大误解或者显失公平情形，当事人请求撤销的，人民法院应予支持。”

那么《劳动合同法》第47条规定，是否属于法律、行政法规的强制性规定？在目前的司法实践当中，除少数地区按从严认定外，大部分法院还是认可“约定经济补偿可以低于法定标准”的观点。

四、裁员

所谓裁员，是指用人单位濒临破产进行法定整顿期间或生产经营发生严重困难等情况下，为改善生产经营状况而裁减成批人员的情形。

（一）裁员的条件

《劳动合同法》第41条第1款规定：“有下列情形之一，需要裁减人员二十人以上或者裁减不足二十人但占企业职工总数百分之十以上的，用人单位提前三十日向工会或者全体职工说明情况，听取工会或者职工的意见后，裁减人员方案经向劳动行政部门报告，可以裁减人员：（一）依照企业破产法规定进行重整的；（二）生产经营发生严重困难的；（三）企业转产、重大技术革新或者经营方式调整，经变更劳动合同后，仍需裁减人员的；（四）其他因劳动合同订立时所依据的客观经济情况发生重大变化，致使劳动合同无法履行的。”

经济性裁员当中，用人单位是否应当向劳动者支付经济补偿？依据《劳动合同法》第46条第4项的规定，经济性裁员应当向劳动者支付经济补偿金。

（二）裁员的流程

《劳动合同法》第41条规定，用人单位提前30日向工会或者全体职工说明情况，听取工会或者职工的意见后，裁减人员方案经向劳动行政部门报告，可以裁减人员。《关于贯彻执行〈中华人民共和国劳动法〉若干问题的意见》第25条规定：“依据劳动法第二十七条和劳动部《企业经济性裁减人员规定》（劳部发〔1994〕447号）第四条的规定，用人单位确需裁减人员，应按下列程序进行：（1）提前三十日向工会或全体职工说明情况，并提供有关生产经营状况的资料；（2）提出裁减人员方案，内容包括：被裁减人员名单、裁减时间及实施步骤，符合法律、法规规定和集体合同约定的被裁减人员的经济补偿办法；（3）将裁减人员方案征求工会或者全体职工的意见，并对方案进行修改和完善；（4）向当地劳动行政部门报告裁减人员方案以及工会或者全体职工的意见，并听取劳动行政部门的意见；（5）由用人单位正式公布裁减人员方案，与被裁减人员办理解除劳动合同手续，按照有关规定向被裁减人员本人支付经济补偿金，并出具裁减人员证明书。”上述法规文件对经济性裁员作了程序性的规定。

上述条款当中的向劳动行政部门“报告”，笔者理解为“备案”制，即劳动行政部门无须对用人单位的裁员方案作出批准。虽然用人单位裁员是非批准制，但该条款也表达了劳动行政部门对裁员报告有审查权，实务当中，用人单位裁员如果得不到劳动行政部门的同意或配合，裁员也往往困难重重。在司法实践当中，用人单位如果未按上述法定程序进行裁员，往往会造成违法解除或不能达到经济性裁员的目的。

用工风险场景：用人单位裁员未经合规流程，可能导致违法解除①

2000年，储某在企业改制后被安排至安某油脂公司工作，并签订书面劳动合同。2007年7月16日，安某油脂公司经公司股东会讨论决定，制订《关于深化企业内部改革的实施方案》，决定与公司内除5名距法定退休年龄不足5年、2名距法定退休年龄不足7年的职工外的29名职工解除劳动关系。2007年11月4日，安某油脂公司向原告储某邮寄送达终止劳动关系的通知。储某不服，诉请撤销终止劳动关系通知。

法院认为：根据法律规定，劳动合同订立时所依据的客观情况发生重大变化，致使原劳动合同无法履行，经当事人协商不能就变更劳动合同达成协议的，用人单位可以解除合同，但应当征求本单位工会的意见，并提前30日以书面形式通知劳动者本人。用人单位因生产经营发生严重困难或者严重资不抵债，经采取补救措施仍需裁减人员的，应当提前30日向工会或者全体职工说明情况，听取工会或者职工的意见，经向劳动保障行政部门报告后，可以裁减人员。本案中，安某油脂公司因公司深化企业内部改革，与包括储某在内的29名职工终止劳动关系，在裁减人员前，既未采取补救措施，也未与储某就变更劳动合同进行协商，同时在裁减人员过程中，亦没有提前30日向工会或者全体职工说明情况，听取工会或者职工的意见，安某油脂公司的裁员行为不符合法律规定的程序和条件，故应当依法认定无效，储某要求撤销安某油脂公司对其作出的终止劳动关系决定即《终止劳动关系证明》的诉讼请求，依法应当予以支持。

（三）不适用经济性裁员的情形

依据《劳动合同法》第42条的规定：“劳动者有下列情形之一的，用人单位不

① （2015）苏审二民申字第00298号。

得依照本法第四十条、第四十一条的规定解除劳动合同：（一）从事接触职业病危害作业的劳动者未进行离岗前职业健康检查，或者疑似职业病病人在诊断或者医学观察期间的；（二）在本单位患职业病或者因工负伤并被确认丧失或者部分丧失劳动能力的；（三）患病或者非因工负伤，在规定的医疗期内的；（四）女职工在孕期、产期、哺乳期的；（五）在本单位连续工作满十五年，且距法定退休年龄不足五年的；（六）法律、行政法规规定的其他情形。”

用工风险场景：用人单位裁员人选不当，将被认定为违法解除劳动合同①

郭某于2018年3月13日入职易某信息公司，工作岗位为培训经理，双方签订的劳动合同期限为2018年3月13日至2021年3月12日。2018年9月10日易某公司召开的董事会决议进行经济性裁员，由原来的85人调整至48人，2018年11月5日郭某告知公司其已经怀孕，2018年11月12日公司解除与郭某的劳动合同，郭某提起支付生育医疗费以及经济补偿金等请求。

法院认为：认定原告在解除劳动合同时被告处于孕期，原告2018年11月12日解除与被告的劳动合同系违法解除劳动关系，应当支付生育医疗费及解除劳动合同经济补偿金。

（四）裁员的法律后果

1. 支付经济补偿金

《劳动合同法》第46条规定：“有下列情形之一的，用人单位应当向劳动者支付经济补偿：……（四）用人单位依照本法第四十一条第一款规定解除劳动合同的……”因此，用人单位依据经济性裁员单方解除劳动合同的，应当向劳动者支付经济补偿金。

2. 裁减人员时应当优先留用的人员

依据《劳动合同法》第41条第2款、第3款的规定：“裁减人员时，应当优先留用下列人员：（一）与本单位订立较长期限的固定期限劳动合同的；（二）与本单位订立无固定期限劳动合同的；（三）家庭无其他就业人员，有需要扶养的老人或者未成年人的。用人单位依照本条第一款规定裁减人员，在六个月内重新招用人员的，应当通知被裁减的人员，并在同等条件下优先招用被裁减的人员。”

---

① （2019）粤03民终18834号。

第十六章　劳动合同的终止

劳动合同终止是指劳动合同到期或符合法律规定条件的情况下，用人单位和劳动者劳动关系的终结。

思维导图

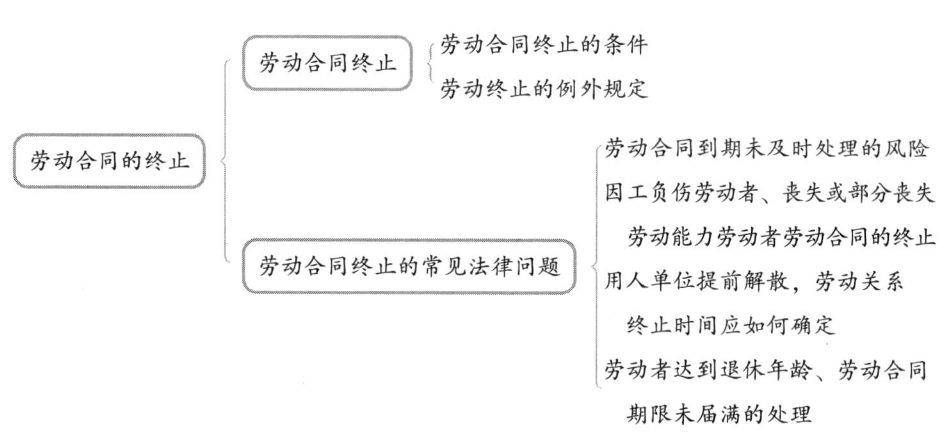

一、劳动合同终止

（一）劳动合同终止的条件

《劳动合同法》第44条规定："有下列情形之一的，劳动合同终止：（一）劳动合同期满的；（二）劳动者开始依法享受基本养老保险待遇的；（三）劳动者死亡，或者被人民法院宣告死亡或者宣告失踪的；（四）用人单位被依法宣告破产的；（五）用人单位被吊销营业执照、责令关闭、撤销或者用人单位决定提前解散的；（六）法律、行政法规规定的其他情形。"

劳动合同终止的法律后果是导致劳动者与用人单位之间的法律关系归于消灭，那么劳动合同终止之后，用人单位是否需要就合同的终止支付经济补偿金？依据

《劳动合同法》第46条的规定，如果出现上述第1项（劳动合同期满后用人单位不再续约的）、第4项、第5项情形的，用人单位应当支付经济补偿金。

（二）劳动终止的例外规定

《劳动合同法》第45条规定："劳动合同期满，有本法第四十二条规定情形之一的，劳动合同应当续延至相应的情形消失时终止。但是，本法第四十二条第二项规定丧失或者部分丧失劳动能力劳动者的劳动合同的终止，按照国家有关工伤保险的规定执行。"《劳动合同法》第42条规定为："劳动者有下列情形之一的，用人单位不得依照本法第四十条、第四十一条的规定解除劳动合同：（一）从事接触职业病危害作业的劳动者未进行离岗前职业健康检查，或者疑似职业病病人在诊断或者医学观察期间的；（二）在本单位患职业病或者因工负伤并被确认丧失或者部分丧失劳动能力的；（三）患病或者非因工负伤，在规定的医疗期内的；（四）女职工在孕期、产期、哺乳期的；（五）在本单位连续工作满十五年，且距法定退休年龄不足五年的；（六）法律、行政法规规定的其他情形。"在上述情况下，劳动合同不因到期而终止。

二、劳动合同终止的常见法律问题

（一）劳动合同到期未及时处理的风险

依据《劳动合同法》第44条第1项规定，劳动合同期满的，劳动合同终止。但劳动者与用人单位之间的劳动合同期满，劳动关系不是自然的终止，用人单位应做好劳动合同到期的管理工作。

如果劳动合同到期，用人单位未与劳动者续订劳动合同，而劳动者继续在用人单位工作，超过一个月的，用人单位有可能面临支付未签劳动合同双倍工资赔偿的风险。

用工风险场景：劳动合同到期未处理，用人单位承担未签劳动合同的责任[①]

陈某于2017年入职和某宜养公司，双方签订了自2017年3月9日至2020年3月8日的劳动合同，约定岗位为营养讲师，月工资7000元，合同到期后未续签。陈某入职当日签订了《入职承诺书》，内容包括"我已认真阅读了《和某宜养员工

---

① （2021）京03民终18938号。

手册》”。和某宜养公司《员工手册》中约定“13.14.3 合同期满，除员工提出变更合同条款外，劳动合同到期自动续延。属于第一次续延的，合同期限与原合同相同，其他约定同原合同；属于第二次续延的，合同期限为无固定期限，其他约定同原合同。13.14.4 双方均未明确续签意向的，员工继续工作公司不持异议的，依据上述约定处理”。陈某工作至2021年3月30日离职。陈某于2021年3月29日向怀柔仲裁委提出仲裁申请，要求支付工资差额、销售提成及未签劳动合同二倍工资差额。

法院认为：本案争议焦点为，和某宜养公司应否支付陈某未签订劳动合同双倍工资差额。和某宜养公司提交的员工手册中虽然载明“合同期满，除员工提出变更合同条款外，劳动合同到期自动续延。属于第一次续延的，合同期限与原合同相同，其他约定同原合同”，但本院认为，首先，该员工手册记载的发布及修改时间均早于和某宜养公司成立时间，因无其他证据佐证，故对其真实性本院不予采信；其次，陈某虽然在入职承诺书上签字，但其中关于“我已经认真阅读员工手册”的承诺显然系和某宜养公司预先打印的格式条款，且和某宜养公司亦自认向陈某出示员工手册后又收回了，故现有证据并不足以证明陈某已经收到员工手册，即使陈某收到了员工手册，因和某宜养公司提交的员工手册真实性存疑，现有证据亦不足以证明和某宜养公司提交的员工手册与陈某阅读的员工手册内容一致；最后，在员工手册并未交付劳动者的情况下，以其中关于劳动合同自动延续的规定替代用人单位签署劳动合同的义务并不合理。综上，和某宜养公司提交的员工手册不足以证明双方约定劳动合同到期后自动续签，和某宜养公司未与陈某签订书面劳动合同应支付陈某未签订劳动合同双倍工资差额。

[实务建议]

实务当中，劳动合同期满，应当分情形去处理。

情形一：用人单位无续约意向的，用人单位应当履行通知的前置程序，即应当在期满前30天向劳动者发出通知，用人单位方面不再续约的，应当向劳动者发出《劳动合同到期终止通知书》，双方合同到期终止，用人单位依法向劳动者支付经济补偿金。

情形二：用人单位有续约意向的，应当向劳动者发出《劳动合同到期通知书》，在通知当中征询劳动者的意见，了解劳动者是否愿意续约，并应当要求劳动者以书面形式向用人单位反馈。劳动者愿意续约的，双方劳动合同续期或签订新的劳动合同；劳动者不愿意续约的，双方劳动合同终止，此时用人单位无须向劳动者支付经济补偿金。

本书第二十三章和第二十四章为读者提供了《劳动合同到期通知书》《劳动合同到期终止通知书》的参考文本。

[实务建议]

在实务当中，笔者经常会遇到劳动合同到期未续签的现象，造成这一现象的原因有很多，有的是人事工作的疏忽，有的是需要等相关领导回来审批，或者是管理者对于劳动合同到期处理的认识不足。为了避免因劳动合同到期未及时处理的情况产生合规风险，笔者建议在双方签署的劳动合同当中，约定劳动合同到期后的自动顺延条款。

(二) 因工负伤劳动者、丧失或部分丧失劳动能力劳动者劳动合同的终止

本书第十四章工伤员工管理部分对因工负伤劳动者丧失或部分丧失劳动能力劳动者劳动合同的终止作了说明，此处不再赘述。

(三) 用人单位提前解散，劳动关系终止时间如何确定

尽管《劳动合同法》第 44 条第 5 项规定，在用人单位提前解散的情形下，劳动合同终止。但劳动关系具体的终止时间，并未明确。那么在实务当中，用人单位提前解散时，劳动关系终止的时间应如何确定？

用工风险场景：用人单位提前解散时，劳动关系终止时间的确定①

陈某于 2012 年 7 月进入天某通公司工作，双方于当年 8 月 30 日签订了为期 3 年的固定期限劳动合同，合同期限自 2012 年 8 月起至 2015 年 8 月，劳动报酬为月薪资总和税后 1 万元。2013 年 2 月 28 日，天某通公司形成股东会议决议一份，载明各股东一致同意，鉴于公司经营不善，按照法律程序清算，解散公司。公司解散决议作出后，陈某协助清算组工作。陈某于 2013 年 5 月 28 日向清算组领取了材料 4 份，分别为天某通公司清算组通知、债权申报材料、终止（解除）劳动合同通知书、终止（解除）劳动合同证明书。陈某随后向清算组申报债权。

后陈某起诉请求称，从 2013 年 5 月起，因公司账户遭长兴法院非法冻结，导致工资不能正常发放，累计至今的结欠工资共计 23 万元。经其多次催要，公司仍无故拖欠至今。特向法院提起诉讼，请求判令：天某通公司支付拖欠的 2013 年 5 月至 2015 年 3 月的工资 23 万元，以及拖欠工资的经济赔偿金 57500 元。

---

① （2016）最高法民申 800 号。

天某通公司辩称：1. 天某通公司于2013年2月28日经股东会决议解散，依据《劳动合同法》的规定，双方的劳动合同关系已于当日法定终止。2. 天某通公司已据实支付了2013年3月至4月的劳务费用，之后，陈某未向公司提供过劳务，双方也无任何劳务合同关系。双方劳动关系依法律规定终止，不存在违法解除劳动关系，因此诉请支付经济赔偿金无法律依据。3. 陈某的诉讼请求已向清算组申报债权，本案不属于劳动争议纠纷，应属于债权确认之诉。该案经湖州中院、浙江高院、最高法再审三级审理。

法院认为：由于《劳动合同法》并未明确规定在用人单位决定提前解散的情形下劳动合同终止的具体时点，最高人民法院经审查认为，劳动关系的终止时点之确定，在用人单位决定自行解散的情形下，结合清算实务中的实践操作，应当以用人单位与劳动者办理终止劳动合同手续之日为终止时点为宜，二审法院关于陈某与天某通公司之间的劳动合同关系终止时点的认定正确。陈某于2013年5月28日签收了终止（解除）劳动合同通知书、终止（解除）劳动合同证明书等材料，并于2013年6月26日向公司申报了债权，明确已经收到解聘通知，因此本案讼争劳动合同应自天某通公司向陈某送达终止劳动合同通知书之日即2013年5月28日起终止，二审法院认定正确，陈某再审申请认为其从未与公司办理过解除劳动关系合同手续，该劳动关系始终未解除的主张，本院依法不予采信。

[实务建议]

从上述最高人民法院裁判要旨当中我们可以看出，对于用人单位决定提前解散公司的情形，应当以用人单位与劳动者办理终止劳动合同手续之日为劳动合同的终止日期为宜。因此，即使用人单位发生提前解散的情况，也不要因无暇顾及而搁置对劳动者劳动关系的处理，而应及时向劳动者发送《终止（解除）劳动合同通知书》，并向劳动者办理退工手续。

（四）劳动者达到退休年龄，劳动合同期限未届满的处理

依据《劳动合同法》第44条第2项的规定，劳动者开始依法享受基本养老保险待遇的，劳动合同终止。《劳动合同法实施条例》第21条规定："劳动者达到法定退休年龄的，劳动合同终止。"也就是说，劳动者只要达到法定退休年龄的，无论是否享受了基本养老保险待遇，无论劳动合同的期限是否届满，劳动合同都应当依法终止。

第十七章　离职流程

劳动者离职是指用人单位与劳动者法律上劳动关系权利义务的终止，是人力资源管理工作的一个闭环。做好离职流程的合规工作能够帮助用人单位做好劳动关系终止的善后工作如劳动者个人工作的交接，掌握财、物的交割，启动竞业限制协议、签订保密协议等。本章为读者梳理了离职审查的具体流程和实操细节以及离职结算的相关要点，帮助用人单位做好劳动者离职流程的合规工作。

思维导图

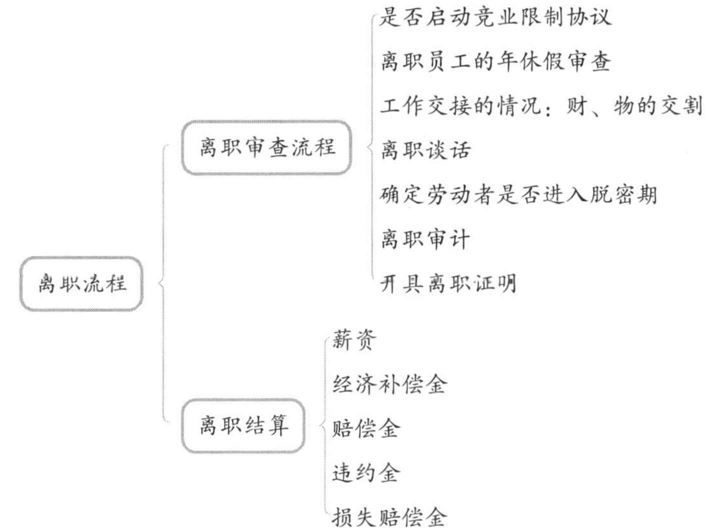

一、离职审查流程

确定用人单位与劳动者劳动关系的终止方式后，在劳动者离职时应注意离职审查事项。

（一）是否启动竞业限制协议

依据《劳动合同法》第24条的规定："竞业限制的人员限于用人单位的高级管理人员、高级技术人员和其他负有保密义务的人员……"实务当中笔者建议对于高级管理人员、高级技术人员以及负有保密义务的劳动者，在入职之初就应当与其签订开放式条款的竞业限制协议，这样一来当劳动者离职时，对于高级管理人员、高级技术人员可以启动竞业限制协议，对于其他负有保密义务的人员，经过评估应当采取竞业限制的，也可以启动竞业限制协议。

对于启动竞业限制协议的时间点问题，法律上并没有明确的规定，但笔者认为，从公平合理的角度来讲，用人单位应当在劳动者离职前，向劳动者告知启动竞业限制协议的细节，包括竞业期限、补偿金额等。

（二）离职员工的年休假审查

在员工离职后，为了防止因未休年假发生劳动争议，应当在离职时审查其年休假是否休完，对于离职时尚未休完的年休假天数，用人单位可以与劳动者协商在离职前休完。

用工风险场景：劳动者离职时存在应休未休年休假，用人单位应支付年休假工资①

2019年10月1日，徐某与欣某格力公司签订无固定期限劳动合同，任业务经理一职，约定月工资标准为基本工资2534元加绩效工资等，加班费计算基数为基本工资，每月16日发放上月工资。2021年3月1日，公司以徐某严重违反公司规章制度为由，向其出具《解除劳动合同通知书》，并征求了工会意见。徐某不服，提起仲裁诉讼，要求公司支付违法解除劳动者补偿金及未休年假工资等。

法院认为：关于徐某2019年10月1日至2021年3月26日未休年休假工资的问题。上述期间，徐某每年应享年休假10天。经折算，徐某2019年10月1日至12月31日应休未休年休假2天，欣某格力公司对此予以认可，本院予以确认；针对2020年期间年休假，因徐某请病假累计超过3个月，故不应享受该年度年休假，徐某亦对此予以认可，故对该年期间未休年休假工资的请求本院不予支持；徐某2021年1月1日至3月1日未提供劳动、请休病假，无折算的应休未休年休假。综

---

① （2021）京0115民初22807号。

上，徐某在2019年10月1日至12月31日累计应休未休年休假的天数为2天，欣某格力公司应支付徐某上述期间2天年休假工资；本院以徐某提交的银行转账记录核算该年度月平均工资，未休年休假工资具体金额以本院核算为准。

（三）工作交接的情况：财、物的交割

在员工离职前，还应当审查钱财物的交割，人事部门应当通知财务部门审查是否有领取的备用金未归还，或劳动者垫付的差旅费尚未报销。此外，对于劳动者工作期间领用的物品，包括工作电子设备（笔记本电脑、平板、相机、手机等）、工服、门禁等，人事部门应当与行政部门一起核查，与劳动者做好交割。

（四）离职谈话

对即将离职的尤其是处于用人单位比较重要职位的劳动者，笔者在多年的实务当中一直比较推崇与其进行离职谈话。虽然，由于前述人员掌握用人单位较多经营、技术秘密，通常用人单位也会与其签署竞业限制协议、保密协议，但笔者认为，劳动者对这些协议的重要性认识不够。如果由律师、法务等专门从事法律工作的人与这些劳动者面对面地进行离职谈话，对于竞业限制的义务、期限、保密事项以及禁止性行为与劳动者做一个正式的沟通，会引起劳动者的重视，使其内心长久地感受到协议的约束作用。

在进行离职谈话时，在征得对方同意的情况下，要对谈话内容进行录音，谈话结束后，将录音备份，谈话人自留一份，用人单位保留一份。

（五）确定劳动者是否进入脱密期

脱密期是指用人单位可以约定掌握商业秘密的劳动者在离职之前，确保劳动者不再接触新的商业秘密的特定时间（不超过6个月）。在这个特定时间内，用人单位可以把劳动者调至不需要保密的部门工作，这个特定时间也被称为提前通知期，该期限届满后双方的劳动关系解除或终止。

1996年原劳动部颁发的《关于企业职工流动若干问题的通知》第2条规定："用人单位与掌握商业秘密的职工在劳动合同中约定保守商业秘密有关事项时，可以约定在劳动合同终止前或该职工提出解除劳动合同后的一定时间内（不超过六个月），调整其工作岗位，变更劳动合同中相关内容；用人单位也可规定掌握商业秘密的职工在终止或解除劳动合同后的一定期限内（不超过三年），不得到生产同类

产品或经营同类业务且有竞争关系的其他用人单位任职，也不得自己生产与原单位有竞争关系的同类产品或经营同类业务，但用人单位应当给予该职工一定数额的经济补偿。”

该通知规定的脱密期的提前通知期与《劳动合同法》的立法精神以及有关规定有冲突之处，《劳动合同法》规定的劳动合同解除、终止的提前通知期为 30 天，试用期是提前 3 天。同时，该通知当中对于竞业限制（不超过 3 年）的规定也与《劳动合同法》当中对竞业限制（不超过两年）的规定有冲突。在竞业限制方面，《劳动合同法》作为上位法，在与部门规章的《关于企业职工流动若干问题的通知》发生冲突时，应当优先适用。

但我们也应当注意到，各地都有自己的地方性规定，对于脱密期超出《劳动合同法》规定的提前通知期的效力认定并不统一，我们应当关注各地的地方法规。

《北京市劳动合同规定》（2021 年 12 月 30 日北京市人民政府令 302 号）第 18 条规定：“用人单位在与按照岗位要求需要保守用人单位商业秘密的劳动者订立劳动合同时，可以协商约定解除劳动合同的提前通知期。提前通知期最长不得超过 6 个月，在此期间，用人单位可以采取相应的脱密措施。”

《上海市劳动合同条例》（市人民代表大常务委员会公告第 58 号）第 15 条规定：“劳动合同当事人可以在劳动合同中约定保密条款或者单独签订保密协议。商业秘密进入公知状态后，保密条款、保密协议约定的内容自行失效。对负有保守用人单位商业秘密义务的劳动者，劳动合同当事人可以就劳动者要求解除劳动合同的提前通知期在劳动合同或者保密协议中作出约定，但提前通知期不得超过六个月。在此期间，用人单位可以采取相应的脱密措施。”

第 16 条规定：“对负有保守用人单位商业秘密义务的劳动者，劳动合同当事人可以在劳动合同或者保密协议中约定竞业限制条款，并约定在终止或者解除劳动合同后，给予劳动者经济补偿。竞业限制的范围仅限于劳动者在离开用人单位一定期限内不得自营或者为他人经营与原用人单位有竞争的业务。竞业限制的期限由劳动合同当事人约定，最长不超过三年，但法律、行政法规另有规定的除外。劳动合同双方当事人约定竞业限制的，不得再约定解除劳动合同的提前通知期。竞业限制的约定不得违反法律、法规的规定。”

《江苏省劳动合同条例》（江苏省第十一届人民代表大会常务委员会公告第 124 号）第 27 条规定：“用人单位与劳动者可以在劳动合同中约定保守用人单位的商业秘密和与知识产权相关的保密事项。对负有保密义务的劳动者，用人单位可以与其在劳动合同或者保密协议中，就劳动者要求解除劳动合同的提前通知期以及提前通知期内的岗位调整、劳动报酬作出约定。提前通知期不得超过六个月。”

值得注意的是，上海地区依据劳动合同条例规定，竞业限制与脱密期不能同时约定，只能择其一。还有些地区在裁判实践当中对于脱密期的认定仍然倾向于不能逾越《劳动合同法》提前30天的通知期精神，对于超出30天的期限，未予以支持。因此，在实务当中，对脱密期有所要求的企业，作为人事专员、法务、律师应当参照各地法规、裁判口径，并结合《劳动合同法》有关规定，在双方签订劳动合同时进行约定。对于涉及国家秘密的特殊机构、单位的保密以及脱密，还应当参照国家保密法有关规定执行。

（六）离职审计

离职审计，也叫任期经济责任审计。离职审计的对象，通常是企业当中重要的、对企业负有经营责任的高级管理人员。例如，集团公司对下属公司负责人因调任、离职、退休等原因要离开现有工作岗位的，或者企业由董事会任命的总经理离任，都可以启动离职审计。离职审计应当向离职人发送审计配合的通知，并聘请第三方审计机构对其在职期间的经营活动进行审计。需要注意的是，在普通民营企业当中，进行离职审计建议有公司规章制度作为依据，或在劳动合同当中有所约定。

（七）开具离职证明

《劳动合同法》第50条第1款规定：“用人单位应当在解除或者终止劳动合同时出具解除或者终止劳动合同的证明，并在十五日内为劳动者办理档案和社会保险关系转移手续。”因此，向已经离职的劳动者开具离职证明，是用人单位的法定义务。

用工风险场景：用人单位未及时开具离职证明，将承担损失赔偿责任[①]

韩某于2017年7月6日入职深圳华某光电，2018年7月3日，韩某以拖欠工资为由提出被迫解除劳动合同。后韩某申请了劳动仲裁、诉讼，提出被上诉人支付经济补偿金、竞业限制补偿金、赔偿未开具离职证明的损失等请求。

法院认为：关于开具离职证明以及未开具离职证明的损失赔偿问题，根据《劳动合同法》第50条的规定，用人单位有义务向劳动者开具离职证明。根据《深圳

---

① （2020）粤03民终4413号。

经济特区失业保险若干规定》第10条的规定，用人单位未向劳动者及时出具终止或者解除劳动关系的书面证明，导致劳动者未享受失业保险待遇，劳动者的失业保险待遇应由用人单位承担。根据《社会保险法》第46条的规定，失业人员缴纳失业保险满10年的，可以领取不超过24个月的失业保险金。本案上诉人韩某非本人意愿离职，符合领取失业保险金的要求。被上诉人没有正当理由，不向上诉人出具离职证明，导致上诉人不能合法领取失业保险金，应当就此向上诉人承担法定的赔偿责任。2017年深圳市最低工资标准为2130元/月，2018年8月1日开始调整为2200元/月，深圳市失业保险金领取标准在2018年5月1日后调整为最低工资标准的90%，根据上述数据，被上诉人应当向上诉人支付失业保险金47457元［（2130元/月×1个月+2200元/月×23个月）×90%］。关于上诉人韩某因被上诉人没有向其出具离职证明而导致不能入职其他公司的经济损失问题，本院认为，上诉人提交了入职邀请函等证据证明其因没有离职证明而不能入职其他公司的事实，且该事实亦符合一般社会常理。本院对上诉人的相关上诉理由予以采信。但上诉人作为高收入专业人群，不能排除其以其他方式获得工作机会的可能性。综合以上情形，本院酌定被上诉人向其支付3个月工资54000元作为未出具离职证明的损失（以上诉人离职前12个月平均工资为标准，18000元/月×3个月）。

从上述案例可以看出，裁判实务当中，对于因为未开具离职证明而导致劳动者遭受经济损失，劳动者对于造成的损失有举证义务，如果劳动者有相应的证据可以证明该损失的，会得到合理的支持。

那么用人单位在离职证明当中，可以载明不利于劳动者的离职原因吗？例如，在离职证明当中注明“严重违反公司规章制度被开除”等信息，该问题在司法实务中争议较大。

第一种观点认为：从离职证明的功能属性上讲，离职证明是为了劳动者领取社会保险失业金或者方便再就业。如果在离职证明当中载明如“被公司开除”等信息，会对劳动者再就业造成负面影响。《劳动合同法实施条例》第24条规定：“用人单位出具的解除、终止劳动合同的证明，应当写明劳动合同期限、解除或者终止劳动合同的日期、工作岗位、在本单位的工作年限。”从上述条文可知，用人单位出具解除或终止劳动合同证明，仅限于写明劳动合同期限、解除或终止劳动关系日期、工作岗位、在本单位的工作年限，并未包括解除劳动关系的原因或涉及劳动者能力、品行等情况的描述。因此，在离职证明当中不应当记载“严重违反公司制度”“开除”等信息。

第二种观点认为:《劳动合同法实施条例》第 24 条虽然明确规定了用人单位出具解除、终止劳动合同证明应当具备的内容，但并未禁止将解除劳动合同的原因记载在解除劳动合同证明书上。只要载明理由符合事实，就不违反法律规定。

上述两种观点即使在省内同级别法院当中也有相反的判例，因此还需要从事人力资源合规管理的人事、法务、律师依据实际情况酌情处理。

二、离职结算

用人单位在劳动者离职时，应就劳动报酬、补偿金、赔偿金等与劳动者进行结算，避免离职后产生纠纷。

（一）薪资

离职的薪资结算，是指劳动者截至离职日期的工资、奖金、津贴、加班费、年假工资等的结算。对于年终奖的结算，如果关于年终奖没有特殊约定的（如领取时间、领取条件的限制等），在司法实践当中有认定按离职前的月份均摊结算的情形。

（二）经济补偿金

经济补偿金，是指在劳动者无过失的情况下，劳动合同解除或终止时，用人单位以货币形式依法一次性支付给劳动者的经济上的补助。

1. 支付经济补偿金的情形

（1）劳动者提出解除劳动合同用人单位需要支付经济补偿金的情形

依据《劳动合同法》第 26 条、第 38 条、第 46 条的有关规定，下列情形劳动者解除劳动合同的，用人单位应当支付经济补偿金。

①用人单位以欺诈、胁迫手段或者乘人之危，使劳动者在违背真实意思的情况下订立或者变更劳动合同，致使劳动合同无效的。

②用人单位免除自己的法定责任、排除劳动者权利的。

③用人单位订立劳动合同违反法律、行政法规强制性规定，致使劳动合同无效的。

④用人单位未按照劳动合同约定提供劳动保护的。

⑤用人单位未按照劳动合同约定提供劳动条件的。

⑥用人单位未及时足额支付劳动报酬的。

⑦用人单位未依法为劳动者缴纳社会保险费的。

⑧用人单位的规章制度违反法律、法规的规定，损害劳动者权益，劳动者解除

劳动合同的。

⑨用人单位以暴力、威胁或者非法限制人身自由的手段强迫劳动者劳动的，或者用人单位违章指挥、强令冒险作业危及劳动者人身安全的。

（2）用人单位提出解除或终止劳动合同时需要支付经济补偿金的情形

依据《劳动合同法》第 46 条、第 36 条、第 40 条、第 41 条、第 44 条及《劳动合同法实施条例》第 22 条等有关规定，下列情形用人单位解除或终止劳动合同时，应当支付经济补偿金。

①用人单位向劳动者提出解除劳动合同，并与劳动者协商一致解除劳动合同的。

②劳动者患病或者非因工负伤，在规定的医疗期满后不能从事原工作，也不能从事由用人单位另行安排的工作，用人单位提前三十日以书面形式通知劳动者本人后解除劳动合同的。

③劳动者不能胜任工作，经过培训或者调整工作岗位，仍不能胜任工作，用人单位提前三十日以书面形式通知劳动者本人后解除劳动合同的。

④劳动合同订立时所依据的客观情况发生重大变化，致使劳动合同无法履行，经用人单位与劳动者协商，未能就变更劳动合同内容达成协议，用人单位提前三十日以书面形式通知劳动者本人后解除劳动合同的。

⑤用人单位依照企业破产法规定进行重整，依法定程序裁减人员的。

⑥用人单位生产经营发生严重困难，依法定程序裁减人员的。

⑦企业转产、重大技术革新或者经营方式调整，经变更劳动合同后，仍需裁减人员，用人单位依法定程序裁减人员的。

⑧其他因劳动合同订立时所依据的客观经济情况发生重大变化，致使劳动合同无法履行，用人单位依法定程序裁减人员的。

⑨劳动合同期满，用人单位终止固定期限劳动合同的。

⑩因用人单位被依法宣告破产终止劳动合同的。

⑪用人单位被吊销营业执照、责令关闭、撤销或者用人单位决定提前解散的终止劳动合同的。

⑫以完成一定工作任务为期限的劳动合同，工作任务完成而终止劳动合同的。

2. 经济补偿金的计算

（1）计算年限（N）

①《劳动合同法》第 47 条第 1 款规定："经济补偿按劳动者在本单位工作的年

限，每满一年支付一个月工资的标准向劳动者支付。六个月以上不满一年的，按一年计算；不满六个月的，向劳动者支付半个月工资的经济补偿。”

②《劳动合同法》第47条第2款规定：“劳动者月工资高于用人单位所在直辖市、设区的市级人民政府公布的本地区上年度职工月平均工资三倍的，向其支付经济补偿的标准按职工月平均工资三倍的数额支付，向其支付经济补偿的年限最高不超过十二年。”

（2）计算基数

①《劳动合同法》第47条第3款规定：“本条所称月工资是指劳动者在劳动合同解除或者终止前十二个月的平均工资。”

②《劳动合同法实施条例》第27条规定：“劳动合同法第四十七条规定的经济补偿的月工资按照劳动者应得工资计算，包括计时工资或者计件工资以及奖金、津贴和补贴等货币性收入。劳动者在劳动合同解除或者终止前12个月的平均工资低于当地最低工资标准的，按照当地最低工资标准计算。劳动者工作不满12个月的，按照实际工作的月数计算平均工资。”

经济补偿金的计算基数为劳动者劳动关系终止前12个月的平均工资，平均工资应当按劳动者的应得工资计算，这里的应得工资在裁判实务当中是指未扣除社会保险、住房公积金、个人所得税等的应发工资的总额。

示例：小王在A公司工作3年零7个月，月薪税前6000元（月工资未超过本地区上年度平均工资的三倍）、每月交通补助300元、餐补300元，劳动合同到期，用人单位不再续聘。小王劳动合同终止时，用人单位应当向小王支付的补偿金为4个月平均工资。补偿金=（6000+300+300）×4=26400元。

（3）经济补偿金的封顶计算

《劳动合同法》第47条第2款规定：“劳动者月工资高于用人单位所在直辖市、设区的市级人民政府公布的本地区上年度职工月平均工资三倍的，向其支付经济补偿的标准按职工月平均工资三倍的数额支付，向其支付经济补偿的年限最高不超过十二年。”

（4）经济补偿金计算基数应否包含加班工资

《劳动合同法实施条例》第27条规定：“劳动合同法第四十七条规定的经济补偿的月工资按照劳动者应得工资计算，包括计时工资或者计件工资以及奖金、津贴和补贴等货币性收入……”确定了经济补偿金计算基数的标准，对于计算经济补偿金时是否应计算加班工资，实务中有不同观点。

①经济补偿金计算基数应包含加班费

因为《劳动合同法实施条例》第27条明确规定了经济补偿的月工资包括“等货币性收入”，加班费是货币收入，也是劳动报酬。以北京、广东、浙江、江苏为例，具体如下：

第一，北京市的裁判口径。2017年北京市高级人民法院出台了《北京市高级人民法院、北京市劳动人事争议仲裁委员会关于审理劳动争议案件法律适用问题的解答》，其中第21条第4项规定：“（4）在计算劳动者解除劳动合同前十二个月平均工资时，应当包括计时工资或者计件工资以及奖金、津贴和补贴等货币性收入。其中包括正常工作时间的工资，还包括劳动者延长工作时间的加班费……”

第二，广东省的裁判口径。广东省高级人民法院在张某诉广东某公司的再审审查与审判监督案件[①]中认为：“《劳动合同法实施条例》第27条规定：‘劳动合同法第四十七条规定的经济补偿的月工资按照劳动者应得工资计算，包括计时工资或者计件工资以及奖金、津贴和补贴等货币性收入……’根据张某的工资单及加班工资，可以认定张某离职前12个月（2016年4月至2017年3月）平均工资为7764.21元，二审法院以7764.21元为基数计算张某的经济补偿金，并判决广东某公司向张某支付经济补偿金26377.48元，并无不当。”此案例可以说明广东省高级人民法院的观点认为计算经济补偿金的基数，应当将加班费包括在内。

第三，浙江省的裁判口径。浙江省杭州市中级人民法院《关于审理劳动争议案件若干实务问题的处理意见（试行）》（2009年）第14条规定：“劳动者解除劳动合同前十二个月的平均工资水平应按照劳动者每月应发工资数额计算。个人应负担而由用人单位代扣代缴的个人所得税、社会保险费等不予扣除。加班工资等不固定的收入不予扣除”。

第四，江苏省的裁判口径。《江苏省劳动仲裁疑难问题研讨会纪要》（苏劳人仲〔2017〕1号）规定：“（十）经济补偿金的月工资是指劳动者在劳动合同解除或终止前十二个月的平均工资，是否包含加班工资、年终奖或季度奖？劳动者在解除或终止劳动合同前十二个月内的加班工资、年终奖、季度奖应当作为计算平均工资内容。但年终奖、季度奖应当分摊计算至相应的月份，分摊计算后，如果不在劳动合同解除或终止前十二个月内的，不宜作为计发数额。”

---

① （2018）粤民申2788、2789号。

②经济补偿金计算基数不应包含加班费

因为《劳动合同法实施条例》第27条明确列举了计时工资、计件工资、奖金、津贴和补贴等，却并没有明确列举“加班费”。以上海市、四川省为例，具体如下：

第一，上海市的裁判口径。上海高院《民事法律适用问答》（2013年第1期）规定：“五、关于劳动争议案件中确定经济补偿金计算基数时是否需要将加班工资包括在内的问题有的法院反映，一些用人单位加班已成为常态，劳动者的劳动报酬一般由最低工资和加班费组成，如在确定经济补偿金计算基数时不将加班费计算在内，则可能导致用人单位支付的经济补偿金过低的问题。我们认为，第一，经济补偿从性质上看系用人单位与劳动者解除或终止劳动关系后，为弥补劳动者损失或基于用人单位所承担的社会责任而给予劳动者的补偿，故经济补偿金应以劳动者的正常工作时间工资为计算基数。第二，加班工资系劳动者提供额外劳动所获得的报酬，不属于正常工作时间内的劳动报酬。第三，从原劳动部《关于贯彻〈中华人民共和国劳动法〉若干问题的意见》第55条和《劳动合同法实施条例》第27条规定来看，也应认为经济补偿金不包含加班费。综上，我们认为在计算经济补偿金计算基数时不应将加班工资包括在内。如有证据证明用人单位恶意将本应计入正常工作时间工资的项目计入加班工资，以达到减少正常工作时间工资和经济补偿金计算标准的，则应将该部分“加班工资”计入经济补偿金的计算基数。”前述观点亦体现在王某诉上海某公司的审判监督案件①中，法院认为：“解除劳动合同的经济补偿，系用人单位解除劳动关系后，为弥补劳动者损失或基于用人单位所承担的社会责任而给予劳动者的补偿，其应以劳动者的正常工作时间所获取的工资报酬为计算基数。由于加班工资系劳动者提供额外劳动所获得的报酬，不属于正常工作时间内的劳动报酬。因此，二审法院在确定王某的赔偿金数额时未将其加班工资一并作为基数计算，并无不妥。王某主张二审法院认定其赔偿金数额错误的意见，本院不予采纳。”

第二，四川省的裁判口径。《四川省高级人民法院民事审判第一庭关于印发〈关于审理劳动争议案件若干疑难问题的解答〉的通知》第29条规定：“《劳动合同法》中规定的经济补偿金及二倍工资计算基数按照劳动者正常工作状态下十二个月的应得工资计算，即未扣除社会保险费、税费等之前的当月工资总额，但不应包括：（一）加班工资；（二）非常规性奖金、津补贴、福利。”

综上，经济补偿金的计算基数是否包含加班费，不能一概而论，应以当地的具

---

① （2021）沪民申137号。

体政策规定为准。

鉴于全国各地对于经济补偿金的计算基数是否应包含加班费有不同的裁判口径，用人单位在计算经济补偿金时应当调查、了解当地的经济补偿金计算的裁判口径，以实现经济补偿金的正确计算。

(5) 经济补偿金 N+1 的情形

依据《劳动合同法》第 40 条的有关规定，劳动合同解除或终止时，用人单位未提前 30 天向劳动者发出解除或终止通知的，除应向劳动者支付解除或终止劳动合同经济补偿金外，还需额外支付劳动者一个月工资（代通知金），包含以下三种情形。

第一，劳动者患病或者非因工负伤，在规定的医疗期满后不能从事原工作，也不能从事由用人单位另行安排的工作，用人单位未提前 30 日以书面形式通知劳动者本人解除劳动合同的。

第二，劳动者不能胜任工作，经过培训或者调整工作岗位，仍不能胜任工作，用人单位未提前 30 日以书面形式通知劳动者本人解除劳动合同的。

第三，劳动合同订立时所依据的客观情况发生重大变化，致使劳动合同无法履行，经用人单位与劳动者协商，未能就变更劳动合同内容达成协议，用人单位未提前 30 日以书面形式通知劳动者本人解除劳动合同的。

(三) 赔偿金

经济赔偿金是指企业因违反法律规定与劳动者解除或终止劳动合同时而向其支付的一种带有惩罚性的赔偿。

1. 支付经济赔偿金的情形

《劳动合同法》第 48 条规定："用人单位违反本法规定解除或者终止劳动合同，劳动者要求继续履行劳动合同的，用人单位应当继续履行；劳动者不要求继续履行劳动合同或者劳动合同已经不能继续履行的，用人单位应当依照本法第八十七条规定支付赔偿金。"

2. 经济赔偿金的计算

《劳动合同法》第 87 条规定："用人单位违反本法规定解除或者终止劳动合同的，应当依照本法第四十七条规定的经济补偿标准的二倍向劳动者支付赔偿金。"

补偿金与赔偿金有何区别，是否可以同时请求，它们之间有何联系？详见表 4。

表 4　补偿金与赔偿金的区别和联系

项目	补偿金	赔偿金
概念	在劳动者无过失的情况下，劳动合同解除或终止时，用人单位支付给劳动者的经济上的补助	企业违反法律规定解除或终止劳动合同时的一种惩罚性的赔偿
法律依据	《劳动合同法》第 26 条、第 36 条、第 38 条、第 40 条、第 41 条、第 44 条、第 46 条及《劳动合同法实施条例》第 22 条	《劳动合同法》第 48 条、第 87 条
计算标准	经济补偿金 = 月平均工资 × 工作年限（N）	赔偿金 = 经济补偿金×2
能否同时主张	依据《劳动合同法实施条例》第 25 条的规定，二者只能择其一，不能同时主张	
两者之间的转化	在企业支付经济补偿金的情况下，如果企业对支付补偿金的情形自证不足（如以劳动者不能胜任工作为由解除的，对劳动者不能胜任工作举证不足），有可能转化为违法解除，需支付赔偿金（见案例）	

用工风险场景：补偿金转化为赔偿金①

2005 年 7 月，王某进入中某通讯工作，劳动合同约定王某从事销售工作，基本工资每月 3840 元。该公司的《员工绩效管理办法》规定：员工半年、年度绩效考核分别为 S、A、C1、C2 四个等级，分别代表优秀、良好、价值观不符、业绩待改进；S、A、C（C1、C2）等级的比例分别为 20%、70%、10%；不胜任工作原则上考核为 C2。王某原在该公司分销科从事销售工作，2009 年 1 月后因分销科解散等原因，转岗至华东区从事销售工作。2008 年下半年、2009 年上半年及 2010 年下半年，王某的考核结果均为 C2。中某通讯认为，王某不能胜任工作，经转岗后，仍不能胜任工作，故在支付了部分经济补偿金的情况下与其解除了劳动合同。2011 年 7 月 27 日，王某提起劳动仲裁、诉讼。

法院认为：为了保护劳动者的合法权益，构建和发展和谐稳定的劳动关系，《劳动法》《劳动合同法》对用人单位单方解除劳动合同的条件进行了明确限定。

① （2011）杭滨民初字第 885 号。

中某通讯以王某不能胜任工作，经转岗后仍不能胜任工作为由，解除劳动合同，对此应负举证责任。根据《员工绩效管理办法》的规定，“C（C1、C2）考核等级的比例为10%”，虽然王某曾经考核结果为C2，但是C2等级并不完全等同于“不能胜任工作”，中某通讯仅凭该限定考核等级比例的考核结果，不能证明劳动者不能胜任工作，不符合据此单方解除劳动合同的法定条件。虽然2009年1月王某从分销科转岗，但是转岗前后均从事销售工作，并存在分销科解散导致王某转岗这一根本原因，故不能证明王某系因不能胜任工作而转岗。因此，中某通讯主张王某不能胜任工作，经转岗后仍然不能胜任工作的依据不足，存在违法解除劳动合同的情形，应当依法向王某支付经济补偿标准二倍的赔偿金。

（四）违约金

《劳动合同法》第22条第1款、第2款规定：“用人单位为劳动者提供专项培训费用，对其进行专业技术培训的，可以与该劳动者订立协议，约定服务期。劳动者违反服务期约定的，应当按照约定向用人单位支付违约金。违约金的数额不得超过用人单位提供的培训费用。用人单位要求劳动者支付的违约金不得超过服务期尚未履行部分所应分摊的培训费用。”

《劳动合同法》第23条规定：“用人单位与劳动者可以在劳动合同中约定保守用人单位的商业秘密和与知识产权相关的保密事项。对负有保密义务的劳动者，用人单位可以在劳动合同或者保密协议中与劳动者约定竞业限制条款，并约定在解除或者终止劳动合同后，在竞业限制期限内按月给予劳动者经济补偿。劳动者违反竞业限制约定的，应当按照约定向用人单位支付违约金。”

同时，《劳动合同法》第25条作出说明，除第22条和第23条规定的情形外，用人单位不得与劳动者约定由劳动者承担违约金。因此，对于劳动者违约金的约定，只能建立在用人单位提供了专项培训服务，或者用人单位与劳动者签订了竞业限制条款的基础之上。除此之外，用人单位无其他的违约金的请求基础，即便是约定了违约金，因违反法律法规的强制性规定，也是无效的。

（五）损失赔偿金

《劳动合同法》第90条规定：“劳动者违反本法规定解除劳动合同，或者违反劳动合同中约定的保密义务或者竞业限制，给用人单位造成损失的，应当承担赔偿责任。”因此，劳动者在离职时或离职后承担损失赔偿的情形有以下两种。

第一，违法解除劳动合同。劳动者违反《劳动合同法》规定解除劳动合同，是指劳动者未按劳动法相关规定的法定程序解除劳动合同的行为。表现为劳动者没有按照《劳动合同法》第37条的规定，履行提前30天以书面形式通知的义务。主要表现为以不辞而别、故意失联等方式离开工作岗位。

第二，违反保密协议。劳动者违反保密协议约定的保密义务，泄露保密事项，给用人单位造成损失的，依据《反不正当竞争法》第20条的规定，劳动者应当予以赔偿。

[实务建议]

对于劳动者违法解除劳动合同，如未提前30天告知单位，或者不配合单位做工作交接，给用人单位造成损失的情况，在实务案例当中，鲜有支持用人单位相应赔偿主张的，主要原因还是双方对于解除劳动合同时劳动者应当承担的责任缺乏有效的约定。因此，笔者建议在双方签订的劳动合同当中，对于劳动者的离职程序、离职时间、交接事宜等应当作出较为细致的约定，并明确劳动者如违反该约定应当承担的责任。

第六篇

离职后管理

本篇导读

▶离职后人事管理的宏观目的

员工离职后的管理，主要集中在公司高级管理人员离职后的竞业限制义务以及保密义务的监督，劳动者造成公司损失的处理，以及劳动争议与仲裁风险的处理。人力资源管理部门应当定期跟访签订竞业限制协议的人员，以便及时了解竞业限制人员的工作情况，及时发现劳动者对公司造成损失的情况，并做好劳动仲裁风险的防范与应对工作。

▶离职后基本流程概述

①每月按时电访竞业限制人员，了解其工作情况、社保缴纳情况、是否收到竞业补偿费用，以及保密义务履行情况，并要求其填写《竞业限制月度汇报表》。

②发现竞业限制人员违反竞业限制协议或保密协议的处理。

③对劳动者造成用人单位损失进行认定和追偿。

④劳动争议处理与仲裁风险应对。

离职后管理表单工具清单

表单	作用
《竞业限制月度汇报表》	对负有竞业限制义务员工履行义务情况汇总的文件

具体表单文本见本书第二十五章。

第十八章　离职员工竞业限制、保密义务的监督

劳动者离职后并不意味着与用人单位权利义务的完全消灭，用人单位对于重要岗位的劳动者通常会通过《保密协议》《竞业限制协议书》的方式确定劳动者离职后的保密义务和竞业限制义务，避免因劳动者将商业秘密带到竞争对手公司或违反竞业限制义务加入竞争对手公司而给用人单位造成损失。然而，仅通过协议确定劳动者离职后的义务是不够的，还需要通过有效的监督措施了解劳动者离职后对保密、竞业义务的履行情况。本章针对离职后阶段用人单位对离职员工竞业限制、保密义务的监督做了详细说明，帮助用人单位做好劳动者离职后保密、竞业限制义务履行情况的监督工作。

思维导图

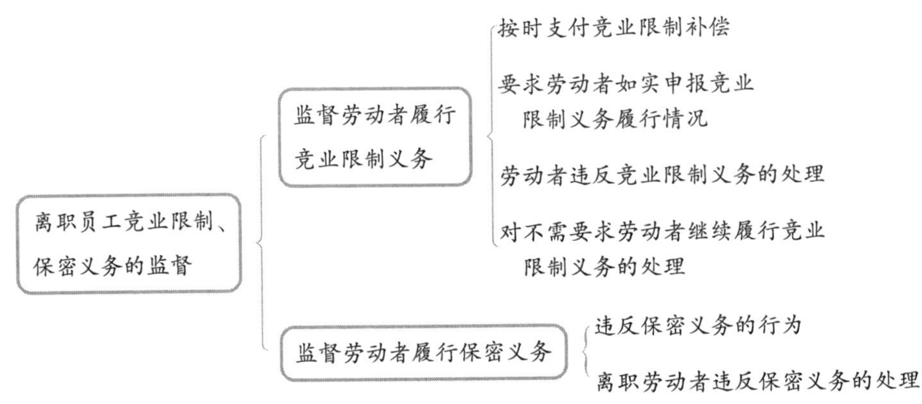

一、监督劳动者履行竞业限制义务

（一）按时支付竞业限制补偿

1. 用人单位的竞业限制补偿支付义务

《劳动合同法》第 23 条第 2 款规定：“对负有保密义务的劳动者，用人单位可

以在劳动合同或者保密协议中与劳动者约定竞业限制条款，并约定在解除或者终止劳动合同后，在竞业限制期限内按月给予劳动者经济补偿……”该条款规定了用人单位应当按时向劳动者支付竞业限制补偿的义务。

2. 劳动者基于用人单位违约的解除权

《最高人民法院关于审理劳动争议案件适用法律问题的解释（一）》第38条规定：“当事人在劳动合同或者保密协议中约定了竞业限制和经济补偿，劳动合同解除或者终止后，因用人单位的原因导致三个月未支付经济补偿，劳动者请求解除竞业限制约定的，人民法院应予支持。”该条明确了劳动者单方解除竞业限制协议的前提条件，即用人单位3个月未支付经济补偿。

《民法典》第565条第1款规定：“当事人一方依法主张解除合同的，应当通知对方。合同自通知到达对方时解除；通知载明债务人在一定期限内不履行债务则合同自动解除，债务人在该期限内未履行债务的，合同自通知载明的期限届满时解除。对方对解除合同有异议的，任何一方当事人均可以请求人民法院或者仲裁机构确认解除行为的效力。”从《民法典》规定来看，竞业限制合同解除权是一种形成权，当满足竞业限制合同解除条件时，劳动者可以以发送解除通知的形式行使解除权。依据上述法律、司法解释对劳动者竞业限制合同解除权的规定，需要注意以下两个问题：

第一，若劳动者未就用人单位未支付竞业限制补偿的违约行为提出解约，则竞业限制协议仍然生效，劳动者违反竞业限制义务到竞争单位工作有违反竞业限制义务的风险。

用工风险场景：用人单位未支付竞业限制补偿，若劳动者未解除竞业限制协议，仍负有竞业限制义务①

2009年9月，张某入职某布料公司，后在员工保密及禁止条例上签字，该条例约定，员工不得进行损害公司利益的各种活动（包括但不限于员工以本人名义或以某企业名义，与公司以外的任何人员进行与公司业务活动相同、相类似、相竞争的经济往来、业务合作等）；不得以隐名或显名方式参股、入股任何与公司业务相同、相类似、相竞争的企业；在员工违反本条例而又无法确定公司损失时，则按照50万元向公司赔偿损失；员工在离职时所应当获取的竞业禁止补偿在该员工在职期间的月工资中逐月发放。张某与某布料公司的劳动关系于2014年6月30日终结。某

① 上海市第一中级人民法院竞业限制纠纷案件审判白皮书。

布料公司无证据证明在张某在职期间或离职后向其发放竞业限制补偿金。张某于2014年10月发起设立一家公司，与某布料公司的经营范围存在重叠，包括在网上经营窗帘布、沙发布等纺织品。案外两家销售公司出具情况说明证明，其之前与某布料公司一直有业务往来并由张某负责业务对接，自2014年10月至2015年7月，张某以另一家公司名义与该两家销售公司签订多批次布料采购合同，合同金额多达30万元。后某布料公司提起劳动仲裁，要求张某支付违反竞业限制违约金50万元，并要求张某继续履行竞业限制义务。仲裁委支持了某布料公司的仲裁请求。张某不服该裁决，遂诉至一审法院。一审法院审理认为，张某离职后在竞业限制期间设立经营范围与某布料公司明显重合的公司，已违反双方关于竞业限制的约定。现某布料公司主张张某支付违反竞业限制协议的违约金并继续履行竞业限制义务于法有据，应予支持。但某布料公司主张的违约金金额明显畸高，张某亦对此提出异议，故一审法院依法调整为10万元。

法院认为：某布料公司与张某对竞业限制的约定系双方真实意思表示，对双方均具有约束力。虽然张某辩称某布料公司未支付竞业限制补偿金，但鉴于张某并未以某布料公司未支付竞业限制补偿金为由解除竞业限制协议，故该协议仍然有效。某布料公司未支付竞业限制补偿的抗辩，并不能否定张某根据约定履行竞业限制义务。若张某履行了竞业限制义务，依然享有向某布料公司主张竞业限制补偿金的权利。虽然本案中认定的涉案金额并不高，但张某恶意明显，一审判决张某支付违反竞业限制违约金10万元并无不当。二审法院遂驳回了张某的上诉请求，维持原判。

在本案例中，法院的裁判说明劳动者的竞业限制义务并不因用人单位的违约行为而当然免除，先履行抗辩或同时履行抗辩不能作为劳动者不作为给付义务的豁免理由。即使符合法定或约定解除条件，然而劳动者不作出解约意思表示且为对方知悉的，竞业限制协议对双方当事人依然具有拘束力。

第二，劳动者存在违反竞业限制协议行为，则不能以用人单位延期支付竞业限制补偿超过3个月为由，要求解除其竞业限制协议。

用工风险场景：劳动者的竞业限制义务解除权，以其依约履行竞业限制义务为前提①

2011年3月1日佀某至乐某公司工作，担任中国区质量经理一职，双方签有期限自2011年3月1日起的无固定期限劳动合同及竞业限制协议。2016年11月30

① （2019）沪01民终3697号。

日佀某从乐某公司离职。佀某离职前12个月平均工资为53198元。2016年11月30日16时，乐某公司向佀某发送电子邮件，附件为关于违反竞业限制协议告知函。同日，乐某公司向凯某集团邮寄关于违反竞业限制协议告知函。

2016年12月5日，佀某经上海市某某有限公司派遣至Z公司（以下简称Z公司）工作，任质量总监，月工资为税前70000元。

乐某公司于2017年1月3日、2017年1月25日及2017年3月5日分别向佀某发放竞业限制补偿金13299元、7979.40元及10639.20元。

2017年2月20日，乐某公司向上海市徐汇区劳动人事争议仲裁委员会申请仲裁，要求佀某：1. 因违反竞业限制条款按每日1000元标准支付乐某公司自2016年12月5日起至仲裁裁决之日的违约金；2. 返还已支付的竞业限制补偿金39897元；3. 继续履行竞业限制协议。2017年4月7日，该仲裁委员会作出徐劳人仲（2017）办字第485号裁决：一、佀某在裁决生效之日起七日内因违反竞业限制条款支付乐某公司2016年12月5日至2017年4月7日的违约金124000元；二、佀某与乐某公司继续履行竞业限制协议；三、对乐某公司的其他申诉请求不予支持。乐某公司和佀某均不服该裁决，向法院提起诉讼。一审法院、二审法院均维持仲裁裁决。此为佀某与乐某公司前案诉讼经过。

前述案件一审判决前，佀某于2017年7月10日向上海市徐汇区劳动人事争议仲裁委员会申请仲裁，要求乐某公司：1. 解除竞业限制协议；2. 支付2017年4月1日至7月9日的竞业限制补偿金43758.50元。仲裁庭审中，双方确认，2017年4月至7月的竞业限制补偿金已于2017年8月17日支付，且2017年8月起的竞业限制补偿金已按时按月支付。2018年5月31日，该仲裁委员会作出徐劳人仲（2017）办字第2059号裁决：对佀某全部申诉请求均不予支持。佀某不服该裁决，向一审法院提起诉讼，即为本案。

法院认为：从本案查明的事实来看，佀某于2016年11月30日离职，乐某公司于2017年1月3日起发放竞业限制补偿金，佀某就此亦未提出异议，由此可以认定乐某公司的主张成立。仲裁中双方确认2017年4月至7月的竞业限制补偿金已于2017年8月17日支付，由此可见，虽然乐某公司支付其中5月至7月补偿金有所迟延，但迟延并未超过3个月。前案一审已认定佀某违反竞业限制义务，并判决其支付2016年12月5日至2017年4月7日的竞业限制违约金，二审亦已维持原判。因此，佀某离职后到Z公司工作，违反了竞业限制义务。然而，佀某2017年7月10日申请仲裁，其在徐劳人仲（2017）办字第2059号案件审理中表示其目前仍在Z公司工作，可见当时其仍然处于违反竞业限制义务状态。从而，虽然乐某公司支付4月补偿金迟延超过了3个月，但该情形下是否需要支付补偿金，协议没有约定，不仅双方当事人认识不一致，有关法律法规对此亦不明确。鉴于侣某仍然处于违约的状态，一审认定该月迟延支付不属于《最高人民法院关于审理劳动争议案件适用法律若干问题的解释（四）》[①] 第8条所规定的“因用人单位的原因”并作出判决正确。乐某公司在本案审理期间提出的辩解虽有不一致之处，但并不影响本案的处理。故维持原判。

在本案中，双方就劳动者是否违反竞业限制协议存在争议，用人单位于2017年2月20日申请劳动仲裁后，仍支付竞业限制补偿金至2017年3月，直至2017年4月7日劳动争议仲裁委员会认定劳动者违反竞业限制协议并裁决劳动者向用人单位支付违约金，用人单位才暂缓支付2017年4月起的竞业限制补偿金，并于2017年8月17日支付完毕。故并非用人单位的原因导致3个月未付经济补偿，用人单位的迟延支付不属于原《最高人民法院关于审理劳动争议案件适用法律若干问题的解释（四）》（现已修订）第8条所规定的“因用人单位的原因”，劳动者以用人单位延迟支付竞业限制补偿为由主张解除竞业限制协议不被支持。

（二）要求劳动者如实申报竞业限制义务履行情况

1. 确定劳动者申报义务

实务中因对离职劳动者监督的困难，用人单位会在竞业限制协议中约定“职工应当向甲方提交当月履行竞业限制义务的书面报告和有效证明。有效证明包括但不限于所在服务机构的在职证明、社保缴纳证明、待业（失业）证明、待业（失业）救济金领取证明”。在《劳动合同法》等相关法律法规或司法解释中，并未规定劳动者离职后对原用人单位具有该申报义务，因而此义务属约定义务，并非法定义务。本书第五章有对竞业限制条款的拟定作详细说明。对于此类条款，其本身具有合理性，应当视为职工履行竞业限制的附随义务，认定为合法有效。

若用人单位与劳动者之间所签署的《竞业限制协议书》中并未规定申报义务，则用人单位单方通知劳动者要求其递交与新就业情况有关的资料，由于该申报义务既非劳动者的法定义务，亦非劳动者的约定义务，在执行上会面临困难，劳动者可以不予理睬。因此，在用人单位对劳动者的竞业限制义务管理实践中，建议用人单

---

① 已失效。

位在以下三个管理行为中确定劳动者的申报义务：

第一，用人单位与劳动者在《竞业限制协议书》中明确约定劳动者竞业限制义务履行情况的申报义务。

第二，用人单位在《离职协议》《离职通知》《竞业限制履行通知》等离职材料中重申竞业限制义务履行情况的申报义务。

第三，用人单位在约定申报期限前邮件通知劳动者履行申报义务。

在用人单位已尽申报义务确定、告知、提醒义务的情况下，劳动者仍然怠于履行申报义务，属于劳动者的违约行为。

2. 劳动者违反申报义务的处理

用人单位在劳动者逾期履行申报义务后，可向劳动者正式发送书面通知要求劳动者限期依约履行申报义务，否则将视为劳动者违反竞业限制义务，采取救济措施。

若劳动者仍然拒绝申报的，用人单位可以提起民事诉讼，提出以下诉请：

第一，以未报告为由拒付竞业限制经济补偿。

第二，认定为违反竞业限制义务，要求劳动者支付违约金。

审判实践中对于竞业限制协议中的“申报义务”存在不同观点，但笔者还是建议用人单位在协议中添加此条款，即使未能依据“申报义务”认定劳动者违反竞业限制义务，也可通过劳动者违反“申报义务”提起劳动者违反竞业限制协议的诉讼，通过劳动者出庭答辩，可以有效掌握劳动者是否存在违反竞业限制行为，在一定程度上降低用人单位的举证难度。

（三）劳动者违反竞业限制义务的处理

《最高人民法院关于审理劳动争议案件适用法律问题的解释（一）》第 40 条规定：“劳动者违反竞业限制约定，向用人单位支付违约金后，用人单位要求劳动者按照约定继续履行竞业限制义务的，人民法院应予支持。”该条解释确立了竞业限制继续履行可以与违约金并用的原则。因此，用人单位对于违反竞业限制义务的劳动者，可提出以下诉请：

第一，要求劳动者返还用人单位已支付的竞业限制补偿金。

第二，要求劳动者支付违约金。

第三，要求劳动者继续履行竞业限制义务。

（四）对不需要求劳动者继续履行竞业限制义务的处理

《最高人民法院关于审理劳动争议案件适用法律问题的解释（一）》第 39 条规定："在竞业限制期限内，用人单位请求解除竞业限制协议的，人民法院应予支持。在解除竞业限制协议时，劳动者请求用人单位额外支付劳动者三个月的竞业限制经济补偿的，人民法院应予支持。"

二、监督劳动者履行保密义务

（一）违反保密义务的行为

一般情况下，用人单位在与一些重要岗位有可能接触到公司秘密的劳动者签订劳动合同时会约定保密义务，或专门拟定保密合同于劳动者入职时与劳动合同一并签订。劳动者离职后，虽然劳动关系解除了，但是可能因约定的保密期间或保密信息未公开等原因，劳动者仍然负有保密义务。

上海市人民检察院通报了 2010 年至 2020 年受理的侵犯商业秘密案件情况，数据显示，该地区侵犯商业秘密案件受理量呈逐年上升趋势，此类案件的主要特点为由内部人员作案和被侵权单位缺乏相应的保密措施。其中，内部员工参与泄密的案件数占比高达 84.62%。[①] 因此，劳动者离职后违反保密义务约定，给用人单位造成损失是离职后阶段用人单位需要特别注意的问题。离职劳动者违反保密义务的常见情形主要有以下两类：

第一，离职劳动者擅自带走用人单位商业秘密。劳动者于离职前擅自下载公司保密资料，如客户信息、财务信息、商务合同、技术方案、人事数据、薪资报酬数据、用人单位各类会议纪要、市场方案等，且擅自保留该等保密资料，使得用人单位的商业秘密脱离用人单位的控制范围。

第二，离职劳动者擅自使用或允许第三方使用用人单位商业秘密。劳动者离职后将公司保密信息，如客户信息、报价信息透露给第三方竞争公司，致使竞争公司利用泄密信息获取订单，给用人单位造成损失。

---

① 《上海市检察机关通报侵犯商业秘密案件：集中于高新技术和新兴产业领域》，https://baijiahao.baidu.com/s?id=1688937119260429881&wfr=spider&for=pc，最后访问时间：2022 年 9 月 6 日。

（二）离职劳动者违反保密义务的处理

1. 发函警示

用人单位一旦发现离职劳动者擅自下载、保存或披露公司保密资料，应当立即采取救济措施，第一时间要求离职劳动者停止侵权，预防商业秘密的泄露范围进一步扩大，以降低用人单位因劳动者违反保密义务而遭受的损失。用人单位发函应注意以下两点：

（1）向离职劳动者发送公函或律师函

公函或律师函具体内容如下：

第一，明确劳动者下载、保存或披露的信息为保密信息。

第二，说明劳动者存在违反保密义务的行为。

第三，要求劳动者返还保密资料和删除存储在私人设备中的保密信息。

第四，警示劳动者不得作出侵害公司商业秘密的行为，若劳动者已作出侵害公司商业秘密的行为，要求其通知用人单位，否则损失扩大部分由劳动者承担。

第五，罗列劳动者可能面临的法律责任。

（2）向离职员工新雇主发送警示函

若离职劳动者现雇主为竞争公司的，用人单位在向离职员工发函警示的同时，一般也会向竞争公司发送信函，告知竞争公司该离职劳动者违反保密义务的行为，警示竞争公司不得获取、披露、使用其商业秘密，否则将按照侵犯商业秘密的相关规定，要求竞争公司承担刑事及民事责任。

2. 劳动仲裁

《劳动合同法》第90条规定："劳动者违反本法规定解除劳动合同，或者违反劳动合同中约定的保密义务或者竞业限制，给用人单位造成损失的，应当承担赔偿责任。"《人力资源社会保障部、最高人民法院关于劳动人事争议仲裁与诉讼衔接有关问题的意见（一）》（人社部发〔2022〕9号）第3条规定："用人单位根依据《中华人民共和国劳动合同法》第九十条规定，要求劳动者承担赔偿责任的，劳动人事争议仲裁委员会应当依法受理。"根据前述规定，对于离职员工违反保密义务擅自带走公司保密资料的行为，用人单位可以依据《劳动合同法》第90条规定向劳动者主张损害赔偿责任。用人单位要求劳动者承担损失赔偿责任的相关法律问题在本书第十九章详细展开，本处不再赘述。

3. 民事诉讼

根据《反不正当竞争法》第 9 条的规定，经营者以盗窃、贿赂、欺诈、胁迫、电子侵入或者其他不正当手段获取权利人商业秘密的，构成侵犯商业秘密的行为。经营者以外的其他自然人、法人和非法人组织实施前款所列违法行为的，视为侵犯商业秘密。本法所称的商业秘密是指不为公众所知悉、具有商业价值并经权利人采取相应保密措施的技术信息、经营信息等商业信息。

《最高人民法院关于审理侵犯商业秘密民事案件适用法律若干问题的规定》，也对劳动者侵犯用人单位商业秘密的行为作出了具体规定。

对于离职员工擅自下载、保存、披露公司商业秘密的行为，用人单位可向离职员工提起侵害商业秘密民事诉讼，要求劳动者归还存储有公司商业秘密的载体，删除商业秘密，不得披露、使用或允许他人使用所涉的商业秘密，并赔偿用人单位遭受的损失。

4. 刑事报案

《刑法》第 219 条规定："有下列侵犯商业秘密行为之一，情节严重的，处三年以下有期徒刑，并处或者单处罚金；情节特别严重的，处三年以上十年以下有期徒刑，并处罚金：(一) 以盗窃、贿赂、欺诈、胁迫、电子侵入或者其他不正当手段获取权利人的商业秘密的；(二) 披露、使用或者允许他人使用以前项手段获取的权利人的商业秘密的；(三) 违反保密义务或者违反权利人有关保守商业秘密的要求，披露、使用或者允许他人使用其所掌握的商业秘密的。明知前款所列行为，获取、披露、使用或者允许他人使用该商业秘密的，以侵犯商业秘密论。本条所称权利人，是指商业秘密的所有人和经商业秘密所有人许可的商业秘密使用人。"

若用人单位掌握一定离职劳动者侵犯商业秘密的初步证据，可考虑采取刑事措施进行救济。

第十九章　劳动者造成用人单位损失的处理

实践中，用人单位要求劳动者赔偿损失的案例不断增多。但是在司法实践中，用人单位就劳动者过错造成用人单位损失的赔偿责任问题，面临法律规定不明确，在先判决实践较少的现实问题，因此存在比较大的争议，直接影响了用人单位的维权。本章主要就劳动者应当对用人单位赔偿损失的事由、劳动者责任认定、用人单位损失认定、劳动者损失赔偿金额确定及用人单位风险应对方案展开说明，以期尽量避免劳动者给用人单位造成损失及面对损失用人单位无法追责的情况发生。

思维导图

一、劳动者应承担责任的事由

通过对法律规定的梳理，笔者对法律规定劳动者应承担责任的事由进行了简单分类，主要如下。

（一）法律规定事由

法律规定事由，是指法律直接规定了劳动者若违反规定，应当对用人单位承担赔偿责任的事由。

1. 劳动者违法解除劳动合同

《劳动合同法》第37条规定："劳动者提前三十日以书面形式通知用人单位，可以解除劳动合同。劳动者在试用期内提前三日通知用人单位，可以解除劳动合同。"第90条规定："劳动者违反本法规定解除劳动合同，或者违反劳动合同中约定的保密义务或者竞业限制，给用人单位造成损失的，应当承担赔偿责任。"前述两条法律规定说明，劳动者在劳动合同存续期间违反有关法律法规及合同约定解除劳动合同的行为，如以擅自离职、不辞而别、违约出走等不履行劳动合同的方式强行解除与用人单位的劳动关系，应当承担赔偿责任。

2. 劳动者存在双重劳动关系

《劳动合同法》第91条规定："用人单位招用与其他用人单位尚未解除或者终止劳动合同的劳动者，给其他用人单位造成损失的，应当承担连带赔偿责任。"《违反〈劳动法〉有关劳动合同规定的赔偿办法》第6条第1款规定："用人单位招用尚未解除劳动合同的劳动者，对原用人单位造成经济损失的，除该劳动者承担直接赔偿责任外，该用人单位应当承担连带赔偿责任。其连带赔偿的份额应不低于对原用人单位造成经济损失总额的百分之七十。向原用人单位赔偿下列损失：（一）对生产、经营和工作造成的直接经济损失；（二）因获取商业秘密给原用人单位造成的经济损失。"前述两条法律规定说明，劳动者若未从原用人单位离职即与其他用人单位建立劳动关系，应当对给原用人单位造成的损失承担赔偿责任。

3. 因劳动者原因劳动合同被认定无效

《劳动合同法》第86条规定："劳动合同依照本法第二十六条规定被确认无效，给对方造成损害的，有过错的一方应当承担赔偿责任。"第26条第1款规定："下列劳动合同无效或者部分无效：（一）以欺诈、胁迫的手段或者乘人之危，使对方在违背真实意思的情况下订立或者变更劳动合同的……（三）违反法律、行政法规强制性规定的。"根据前述两条法律规定，劳动者应当就下列情形向用人单位承担赔偿责任。

第一，劳动者以欺诈、胁迫的手段或乘人之危，使用人单位在违背真实意思的情况下与劳动者订立或变更劳动合同，给用人单位造成损失的。

第二，劳动者违反法律、行政法规强制性规定而使劳动合同被认定为无效，给用人单位造成损失的。

（二）半法定半约定事由

半法定半约定事由，是指法律规定了劳动者若违反规定应承担责任的事由，但是劳动者何行为应当被认定为违反规定，需要用人单位进一步与劳动者作出约定。《劳动合同法》第90条规定："劳动者违反本法规定解除劳动合同，或者违反劳动合同中约定的保密义务或者竞业限制，给用人单位造成损失的，应当承担赔偿责任。"《劳动法》及《劳动合同法》并未明确劳动者具体何行为会被认定为违反保密义务及竞业限制义务，因此需要用人单位与劳动者通过协议约定的形式，进行进一步确认，以便劳动者明确自己的权利义务。

1. 劳动者违反保密义务

《劳动法》第102条规定："劳动者违反本法规定的条件解除劳动合同或者违反劳动合同中约定的保密事项，对用人单位造成经济损失的，应当依法承担赔偿责任。"《劳动合同法》第23条第1款规定："用人单位与劳动者可以在劳动合同中约定保守用人单位的商业秘密和与知识产权相关的保密事项。"《违反〈劳动法〉有关劳动合同规定的赔偿办法》第5条规定："劳动者违反劳动合同中约定的保密事项，对用人单位造成经济损失的，按《反不正当竞争法》第二十条的规定支付用人单位赔偿费用。"即劳动者违反保密义务约定，用人单位可按照《反不正当竞争法》的相关规定，要求劳动者承担损失赔偿责任。

2. 劳动者违反竞业限制义务

《劳动合同法》第23条第2款规定："对负有保密义务的劳动者，用人单位可以在劳动合同或者保密协议中与劳动者约定竞业限制条款，并约定在解除或者终止劳动合同后，在竞业限制期限内按月给予劳动者经济补偿。劳动者违反竞业限制约定的，应当按照约定向用人单位支付违约金。"即劳动者若违反竞业限制义务，应当按照约定向用人单位支付违约金。

（三）约定事由

《工资支付暂行规定》第16条规定："因劳动者本人原因给用人单位造成经济损失的，用人单位可按照劳动合同的约定要求其赔偿经济损失。经济损失的赔偿，可从劳动者本人的工资中扣除。但每月扣除的部分不得超过劳动者当月工资的

20%。若扣除后的剩余工资部分低于当地月最低工资标准，则按最低工资标准支付。”因此，如果用人单位和劳动者在劳动合同中约定了劳动者的赔偿责任，用人单位可以依约定要求劳动者赔偿。但需要注意，约定事项需要合法合理，详见本书第十三章规章制度的具体说明，避免劳动合同及规章制度因排除劳动者权利，免除用人单位责任，而被认定为无效。

二、认定劳动者承担责任的考量因素

（一）过错程度

司法实践中，法院在确定劳动者在工作中给用人单位造成经济损失时，首先衡量劳动者的过失程度。在常州法院 2020 年度劳动人事争议十大典型案例的十号案例[①]中，常州中院认为劳动者擅自拉闸断电 15 分钟左右，致使车间生产线全线停产，其行为不具有合法性、合理性，违反劳动纪律和职业道德，严重影响车间的正常生产、工作秩序，损害了公司的合法权益，属于侵权行为，应承担相应损害赔偿责任。

（二）因果关系

用人单位需要证明单位存在的损失不是由第三方或者其他主体造成的，而是由劳动者故意或过失造成的，才能够被法院认定用人单位的损失与劳动者的行为有因果关系。

（三）责任限制

劳动者因故意行为给用人单位造成损失的，无论是依据劳动法规、《民法典》还是其他法律规定，劳动者都应当赔偿全部损失。在劳动者存在重大过失给用人单位造成财产损失的情况下，现行法律法规不甚明晰。根据“有权利就有保护，有损害必有救济”的法律原则，用人单位因劳动者履职过程中造成的经济损失也应获得相应的赔偿，但是劳动者不应承担全部责任，而应当负部分赔偿责任。具体理由如下：

第一，劳动关系不同于一般的民事关系，具有一定的特殊性。用人单位作为单

---

① 参见《常州法院 2020 年度劳动人事争议十大典型案例》，http：//www. thepaper. cn/newsDetail_forward_12912043，最后访问时间：2022 年 9 月 6 日。

位财产的所有人、管理人，其不仅对劳动者所创造的劳动成果享有所有权，也对单位的劳动者负有管理义务，为保证用人单位的正常生产经营，用人单位支付给劳动者的报酬必然低于劳动者创造的劳动成果的价值，用人单位占有劳动者创造的劳动成果的价值与劳动者获得的报酬之间的不对等性，决定了用人单位承担的经营风险应当高于劳动者应承担的工作风险。

第二，用人单位对劳动者负有管理、培训等的义务。用人单位该义务决定了劳动者不应因工作过程中的轻微过失而对用人单位的损失承担赔偿责任，劳动者仅应在故意或重大过失给用人单位造成损失的情况下，才对用人单位造成的损失承担赔偿责任。①

（四）金额限制

确定赔偿金额时应考虑劳动者的工资收入水平以及赔偿能力。首先，劳动者工作是为了生活，如果因为工作承担损失赔偿，造成了巨大的债务，反而难以维持正常的生活，显然既不符合常理，也不符合公平原则。其次，若劳动者工资低廉，却要承担工资金额 5 倍、10 倍的损失赔偿，这明显与其收入水平不相匹配，违背公平责任原则。

（五）制度依据

司法审裁机关在审理劳动者损失赔偿的案件中，除参考法律规定对劳动者的行为进行认定外，还依据用人单位的规章制度评估劳动者的行为是否违规违纪，劳动者的行为是否与用人单位利益相违背。同时，若规章制度中明确用人单位有权向劳动者追偿，也会成为司法审裁机关的重要参考。

三、用人单位损失的认定及追偿

（一）范围限制

《违反〈劳动法〉有关劳动合同规定的赔偿办法》第 4 条规定："劳动者违反规定或劳动合同的约定解除劳动合同，对用人单位造成损失的，劳动者应赔偿用人单位下列损失：（一）用人单位招收录用其所支付的费用；（二）用人单位为其支

---

① 详见（2017）苏 0981 民初 3908 号一审民事判决书。

付的培训费用，双方另有约定的按约定办理；（三）对生产、经营和工作造成的直接经济损失；（四）劳动合同约定的其他赔偿费用。”该规定对劳动者损失赔偿的范围做了限制。第5条规定：“劳动者违反劳动合同中约定的保密事项，对用人单位造成经济损失的，按《反不正当竞争法》第二十条的规定支付用人单位赔偿费用。”即劳动者违反保密义务约定，用人单位可按照《反不正当竞争法》的相关规定，要求劳动者承担损失赔偿责任。

（二）用人单位对损失承担举证责任

《劳动争议调解仲裁法》第6条规定：“发生劳动争议，当事人对自己提出的主张，有责任提供证据。与争议事项有关的证据属于用人单位掌握管理的，用人单位应当提供；用人单位不提供的，应当承担不利后果。”劳动者造成用人单位损失，是用人单位的诉讼主张，用人单位应当就其主张承担举证责任，若举证不能，则要承担不利后果。

（三）用人单位可扣除相应劳动报酬

劳动者造成用人单位重大损失的，用人单位可在配套制度的规定下，以劳动者严重违反规章制度为由解除与劳动者的劳动关系，之后采取仲裁、诉讼的形式索赔。若用人单位仍要维持劳动关系的，用人单位可在劳动者的劳动报酬中扣除相应损失金额，但需符合法律规定的标准，具体规定在《工资支付暂行规定》第16条中，“可从劳动者本人的工资中扣除，但每月扣除的部分不得超过劳动者当月工资的20%。若扣除后的剩余工资部分低于当地月最低工资标准，则按最低工资标准支付”。

（四）劳动者造成损失的合规方案

为了加强对劳动者的管理，预防因劳动者故意或过失行为给用人单位造成的损失，用人单位在人力资源管理过程中，应注意如下几点。

1. 劳动合同的订立

虽然用人单位的追偿权不以劳动合同明确约定为必要前提，但为了降低风险，用人单位在与劳动者缔约过程中，应在劳动合同中明确损失的承担比例及计算办法。同时可以在员工手册等制度性文件中，对如过失行为、过失处理、损失计算、损失扣缴规定等具体内容进行细化约定。

2. 岗位说明

用人单位应根据劳动者岗位特点制定详细的岗位说明书，避免岗位任务、职责不清的情况。

3. 加强用工培训与管理

用人单位平时应当加强用工管理，强化规章制度和劳动纪律，不定期开展涉及安全生产及相关内容的培训，建立事前的防范措施和应急制度，从根源上降低损失发生的概率。

4. 保留好损失凭证

在用人单位损失赔偿纠纷中，用人单位承担主要的举证责任。因此，用人单位应树立良好的证据意识，主要如下：

第一，损失赔偿依据。用人单位应保留好劳动者签收劳动合同、规章制度的原始文件，向劳动者公开规章制度的证据，以证明损失赔偿有约定依据。

第二，损失责任依据。在损失发生后，用人单位应及时就损失发生的原因、结果等问题与劳动者进行沟通处理，有条件的可以让劳动者以书面形式对损失的发生、结果及责任主体进行确认。

第三，损失数额依据。损失发生后，用人单位应当保留好具体损失金额的依据，如有必要可以公证或者邀请第三方鉴定机构进行定损。

5. 用人单位应及时申请劳动仲裁索赔

劳动者造成用人单位损失后，用人单位应及时采取救济措施。根据《违反〈劳动法〉有关劳动合同规定的赔偿办法》第 7 条的规定："因赔偿引起争议的，按照国家有关劳动争议处理的规定办理。"根据《劳动争议调解仲裁法》第 2 条的规定，"中华人民共和国境内的用人单位与劳动者发生的下列劳动争议，适用本法"。因此，用人单位可以向劳动争议仲裁委员会提起仲裁，要求劳动者赔偿损失。

劳动仲裁委对于用人单位与劳动者之间的损失赔偿纠纷，可能以不符合劳动争议的规定为由，不予受理。用人单位收到不予受理的通知后，可向人民法院提起诉讼。

第二十章　争议处理与仲裁风险应对

劳动争议是指用人单位与劳动者因劳动合同订立、履行而引起的纠纷，是人力资源管理中经常需要面对的问题。《劳动争议调解仲裁法》第 4 条规定："发生劳动争议，劳动者可以与用人单位协商，也可以请工会或者第三方共同与用人单位协商，达成和解协议。"第 5 条规定："发生劳动争议，当事人不愿协商、协商不成或者达成和解协议后不履行的，可以向调解组织申请调解；不愿调解、调解不成或者达成调解协议后不履行的，可以向劳动争议仲裁委员会申请仲裁；对仲裁裁决不服的，除本法另有规定的外，可以向人民法院提起诉讼。"上述规定明确了劳动争议解决协商、调解、一裁两审、仲裁前置的处理流程。

思维导图

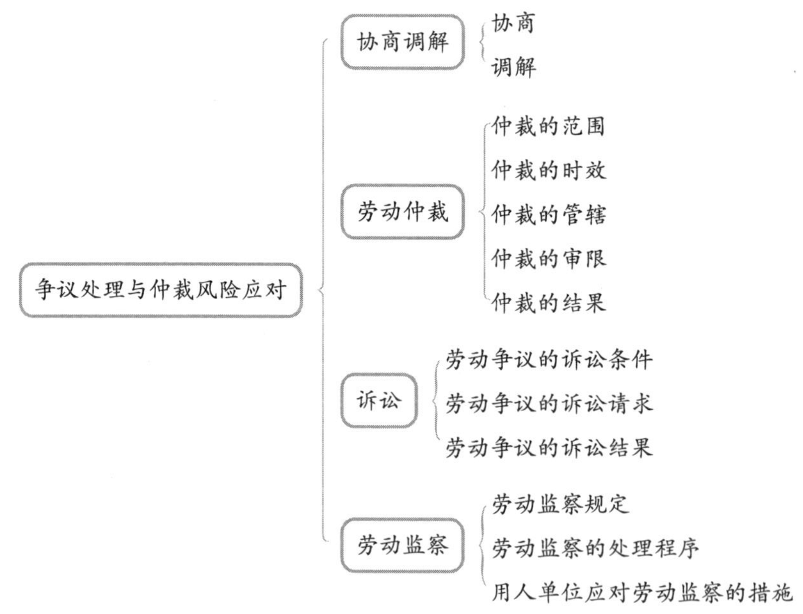

一、协商调解

（一）协商

《劳动争议调解仲裁法》第 4 条规定：“发生劳动争议，劳动者可以与用人单位协商，也可以请工会或者第三方共同与用人单位协商，达成和解协议。”大多数情况下，建议用人单位采取协商的形式解决劳动纠纷，以实现和谐用工。需要注意的是，劳动者与用人单位协商达成一致的和解协议不具有强制性，任何一方反悔，守约方均无法向法院申请强制执行，仍然需要通过诉讼或仲裁的形式维护权利。

（二）调解

《劳动争议调解仲裁法》第 5 条规定，“发生劳动争议，当事人不愿协商、协商不成或者达成和解协议后不履行的，可以向调解组织申请调解……”调解组织主要有：企业劳动争议调解委员会；依法设立的基层人民调解组织；在乡镇、街道设立的具有劳动争议调解职能的组织。其中，企业劳动争议调解委员会由职工代表和企业代表组成。职工代表由工会成员担任或者由全体职工推举产生，企业代表由企业负责人指定。企业劳动争议调解委员会主任由工会成员或者双方推举的人员担任。

1. 提出调解申请

《劳动争议调解仲裁法》第 12 条规定：“当事人申请劳动争议调解可以书面申请，也可以口头申请。口头申请的，调解组织应当当场记录申请人基本情况、申请调解的争议事项、理由和时间。”

2. 调解期限

《劳动争议调解仲裁法》第 14 条第 3 款规定：“自劳动争议调解组织收到调解申请之日起十五日内未达成调解协议的，当事人可以依法申请仲裁。”

3. 调解结果

《劳动争议调解仲裁法》第 14 条第 1 款、第 2 款规定：“经调解达成协议的，应当制作调解协议书。调解协议书由双方当事人签名或者盖章，经调解员签名并加盖调解组织印章后生效，对双方当事人具有约束力，当事人应当履行。”一般情况下，调解协议达成后，一方拒不履行调解协议，另一方不能直接依据调解协议向人民法院申请强制执行，只能将调解协议作为仲裁申请的证据。但是为了维护劳动者的权益，在个别情况下也有例外，《劳动争议调解仲裁法》第 16 条规定：“因支付拖欠劳动报酬、工伤医疗费、经济补偿或者赔偿金事项达成调解协议，用人单位在协议约定期限内不履行的，劳动者可以持调解协议书依法向人民法院申请支付令。人民法院应当依法发出支付令。”

二、劳动仲裁

劳动纠纷经协商或调解不成的，当事人可向劳动人事争议仲裁委员会申请仲裁。当事人可以未经协商或调解，直接提起劳动仲裁，但是未经劳动仲裁，当事人不得直接提起诉讼。因此，劳动仲裁在争议纠纷解决中有着非常重要的作用。

（一）仲裁的范围

《劳动争议调解仲裁法》第 2 条规定：“中华人民共和国境内的用人单位与劳动者发生的下列劳动争议，适用本法：（一）因确认劳动关系发生的争议；（二）因订立、履行、变更、解除和终止劳动合同发生的争议；（三）因除名、辞退和辞职、离职发生的争议；（四）因工作时间、休息休假、社会保险、福利、培训以及劳动保护发生的争议；（五）因劳动报酬、工伤医疗费、经济补偿或者赔偿金等发生的争议；（六）法律、法规规定的其他劳动争议。”判断是否存在劳动争议，首先应考察双方当事人的主体资格，是否构成劳动法上的用人单位与劳动者，其次应考察纠纷是否由劳动争议引起。为此，《最高人民法院关于审理劳动争议案件适用法律问题的解释（一）》对不属于劳动争议的纠纷进行了规定，其第 2 条规定：“下列纠纷不属于劳动争议：（一）劳动者请求社会保险经办机构发放社会保险金的纠纷；（二）劳动者与用人单位因住房制度改革产生的公有住房转让纠纷；（三）劳动者对劳动能力鉴定委员会的伤残等级鉴定结论或者对职业病诊断鉴定委员会的职业病诊断鉴定结论的异议纠纷；（四）家庭或者个人与家政服务人员之间的纠纷；（五）个体工匠与帮工、学徒之间的纠纷；（六）农村承包经营户与受雇人之间的纠纷。”

（二）仲裁的时效

1. 仲裁时效的起算

《劳动争议调解仲裁法》第 27 条第 1 款规定：“劳动争议申请仲裁的时效期间为一年。仲裁时效期间从当事人知道或者应当知道其权利被侵害之日起计算。”第 4 款规定：“劳动关系存续期间因拖欠劳动报酬发生争议的，劳动者申请仲裁不受本条第一款规定的仲裁时效期间的限制；但是，劳动关系终止的，应当自劳动关系终止之日起一年内提出。”根据上述规定，劳动争议的仲裁申请时效分为两类，一类是为期一年的一般时效；另一类是追索劳动报酬的特殊时效，该时效在劳动关系存续期限为无限期，劳动关系终止的，应当自劳动关系终止之日起一年内提出。当事人在法定的时效期间内不行使权利，当时效期间届满时，劳动争议仲裁委员会和人民法院对权利人的权利不再进行保护。

2. 仲裁时效的中断

《劳动争议调解仲裁法》第 27 条第 2 款规定：“前款规定的仲裁时效，因当事人一方向对方当事人主张权利，或者向有关部门请求权利救济，或者对方当事人同意履行义务而中断。从中断时起，仲裁时效期间重新计算。”具体如下：

第一，一方当事人通过协商、调解的形式向对方当事人主张权利的，仲裁时效中断，自当事人主张权利之日或对方当事人明确拒绝之日起重新计算。

第二，一方当事人向劳动监察部门投诉，向仲裁委员会申请仲裁，向人民法院提起诉讼或申请支付令等方式请求权利救济的，仲裁时效中断，自有关部门作出处理或受理决定之日起重新计算。

第三，对方当事人同意履行义务的，仲裁时效中断，自对方当事人同意履行义务之日起重新计算。

3. 仲裁时效的中止

《劳动争议调解仲裁法》第 27 条第 3 款规定：“因不可抗力或者有其他正当理由，当事人不能在本条第一款规定的仲裁时效期间申请仲裁的，仲裁时效中止。从中止时效的原因消除之日起，仲裁时效期间继续计算。”本条规定的其他正当理由包括无民事行为能力或者限制民事行为能力劳动者的法定代理人未确定等。

（三）仲裁的管辖

劳动争议仲裁的管辖，是指确定劳动争议的当事人有权向哪一个仲裁机构申请仲裁，哪一个仲裁机构有权受理仲裁申请并作出裁决。《劳动争议调解仲裁法》第 21 条规定：“劳动争议仲裁委员会负责管辖本区域内发生的劳动争议。劳动争议由劳动合同履行地或者用人单位所在地的劳动争议仲裁委员会管辖。双方当事人分别向劳动合同履行地和用人单位所在地的劳动争议仲裁委员会申请仲裁的，由劳动合同履行地的劳动争议仲裁委员会管辖。”

（四）仲裁的审限

《劳动争议调解仲裁法》第 43 条规定：“仲裁庭裁决劳动争议案件，应当自劳动争议仲裁委员会受理仲裁申请之日起四十五日内结束。案情复杂需要延期的，经劳动争议仲裁委员会主任批准，可以延期并书面通知当事人，但是延长期限不得超过十五日。逾期未作出仲裁裁决的，当事人可以就该劳动争议事项向人民法院提起诉讼。仲裁庭裁决劳动争议案件时，其中一部分事实已经清楚，可以就该部分先行裁决。”

（五）仲裁的结果

1. 一裁终局

为了解决实务中案件审理周期长，劳动者维权成本高的问题，提高诉讼效率，降低劳动者维权成本，劳动法规对两类案件作了特别的规定，适用“一裁终局”。《劳动争议调解仲裁法》第 47 条规定：“下列劳动争议，除本法另有规定的外，仲裁裁决为终局裁决，裁决书自作出之日起发生法律效力：（一）追索劳动报酬、工伤医疗费、经济补偿或者赔偿金，不超过当地月最低工资标准十二个月金额的争议；（二）因执行国家的劳动标准在工作时间、休息休假、社会保险等方面发生的争议。”

对于“不超过当地月最低工资标准十二个月金额”的理解与适用，在实践中具有歧义，有一种意见是仲裁裁决支持的总请求不超过当地月最低工资标准 12 个月金额应适用“一裁终局”；另一种意见是仲裁裁决涉及数项的，只要各分项均不超过当地月最低工资标准 12 个月金额则应适用“一裁终局”。为此，《最高人民法院关于审理劳动争议案件适用法律问题的解释（一）》第 19 条特别作出规定：“仲裁裁决书未载明该裁决为终局裁决或者非终局裁决，劳动者依据调解仲裁法第四十七条第一项规定，追索劳动报酬、工伤医疗费、经济补偿或者赔偿金，如果仲裁裁决涉及数项，每项确定的数额均不超过当地月最低工资标准十二个月金额的，应当按照终局裁决处理。”

用人单位对于“一裁终局”的案件应注意以下几点：

第一，用人单位应当注意的是，“一裁终局”仅限制用人单位，若劳动者对适用“一裁终局”案件裁决不服的，仍然可以自收到仲裁裁决书之日起 15 日内向人民法院提起诉讼，并不意味着不能救济。

第二，若“一裁终局”裁决包含终局裁决事项和非终局裁决事项，任一方当事人不服裁决均可向法院提起诉讼，该终局裁决事项按照非终局裁决处理，又给了用人单位参与诉讼的机会。《最高人民法院关于审理劳动争议案件适用法律问题的解释（一）》第 20 条规定：“劳动争议仲裁机构作出的同一仲裁裁决同时包含终局裁决事项和非终局裁决事项，当事人不服该仲裁裁决向人民法院提起诉讼的，应当按照非终局裁决处理。”

第三，对“一裁终局”不服的，用人单位可申请撤裁。《劳动争议调解仲裁法》第 49 条规定：“用人单位有证据证明本法第四十七条规定的仲裁裁决有下列情形之一，可以自收到仲裁裁决书之日起三十日内向劳动争议仲裁委员会所在地的中级人民法院申请撤销裁决：（一）适用法律、法规确有错误的；（二）劳动争议仲裁委员会无管辖权的；（三）违反法定程序的；（四）裁决所根据的证据是伪造的；（五）对方当事人隐瞒了足以影响公正裁决的证据的；（六）仲裁员在仲裁该案时有索贿受贿、徇私舞弊、枉法裁决行为的。人民法院经组成合议庭审查核实裁决有前款规定情形之一的，应当裁定撤销。仲裁裁决被人民法院裁定撤销的，当事人可以自收到裁定书之日起十五日内就该劳动争议事项向人民法院提起诉讼。”《最高人民法院关于审理劳动争议案件适用法律问题的解释（一）》第 18 条规定：“仲裁裁决的类型以仲裁裁决书确定为准。仲裁裁决书未载明该裁决为终局裁决或者非终局裁决，用人单位不服该仲裁裁决向基层人民法院提起诉讼的，应当按照以下情形分别处理：（一）经审查认为该仲裁裁决为非终局裁决的，基层人民法院应予受理；（二）经审查认为该仲裁裁决为终局裁决的，基层人民法院不予受理，但应告知用人单位可以自收到不予受理裁定书之日起三十日内向劳动争议仲裁机构所在地的中级人民法院申请撤销该仲裁裁决；已经受理的，裁定驳回起诉。”

2. 普通裁决

《劳动争议调解仲裁法》第 50 条规定：“当事人对本法第四十七条规定以外的其他劳动争议案件的仲裁裁决不服的，可以自收到仲裁裁决书之日起十五日内向人民法院提起诉讼；期满不起诉的，裁决书发生法律效力。”

三、诉讼

（一）劳动争议的诉讼条件

《劳动争议调解仲裁法》第 48 条规定：“劳动者对本法第四十七条规定的仲裁裁决不服的，可以自收到仲裁裁决书之日起十五日内向人民法院提起诉讼。”

《劳动争议调解仲裁法》第 49 条规定：“用人单位有证据证明本法第四十七条规定的仲裁裁决有下列情形之一，可以自收到仲裁裁决书之日起三十日内向劳动争议仲裁委员会所在地的中级人民法院申请撤销裁决：（一）适用法律、法规确有错误的；（二）劳动争议仲裁委员会无管辖权的；（三）违反法定程序的；（四）裁决所根据的证据是伪造的；（五）对方当事人隐瞒了足以影响公正裁决的证据的；（六）仲裁员在仲裁该案时有索贿受贿、徇私舞弊、枉法裁决行为的。人民法院经组成合议庭审查核实裁决有前款规定情形之一的，应当裁定撤销。仲裁裁决被人民法院裁定撤销的，当事人可以自收到裁定书之日起十五日内就该劳动争议事项向人民法院提起诉讼。”

（二）劳动争议的诉讼请求

劳动争议适用“仲裁前置”程序，在仲裁与诉讼程序衔接过程中，仲裁请求与诉讼请求的衔接是用人单位应当予以关注的一个问题。

根据“仲裁前置”的规定，原则上劳动争议双方当事人的诉讼请求未经仲裁程序不得在人民法院诉讼阶段提出，即使提出，人民法院原则上也不予受理，但是，根据《最高人民法院关于审理劳动争议案件适用法律若干问题的解释（一）》第14条规定：“人民法院受理劳动争议案件后，当事人增加诉讼请求的，如该诉讼请求与讼争的劳动争议具有不可分性，应当合并审理；如属独立的劳动争议，应当告知当事人向劳动争议仲裁机构申请仲裁。”对于如何确定诉讼请求与讼争的劳动争议具有不可分性，并没有明确的法律法规规定，司法实践中一般依据法官的自由裁量。

（三）劳动争议的诉讼结果

《民事诉讼法》第152条规定：“人民法院适用普通程序审理的案件，应当在立案之日起六个月内审结。有特殊情况需要延长的，经本院院长批准，可以延长六个月；还需要延长的，报请上级人民法院批准。”第164条规定：“人民法院适用简易程序审理案件，应当在立案之日起三个月内审结。有特殊情况需要延长的，经本院院长批准，可以延长一个月。”

用人单位若对劳动争议判决、裁决结果不服的，可以依据《民事诉讼法》规定提起上诉。

四、劳动监察

由于用人单位与劳动者是管理和被管理的关系，存在强弱地位不对等的问题，为了确保用人单位遵守劳动法律法规规定的相关义务，维护劳动者的合法权益，除了劳动仲裁和劳动纠纷的争议处理程序，《劳动法》还规定了劳动行政部门的监督检查权。在实务中，用人单位与劳动者进行仲裁、诉讼的不在少数，但是应对劳动行政部门的检查、监督的经验相对来说少得多。为了提升用人单位对劳动监察的认识与理解，本节主要对劳动监察的规定、程序及用人单位应对劳动监察作简要说明，以降低用人单位被劳动行政部门执法的风险。

（一）劳动监察规定

1. 权力来源

《劳动保障监察条例》第 1 条规定："为了贯彻实施劳动和社会保障（以下称劳动保障）法律、法规和规章，规范劳动保障监察工作，维护劳动者的合法权益，根据劳动法和有关法律，制定本条例。"劳动监察是行政机关依据行政法规而实施的行政执法行为，其权力来源于《劳动保障监察条例》，属于国务院令。

2. 职责

劳动监察部门的日常工作职责规定在《劳动保障监察条例》第 10 条及第 11 条中，是行政部门对劳动法强制性规定的贯彻落实，具体如下。

《劳动保障监察条例》第 10 条规定："劳动保障行政部门实施劳动保障监察，履行下列职责：（一）宣传劳动保障法律、法规和规章，督促用人单位贯彻执行；（二）检查用人单位遵守劳动保障法律、法规和规章的情况；（三）受理对违反劳动保障法律、法规或者规章的行为的举报、投诉；（四）依法纠正和查处违反劳动保障法律、法规或者规章的行为。"第 11 条规定："劳动保障行政部门对下列事项实施劳动保障监察：（一）用人单位制定内部劳动保障规章制度的情况；（二）用人单位与劳动者订立劳动合同的情况；（三）用人单位遵守禁止使用童工规定的情况；（四）用人单位遵守女职工和未成年工特殊劳动保护规定的情况；（五）用人单位遵守工作时间和休息休假规定的情况；（六）用人单位支付劳动者工资和执行最低工资标准的情况；（七）用人单位参加各项社会保险和缴纳社会保险费的情况；（八）职业介绍机构、职业技能培训机构和职业技能考核鉴定机构遵守国家有关职业介绍、职业技能培训和职业技能考核鉴定的规定的情况；（九）法律、法规规定的其他劳动保障监察事项。"

（二）劳动监察的处理程序

1. 立案

《劳动保障监察条例》第 14 条第 1 款规定："劳动保障监察以日常巡视检查、审查用人单位按照要求报送的书面材料以及接受举报投诉等形式进行。"该规定体现了劳动监察与劳动仲裁“不诉不理”原则的不同之处，即对于违反国家强制性规定的违法行为，劳动监察部门既可以主动查处，也可以接受举报投诉。

2. 处理程序

《劳动保障监察条例》第 15 条规定：“劳动保障行政部门实施劳动保障监察，有权采取下列调查、检查措施：（一）进入用人单位的劳动场所进行检查；（二）就调查、检查事项询问有关人员；（三）要求用人单位提供与调查、检查事项相关的文件资料，并作出解释和说明，必要时可以发出调查询问书；（四）采取记录、录音、录像、照像或者复制等方式收集有关情况和资料；（五）委托会计师事务所对用人单位工资支付、缴纳社会保险费的情况进行审计；（六）法律、法规规定可以由劳动保障行政部门采取的其他调查、检查措施。劳动保障行政部门对事实清楚、证据确凿、可以当场处理的违反劳动保障法律、法规或者规章的行为有权当场予以纠正。”

该规定体现了劳动监察与劳动仲裁“谁主张谁举证”原则的不同之处，即对于用人单位违反法律强制性规定的行为、事实，监察单位可主动采取调查措施。

3. 处理结果

《劳动保障监察条例》第 18 条规定：“劳动保障行政部门对违反劳动保障法律、法规或者规章的行为，根据调查、检查的结果，作出以下处理：（一）对依法应当受到行政处罚的，依法作出行政处罚决定；（二）对应当改正未改正的，依法责令改正或者作出相应的行政处理决定；（三）对情节轻微且已改正的，撤销立案。发现违法案件不属于劳动保障监察事项的，应当及时移送有关部门处理；涉嫌犯罪的，应当依法移送司法机关。”

4. 救济方式

第一，陈述、申辩权。《劳动保障监察条例》第 19 条规定：“劳动保障行政部门对违反劳动保障法律、法规或者规章的行为作出行政处罚或者行政处理决定前，应当听取用人单位的陈述、申辩；作出行政处罚或者行政处理决定，应当告知用人单位依法享有申请行政复议或者提起行政诉讼的权利。”

第二，要求听证的权利。《行政处罚法》第 63 条规定：“行政机关拟作出下列行政处罚决定，应当告知当事人有要求听证的权利，当事人要求听证的，行政机关应当组织听证：……（四）责令停产停业、责令关闭、限制从业……”

第三，行政复议、诉讼权。劳动行政部门对用人单位作出的行政处理或者行政处罚是具体行政行为，《行政处罚法》第 7 条规定：“公民、法人或者其他组织对行政机关所给予的行政处罚，享有陈述权、申辩权；对行政处罚不服的，有权依法申请行政复议或者提起行政诉讼。公民、法人或者其他组织因行政机关违法给予行政处罚受到损害的，有权依法提出赔偿要求。”

但是《行政处罚法》第73条第1款规定：“当事人对行政处罚决定不服，申请行政复议或者提起行政诉讼的，行政处罚不停止执行，法律另有规定的除外。”因此用人单位在提起行政复议或诉讼时需要注意，仍然要履行行政处罚决定书。

（三）用人单位应对劳动监察的措施

1. 做好日常合规管理工作

用人单位应当遵守法律法规的规定，保障劳动者合法权益，合理、合法用工，避免因侵犯劳动者权益而被采取行政措施。对劳动者合规管理的同时，要做好合规管理工作的证据保留工作，如考勤记录、加班制度及申请审批凭证、工资发放记录等，留档备查。避免面对劳动监察时，因举证不能而承担不利后果。

2. 积极配合行政部门的监察工作

面对劳动行政主管部门的监察工作，用人单位应当积极配合，依据法律规定进行陈述、答辩，即使对劳动行政主管部门的处理意见不服的，也应当依据法律规定的程序进行救济。避免因拒不配合调查，拒不执行处罚决定，面临更严重的处罚措施。

3. 灵活运用监察和仲裁不并行的原则

《劳动保障监察条例》第21条第2款规定：“对应当通过劳动争议处理程序解决的事项或者已经按照劳动争议处理程序申请调解、仲裁或者已经提起诉讼的事项，劳动保障行政部门应当告知投诉人依照劳动争议处理或者诉讼的程序办理。”即在劳动者与用人单位存在劳动争议的情形下，劳动监察程序与劳动仲裁程序并不并行，用人单位可采取以下方式处理监察程序。

第一，向监察部门提出建议，案涉纠纷应当通过劳动仲裁程序处理。

第二，用人单位主动启动仲裁程序来排除监察程序。

第七篇

表单管理工具汇总

第二十一章　招聘管理表单工具

表单	作用
《人员需求申请表》	公司内部对聘用岗位人员的流程文件
《岗位说明书》	公司内部对新设岗位的说明文件
《招聘文案模板》	公司撰写招聘文案的参考文件

招聘管理篇表单管理工具一

人员需求申请表

申请日期：　　　　　　　　要求到岗日期：

<table>
<tr><td colspan="2">需求职位名称</td><td></td><td colspan="2">空缺人数</td><td></td><td>隶属部门</td><td></td></tr>
<tr><td colspan="2">申请原因</td><td colspan="6">□离职补缺：________ □替换人员：________ □岗位调动：________
□业务发展扩编，现有编制：________人 □新增职位，须附《岗位说明书》</td></tr>
<tr><td colspan="8">职位要求</td></tr>
<tr><td colspan="2">项目</td><td>最低要求/底线水平</td><td colspan="2">项目</td><td colspan="3">最低要求/底线水平</td></tr>
<tr><td rowspan="3">基本期望</td><td>性别</td><td>□不要求 □要求：________</td><td rowspan="3">工作经验</td><td>行业背景</td><td colspan="3">□不要求 □要求：________</td></tr>
<tr><td>年龄</td><td>□不要求 □要求：________</td><td>工作年限</td><td colspan="3">□不要求 □要求：________</td></tr>
<tr><td>薪酬</td><td>□不要求 □要求：________</td><td>离职频率</td><td colspan="3">□不要求 □要求：________</td></tr>
<tr><td rowspan="2">教育背景</td><td>学历</td><td>□不要求 □要求：________</td><td rowspan="2">必备技能</td><td>电脑水平</td><td colspan="3">□不要求 □要求：________</td></tr>
<tr><td>专业</td><td>□不要求 □要求：________</td><td>外语水平</td><td colspan="3">□不要求 □要求：________</td></tr>
<tr><td colspan="2">优先条件</td><td colspan="6"></td></tr>
<tr><td colspan="2">其他补充要求</td><td colspan="6"></td></tr>
</table>

续表

工作要求		
职位描述		任职要求
部门经理申报意见	部门负责人： 年 月 日	
人力资源部意见	人力资源部经理： 年 月 日	
总经理意见及批复	签字： 年 月 日	

注：（1）填写电子版《人员需求申请表》时，所有内容请放在一页内，不要另起他页，请勿随意更改版式。

（2）新增设的职位，需完整填写第二页的《岗位说明书》，随《人员需求申请表》一并附上。已有职位的需求申请，则无须填写《岗位说明书》。

招聘管理篇表单管理工具二

岗位说明书

<table>
<tr><td>岗位名称</td><td></td><td>岗位人数</td><td></td></tr>
<tr><td>直接上级</td><td></td><td>隶属部门</td><td></td></tr>
<tr><td>职责描述</td><td colspan="3">工作内容：
1.
2.
3.
4.
5.
工作职责：
1.
2.
3.
4.
5.</td></tr>
<tr><td rowspan="3">工作关系</td><td colspan="2">直接上级：</td><td>直接下级：</td></tr>
<tr><td colspan="3">内部沟通：</td></tr>
<tr><td colspan="3">外部沟通：</td></tr>
<tr><td>任职资格</td><td colspan="3">1. 学历：
2. 工作经历：
3. 专业知识：
4. 业务了解范围：</td></tr>
</table>

招聘管理篇表单管理工具三

招聘文案模板

一、企业介绍：

二、招聘职位：产品工艺师

三、招聘人数：1

四、岗位要求：[工作年限要求、具体工作能力要求（录用条件）、不能有歧视性要求]

1. 生产型药企、保健食品企业产品工艺流程工作 3 年以上。
2. 熟悉产品发酵、罐装、包衣工艺。
3. 能独立负责发酵制品的生产工艺。
4. 有申报企业质量体系认证 ISO 成功经验。
5. 有 5 人以上小组领导经验者优先。
6. 有参与过企业产品团队标准制定者优先。

五、薪资待遇：

基本工资（3000 元）+岗位工资（2000 元）+绩效（5000 元）+其他

六、福利待遇：

1. 享受国家法定休假，带薪年假。
2. 多劳多得，有技术创新、革新的，如有技术发明取得专利证书，技术革新为企业节能减排等作出贡献的优秀员工，有额外贡献奖。

第二十二章　面试、发送录用通知管理表单工具

表单	作用
《面试登记表》	对应聘者的个人基本情况进行登记的文件
《面试评价表》	对应聘者面试基本情况进行登记的文件
《录用审批表》	拟录用应聘者的内部审批文件
《录用通知书》	向拟录用应聘者发送录取结果的文件

面试、发送录用通知管理篇表单管理工具一

面试登记表

编号：　　　　　　　　　　　　　　　　　　面试日期：________年____月____日

<table>
<tr><td>姓名</td><td></td><td>性别</td><td></td><td>出生年月</td><td></td></tr>
<tr><td>民族</td><td></td><td>籍贯</td><td></td><td>婚姻状况</td><td></td></tr>
<tr><td>政治面貌</td><td colspan="3">□党员　□预备党员　□团员　□民主党派　□群众</td><td>户口所在地</td><td></td></tr>
<tr><td>身份证号</td><td colspan="2"></td><td>犯罪记录</td><td colspan="2">□是　□否</td></tr>
<tr><td>应聘岗位</td><td colspan="2"></td><td>接受岗位调剂</td><td colspan="2">□愿意　□不愿意</td></tr>
<tr><td>目前薪资</td><td colspan="5">月薪：　　　　年终奖：　　　　税前年薪总包：</td></tr>
<tr><td>目前就职状态</td><td colspan="2">□在职　□离职　□创业</td><td>预计到岗时间</td><td colspan="2"></td></tr>
<tr><td>竞业限制协议</td><td colspan="2">□是　□否</td><td>保密协议</td><td colspan="2">□是，时长__________□否</td></tr>
<tr><td>手机号码</td><td colspan="2"></td><td>通信地址</td><td colspan="2"></td></tr>
<tr><td>邮箱</td><td colspan="2"></td><td>英文名</td><td colspan="2"></td></tr>
<tr><td>紧急联络人</td><td colspan="5">姓名：　　　　电话：　　　　单位：</td></tr>
<tr><td colspan="6">教育经历（从大学开始填写）</td></tr>
<tr><td>起止时间</td><td>毕业院校</td><td>所学专业</td><td>教育形式（统招、自考、函授）</td><td>学历</td><td>获取学位</td></tr>
<tr><td></td><td></td><td></td><td></td><td></td><td></td></tr>
<tr><td></td><td></td><td></td><td></td><td></td><td></td></tr>
<tr><td></td><td></td><td></td><td></td><td></td><td></td></tr>
</table>

续表

<table>
<tr><td colspan="6">工作情况（从当前的工作开始写）</td></tr>
<tr><td>起止时间</td><td>公司名称</td><td>职务</td><td>直接上级/同级</td><td>职位</td><td>联系方式</td></tr>
<tr><td></td><td></td><td></td><td></td><td></td><td></td></tr>
<tr><td></td><td></td><td></td><td></td><td></td><td></td></tr>
<tr><td></td><td></td><td></td><td></td><td></td><td></td></tr>
<tr><td></td><td></td><td></td><td></td><td></td><td></td></tr>
<tr><td></td><td></td><td></td><td></td><td></td><td></td></tr>
<tr><td></td><td></td><td></td><td></td><td></td><td></td></tr>
<tr><td></td><td></td><td></td><td></td><td></td><td></td></tr>
<tr><td colspan="6">其他</td></tr>
<tr><td>职称情况</td><td colspan="2"></td><td>其他职业
资格证书</td><td colspan="2"></td></tr>
<tr><td>外语水平</td><td colspan="5">CET4（□通过____分/□未通过）；CET6（□通过____分/□未通过）；GRE（□通过____分/□未通过）；TOEFL（□通过____分/□未通过）；IELTS（□通过____分/□未通过）；专业四级（□通过____分/□未通过）；专业八级（□通过____分/□未通过）；其他语种水平：________</td></tr>
<tr><td>兴趣特长</td><td colspan="5"></td></tr>
<tr><td>特别说明</td><td colspan="5">1. 本人承诺以上所填内容皆真实有效，若贵公司发现任何不符，贵公司有权与本人解除劳动合同，并且不承担任何责任。如因本人的不实陈述或漏报给公司造成损失的，由本人承担。
2. 本人同意贵公司及贵公司指定的第三方对本人出示或陈述的资料和信息开展背景调查，进行背景调查的范围包括但不限于：本人的学历、技能、实习经历、获奖情况、犯罪及依法受到制裁的不良记录等。
3. 本人及本人直系亲属未在外开办与贵公司同业或处于产业上下游的公司，或担任该类企业的法定代表人、董事、监事或实际控制人，本人也未在外开办任何公司或担任法定代表人、董事、监事、实际控制人。
4. 本人无任何涉讼或仲裁纠纷，无犯罪记录，未受过公安机关任何处罚。
5. 本人无任何传染病、精神病或其他有行业限制的病史。
6. 本人以上填写内容涉及本人隐私的，本人授权公司采集、知晓。
本人签名：　　　　　　日期：　　　年　　月　　日</td></tr>
</table>

面试、发送录用通知管理篇表单管理工具二

面试评价表

<table>
<tr><td colspan="7">求职者基本信息</td></tr>
<tr><td>姓名</td><td colspan="2"></td><td colspan="2">性别</td><td>年龄</td><td></td></tr>
<tr><td>公司/部门</td><td colspan="4"></td><td>应聘职位</td><td></td></tr>
<tr><td colspan="7">素质评估</td></tr>
<tr><td rowspan="2">评价项目</td><td colspan="4">评价标准</td><td colspan="2" rowspan="2">评价要点</td></tr>
<tr><td>欠缺</td><td>一般</td><td>良好</td><td>优秀</td></tr>
<tr><td>形象气质</td><td>4</td><td>6</td><td>8</td><td>10</td><td colspan="2">衣着得体、举止文雅、成熟稳重</td></tr>
<tr><td>沟通能力</td><td>4</td><td>6</td><td>8</td><td>10</td><td colspan="2">语言表达简明扼要、逻辑性强、理解问题准确</td></tr>
<tr><td>求职意愿</td><td>4</td><td>6</td><td>8</td><td>10</td><td colspan="2">服务意愿的强烈程度</td></tr>
<tr><td>稳定性</td><td>4</td><td>6</td><td>8</td><td>10</td><td colspan="2">在同一公司工作超过 3 年、更换工作频率低</td></tr>
<tr><td>责任心</td><td>4</td><td>6</td><td>8</td><td>10</td><td colspan="2">处事沉稳、敢于担当、想干事、能干事、真干事</td></tr>
<tr><td>团队精神</td><td>4</td><td>6</td><td>8</td><td>10</td><td colspan="2">团队协作意识、大局观意识</td></tr>
<tr><td>专业能力</td><td>4</td><td>6</td><td>8</td><td>10</td><td colspan="2">专业知识、工作背景符合岗位任职资格要求</td></tr>
<tr><td>组织管理能力</td><td>4</td><td>6</td><td>8</td><td>10</td><td colspan="2">下属数量、换位思考、对组织发展有细致的规划</td></tr>
<tr><td>既往业绩成果</td><td>4</td><td>6</td><td>8</td><td>10</td><td colspan="2">标志性的工作成果或荣誉等</td></tr>
<tr><td>行业/职位认知</td><td>4</td><td>6</td><td>8</td><td>10</td><td colspan="2">对行业的了解、对应聘职位的理解及个人未来计划</td></tr>
<tr><td>总分</td><td colspan="6">________分 □优秀 90 分 □良好 70—89 分 □一般 60—69 分 □不合适 60 分以下</td></tr>
<tr><td colspan="7">面试评语</td></tr>
<tr><td colspan="7">优势：

劣势：

面试人：
时间： 年 月 日</td></tr>
</table>

面试、发送录用通知管理篇表单管理工具三

录用审批表

年　　月　　日

<table>
<tr><td>拟录用员工基本信息</td></tr>
<tr><td>员工姓名：__________　录用部门：__________　录用岗位：__________
毕业学校：__________　专业：__________　工作年限：__________</td></tr>
<tr><td>人力资源部意见</td></tr>
<tr><td>根据综合素质、专业技能面试（笔试）结果，用人部门相关负责人同意录用（面试评估表附后），我部建议录用：
1. 薪资
试用期工资标准为________元/月；转正后年薪为__________。
2. 劳动合同
合同期________年，其中试用期________个月。
3. 其他事项
人力资源部：
日期：</td></tr>
<tr><td>总经理意见</td></tr>
<tr><td>1. 录用意见
□录用　　□淘汰
2. 薪资意见
□同意人力资源部拟定薪资
□不同意，建议______________________________
总经理：
日期：</td></tr>
<tr><td>人力资源部办理结果</td></tr>
<tr><td>体检结果：
录用通知日期：
计划报到日期：
经办人：</td></tr>
</table>

面试、发送录用通知管理篇表单管理工具四

录用通知书

____________：

您好！

感谢您来到____________________公司（以下简称公司）应聘，经过公司人力资源部和业务部门领导的认真考察、研究，决定录用您到公司工作。

一、工作内容与用工形式说明

1. 入职时间：________年____月____日____时____分。

2. 工作岗位：________________。

3. 用工形式：公司与您的首次合同期限为________年，其中根据公司规定，您的试用期将为____个月；在您试用期满并经考核合格后，您将成为公司的正式员工。

4. 有关您的薪酬、福利以及工作条件等细节，将会在劳动合同中做详细规定，您可向人力资源部征询。

二、报到所需材料

1. 身份证原件及复印件。

2. 近期体检报告（含肝功和两对半检验）。

3. 学历、学位证书以及您曾获得的资格证书原件及复印件。

4. 照片______寸______张。

5. 您服务的上一家公司出具的离职证明（应届毕业生无须提供）。

6. 参加社会保险情况，社保卡原件及复印件。

请您务必携带上述材料按规定时间至公司报到并签订劳动合同。

三、以下情况全部满足是本《录用通知书》生效的前提

1. 您具备中国法律要求的在工作地居住和就业的相关资格。

2. 您在正规的医疗机构进行体检，体检结果合格。

3. 提供符合公司要求的相关材料。

4. 您应聘本公司时所提供的信息全部是真实无误的，包括但不限于学历、工作经历等，如背景调查发现有虚假陈述或与真实情况有出入，则此《录用通知书》自动失效。

5. 未发生其他不符合或无法继续录用的情形（包括但不限于存在竞业限制、不良职业道德问题、公司发生重大变化、不可抗力等）。

6. 如您接受本《录用通知书》的条款，请于__________之前（含当日）以回复电子邮件

的形式确认接受。逾期未确认的，本通知书于上述期限届满日自动失效。您收到本《录用通知书》的同时，须承担对本《录用通知书》内容的保密责任，不得将其告知其他法人机构或其他与公司有利益关系的自然人。

四、违约金

如您回复邮件同意入职，则视为您接受公司录用且同意在指定日期报到入职。如您违约，则应向公司支付违约金。

违约金金额为人民币________________元整。

如您有其他问题，请联系人力资源部。

人力资源部联系人：__________。联系电话：__________。公司地址：__________。

____年____月____日

__________________公司

(邮件正文)

尊敬的________：

恭喜您通过我们的面试评估，现将我司（__________有限公司）____________这一职位提供给您，详细信息请见附件《录用通知书》，附件将在您正式接受委任时生效。

如果您同意接受我司入职邀请，请尽快正式回复此邮件（请注明“同意接受入职邀请”），我们将尽快为您安排后续入职流程。

我们真诚欢迎您加入____________，并祝愿您在公司工作愉快！

________有限公司行政人事部

OFFER问题咨询人：____________ 电话：______________ QQ：______________

体检、入职事宜咨询人：________ 电话：______________

第二十三章 入职管理、在职管理表单工具

表单	作用
入职管理	
《入职登记表》	对员工基本信息进行登记的文件
《劳动合同》	确定与员工的劳动关系，约定员工与用人单位权利义务的文件
《劳动合同签收单》	确认员工已收悉《劳动合同》需签署的文件
《入职声明》	员工入职时对用人单位作出的声明，确认提交的材料真实，无违法情形等
《员工手册》	用人单位用于管理员工的制度汇编文件
《〈员工手册〉签收确认单》	员工确认收到并同意执行《员工手册》签署的文件
《试用期录用条件确认书》	员工入职时，用人单位要求员工签署的文件，对试用期录用条件进行确认，以作为试用期不符合录用条件时解除劳动合同的标准
《保密协议》	用人单位与员工之间约定保密义务、对保密范围、保密措施、违约责任等进行约定的文件
《竞业限制协议书》	用人单位与员工约定，员工在职以及离职后不得从事与本单位相竞争的工作，用人单位向员工支付竞业限制补偿
《员工培训服务期协议》	用人单位对员工进行培训，且要求员工在本单位服务一定期间，如果提前离职需要支付违约金，即返还一定的培训费用
《入职手续清单》	人事部门对员工入职手续办理情况进行核验的文件
《送达地址确认书》	对员工的地址、联系方式予以确认的文件，以便单位通知对员工的有效送达
《背景调查授权书》	用人单位为对员工展开背景调查需要的授权文件

续表

表单	作用
《职工兼职协议》	公司聘请兼职性质人员签订的文件
《职工劳务合同（退休返聘人员）》	退休返聘人员签署的劳务合同
《实习协议》	在校实习生于用人单位实习签订的文件
《劳务协议》	用人单位聘请人员从事一定的劳动，但双方不构成劳动关系
《非全日制用工劳动合同》	针对非全日制用工劳动者签订的劳动合同
《劳务合同（外国人简易劳务合同模板）》	外国人为用人单位提供劳务签订的文件
《劳务派遣合同》	劳务派遣单位与用工单位签署的劳务派遣协议
在职管理	
《转正评估审批表》	试用期内对员工进行考核的文件。如果在试用期内（不能等到试用期满），考核结论为“员工不符合录用条件”，则单位可以解除劳动关系且无须补偿。具体考核内容可根据公司需求修改
《请假申请表》	若员工需要请假时，向公司呈报的内部审批文件
《工作调休单》	若员工休息日在班，对员工休息日加班进行调休的文件
《过失单》	若员工工作中出现失职行为，对员工工作表现进行评估的文件
《返岗通知书》	若员工不出勤又不按规定请假时，可发出此通知
《劳动合同到期通知书》	员工劳动合同到期通知，需载明员工不回复的后果
《员工调岗通知书》	员工因不能做现在岗位的工作，或不胜任现在的工作进行调岗时，单位对员工发出的正式通知
《新岗位返岗通知书》	若员工调岗后不出勤的，可发出此通知
《收入证明承诺书》	员工因贷款、出国等要求公司配合出具收入证明时出具的文件
《劳动合同续订或变更书》	劳动合同续签或变更时，用人单位与员工可签署本协议，无须将原来的劳动合同重新修改签一次。同时本协议尽量将续签或变更前存在的用工风险进行化解
《考勤确认表》	对员工的出勤情况做登记
《工资变动审批表》	员工因升职、调岗等变更薪资的内部审批文件
《职工劳动合同汇总表》	为了实现对公司员工劳动合同签署时间、到期时间、合同性质等进行管理的信息登记表

续表

表单	作用
《员工外出登记表》	若员工有外出工作的情况，可用该表格对员工的外出工作进行考核
《劳动合同变更协议书》	对原劳动合同约定的权利义务做变更时签署的文件
《出差登记表》	对员工的出差进行登记
《放弃无固定期限合同申请书》	针对符合签订无固定期限劳动合同的员工，续签固定期限劳动合同时需一并签订的文件
《岗位晋升评估表》	对需要晋升员工的考核评估文件
《工资单》	向员工发放工资时，要求员工对工资确认的文件
《关于春节放假的通知》	春节假期调休的通知文件
《加班申请单》	对员工加班进行审批的文件
《加班确认单》	对员工加班成果进行考核的文件
《奖惩申报表》	对员工的奖励、惩罚进行申报认定的文件
《警告通知书》	对员工违纪行为进行通知的文件
《培训申请表》	员工拟进行培训的申请文件
《员工培训登记表》	对单位全体员工培训情况进行登记的文件
《员工花名册》	对员工个人信息进行登记的文件
《人事档案管理办法》	人事部门对人事档案进行管理的文件
《工会征询函》	用人单位向工会出具的函件，通知工会本企业提供的规章制度、具体决议已经讨论，并征求了职工意见
《特殊工时审批表》	用人单位对特定岗位需要采取特殊工时制度时向劳动管理部门提出的申请文件

入职管理篇表单管理工具一

入职登记表

<table>
<tr><td>姓名</td><td></td><td>性别</td><td></td><td>出生年月日</td><td></td><td rowspan="3">照片</td></tr>
<tr><td>身高</td><td></td><td>婚姻状况</td><td></td><td>民族</td><td></td></tr>
<tr><td>政治面貌</td><td></td><td>联系电话</td><td></td><td></td><td></td></tr>
<tr><td>身份证号</td><td colspan="6"></td></tr>
<tr><td>家庭住址</td><td colspan="6"></td></tr>
<tr><td>通信送达地址</td><td colspan="6"></td></tr>
<tr><td>邮编</td><td colspan="2"></td><td>E-mail</td><td colspan="3"></td></tr>
<tr><td>紧急联系人</td><td></td><td>与本人关系</td><td></td><td>联系电话</td><td colspan="2"></td></tr>
<tr><td>户口所在地</td><td colspan="6">省 市</td></tr>
<tr><td>档案所在地</td><td colspan="6"></td></tr>
<tr><td rowspan="5">教育培训经历</td><td colspan="2">起止时间</td><td colspan="2">学校或培训机构</td><td colspan="2">专业及所获证书</td></tr>
<tr><td colspan="2"></td><td colspan="2"></td><td colspan="2"></td></tr>
<tr><td colspan="2"></td><td colspan="2"></td><td colspan="2"></td></tr>
<tr><td colspan="2"></td><td colspan="2"></td><td colspan="2"></td></tr>
<tr><td colspan="2"></td><td colspan="2"></td><td colspan="2"></td></tr>
<tr><td rowspan="5">工作经历</td><td colspan="2">起止时间</td><td>工作单位</td><td>职务</td><td>主要工作</td><td>离职原因</td></tr>
<tr><td colspan="2"></td><td></td><td></td><td></td><td></td></tr>
<tr><td colspan="2"></td><td></td><td></td><td></td><td></td></tr>
<tr><td colspan="2"></td><td></td><td></td><td></td><td></td></tr>
<tr><td colspan="2"></td><td></td><td></td><td></td><td></td></tr>
<tr><td rowspan="4">家庭情况</td><td colspan="2">关系</td><td colspan="2">姓名</td><td>工作单位及职务</td><td>联系电话</td></tr>
<tr><td colspan="2"></td><td colspan="2"></td><td></td><td></td></tr>
<tr><td colspan="2"></td><td colspan="2"></td><td></td><td></td></tr>
<tr><td colspan="2"></td><td colspan="2"></td><td></td><td></td></tr>
</table>

续表

<table>
<tr><td>是否公司员工介绍</td><td></td><td>介绍人</td><td></td></tr>
<tr><td colspan="4">是否有亲属、同学或朋友在本公司任职？如有请如实说明该员工姓名、部门、职位以及与您的关系。
□有　□无</td></tr>
<tr><td colspan="4">是否有亲属、同学或朋友在本公司的竞争对手或客户公司任职？如有请如实说明该员工姓名、部门、职位以及与您的关系。
□有　□无</td></tr>
<tr><td>本人擅长领域/特长/兴趣</td><td colspan="3"></td></tr>
<tr><td>最看重公司哪几项</td><td colspan="3">□工资待遇　□升职机会　□人际关系　□工作环境　□福利保险
□工作时间　□工作量大小　□主管领导水平</td></tr>
<tr><td>录取后个人的志愿</td><td colspan="3"></td></tr>
<tr><td>请综合评价自己</td><td colspan="3"></td></tr>
</table>

★本人郑重声明：

1. 本人深知上述资料系公司录用我的依据，本人保证所提交的所有资料均真实可靠，否则即构成欺诈，公司可即时解除劳动关系并不支付任何补偿。

2. 本人所填写的联系方式包括电子邮箱真实有效并将及时查收，可作为接收有关通知、制度、工作要求的方式。一旦向上述联系方式之一发出通知，即视为本人已经收到并阅读。

3. 公司人事管理制度、员工管理制度、公司薪酬管理制度本人已经收到且详细阅读，对上述规章制度均无异议且同意遵照执行。

注：请在每一页下方签名，表示确认。

年　　月　　日

员工签名确认：

入职管理篇表单管理工具二

劳动合同

用人单位（甲方）：
地址：
法定代表人：

员工（乙方）：
身份证号码：
联系电话：
户籍性质：农业（　）/ 城镇（　）
户籍地址：
现住址：

第一条　合同期限

1. 本合同期限经双方协商，采取下列第（　　）项形式：

（1）固定期限：从________年____月____日至________年____月____日为试用期，试用期为____个月。双方合同期为________年，即从________年____月____日起至________年____月____日止。

（2）无固定期限：自________年____月____日起至法定的劳动合同终止或解除条件出现。试用期自________年____月____日起到________年____月____日止。

（3）以完成一定工作任务为期限：自________年____月____日起到约定的工作任务完成时止。

（4）乙方同意在试用期内，乙方被证明不符合录用条件的，甲方有权随时解除劳动合同。录用条件详见《试用期录用条件确认书》。

2. 本劳动合同期满前，如甲乙双方对续签事宜均未提出异议，则视为本合同自动延期并可多次续延（属于连续订立下一期书面劳动合同）。例如，依照法律规定，应当订立无固定期限劳动合同的，本合同自动续签为无固定期限劳动合同，但甲方已向乙方发出《劳动合同终止通知书》的除外。

第二条　工作内容

1. 乙方同意根据甲方工作需要，在____________部门担任____________工作。

2. 乙方同意，有下列情形之一时，甲方可以对乙方的工作岗位进行调整：

（1）不能胜任原岗位的：包括累计____个月未完成业绩指标的，或绩效考核得分不达标的。

（2）原岗位取消的：因公司项目完成或取消，机构调整、岗位合并等发生变化，导致原岗位取消的。

（3）不论何种原因一年内累计 22 日未到岗上班或连续两个月以上（含两个月）单月内累计 3 天未到岗，公司因工作需要已安排其他员工上岗的，公司有权对其岗位进行调整。

（4）员工的直系亲属或旁系亲属在公司上班，属同系统或上下级关系，公司认为不利于工作需要调岗的。

（5）法律法规规定以及用人单位规章制度所规定的其他应调整岗位的情况。

3. 乙方同意，甲方可根据经营需要及乙方的工作能力、工作表现以及身体状况等调整乙方的工作岗位及薪酬，调整后将按新的工作岗位确定乙方的薪酬，实行薪随岗定的原则。

第三条　工作地点

1. 甲乙双方约定：

（1）甲方安排乙方的工作地点为：____________，在此工作区域范围的工作场所地点变动，不属于工作地点的变化。

（2）乙方因完成其工作的需要及甲方的经营需要，临时在以上约定的工作地点之外工作的（含出差），乙方须服从工作安排并完成工作任务。

（3）如甲方的经营机构搬迁，乙方不同意变更工作地点的，视为乙方单方解除了本合同。

2. 甲方在外地的分支机构或派驻机构有需要时，乙方同意服从甲方安排到派出机构工作。

第四条　工作时间

1. 工作时间：乙方所在的岗位实行下列第____种工时制。

（1）标准工时工作制。乙方每日工作时间不超过 8 小时，每周不超过 40 小时。标准工时制，劳动时间不包括值班、就餐及休息时间。

（2）特殊工时工作制。实行综合计算工时工作制、不定时工作制的，须经劳动行政部门批准。在综合计算工时周期内，平均日工作时间和平均周工作时间不超过法定标准工作时间。

2. 甲方施行加班审批制度，甲方安排乙方加班或者乙方申请加班的，需按规定填写加班申请表，没有加班申请表及虚报加班工作的，一律不视为加班，不支付加班费。未经甲方同意乙方自行延长工作时间，不视为加班，甲方不支付加班费。

3. 加班费的计算：甲乙双方确定加班费以劳动合同履行地当年度月最低工资标准为基数进行计算。

第五条　劳动报酬

1. 甲方每月____日左右（遇节假日顺延）以货币形式发放乙方上月的报酬。如果甲方延期 25 天内支付，乙方同意不视为拖欠工资。

2. 乙方劳动报酬实行固定工资+岗位工资+绩效考核等浮动薪酬制度，其中固定工资为不低于本市最低月平均工资标准，绩效考核浮动薪酬部分按照甲方绩效考核办法执行。

3. 每月工资条会定时发送到员工个人登记过的表单中所载的电子账户中，如乙方存在异议，应在 3 日内，书面向甲方人力资源部提出。在 3 日内未书面提出异议，视为乙方无异议。

4. 甲方无论何种原因停工停产的，乙方同意停工停产后，甲方在第一个工资支付周期正常发放工资，一个支付周期过后，乙方提供相应劳动的，甲方支付的工资不应低于本市最低工资标准。甲方未安排乙方劳动的，应当按照不低于本市最低工资标准的 70% 支付生活费。该计算方法低于国家、本省市有关规定的按规定执行。

5. 乙方婚、丧假期间的工资计算基数，按本市当年度月最低工资标准计算，该计算方法低于国家、本省省市有关规定的按规定执行。

6. 因病或非因工负伤，在规定的医疗期内，工资计算基数，按本市当年度月最低工资标准计算，但支付的病假工资不低于本市最低工资标准的 80%，该计算方法低于国家、本省市有关规定的按规定执行。

第六条　社会保险及福利

1. 甲乙双方按国家相关规定参加社会保险。甲方为乙方办理有关社会保险手续，并承担相应社会保险义务，乙方有义务配合提供办理社会保险手续所需个人材料，乙方未积极配合的法律后果由乙方承担。

2. 甲乙双方解除、终止劳动合同时，甲方应按有关规定及时为乙方办理社会保险转移相关手续。

3. 乙方生育相关各项待遇，按照国家和地方有关生育保险政策规定执行。

4. 如甲方或甲方委托的第三方为乙方投保了除社保外的其他商业保险，发生应由甲方承担责任的事宜，保险赔付金额乙方同意计算在甲方的赔偿金额之中。

第七条　劳动保护

甲方根据国家有关规定为乙方提供必要的劳动条件、劳动保护和职业危害防护。甲方已如实告知乙方工作条件、职业危害、安全生产状况等相关情况。

第八条　劳动纪律和规章制度

1. 乙方自觉遵守国家的法律、法规、规章和社会公德、职业道德，维护甲方的声誉和利益。

2. 乙方应遵守甲方依法制定的企业规章制度和员工手册，甲方有权对乙方履行制度的情况进行检查、督促、考核和奖惩。

第九条　保密义务

乙方同意认真履行《保密协议》内容，甲方支付给乙方的劳动报酬中已包含了每月保密费用。乙方离职后承担的秘密保护义务，不以得到任何额外补偿为条件。

第十条 知识产权约定

1. 乙方确认在劳动合同履行期内，利用甲方的生产、经营和技术信息等所做出的作品（包括但不限于论著、作品、商标、专利、设计稿、软件代码等）属职务作品，除署名权外，其他权利归属甲方。

2. 乙方在劳动合同期内及劳动合同解除后的一年内，因执行甲方的任务或者从事甲方的生产经营活动，以及运用甲方所有或提供的技术信息、物质技术条件等所完成的技术成果的所有权、使用权、转让权归属甲方；如果该技术成果申请专利并被授予专利权的，其专利相关权利也归属甲方。

3. 如果甲方以书面形式明确放弃对乙方的发明、发现及革新的专利权或所有权，乙方可以自由处置专利，但甲方仍保留无偿使用的权利。

4. 甲方因工作需要拍摄公司影像资料（如企业宣传片、产品推广片）等，乙方应当予以积极协助，如影像中涉及乙方本人的场景及肖像，其版权及使用权均归属甲方所有，乙方不在任何时候以其肖像权对甲方主张任何权利。

第十一条 下列情形属于“劳动合同订立时所依据的客观情况发生重大变化，致使劳动合同无法履行”：

1. 不可抗力事件，包括但不限于地震、火灾、水灾、疫情、意外事件，政府行为、政策等。

2. 企业迁移或者停产、资产转移、转产、转（改）制、被兼并等。

3. 企业经营所依据的法律、政策等发生重大变化的。

4. 特许经营性质的企业，特许经营被取消，或有关部门不再认可特许经营的。

5. 甲方住所、经营场所、业务地点变更。

6. 乙方岗位所属业务、项目终止。

7. 经甲方董事会、股东会等决议，经营方向或经营战略重大调整、企业产品结构调整，导致撤销乙方所在部门或者岗位的。

8. 其他属于客观情况发生重大变化的情形。

第十二条 乙方同意下列行为将构成不胜任工作：

1. 工作中有过错或者过失，给甲方造成2000元以上损失的。

2. 绩效考核连续两个月不达标的。

3. 参加单位或者有关部门组织考试不能达到要求的或不能拿到证书的。

4. 国家对于乙方工作岗位有特殊的资质要求，而乙方因个人原因失去该资质的或未能获得该资质的。

5. 不能满足岗位要求，不能完成甲方指定工作内容、工作任务的。

6. 根据经营需要，或因乙方未能胜任工作而对乙方进行岗位相关培训，乙方无正当理由拒不参加培训或经培训考核不合格的。

7. 乙方不胜任工作的，甲方有权调乙方到同级别其他岗位（或下一级别的工作岗位）上工作，乙方的月工资标准按原工资标准下调 20%执行，乙方应服从甲方的调岗安排准时到岗，如不同意甲方的岗位调整或以实际行动不服从甲方岗位调整（包括但不限于不按时到新岗位出勤、不服从上级主管交办的工作任务、不做好原岗位的交接工作等），视为严重违反甲方的劳动纪律和严重违反甲方规章制度的行为，甲方有权解除劳动合同且不支付任何补偿。

第十三条　其他约定

1. 乙方违反《入职声明》、《员工手册》或劳动纪律规定的均属于严重违反甲方的劳动纪律和规章制度的行为。甲方可立即解除劳动合同且不支付任何补偿。前述文件、制度乙方已认真阅读，并愿意遵守。

2. 甲方存在以下情形之一，乙方不得以此为由依据劳动合同法第 38 条第 2 款“未及时足额支付劳动报酬”提出解除劳动合同，并索要补偿金：

（1）甲方非因故意或者重大过失导致未及时足额支付劳动报酬的。

（2）甲方因不可抗力、自然灾害、经营困难、停产歇业、资金周转受到影响等原因而无法及时足额支付劳动报酬的。

（3）甲乙双方对劳动报酬的计算基数、天数、方法等因客观原因理解不一致而最终导致未足额支付劳动报酬的。

（4）因计算的失误造成所发劳动报酬金额与员工应得金额存在偏差，甲方认可并说明在下月工资中予以补正的。

3. 本合同及其续期内，除从事本合同约定岗位工作外，未经甲方书面同意乙方不得从事下列任何行为，不论有偿或无偿，均视为严重违反劳动纪律和严重违反甲方规章制度，甲方有权解除劳动合同，且不支付任何补偿。如乙方无法判断所从事行为是否属于下列行为，应事先向甲方书面报告，按甲方意见执行：

（1）在第三方从事任何形式的兼职。

（2）生产、从事与甲方及甲方关联企业有竞争关系的产品、业务；为甲方及相关企业的同业竞争者提供服务或信息。

（3）为第三方从事与本岗位职责相同或类似的其他业务。

（4）乙方违反本条的任何规定给甲方造成损失的，应予赔偿，若构成刑事犯罪的，乙方应当承担相应的刑事责任。

4. 因乙方原因导致劳动合同无效的，甲方有权对超过当地最低工资标准部分的劳动报酬予以追回，并要求乙方赔偿甲方损失，该损失包括但不限于招聘录用费用、培训费用、保险福利待遇、律师费、诉讼费及其他一切损失。

第十四条 特别约定

1. 劳动合同的中止：如乙方出现包括但不限于旷工、无故脱岗、被拘留、被隔离、被关押、失踪等情形，不能按照本劳动合同约定的工作岗位和工作内容提供劳动的，甲方有权中止本合同的履行，中止期间甲方有权停止为乙方缴纳社保、发放工资福利及其他基于本合同甲方应履行的义务。

2. 劳动合同解除后，在最后工作日前，乙方必须根据甲方的要求配合所在部门及其他部门办理完成所有的工作交接手续，包括但不限于：

（1）归还所有代表公司员工身份的证明文件，包括名片、介绍信、工作证等。

（2）归还所有公司文件、资料、设备、工具、文具、通信设备、域名、工作电子账号、门卡、钥匙等。

（3）向公司指派的其他同事交接清楚所有工作。

（4）与财务部门结算所有应付款项、应收款项。

（5）其他根据公司规定必须移交的物品：________________。

（6）乙方办理工作交接的程序应根据甲方的要求进行。双方同意在签署交接单后视为办结工作交接。乙方不按规定办理交接手续，造成甲方损失的，甲方有权要求乙方赔偿。

3. 乙方同意，解除（终止）劳动合同时，经济补偿金、剩余劳动报酬等应在乙方完成工作交接手续时由甲方支付。

4. 如乙方不辞而别（含拟离职但未提前30天通知，而擅自离开工作岗位的行为），视为乙方因个人原因自愿与甲方解除劳动关系。且该行为属于乙方违法解除劳动合同的行为，给甲方造成损失的，乙方应当支付赔偿金，赔偿金标准为1个月工资和甲方支付的律师费、诉讼费。如损失高于1个月工资的，则乙方应按甲方实际损失予以赔偿。

5. 乙方不辞而别的，视为乙方自愿放弃所有滞留于甲方的剩余报酬、款项、薪资、物资、福利等相关权利，如乙方因借款等原因对甲方存有债务，甲方处置上述所列后仍不足以偿还债务的，甲方有权要求乙方另行赔偿。

6. 乙方确认仅与本合同甲方存在劳动关系，在工作中可能会以其他相关公司的名义从事与本合同相关工作，该行为并不视为与其他公司形成劳动关系。

7. 本合同的签订属续签、变更的，甲乙双方确认在合同签订前的劳动关系存续期间已无任何劳动争议或不再追究；合同签订前的相关劳动报酬、加班工资、奖金、本年度之前的带薪年休假等所有法定或约定的待遇均已经结清。

8. 本合同生效前双方签订的任何《劳动合同》自本合同签订之日起自动失效，其他之前签订的相关协议文本的规定与本合同不一致的，以本合同为准。

9. 本合同签订后，《录用通知书》自动失效。

10. 本合同签字或者盖章生效，一式三份，甲方持两份，乙方自留一份。

以下无正文

甲方（签章）： 乙方（签字）：

代表人：

双方签订时间： 年 月 日

入职管理篇表单管理工具三

劳动合同签收单				
序号	姓名	签收人	签收时间	备注
1				
2				
3				
4				
5				
6				
7				
8				
9				
10				
11				
12				
13				
14				
15				
16				
17				
18				
19				
20				

入职管理篇表单管理工具四

入职声明

1. 本人将恪守诚信并确认我所提供的个人简历、证件复印件等所有资料真实、无误。

2. 公司已经告知本人相应的工作内容、工作条件、工作地点、职业危害、安全生产状况、劳动报酬等情况。

3. 本人有责任与义务在入职时在指定期限内签订劳动合同，否则公司可随时终止与本人的劳动关系。

4. 本人已收到人力资源部发放的员工手册与规章制度，并认可公司规章制度的合法性与合理性，本人认可上述手册与制度都已经经过民主程序，本人将认真阅读，严格遵守。本人清楚公司可以根据实际情况更新员工手册与规章制度，本人表示将对其予以严格遵守。

5. 本人同意岗位考核工资、奖金等其他收入将按照公司的相关规定执行。本人接受公司对本人的工作评价、业绩考核结果，同时接受公司对本人的工资、奖金核算与调整、工作岗位变更，以及岗位变更后薪资的调整等决定。

6. 本人现没有任何形式的兼职与副业，入职后也不为他人或其他单位兼职，在职期间，本人承诺不直接、间接或变相从事或经营与公司相同或相近的业务。

7. 本人现与其他任何单位不存在劳动关系。本人受聘贵公司不会违反本人对前雇主任何竞业限制义务，公司不会因雇用本人而引发任何诉讼。若因公司雇用本人而引发任何法律责任由本人承担。同时，本人承诺在与公司签订劳动合同时，并未存在与其他单位尚未了结的劳动诉讼纠纷。

8. 本人承诺不将任何涉及第三方的商业秘密私自带入公司，任何因本人违反对第三方的保守商业秘密义务而导致的任何法律责任，由本人承担。并且特别强调，本人理解公司的商业秘密保护政策，本人将严格保守公司的商业秘密、保密信息。

9. 本人在应聘、面试及入职过程中，没有受到就业歧视（包括但不限于性别、地域、民族、身高与乙肝歧视）及其他不公正的待遇。

10. 本人按照公司要求提供个人资料（包括但不限于身份证复印件、学历证书复印件、户口本复印件、上一家用人单位的离职证明等相关资料），否则，同意公司视为本人不符合公司的录用条件。

11. 本人承诺本人截至目前不存在任何犯罪行为、非在逃人员或者受到过或正在接受公安机关采取的强制措施。本人也不存在涉案正在审理的刑事案件。

12. 本人不存在影响目前岗位工作的身体以及精神疾病，不存在本岗位按国家法律法规规定应禁止工作的疾病或者影响正常履行职责的其他疾病。

13. 本人向公司出示的、提交的、陈述的任何有关本人的信息说明都是真实的，否则视为本人的不诚信行为，公司可以据此解除与本人的劳动合同，并且不负担任何赔偿责任。因本人的不实陈述给公司造成的损失，由本人承担。

14. 本声明作为本人与公司签订《劳动合同》前的承诺保证，与《劳动合同》具有同等法律效力。以上声明内容为本人自愿、独立、真实的意愿表示。

15. 本人如违反上述声明，本人同意被公司视为严重违反《劳动合同法》的诚实信用原则，并同意公司与本人解除劳动关系，并不支付任何补偿金。

16. 本人同意，公司有权在录用本人后对本人过往工作经历等与劳动合同履行有关的其他事项展开背景调查，该调查结论为不符合公司要求的，公司有权与本人解除劳动合同并不支付补偿金。

声明人签名：

日期：　　　　年　　月　　日

入职管理篇表单管理工具五

员工手册

（　　年　　月）

著作权声明

本文中所有信息均为××有限责任公司及其分、子公司和关联公司（下称公司）的机密信息，务请妥善保管，未经公司明确书面许可，不得为任何目的、以任何形式或手段（包括电子、机械、复印、录音或其他形式）对本文档的任何部分进行复制、存储、引入检索系统或者传播。

版本	修订日期	修订内容描述
V1.0	年　　月　　日	新编

导　读

通过本手册您将了解到公司的企业概况、企业文化、规章制度以及福利政策。同时，本手册也包含了公司对全体员工的期望与要求，文中各项规章制度亦将作为公司员工管理的基本准则。

请仔细阅读本手册。读完本手册您会更深入地了解公司。

前　言

公司根据《中华人民共和国劳动法》《中华人民共和国劳动合同法》及相关法律法规制定本员工手册。

本手册于2021年12月8日生效，适用于××有限责任公司及其分、子公司和关联公司的全体员工（下称员工），前述实体所在地区法规规定与本手册不一致的，以当地法规为准，地方法规与上位法冲突的以上位法为准。本手册执行期间，适逢相关法律法规修订或颁布新法的，以修订或新颁布法律法规为准执行。

本手册规定了公司的雇佣政策以及公司为员工提供的各种福利与机会，旨在帮助员工更好地了解公司的企业文化、期望和要求，也为员工提供公司政策方面的指引，以便员工充分了解其权利和义务，并在需要时用以参考。

除本手册外，公司根据管理需要制定的其他制度政策（下称公司政策）是《员工手册》

的附件。公司公布的新政策、新制度、新规定、处罚决定、通知等事项均以通告的形式在公司电子邮件中予以公示，员工必须加以留意阅读。凡已通告过的事项，均视为已向员工告知，对员工在职期间的行为具有约束力，员工应当遵照执行，如果严重违反，将可能导致解除劳动合同并不予支付任何补偿。为免疑义，员工在任何时候均须完全遵守公司政策，无论是否在本手册中专门提及。有些公司政策（如保密政策）在员工离开公司之后仍然适用。

公司有权根据管理需要对本手册的内容进行修改，并将修改后的内容通知全体员工。经修改之处将替代此前的政策或实践并通知员工，员工应当遵循修改后的公司政策。

所有员工都有义务签收、阅读、理解并严格遵守本手册。《员工手册》及其他公司政策将在公司电子邮件中公示，员工可通过电子邮件查阅《员工手册》等公司政策。《员工手册》及公司政策的修改也将以最新版本在公司内部进行公示告知。任何员工不得以不熟悉内容为借口而违反《员工手册》或其他公司政策。

如果本手册及公司政策存在与中华人民共和国法律法规相抵触之处，以有关法律法规为准。

本手册由人力资源部负责解释。若员工对本手册有任何疑问，请向人力资源部咨询。

第一章 总 则

第一节 公司简介

第二节 企业文化

一、公司的使命

二、公司的愿景

三、公司的价值观

第二章 员工管理

第一节 聘 用

一、聘用原则

1. 公司聘用条件

公司本着“公开、公平、公正、择优”的原则聘用员工，不因民族、种族、年龄、性别、婚姻状况、社团以及宗教信仰的不同而给予不同待遇，在人才选用育留上，力争实现“人尽其才、才尽其用”，凡被聘用之员工，必须符合如下条件：

1.1《应聘登记表》上所填写的内容及提供的身份证明、学历证明、各类证明/证书等均真实无误。

1.2 文化程度或技能达到应聘岗位的要求。

1.3 有下列情形者，不得聘为本公司员工，如已聘用的，经发现该类情形，公司可取消聘用或解除劳动合同：

（1）经指定医院体检不合格者。

（2）吸用毒品者。

（3）尚未与其他用人单位解除劳动合同者。

（4）不具备政府规定的就业手续者。

（5）证件不齐全或提供虚假证件者、陈述虚假履历者。

（6）与原用人单位存在竞业限制约定且员工在限制范围内。

（7）除以上情形以外，其他正当理由被禁止录用者。

新进员工如有违反上述规定，而未事先告知公司，公司将依规定视为员工订立劳动合同时，有欺骗的意图，违反诚实信用原则，使公司误信而有损公司利益，公司可以立即解除双方劳动关系，且不支付任何经济赔偿金。若造成公司损失的，公司有权予以追偿。

第二节 入 职

一、员工应按照公司要求在入职前进行身体健康检查。

二、员工应按照公司要求办理入职手续、领取《员工手册》，按照《入职手续清单》签署并提交文件，包括但不限于《劳动合同》《入职声明》《试用期录用条件确认书》《员工手册签收单》《保密协议》《竞业限制协议书》等。

三、员工应保证所提交材料的真实、完整、合法、有效，否则视为严重违反公司规章制度及诚实信用原则，公司有权与其解除劳动合同，并不作任何赔偿。

四、为了保障员工资料的准确性，当员工个人信息发生变更时，有义务在变更当日书面通知人力资源部，以便人力资源部及时更新。

五、每位新员工都需参加公司组织的新员工培训，尽快熟悉工作环境、了解部门和岗位情况以及业务流程。

第三节 转 正

一、试用期管理

1. 试用期界定

按公司与员工的相关约定，试用期为1—3个月不等，特殊岗位经CEO审批后可不设置或缩短试用期。

2. 试用期培养

人力资源部定期组织新员工进行入职培训。

3. 试用期管理

3.1 试用期间，按劳动合同规定享受试用期福利待遇，并计入公司工龄。

3.2 对于试用期表现特别优秀的员工，由部门直接主管向上级部门及人力资源部提出申请，经审核后可安排提前转正。

3.3 公司在试用期间，将根据约定的《试用期录用条件确认书》对试用期员工进行评估，考察员工的胜任能力，试用期间如出现重大违反公司制度情况或能力不能胜任工作岗位的情况，公司可终止劳动合同，不予转正，劳动合同自公司正式发出解除通知之日终止，员工应配合公司办理离职手续。

3.4 员工试用期间提出离职的，需提前三个自然日向部门主管提交《辞职报告》，并办理离职手续。

3.5 除了招聘广告、岗位说明、职责描述、《试用期录用条件确认书》上注明的考核内容等文件规定的条件外，试用期员工具备下述情形之一的，将被视为不符合录用及不通过试用期条件：

（1）符合本手册第二章第一节 1.3 条所列情形的。

（2）无法提供公司为其办理录用、社会保障等所需要的证明材料，没有按照公司要求提交全部证明材料的。

（3）员工入职后必须在一个月内与公司签订书面劳动合同，否则视为不符合录用条件。

（4）被发现利用出勤时间做与本职工作无关的事情的。

（5）不能通过公司对其过往学历、经历及背景调查的。

（6）利用职务进行贪污受贿或谋取财物的。

（7）不服从部门主管合理的工作安排的。

（8）有违法行为或者不当行为影响工作或者公司声誉、利益的。

（9）有其他不符合公司规定的具体岗位录用条件情形的。

二、转正管理

1. 转正条件

1.1 认同企业价值观。

1.2 试用期考核合格。

2. 转正流程

2.1 试用期结束前五个工作日，人力资源部提醒员工发起试用期申请。

2.2 导师、用人部门直接主管根据员工转正申请自评和试用期间的工作表现，客观公正评价，给予转正审批意见。

2.3 上级部门主管审批通过，准予转正，人力资源部下发转正通知书；如审批不通过，试用期内公司将予以解除劳动合同。

第四节 调 动

为了更合理地搭配公司人力资源，使人尽其才，提高工作绩效及工作满意度，可依据员工的工作能力及任职期间的工作业绩调配到适合的岗位。根据公司的业务发展和人力资源配置需要，岗位调动“能上能下”。调动后的工资待遇按新岗位的工资待遇执行。各部门主管应按其直接管辖人员的个性、知识、技能等因素，为其调配适当工作；员工也可以根据公司人力资源部公布的空缺职位申请调动。员工主要有以下形式的调动：

一、晋升

1. 晋升条件

1.1 具备较高职位所需技能。

1.2 具备相关工作经验和资历。

1.3 在职工作表现良好。

1.4 完成职位所需要的有关课程训练。

1.5 具备较好的适应能力和潜力。

2. 晋升形式

2.1 定期：根据绩效考核制度的评估周期及组织运营状况，统一实施晋升计划。

2.2 不定期：在年度工作中，对公司有特殊贡献、表现优异的员工，随时予以晋升。

3. 晋升流程

3.1 由各级部门主管根据企业政策及员工绩效情况，提出晋升建议名单，并呈报上级主管审批。

3.2 符合晋升条件的员工填写《岗位晋升评估表》，经 CEO 最终审核通过后晋升工作岗位。

4. 晋升后的工作

4.1 各级员工接到晋升通知后七个工作日内办妥移交手续，就任新职。晋升后如需要对《劳动合同》条款进行变更的，员工应予配合。

4.2 员工因晋升变动职务，其薪酬自晋升之日起重新核定。

5. 晋升限制

员工年度内受处罚者，次年不能晋升职位。

二、调岗

1. 调岗条件

当出现下列情况之一时，公司可调整员工岗位：

1.1 因公司项目撤销或完成、组织机构调整、部门撤销、岗位合并、设备更新等发生变化，导致不能安排原岗位工作的。

1.2 员工不论何种原因连续一个月以上未到岗上班，公司已安排其他员工替换员工原岗位，员工重新到岗上班的。

1.3 员工的父母、配偶、子女、兄弟姐妹在公司工作，公司认为不利于工作需要调岗的。

1.4 订立劳动合同时所依据的法律、行政法规、行政规章发生变化，导致岗位必须进行调整的。

1.5 根据员工的工作表现以及公司生产经营的需要等情况，需要调岗的。

1.6 绩效考核不达标的。

1.7 医疗期满不能从事原岗位的。

1.8 员工因健康、身体条件不适合在原岗位工作的。

2. 调岗流程

2.1 人力资源部依据调岗条件及员工情况协调各部门主管确定调岗人员。

2.2 人力资源部向调岗人员发出《员工调岗通知书》。

2.3 员工接到《员工调岗通知书》后七个工作日内办妥现岗位移交手续，按通知的报到时间前往新岗位报到。

3. 调岗后工作

3.1 调岗后，员工相应的薪资级别也将随岗位的变化而变化。

3.2 若因不胜任工作而调整岗位的员工，在调整工作岗位或培训后，下一个绩效评定周期考核成绩再次不合格的，公司可以书面形式通知员工本人，与其解除劳动关系。

3.3 员工在收到员工调岗通知书后，如未按通知时间到岗的，视为旷工，连续旷工达三天的，公司有权解除劳动合同，并不支付经济补偿金。

三、调薪

公司实行薪资保密制度，薪资调整内容不向其他人公布。

第五节　离　职

一、劳动合同的解除与终止

1. 本手册中的“离职”，包括员工辞职及公司或员工任何一方解除或终止劳动关系的所有情形。

2. 当员工未通过试用期考核或员工严重违反公司的规章制度或政府有关法律法规，情节严重的，公司会根据《劳动合同法》的有关规定做出解除劳动合同的决定。在此情况下，公司不须支付任何补偿，同时员工亦无权享受任何尚未享受的公司的福利待遇。

3. 员工由于个人原因需终止聘用，员工应当提交《辞职申请报告》，试用期员工必须提前三个自然日，正式员工必须提前三十个自然日向直接主管及人力资源部递交《辞职申请报告》。

二、离职程序

1. 无论何时、何种原因离职，员工离职时，都需要办理完毕全部离职手续。

2. 公司有权对重要岗位离职时发起离职审计工作，离职审计工作包括但不限于对过往工作按公司要求做细致说明，收尾工作的善后，业务款项的结清或说明等，具体审计内容以公司发出的通知为准，离职员工应当无条件予以配合。

3. 员工辞职，未依照公司要求办理交接手续的，或无法按期提前申请辞职，给公司造成经济损失的，需赔偿下列损失：

3.1 公司为其支付的培训费和招收录用费。

3.2 对公司经营和工作造成的其他直接经济损失。

（1）若损失可以计算的，员工按公司的实际损失予以赔偿；

（2）若损失难以计算的，损失赔偿金的标准按照员工两个月的工资以及公司为此支付的相关费用（包括但不限于律师费等）一并计算。

4. 员工有下列情况之一的，应当在下列情况处理完毕后离职：

4.1 给公司造成经济损失尚未处理完毕的。

4.2 未按公司要求完成离职审计的。

4.3 未办理完工作交接的。

5. 若离职员工的岗位和工作性质可掌握公司商业秘密，则其离职前必须提前通知公司，公司有权将其调动至不需保密的部门工作一定期限（称脱密期，不超过六个月），薪随岗变。脱密期限届满，员工才可以正式离职。

6. 员工离职时，若与公司签订过竞业限制、培训、期权协议或其他类似专项协议的，需以书面形式确定履行的义务并办妥有关事宜后，方可办理离职手续。

7. 员工离职之后应当继续遵守对公司的保密义务。若员工泄露、擅自使用或允许他人使用在公司工作期间所涉及的公司的保密信息或以其他任何直接或间接的方式侵犯公司的保密信息，公司将依法追究员工的法律责任。

8. 依据有关法律法规应向员工支付经济补偿的，经济补偿金在员工办理完离职交接手续后支付。若员工离职前有欠款、借款、赔偿款或其他需交还公司的财物，在员工偿还清公司财物后再予以支付经济补偿金。

第六节 退 休

一、退休条件

1. 达到国家法定退休年龄，职工养老保险累计达到缴费年限，且按规定确定待遇领取地为所在工作城市的参保人员，可以办理退休并按月享受养老金。

2. 因工致残，由医院证明，并经劳动鉴定委员会确认，完全丧失劳动能力的，经劳动部门批准后可办理退休。

3. 因公司工作需要，延长退休时间的，需经有关部门批准后实施。

二、退休手续

1. 达到法定退休年龄的员工，提前三十天向公司提出退休申请。

2. 员工应当按照所在工作城市退休职工管理办法等有关规定，提交退休资料，由公司协助办理退休手续。

三、退休返聘

对已办理退休的员工，因公司业务发展需要进行返聘的，双方签署《职工劳务合同（退休返聘人员）》，双方权利义务，以协议约定为准。

第三章　考勤和休假

第一节　考　勤

一、工作时间

周一至周五 09：00—18：00，午休时间 12：00—13：30。

公司实行弹性工作制，弹性时长为半小时，即上班时间不晚于 9：30 或下班时间不早于 17：30。

二、迟到、早退

1. 迟到

迟到是指晚于 9：30 到达公司的。

2. 早退

早退是指早于 17：30 离开公司的。

3. 根据员工不同的工作岗位和工作性质，如有拜访客户或外出公干、出席会议等情况，在提前征得直接主管同意的情况下，可视为正常出勤。

4. 如因工作安排所需，在前一个工作日工作到较晚时间的员工，直接主管可酌情安排员工第二日晚到或调休。

三、旷工

以下情况，均视为旷工：

1. 无特殊情况，未经直接主管允许擅自离岗两小时以上。

2. 一个考勤周期（一个月）内累计迟到或早退超过三次不足七次，按旷工半天处理。

3. 一个考勤周期（一个月）内累计迟到或早退超过七次，按旷工一天处理。

4. 假满无故不到岗者或续假未得到批准而不到岗的。

5. 各种假期无证明、证明无效或伪造、涂改各种假期证明的。

6. 按规定手续请假或虽提出申请但未获批准而不到岗的。

7. 不服从公司工作安排及/或部门调动，擅自不到岗的。

8. 员工辞职，未履行离职手续，擅自不到岗的。

9. 其他无正当理由的缺勤。

每旷工一天扣罚当日工资，旷工半天则扣罚当日半日工资。

四、加班管理规定

1. 加班原则

1.1 因工作需要在非工作日加班的，可以由部门主管酌情安排，公司提供加班补偿。

1.2 确保健康第一的原则，部门主管安排加班时，需结合员工身体状况，对加班频次、时长与正常上班时间间隔进行合理安排，保证员工的身体健康。

2. 加班申请途径

加班必须由员工本人申请，由部门主管审批，审批通过后视为得到了部门主管的加班批准。具体流程参照人力资源部门提供的操作指引。

3. 加班补偿

参照《中华人民共和国劳动法》的规定，公司提供的加班补偿为加班工资，细则如下：

3.1 日薪=月薪÷月计薪天数（根据国家人力资源和社会保障部的规定，月计薪天数为21.75天）。

3.2 双休日加班工资=日薪/8×加班小时数×200%。

3.3 法定节假日加班工资=日薪/8×加班小时数×300%。

备注：上述月薪、日薪，不含薪资中的福利部分。

4. 发放方式

当月加班费，在当月工资中体现，纳入当月税前工资，合并计税。

第二节　休　假

一、假期类型

本节规定的天，若无特别约定，均为连续自然天数。本节休假规定若与最新法律法规、地方性规定相冲突的，以最新法律法规、地方性规定为准。

1. 带薪年假

1.1 带薪年假的享有条件

（1）员工有下列情形之一的，不享受当年的带薪年假：

a. 员工请事假累计二十天以上且公司按照规定不扣工资的。

b. 累计社会工龄满一年不满十年的员工，当年病假累计二个月以上的。

c. 累计社会工龄满十年不满二十年的员工，当年病假累计三个月以上的。

d. 累计社会工龄满二十年的员工，当年病假累计四个月以上的。

如员工已享受当年的带薪年假，但出现以上提到的四类情形的，员工已享受的带薪年假将从下一年度应休带薪年假中予以扣除。

（2）带薪年假单位为“天”，申请的最小单位为“半天”，具体带薪年假时间请参考以下表格：

社会工龄（年）	法定年休假（天）
少于1	0
1—9	5
10—19	10
20及以上	15

1.2 带薪年假的计算

（1）遇年限节点时法定年休假天数计算方法：

<table>
<tr><th rowspan="2">类别</th><th colspan="4">遇节点计算公式</th></tr>
<tr><th>入职第一年</th><th>工龄满一年</th><th>工龄满十年</th><th>工龄满二十年</th></tr>
<tr><td>校招员工</td><td>无当年法定年休假</td><td>（工作满 1 年时当年度的剩余日历天数/365）×5</td><td rowspan="2">（当年年初至工作满 10 年时的日历天数/365×5）+（工作满 10 年时当年度剩余日历天数/365×10）</td><td rowspan="2">（当年年初至工作满 20 年时的日历天数/365×10）+（工作满 20 年时当年度剩余日历天数/365×15）</td></tr>
<tr><td>社招员工</td><td colspan="2">（当年入职后的剩余日历天数/365）×5</td></tr>
</table>

（2）员工入职

a. 社招新员工（连续工作满十二个月）在加入公司转正后即可申请带薪休假，申请年假时须提供其连续工作满十二个月的证明，包括但不限于社保连续缴纳记录等。

b. 新入职员工当年带薪年假天数根据员工当年实际服务天数折算。

（3）员工离职

a. 员工离职时根据当年实际服务天数折算带薪年假天数。

b. 员工主动辞职的情况下，直接主管有责任协助员工在离开公司前休完所有未休年假或者用于抵扣通知期。

c. 员工被动离职的情况下，员工应在最后工作日前休完所有未休年假。

1.3 带薪年假管理

（1）员工申请带薪年假五天以下由直接主管批准，五天以上需上一级主管审批。

（2）员工申请年休假时需提前三天申请。

（3）公司依据生产经营情况，可安排公司内员工统一休年休假。

2. 婚假

2.1 员工符合法定年龄结婚的，享受国家法定婚假。原则上一次性连续安排休假。

2.2 在公司任职期间办理完法定结婚手续后一年内均可以申请带薪婚假，超过一年时间未休的，视为放弃休假。

2.3 员工申请婚假时需提前一周申请并提供结婚证的复印件，得到直接主管的批准后方可休假。

2.4 如果员工合同履行地政府公布的婚假规定与公司政策不同，公司将按照员工合同履行地相关规定执行。

2.5 员工离职时，未休婚假不做现金折算。

2.6 在本公司入职前结婚的，不享受婚假。

3. 产前检查假

3.1 符合国家计划生育政策怀孕的女员工，怀孕期间可享受产前检查假。

3.2 产前检查假享受标准：女员工孕期最多可享受十八次带薪产检假，每次产检假为半天。

申请材料：生育服务登记证、产检手册。

4. 产假

4.1 符合国家计划生育政策怀孕的女员工，可享受法定产假。

4.2 剖宫产十五天。

4.3 难产假十五天（常规剖宫不认定为难产，难产须提供医学证明：难产相关的出院小结或医院证明）。

4.4 多胞胎生育假，每多生育一个婴儿增加十五天。

申请流程：员工在申请产假时需提前申请并提供准生证、结婚证以及相关医院证明，产假申请由人力资源部和直接主管审批。如遇特殊情况员工本人不能提交产假申请的，直接主管可以代替员工申请。

4.5 生育津贴

公司依法为员工缴纳社会保险，符合计划生育政策的员工产假期间享受社会保障部门发放的生育津贴。

4.6 如果员工合同履行地政府公布的产假规定津贴发放规定与公司政策不同，公司将按照员工合同履行地相关规定执行。

5. 哺乳假

5.1 有不满一周岁婴儿的女员工，每个工作日可以给予一小时哺乳时间。多胞胎生育的，每多哺乳一个婴儿，每次哺乳时间增加三十分钟。

5.2 任何因与怀孕相关的疾病而导致的缺勤应被视为正常病假，需要提供医院的相关证明。

6. 流产假

6.1 女员工可享受法定流产假。

6.2 怀孕四个月以下流产可以享有十五天带薪流产假。

6.3 怀孕四至七个月流产可以享有四十二天的带薪流产假。

6.4 怀孕七个月以上流产的按照正常产假执行。

申请流程：休流产假的员工原则上应在休假三天前提交医院诊断证明申请该类假期，申请由人力资源部和直接主管审批。如果员工合同履行地政府公布的流产假规定与公司政策不同，公司将按照员工合同履行地相关规定执行。

7. 计划生育假

接受节育手术的员工，可享受法定计划生育假，具体天数根据医院开具的假条执行。

8. 陪产假

8.1 男员工在其配偶生育符合国家计划生育政策的情况下，可以享受法定陪产假。

8.2 员工在申请陪产假时需提交出生证明。陪产假由人力资源部和直接主管审批。

8.3 如果员工合同履行地政府公布的陪产假规定与公司政策不同，公司将按照员工合同履行地相关规定执行。

9. 丧假

员工在其家庭成员去世的情况下，享有的带薪丧假按以下规定执行。

9.1 员工亲属（祖父母、外祖父母、亲兄弟姐妹）死亡，可给予三天丧假。

9.2 员工本人或配偶的父母死亡，可给予六天丧假；

9.3 员工配偶或子女死亡，可给予八天丧假。

提交材料：死亡证明或火化证明原件交付公司比对，公司保留复印件。

10. 无薪事假

10.1 员工出于私人原因需要暂时离开工作岗位的，应于当日 10 时前电话/邮件如实告知直接主管请假原因，直接主管批准后，员工需要在系统中提交无薪事假申请。在事假期间，公司停付薪金。

10.2 员工事假天数一年累计超过【六十】天或连续满【三十】天及以上的，经公司批准的，可办理停薪留职手续。(停薪留职期间公司和个人产生的社保公积金费用由员工全部承担。)

10.3 员工可优先申请年休假①折抵事假。

10.4 员工应在最初请假理由消失后及时销假，未及时销假的视为旷工。

10.5 事假未经公司批准自行休假的，视为旷工。

11. 病假与医疗期

11.1 病假

(1) 病假：除带薪病假外为普通病假，因病缺勤两天以上者，应提供二级甲等以上医院的诊断证明，否则将按事假处理。病假须事先提出申请，如因急病来不及事先申请时，应于当日 10 时前电话通知直接主管，并于返回公司当日补办请假申请手续。

---

① 笔者认为带薪病假是公司对生病员工的人性化照顾，不建议用带薪病假折抵事假等其他假期。带薪病假的申请还是建议应以生病为前提。

（2）病假待遇：

（上海）

<table>
<tr><td rowspan="5">病假工资（疾病或非因工负伤连续休假6个月内）</td><td>司龄不满二年</td><td>本人工资的60%</td></tr>
<tr><td>司龄满二年不满四年</td><td>本人工资的70%</td></tr>
<tr><td>司龄满四年不满六年</td><td>本人工资的80%</td></tr>
<tr><td>司龄满六年不满八年</td><td>本人工资的90%</td></tr>
<tr><td>司龄满八年及以上的</td><td>本人工资的100%</td></tr>
<tr><td rowspan="3">疾病救济费（疾病或非因工负伤连续休假超过6个月）</td><td>司龄不满一年</td><td>本人工资的40%</td></tr>
<tr><td>司龄满一年不满三年</td><td>本人工资的50%</td></tr>
<tr><td>司龄满三年及以上的</td><td>本人工资的60%</td></tr>
<tr><td colspan="3">本人工资按职工正常情况下实得工资的70%计算。</td></tr>
<tr><td colspan="3">职工疾病或非因工负伤休假待遇低于本企业月平均工资40%的，应补足到本企业月平均工资的40%。企业月平均工资的40%低于本市在职职工定期生活困难补助标准的，应补足到本市在职职工定期生活困难补助标准。
职工疾病或非因工负伤待遇高于本市上年度月平均工资的，可按本市上年度月平均工资计发。</td></tr>
<tr><td colspan="3">企业支付职工疾病休假期间的病假工资或疾病救济费不得低于当年本市企业职工最低工资标准的80%。</td></tr>
</table>

（3）如果员工合同履行地政府公布的工伤假规定与公司政策不同，公司将按照员工合同履行地相关规定执行。

（4）公司对员工提供的病假证明等相关资料有异议的，可以要求员工到公司指定的三级/二级甲等医院接受复查诊断，员工应予配合，就诊复查结果将作为公司审核病假的依据，未提供复查结果的，视为未提供病假证明，公司有权不批核其病假。

11.2 医疗期

（1）员工因患病或非因工负伤，需要停止工作医疗时，根据本人实际参加工作年限和在本单位工作年限，按照法律规定给予三个月到二十四个月的医疗期，按国家有关规定享受医疗期待遇，具体医疗期期限如下：

（上海）

依据劳动者在本单位的工作年限设置。劳动者在本单位工作第一年，医疗期为三个月；以后工作每满一年，医疗期增加一个月，但不超过二十四个月。

（2）申请条件：当员工患病或非因工负伤需要停止工作治病休息的，须提交病假申请和二级甲等以上医院开具的病假单。

(3) 医疗期满不能胜任合同约定的岗位要求的员工，公司将调整其工作岗位一次，若调整后其仍然不能胜任岗位工作要求的，公司将依法与其解除劳动合同。

(4) 病假医疗期，公司有权要求员工到公司指定的医院进行复诊，依据复诊情况确定员工继续休假或返回岗位或解聘。

(5) 在病假医疗期内，员工有外出旅游等与休病假无关的行为的，视为违反诚实信用原则，公司有权与其解除劳动合同，并不支付任何经济补偿。

11.3 工伤假

(1) 职工因工作遭受事故伤害或者患职业病需要暂停工作接受工伤医疗的，在停工留薪期内，原工资福利待遇不变，由所在单位按月支付。停工留薪期一般不超过十二个月。伤情严重或者情况特殊，经设区的市级劳动能力鉴定委员会确认，可以适当延长，但延长不得超过十二个月。

(2) 申请材料：社保机构提供的工伤鉴定证明。

(3) 员工在核定的工伤假期内原工资福利待遇不变，薪资福利继续发放。

二、请假扣款

所有请假扣款将在当年度最后一个考勤周期中扣除。例如，员工在年中离职，则在离职当月的薪资结算中体现当年度的请假扣款。

第四章　薪酬福利和绩效管理

第一节　薪酬福利

一、工资

1. 员工的工资是按其本人的职位、工作职责、资历、经验、工作表现及能力、市场水平以及公司的业绩，由公司决定的。

2. 工资实行保密制，员工应严格遵守保密义务。

3. 公司每月 10 日前通过员工银行卡向员工发放工资。

二、年终奖

1. 年终奖是公司依据公司业绩和员工绩效做出的一种激励方式。每年的奖金依据公司当年度的年终奖政策规定发放，公司依据当年实际经营情况、员工绩效以及员工整个年度在职时间确定年终奖具体金额。公司对奖金数额以及发放标准等年终奖发放事宜享有最终决定权。

2. 绩效考核符合条件的正式员工享受年终奖。

3. 已通过试用期转正，且当年度 12 月 31 日前（含当日）在职的员工享受该年度的年终奖；如当年度已转正但工作时间未满一年者，其该年度的年终奖按其当年度在公司实际服务天数进行折算。

三、公司福利

1. 自员工正式受聘的当月起，公司将根据政府规定为其按月缴纳社会保险费及住房公积金。

第二节 绩效管理

一、绩效管理原则

1. 绩效管理的目的

公司通过绩效管理系统实现目标管理，保证公司战略目标的实现，提高公司在市场环境中的核心竞争力。

2. 绩效目标的设定

公司根据战略规划和经营目标设定绩效目标，并自上而下层层分解至公司各部门和个人，从而实现个人绩效目标与公司战略目标的高度一致性。

3. 反馈与指导

公司在绩效管理中重视过程管理的环节，为员工提供持续的反馈和必要的指导；公司定期对员工个人的绩效进行评价和反馈，通过对目标实现过程的管理帮助员工改善个人绩效。

二、绩效考核体系

1. 考核周期

公司以年度为绩效管理的完整周期，以季/半年度为绩效管理的评定周期。

2. 绩效考核内容和方式

公司为了实现战略目标和经营目标，采用科学的方法对员工的工作过程和结果进行评估，评估维度包括员工的工作态度、工作业绩及核心能力发展等。

员工的个人绩效考核成绩，将与所在组织绩效考核成绩相结合，作为评价员工整体绩效表现的标准，以体现个人与组织考核目标的一致性。公司根据企业战略变化、经营实际需要及考核评估效果，将会不定期对绩效考核的具体方式进行改革或调整。

三、绩效考核结果的应用

1. 绩效考核结果将为薪酬调整、奖金股权分配、岗位调整和合同续签等人事决策提供重要依据。

2. 员工连续两个绩效评定周期考核成绩不合格，视为“不能胜任工作”，公司有权调整其工作岗位或对其进行培训，并根据新的岗位适当调整其薪酬福利待遇；调整工作岗位或培训后，下一个绩效评定周期考核成绩再次不合格的，公司可以书面形式通知员工本人，与其解除劳动关系。

3. 公司将依据各部门及岗位的不同制定绩效考核制度，以最终实施的制度为准执行。

第五章 报销制度

一、员工日常费用报销

员工日常费用报销的范围包括加班交通费、业务招待费、为公司办公事垫付费用。

二、员工费用报销审批

1. 费用报销须有明确的发生原因、费用项目、发生时间、地点、金额及报销人；报销人须提供有效的报销凭证，包括发票、合同等。

2. 报销申请人须在费用报销系统上填写申请单并提交，部门主管在费用报销系统中审核通过。

三、员工费用报销款支付

1. 报销申请人打印费用报销系统审批后的申请单和发票并填写“费用报销单”写明报销内容（不需要部门负责人及公司领导签字）交给财务部会计对发票进行审验，出纳确认报销并付款。

2. 差旅费报销

差旅费是指公司员工外出工作期间所发生的合理费用，具体包括：在途交通费、住宿费、市内交通费、其他公务杂费等。

2. 1 市内交通工具包含出租车、公交车、中巴等。对于乘坐出租车，需在报销时在票据上注明起始地点和原因。

2. 2 员工出差使用交通工具为飞机、火车、汽车、轮船等普及工具。

2. 3 员工出差期间，标准内住宿费用实报实销（但不包含酒店清单上所列付费服务项目）。

2. 4 员工外出期间产生的公务费，如邮电费、文件复印费、传真费等实报实销。

2. 5 员工出差返回公司后应在一周内报销差旅费用，员工填写差旅报销单，同时通过手签或者邮件审批的形式或者相关批准。审批规则参考审批权限矩阵。审批通过后，申请人将差旅报销单连同差旅费发票，交给财务部会计对发票进行审验，出纳确认报销并付款。

3. 员工出差报销标准

费用项目	省会/直辖市	非省会/直辖市
住宿	每人每天三百元	每人每天二百五十元
飞机票	经济舱	经济舱
火车票	硬卧/二等座	硬卧/二等座
市内交通	实报实销	实报实销
餐费	每人每天六十元	每人每天四十元

第六章　员工培训

一、基本原则

1. 理论联系实际原则。培训需求与企业、员工需求以及岗位要求紧密结合。

2. 系统性原则。系统科学的培训是人才管理和开发的基础工作，根据不同的培训目的设置不同的培训内容。

3. 多样性原则。针对不同对象，层次多样性；针对不同需求，类型多样性，内容多样性；针对不同目的，形式多样性。

二、培训类型

1. 基于岗位胜任能力提升的培训。以人为中心，以岗位需求为出发点，结合员工职业生涯进行规划。

2. 基于绩效提升的培训。以事为中心，将原理、方法、技巧和工具应用于工作，为企业解决问题、产生效益。

3. 基于企业愿景、战略达成的培训。为员工指明企业愿景，统一行动方向。

三、培训需求

1. 组织分析：根据组织范围内的培训需求，以保证培训计划符合企业的整体战略和目标要求。

2. 工作分析：建设优化岗位胜任力模型，构建员工达到理想工作业绩所必须掌握的技能和能力。

3. 个人分析：将员工现有水平与期望行为标准对比差异，提高能力。

四、培训内容

1. 知识培训：通过讲授或讲座，对概念、原理等理论知识进行培训，增强员工对新环境或新技术的适应能力。

2. 技能培训：针对某项技能的提高培训，包括使用工具、适应本职工作、处理和解决实际问题。

3. 素质培训：培养积极的工作态度和良好的思维工作习惯。

五、培训资源

1. 内部资源：企业的管理团队、具备领域或行业知识和技能的高级人才。

2. 外部资源：专业的培训机构、研讨会等。

第七章　员工行为准则

第一节　员工着装规范

一、员工仪表要求

1. 员工上班期间应佩戴工卡。

2. 上班期间头发应梳理整齐。女性员工不梳异型发式、不化浓妆，首饰佩戴应得体。

二、员工着装要求

一般要求员工工作穿着适于日常工作开展的工作服或者休闲装，如遇特定商务场合，穿着正装。通常来说，正装包括：西服套装、套裙、有领正装、短/长袖衬衫等；商务休闲装包括：休闲西装、西裤、商务夹克、有领T恤等。

1. 女员工着装禁忌

1.1 不得穿过薄过露过透的服饰、低胸衫、吊带衫。

1.2 下装不得穿中裤、短裤，裙子不得高于膝盖十厘米以上。

1.3 不得穿拖鞋款凉鞋。

2. 男员工着装禁忌

2.1 上装不得穿无袖、背心。

2.2 下装不得穿中裤、短裤。

2.3 不得穿过于休闲的凉鞋、拖鞋等。

第二节　员工行为规范

一、反腐败规定

为了保持全体员工清正廉洁、恪尽职守的工作作风，预防腐败，消除腐败，保障公司的健康发展及个人利益不受侵犯，每一位员工都应遵守反腐败相关规定。

1. 腐败行为的定义

本手册所称的腐败行为是员工在履行职责或者行使职权过程中发生玩忽职守、滥用职权、徇私舞弊，损害公司利益的行为或以图协助公司获取某项业务贿赂他人的行为。包括但不限于：

（1）为自己、利害关系人或他人谋取不正当利益。

（2）利用职务便利收受、获取各种名义的回扣、手续费及其他好处归个人或小团体所有。

（3）收取礼品及馈赠不上交、私自接受合作伙伴宴请的金额人均达二百元以上的。

（4）贿赂他人或收受贿赂、介绍贿赂。

（5）挪用、侵占及盗窃公司资产。

（6）滥用职权或徇私舞弊损害公司利益。

（7）利益冲突。

（8）其他腐败行为。

2. 反腐败遵守三大原则

2.1 人人反腐原则：预防及打击腐败行为是公司每一名员工的职责，公司联合合作伙伴及社会力量开展腐败治理工作。

2.2 零容忍原则：任何员工违反公司反腐败条例的规定都会导致解聘，涉嫌违法犯罪的将依法移交司法机关处理。

2.3 问责原则：每位管理者须对任期内所分管的业务发生的腐败行为负责，并把反腐败工作作为绩效考核的重要组成部分。

3. 腐败行为的预防

3.1 禁止员工以各种手段侵占及盗窃公司资产。

3.2 与外部供应商的合同应附《廉洁协议》或增加廉洁条款。

4. 反腐败的调查

4.1 公司设立审计部，全面收集发生在各个领域的各类腐败信息。公司会对所有信息提供者及所提供的所有资料严格保密。

公司鼓励实名举报，对于实名举报提供的信息经调查属实的，将按案件影响的大小给予实名举报者相应奖励。

4.2 审计部独立行使调查权，任何部门及个人不能干预及限制。任何个人和部门不得拒绝、阻碍调查人员开展工作，不得对其进行打击报复。

4.3 审计部调查人员因调查需要可以约谈任何员工，公司员工在健康状况允许的前提下，不得以其他任何理由拒绝约谈。

4.4 被调查的部门及个人应按照公司相关规定主动配合审计部进行调查，完成相应的调查记录。被调查的部门及个人应对其提供的证据材料的真实性负责，在调查过程中如出现故意隐瞒或欺骗的情况，则视为严重违纪，予以辞退处理。

5. 反腐败的处理

任何员工违反反腐败规定的行为都会导致解聘，涉嫌违法犯罪的将依法移交司法机关处理。

二、职场性骚扰预防制度

公司对职场性骚扰持“零容忍”态度。公司为员工提供保护劳动者和劳动的条件，严格遏制职场性骚扰的行为，任何员工不得利用职权或职务上的便利为性骚扰之不当行为。

1. 性骚扰的行为

1.1 若员工有以下行为，应被认定为施行性骚扰行为：

（1）员工不断向被骚扰员工讲黄段子。

（2）员工身体故意靠近被骚扰员工。

（3）员工向被骚扰员工发送色情电话、短信、短消息、视频、邮件等。

（4）员工向被骚扰员工做出性猥亵动作，包括手势和暴露性器官等。

（5）员工强行搂抱、抚摸、亲吻被骚扰员工。

（6）员工盯着被骚扰员工胸部、臀部，引起被骚扰员工的不适。

（7）员工以升职加薪作为交换条件或以考核业绩、工作调动、辞退为由向被骚扰员工施压提出性要求。

（8）员工强迫与被骚扰员工发生性关系。

（9）其他经有关部门认定为性骚扰的行为。

2. 公司对性骚扰行为的处理流程

2.1 预防

公司通过制度的形式，确定性骚扰的行为及响应机制，要求员工不得做构成职场性骚扰的行为。

2.2 举报

一旦员工认为自己正在经历性骚扰，可将情况及相关证据拟成情况说明发送至部门直接主管或人力资源部邮箱。

员工应该实名进行举报，并保证举报事项的真实性，不得虚构事实恶意诋毁、中伤被举报员工。公司保护举报员工的隐私，不受理员工的匿名举报行为。

2.3 受理

公司认为有初步证据证明员工正在经历性骚扰，受理员工的举报，并出具受理通知。

2.4 处理

（1）展开调查。

（2）对性骚扰员工展开谈话，调查性骚扰的情况。

（3）配合被骚扰的员工向有关部门进行维权申诉。

2.5 处置

若员工性骚扰行为成立，公司有权与其解除劳动合同，并不支付任何经济补偿。如达到犯罪程度，可移交司法机关处理。

第三节　安全与健康

公司努力营造并为员工提供安全的工作环境，每一名员工均有义务保持良好和安全的工作环境，管理岗位的员工应对其所管辖范围内的安全承担管理及监督责任。

一、进入限制

1. 未经公司事先批准，员工不得将与工作无关的人员带入工作场所。

2. 对以下员工，公司有权要求其离开或限制其进入工作场所：

2.1 公司安排接受调查或安排休假的员工。

2.2 精神或行为失控的员工，或其他扰乱工作秩序的员工。

二、吸烟

员工应到指定场所吸烟，在禁烟场所吸烟是不被允许的违纪行为。

三、遵守安全守则及参加安全培训

1. 全体员工都应严格遵守公司、部门、工作场所、岗位、业务相关的安全规定。

2. 公司鼓励员工参加公司组织的安全培训，敦促员工掌握必要的安全技能。

四、健康

公司关注员工的身心健康。每年度公司将安排员工进行定期体检，发生紧急情况时，公司会尽力为员工提供及时的医疗救助。

第四节　知识产权

一、在员工受雇于公司期间（包括工作时间和非工作时间）及其离职后一年内，员工提出的、研制的或发现的与公司业务或公司交予的工作或任务有关的，单独或与他人共同完成的设想、设计、标记、发现、发明或程序改进之秘密过程及其他无形知识产权（简称知识产权），应为专属于公司的财产，员工应该将此知识产权，连同与拥有和/或使用该等知识产权有关的，必需或有用的所有的设计、图纸、工作文件、电子文件或电子作品和其他材料以及所有相关工作成果披露和移交给公司。

二、任何时候，只要有必要，员工应配合以公司或公司指定人为权利人将专利、商标、版权或设计申请注册或采取其他类似的保护此类知识产权的措施，并且签署所有文件及完成公司或公司指定人取得该专利、商标、版权、设计或其他知识产权的所有权所必需的一切事情，费用由公司承担。在取得这些所有权后，公司或其指定人为该权利的绝对的和唯一的所有权人。

三、在员工与公司建立雇佣劳动关系或劳务关系之前所完成的、所有权归员工或虽所有权归第三方所有但员工可在协议范围内进行使用的发明通称为“在先发明”。如果，在员工与公司雇佣关系或劳务关系存续期间，员工将一项在先发明在公司的产品、服务、程序或机器设备上进行运用，公司自然获得非独占的、免费的、不可撤销的、永久的、全球范围内的许可（包括通过不同级别的转授权形式转授权给他人使用）去制作、修改、使用和出售此等在先发明。鉴于前述，员工同意未经公司事先书面同意，员工不将已用于公司产品或服务的在先发明进行使用，或授权他人使用。

四、员工与公司雇佣劳动关系或劳务关系存续期间，员工确认公司给员工的报酬中已足额支付了为发明实施所付出的劳动，如：提出概念、创作、发展、改进或简化。员工在此声明放弃全部法定优先申请专利、商标权、著作权，或任何发明或技术产品转让权，以及对任何职务作品的权属进行主张或提出异议的权利。

五、员工理解并同意，在本节第二条知识产权保护条款中所约定的权利和义务将无限期地持续有效，而且不受员工与公司的雇佣关系因任何原因（包括但不限于聘用期满、解雇、辞职）终止或解除的限制。

六、员工如违反知识产权保护的规定，应赔偿由此给公司造成的全部损失，包括但不限于利润损失、商誉损失、业务机会损失，以及为制止、调查违约行为所支付的合理开支（如律师费）。

第五节　保密制度

一、保密义务

员工有义务对其在雇佣期间获得的或为了完成工作而被告知的任何或全部信息和数据进行保密，未经公司授权不得披露或泄露保密信息，如出现泄密情况（含因泄密造成损失者），公司保留一切追究其法律责任的权利，并要求其对于损失进行赔偿。

二、保密信息

1. 保密信息定义

“保密信息”是指不为公众所知的、能带来利益的、对公司或其他第三人有实际价值，并因此被保密的商业、技术和管理信息，以及其他形式的保密信息。其介质包括但不限于纸质、电子存储、光存储和磁存储等。

2. 保密信息范围

在受雇于公司期间，员工得到的公司的商业、技术和管理信息，以及其他形式的保密信息包括但不限于下列由公司所有的信息，无论该等信息是公司自行取得还是从他方受让获得：

2.1 公司的交易秘密

包括但不限于产、供、销渠道，客户和准客户的姓名、电话、住址、使用产品情况，合作单位负责人姓名、电话、合作情况，订单意向，成交或商谈的价格，产品性能、质量、数量、交货日期等。

2.2 公司的经营秘密

包括但不限于经营方针、投资决策意向、产品服务定价、市场分析、广告策略、活动策划、市场策划方案、营销网络、产品成本、经济合同等。

2.3 公司的管理秘密

包括但不限于：

（1）公司财务预决算报告及各类财务报表、统计报表，表现为财务报表、审计报告、财产评估报告、财务预决算案等。

（2）公司法务及律师意见，表现为法律文书审核、修改意见、法律事实论证，纠纷解决方案等。

（3）公司职员人事档案、工资性及劳务性收入、人事政策及资料，表现为薪酬与福利安排、员工培训方案、未公布的人事调整方案、员工奖励与处罚方案等。

（4）公司内部文件、电子邮件、内部网站资料、管理规章制度以及所有保存于公司工作用电脑、服务器或档案室、办公室的文件资料等。

2.4 公司的技术秘密

包括但不限于调查研究、模式、计划、汇编物、发明与创造、产品、公式、设计、模型、方法、技术、过程、程序、计算机程序及软件（无论是源代码或目标代码）、数据库、开发计划、研究开发记录、技术报告、检测报告、实验数据、操作手册、技术文档、技术、硬件配置信息、产量、设备变更等。

2.5 其他信息

在公司运行过程中产生和保存的，不当使用或者扩散会给公司带来损失风险、提高运行成本或者影响持续运行能力的信息，包括但不限于：其他经过秘密定级程序确定为公司秘密的信息；按照法律法规、合同或保密协议，公司需承担保密义务的信息；其他本规定未列但公司已确定应当保密的事项。

三、保密规则

1. 在任职期间未经公司对外公开披露或书面同意，员工不得以泄露、公布、发布、出版、传授、转让或其他任何方式将其所知的保密信息直接或间接地披露给他人，包括根据其职责不需要掌握相关信息的公司员工及公司指定传播范围以外的员工，亦不将其用于与公司进行竞争或用于履行劳动合同规定的职责和义务以外的其他用途。

2. 员工不得向其他员工窥探、过问非本人工作职责内的公司秘密。

3. 员工薪酬为商业机密，员工间不可互相打听薪酬。

4. 员工须严格遵守秘密文件、数据、档案的保密管理，不得将有保密信息的文件和存储介质擅自带出公司办公室，带保密信息的作废文件应立即销毁。纸质秘密载体应当在本职能部门工作场地内打印。

5. 公司在用的电脑设备因报废、毁损等原因需要进行处置的，应当先由公司有关人员对其硬盘中留存的涉密文件、资料进行彻底删除后，方可进行处置。

6. 员工不得利用公司保密信息（包括客户关系）做与其本职工作无关的业务，或利用公司保密信息为自己或亲友谋取利益。

7. 员工因工作所得到的所有文件、资料或材料为公司财产，无论其介质如何，所有原件、副本及复印件在劳动/劳务合同终止或解除时应一并归还公司。员工向公司交付上述材料或文件，无权获得任何补偿。

8. 员工承诺，在其为公司履行职务时，不得擅自使用任何属于他人的商业秘密，亦不得擅自实施可能侵犯他人知识产权的行为。

9. 员工发现保密信息已经泄露或者可能泄露时，应当立即采取补救措施并及时报告直接主管和审计部；相关部门接到报告后应立即做出处理。

10. 公司保密制度没有规定或规定不明确之处，员工亦应本着谨慎、诚实的态度，采取任何必要、合理的措施，保守其在任职期间知悉或者持有的保密信息的机密性。

11. 在实际工作中，一般可能发生失密的情况有以下几种：

11.1 员工解除或终止聘用关系后将有关秘密带走，或将其提供给第三方。

11.2 商业间谍。

11.3 员工将公司内部信息或资料提供给供应商、客户等任何第三方或者违反保密义务将其披露。

11.4 员工因自身过失，将信息或资料泄漏。

11.5 其他违反保密义务，泄露保密信息的情形。

每名员工均有义务采取有效措施，以防止或阻止上述情形的发生或后果的进一步扩大。对于违反公司保密制度的员工，公司将根据情节轻重，给予相应惩罚。

四、不得教唆（忠实义务）

在员工聘用期间及劳动关系解除后一年内，员工不得召集、选用在职或解除劳动关系时为公司的客户或供应商，或尝试劝导该客户或供应商终止与公司的业务关系，员工也不得代表自己或任何其他人员、企业或公司接近、劝诱、教唆或以其他方式使公司的客户或人员解除与公司的业务关系。

五、谨慎评价义务

员工在职期间或离职后，未经公司书面许可，不得对外发布与公司相关的任何信息、评价，包括但不限于接受第三方采访、于自媒体平台发表帖子或评论、发表文章或短视频等形式。否则，若员工在职的视为严重违纪，公司有权解除劳动合同；若员工离职的，公司有权向员工主张删除有关文章、评论、短视频等，造成公司经济损失的应当承担赔偿责任，造成公司名誉损害的，应当立即停止侵害、为公司恢复名誉。

第六节　信息安全管理

一、信息安全须知

为确保公司的技术、经营秘密不流失，维护公司的信息资产安全，特制定本信息安全管理制度。公司在职的每一位员工都应积极学习本信息安全管理制度，将遵守信息安全规定融入自己的日常工作行为中去。在工作中，员工要有强烈的信息安全和保密意识，要有职业敏感性。

二、计算机安全

1. 公司域账号的密码设置至少八位，复杂度为字母、数字、大写和特殊符号三种以上，每三个月修改一次；

2. 办公计算机需设定屏幕保护程序，并启用密码保护，等待时间不能长于十分钟。

域账号和密码严禁外借给其他员工使用。

三、办公环境安全

1. 未经批准，办公区域内禁止录音、拍照、摄像；

2. 下班或离开办公桌十分钟以上，应关闭或锁定计算机；

3. 开会结束后，要带走会议资料，清理会议场所，确保会议信息保密不泄露。

四、信息资产安全

1. 访问信息资产严格贯彻执行“工作相关、合理授权、审批受控”的原则；

2. 文件数据从研发传递到办公区，应使用文件数据交换平台来实现；

3. 秘密级以上文件不能放置在办公桌面上，应放置在带锁抽屉或保密柜中。

五、信息安全奖惩规定

1. 根据对公司信息安全贡献的大小，信息安全奖励分为三个等级，给予不同程度的现金奖励，并计入关键事件库。

2. 员工若违反信息安全规定，视违规行为的后果、性质以及违规人的主观意愿，给予批评、罚款、降薪直至开除处理，情节特别严重的将追究法律责任。

六、问题咨询

对于信息安全方面的问题，员工可以直接向部门主管、部门助理咨询和反馈；还可以通过公司的 IT 电话咨询或反馈。

第八章　奖惩规范

第一节　奖励制度

一、奖励对象

对在工作中表现卓越或做出突出贡献的团队及个人进行嘉奖。

二、奖项类别及评选

奖励规则采取行为触发制，公司对团队及个人的具体行为设奖嘉奖，具体奖项类别、金额及评选方式以当年度公司奖励制度为准。

三、奖金发放形式

随工资合并扣税发放。

第二节　惩罚制度

一、违纪类型

1. 一般违纪

是指违反公司制度或相关工作流程、标准（包括成文和不成文的工作流程、标准），情节轻微且未造成任何损失的（包括潜在的和已发生的），或虽造成轻微损失但并非出于故意的行为。其中轻微损失是指损失低于五千元（含）以下。情节轻微是指非出于恶意，影响较小。

2. 较重违纪

是指违反公司制度或相关工作流程、标准（包括成文和不成文的工作流程、标准），情节较重造成不良影响的或造成轻微损失的（包括潜在的和已发生的），或虽非故意，但造成较重损失的。其中较重损失是指损失大于五千元小于两万元（含）。情节较重是指出于恶意，影响较小。

3. 严重违纪

是指违反公司制度或相关工作流程、标准（包括成文和不成文的工作流程、标准），情节严重造成不良影响的或造成重大损失的（包括潜在的和已发生的），公司与其作解除劳动合同处理，并保留追究其法律责任的权利。其中重大损失是指损失大于两万元的。情节严重是指恶意较大，影响严重。

二、违纪行为

1. 一般违纪行为，公司处以口头警告一次并记录在案

1.1 旷工半天以内的，情节轻微且未造成任何损失者。

1.2 未经许可擅自安排外人进入办公室尚未造成损失者。

1.3 自身过失或不遵守办公区管理规定造成公司财物轻微损失者。

1.4 擅自私配公司各种钥匙、门禁，尚未造成损失的。

1.5 未经批准，自行调换笔记本或台式电脑，或者违反计算机和网络管理规定，情节轻微者。

1.6 无故不出席公司主办的重要活动或者培训活动。

1.7 不服从主管人员合理指导或调配，情节轻微者。

1.8 因个人原因被客户投诉，情节轻微者。

1.9 管理人员或检查监督人员的轻微失职行为。

1.10 有其他与上述相似的行为。

2. 较重违纪行为，公司处以书面警告一次并记录在案

2.1 旷工半天及以上者。

2.2 在工作时间干私活，情节严重的。

2.3 制造谣言、恶意中伤、骚扰其他员工，情节较重或经规劝拒不改正的。

2.4 散播有损公司的谣言或挑拨公司与员工之间感情的。

2.5 在公司范围内争吵、打架造成不良影响的。

2.6 过失损坏或遗失公司财物，造成较重损失的。

2.7 遗失公司重要文件（或资料）的。

2.8 未经主管人员同意，为个人利益使用公司财产的。

2.9 擅自安装程序或卸载防病毒程序而造成病毒传播，工作用机系统瘫痪或他人用机系统瘫痪。

2.10 擅自使用公司群发邮箱或大范围地向其他员工发送对公司造成负面影响信息者或其他与公司无关的不良、敏感信息者。

2.11 未按期完成主管人员合理安排的任务，且未说明正当理由，经劝不改者。

2.12 不服从主管人员的指挥或阳奉阴违，故意消极怠工，经劝不改者。

2.13 因个人原因被客户投诉查证属实，情节较严重的。

2.14 管理人员或检查监督人员失职或未认真履行职责，情节较严重的。

2.15 过失违反公司保密制度，情节轻微者。

2.16 有其他与上述相似的行为。

3. 严重违纪行为，公司作解除劳动合同处理并记录在案

3.1 以欺诈手段订立劳动合同的。

3.2 月度旷工超过三天及年度旷工超过五天，或连续旷工三天以上者。

3.3 在工作时间擅自离开工作岗位，造成严重损失的。

3.4 出借办公室钥匙、门卡或其他公司识别证件给其他无权使用的人员，造成严重损失的。

3.5 自身过失或违反本手册规定造成公司财物严重损失达人民币两万元以上者、造成公司直接或间接经济损失达人民币两万元以上的、造成公司受到人民币两万元以上行政罚款处罚的。

3.6 侵占、挪用公司财物的或收受贿赂的。

3.7 借故闹事或聚众闹事，破坏正常工作秩序，情节严重的。

3.8 在公司范围内争吵、打架，情节严重的。

3.9 侮辱、诽谤、殴打、恐吓、威胁同事的。

3.10 隐瞒或伪造履历，篡改公司记录或有其他任何欺瞒行为的。

3.11 偷窃、涂改、伪造公司各类资料、各类原始凭证、原始记录及重要文件的。

3.12 经证实以虚假理由或证明申请休假或以虚假票据向公司报销费用的。

3.13 偷窃公司或同事财物的。

3.14 偷窃或利用职位之便盗用他人计算机密码登录查看信息者。

3.15 伪造或盗用公司印章者。

3.16 利用公司名义在外招摇撞骗者。

3.17 在公司担任职务同时，未经公司事先同意，在同行业有第二职业者。

3.18 员工同时与其他用人单位建立劳动关系，对完成本单位的工作任务造成严重影响，或者经公司提出，拒不改正的。

3.19 管理人员或检查监督人员失职或未认真履行职责，情节严重的。

3.20 员工在转岗时或与公司有争议期间故意撕毁/删除公司重要的文件/电子资料的。

3.21 员工在公众、公司平台披露，或向公司内部员工、公司外部人员泄露本人薪资待遇、股权激励、期权情况、奖金、员工福利者或他人薪资待遇、股权激励、期权情况、奖金、员工福利者。

3.22 过失或恶意违反公司保密制度，情节严重或给公司造成较重损失者。

3.23 在社会上违法乱纪，被行政拘留或司法拘留或被追究刑事责任者。

3.24 违反公司的操作流程，造成停工停产者。

3.25 造成公司受到责令停产停业、暂扣或者吊销许可证、暂扣或者吊销执照等行政处罚的；或造成有关部门对公司立案侦查的。

3.26 造成人员重伤或死亡的。

3.27 造成公司直接负责的主管人员或其他直接责任人员受到行政拘留处罚或刑事处罚的。

3.28 造成公司声誉或信誉下降的。

3.29 为职场性骚扰之行为的。

3.30 发生较重违纪行为，不接受公司批评、劝阻，拒不改正的。

3.31 本《员工手册》其他规定或有其他与上述相似的行为。

三、处罚类别

公司对于违反公司规定的员工，根据其违纪行为的程度分别处以“口头警告”“书面警告”“解除劳动合同”的处分。

在对涉嫌违纪的员工的行为进行调查时，公司有权采取“停职调查”措施。

1. 一般违纪——口头警告

1.1 员工犯有轻度违纪行为的，将收到《口头警告通知书》。

1.2 十二个月内获口头警告一次以上者当年不予以晋升调薪。

2. 较重违纪——书面警告

2.1. 员工犯有较重违纪行为的，或一个年度内累计收到口头警告两次的，将收到《书面警告通知书》。

2.2. 十二个月内收到书面警告一次以上者，降职、降级、降薪处理。

3. 严重违纪——解除劳动合同

员工犯有严重违纪行为的，或一个年度内累计收到书面警告两次的，或三年内累计书面警告达三次的，公司与其作解除劳动合同处理，并保留追究其法律责任的权利。

4. 停职调查

停职调查，是指公司在经营管理工作中，需待进一步确认员工行为是否构成违纪及其违纪程度的，在调查确认期间公司有权要求员工离开原岗位，停止工作，配合公司调查。对于公司作出的停职调查要求，员工应当予以服从。

停职调查时间不超过二个月，期间根据停职天数扣除日工资，但不低于当地最低工资标准。经确认员工行为不构成违纪的，停职调查期间视为出勤，并补发员工的工资差额。

四、惩罚累计或减免

1. 员工在第一次受到处罚后，三个月内如再受相同处罚则进行累计升级处罚，员工有过两次以上的处罚后，公司予以解除劳动关系，不支付任何补偿金。员工有严重违纪情形之一的，公司有权与员工解除劳动关系，不支付任何补偿金。

2. 公司尚未发现其违纪行为，员工自主披露违纪行为的，或在公司发现其违纪行为后，能主动披露违纪行为的，填写《奖惩申报表》，对其口头警告、书面警告、解除劳动合同的处罚由公司决定，考虑员工自主申报情节，对员工的违纪处罚可作降级处理。

五、惩罚程序

各类惩罚，由各部门主管确定，由人力资源部执行。

每项违纪处罚都应当通知受处罚员工，并由该员工签收。员工对处罚有意见的，可按以下“争议处理”部分的规定进行处理。

六、其他过失处理

员工因发生其他违纪、失职、过失情形、行为不当的，不适用本手册惩罚程序的，由部门主管及人力资源部门以《过失单》的形式，记录员工的过失情形，公司有权依据过失情节采取相应的惩戒措施或解除劳动合同。

七、争议处理

1. 所有争议必须通过合法的途径予以解决。争议发生后，员工应先同直接主管进行口头或书面沟通，如果直接主管无法解决或员工对该直接主管的意见仍不满意或者争议涉及直接主管，员工可将争议提交人力资源部予以协调解决。

2. 如果争议通过上述方式仍不能得到解决的，员工可依法向公司所在地劳动争议部门提出仲裁申请。

3. 在争议发生及处理阶段，员工不得以争议为由停止正常工作或停止履行其职责。

4. 对占有公司财物拒不返还的员工或造成公司损失拒不赔偿的员工，公司保留法律追偿的权利。

第九章　员工交流

第一节　员工沟通

一、沟通理念

公司保持开放沟通的态度，员工可通过公司公开、正规的沟通平台和渠道，反馈意见和建议，寻求问题解决。在确保沟通渠道公开、透明和畅通的同时，公司也禁止任何传播虚假、欺诈、诽谤、骚扰、负面信息等行为，一经查实，公司将按照严重违纪行为进行处理。

二、沟通平台

为保证方便、有效的沟通，提升沟通的及时性和反馈效率，公司设立了多种沟通渠道，主要包括：

人力资源部邮箱：

第二节　员工申诉与投诉

所有员工均可就不公平对待向公司管理人员进行投诉。公司支持员工通过正规渠道进行申诉或投诉，若有必要可进行越级申诉或投诉。以下为公司处理员工申诉或投诉的三级程序，以便进行公正、系统的处理：

一、第一级：所有员工应当首先向其直接主管反映问题。该直接主管须在七个自然日内予以答复。员工未收到答复或不满意直接主管的答复应进行第二级程序。

二、第二级：员工收到直接主管答复后七个自然日内，或在首次反映问题给直接主管后十四个自然日内仍未收到答复，则员工可将问题提交给其间接主管。间接主管将进行审查并在七个自然日内书面答复。如果员工在再次提交问题后七个自然日内未收到第二级答复或员工不满意答复的，则可以进入第三级程序。

三、第三级：员工应当将全部书面往来函件及答复提交给人力资源部。人力资源部将在七个自然日内作出最终答复并通知员工，除非其认为需要更长时间，并会将此通知给该员工。

四、对于无法解决的情况，员工可以通过公司的申诉邮箱进行申诉。一般情况下，公司将在一个工作日内进行回应，五个工作日内对调查结果进行回复。

五、公司将严格保密投诉/申诉人的资料。

六、对于以传播虚假、欺诈、诽谤、骚扰、负面信息等方式进行恶意投诉、申诉的行为，公司将按照严重违纪行为进行处理。

七、公司申诉途径。

员工申诉邮箱：

结束语

（1）本手册里提及的天数，除特别指明为工作日的，其他均为自然日。

（2）本手册里提及“以上”的，包含本数；“以下”或“以内”的，不包含本数。

（3）本手册属内部资料，请注意妥善保存，不得外传。

（4）本手册各项条款均为手册颁布之日，公司现行管理办法核心内容汇总，随着公司的发展以及法规的变动，各管理制度将会有部分修改，以最新颁布的管理办法为准。

（5）本手册由××公司人力资源部负责解释。

入职管理篇表单管理工具六

《员工手册》签收确认单

本人确认，已收到并经过学习、仔细阅读、知晓公司《员工手册》、各项管理制度的全部内容，对其中的各项条款均已了解、认同并积极履行，在今后的工作中将以公司《员工手册》及各项制度为规范准则，严格遵守各项规章制度，按照要求履行自己的工作职责。

员工签名：

工号：

身份证号码：

部门：

日期：

入职管理篇表单管理工具七

试用期录用条件确认书

员工姓名： 身份证号：

工作岗位： 入职时间：

试用期期限：自 年 月 日至 年 月 日

本人同意：在试用期内出现以下任一情况，均视为不符合录用条件。

1. 违背《入职声明》内容的。

2. 不符合甲方的招聘条件，不具备岗位相关技能。

3. 未完成公司制定的业绩考核，或考核不达标。

4. 未能按要求完成部门下达的任务，或完成的任务不符合要求。

5. 不具备行政管理机关规定的就业手续、证件、资质等。

6. 入职一个月内，经催告，不签署劳动合同，不向甲方提供办理录用、社会保险、档案转移等所需要的证明材料（如：照片、身份证、户口本、健康证明、学历证、学位证、其他专业或职业资格证书等）。

7. 不能提供与原用人单位解除或终止劳动关系证明的。

8. 试用期有酗酒、赌博、吸毒、嫖娼、参加邪教组织等行为的。

9. 试用期间受行政拘留、司法拘留处罚的。

10. 新入职人员与公司在职人员存在亲属关系，而未如实告知的。

11. 有自残自虐行为的，有劳动合同或甲方规章制度规定的其他不符合乙方开展工作所应具备的身心健康条件的。

12. 不能融入甲方企业文化的。

13. 试用期内事假超过 3 天或请病假超过 3 天的（无医院开具的休假证明的）；试用期内因患病或非因工负伤导致无法履行试用期工作达 10 天以上的；试用期内违反考勤制度，连续旷工，累计旷工 3 天的。

14. 试用期内存在拒绝接受公司下达的工作任务等消极怠工行为，或有其他违反公司劳动纪律的行为的。

15. 在试用期内拒绝参加公司组织的考评或考试，或者试用期考评或考试成绩不合格的。

16. 公司对员工开展的背景调查，经评估认为不合格，不适宜录用的。

17. 劳动合同或公司相关制度规定的其他不符合录用条件的情形。

员工确认：

员工__________（身份证号：____________________）已认真仔细阅读并充分理解本《试用期录用条件确认书》，同时郑重承诺如达不到录用条件，本人愿意接受公司依法解除劳动合同的行为。

签字：

日期：

入职管理篇表单管理工具八

保密协议

甲方：____________有限公司

乙方：

甲、乙双方根据《中华人民共和国反不正当竞争法》《中华人民共和国劳动合同法》《中华人民共和国劳动合同法实施条例》等有关规定，遵循平等自愿、协商一致、诚实信用原则，就保守甲方商业秘密事项达成如下协议：

（一）保密内容

1. 甲方的交易秘密。包括产、供、销渠道，客户和准客户的姓名、电话、住址、使用产品情况，合作单位负责人姓名、电话、合作情况，订单意向，成交或商谈的价格，产品性能、质量、数量、交货日期等。

2. 甲方的经营秘密。包括经营方针、投资决策意向、产品服务定价、市场分析、广告策略、活动策划、市场策划方案、营销网络、产品成本、经济合同等。

3. 甲方的管理秘密。包括财务资料、人事资料、工资薪酬资料、物流资料，企业内部文件、电子邮件、内部网站资料、管理规章制度以及所有保存于公司工作用电脑、服务器或档案室、办公室的文件资料等。

4. 甲方的技术秘密。包括所有课件、产品设计、工艺设计、工艺流程、图纸、设计方案、计算机程序、数据库、技术数据、技术文档、专利技术、科研成果、试验数据、检测报告、试验结果、相关的函电等。

5. 甲方依照法律规定（如在缔约过程中知悉其他相对人的商业秘密）和在有关协议（如技术合同）的约定中对外承担保密义务的事项，也属本保密协议所称的商业秘密。

（二）双方的权利和义务

1. 乙方受甲方雇用、按甲方的要求从事相关工作，从而应将客户资料、准客户资料等交与甲方作为工作成果。甲方对此资料拥有所有权和处置权，乙方不得私自保留副本和非以为甲方工作为目的使用。

2. 在本合同期内，未经甲方书面同意，乙方不得以竞争为目的或出于私利或为第三人谋利或为故意加害于公司，擅自披露、使用商业秘密，取走与商业秘密有关的物件；不得直接或间接地向公司内部、外部的无关人员泄露甲方的商业秘密；不得向不承担保密义务的任何第三人披露甲方的商业秘密；不得允许（出借、赠与、出租、转让等处分甲方商业秘密的行为皆属于“允许”）或协助不承担保密义务的任何第三人使用甲方的商业秘密；不得复制或公开包含公司商业秘密的文件或文件副本；对因工作所保管、接触的有关本公司或公司客户的文件应妥善对待，未经许可不得超出工作范围使用。

3. 双方解除或终止劳动合同后，乙方应立即向甲方或相应的关联甲方归还（并不得继续占有、复制或向他人交付）所有属于甲方或关联甲方的物品，包括但不限于计算机、盘片、CD、软件、文件、纸张、书籍、资料、档案、收据、车辆、信用卡、信件、手册、记录、其他所有的财产和文件以及乙方占有和/或控制的任何和全部上述物件的复制件。乙方并不解除对在甲方工作期间知悉的上述部分或者全部保密内容的保密义务。乙方不得向第三方公开甲方所拥有的未被公众知悉的商业秘密。乙方不得利用上述保密内容的部分或全部为其本人或任何第三人谋取利益。

4. 如果发现商业秘密被泄露或者自己过失泄露商业秘密，应当采取有效措施防止泄密进一步扩大，并及时向甲方报告。

5. 乙方必须严格遵守甲方的保密制度，防止泄露甲方的商业秘密，并对可能存在的未全部或部分履行上述保密义务的个人进行检举和教育。

6. 甲方支付给乙方的劳动报酬中已包含了保密费用。乙方离职后承担的商业秘密保护义务，不以得到任何额外补偿为条件。

（三）保密期限

除甲方商业秘密自行公开外，乙方的保密义务不因劳动合同的解除或终止而免除。

（四）违约责任

1. 无论乙方在职期间或离职后，乙方违反保密协议约定的，乙方应当向甲方退还甲方所支付的全部保密费，并支付不低于乙方 12 个月工资作为赔偿金，上述不能弥补甲方损失的，乙方另行赔偿。

2. 在双方劳动关系存续期间乙方违约的，除乙方按上述条款承担违约责任外，甲方还有权解除双方劳动关系，并不支付补偿金。

3. 乙方违约造成甲方重大经济损失，构成犯罪的，移送有关部门，依法追究乙方刑事责任。

4. 乙方违反保密协议的，还应当承担甲方因维权产生的费用，包括但不限于诉讼费、律师费、公证费、交通费、差旅费等。

5. 乙方与第三方共同侵犯甲方保密信息的，甲方将依法追究乙方及第三方的连带责任。

（五）其他

1. 本协议与甲、乙双方签订的劳动合同具有同等法律效力。因履行本协议发生争议的，可向甲方所在地劳动仲裁机构申请仲裁或向人民法院起诉。

2. 本协议一式两份，具有同等效力，甲、乙双方各执一份，经甲、乙双方签字盖章之日起生效。

甲方（盖章）： 法定代表人（签字）：	乙方（签字或盖章）：
签订日期：　　年　　月　　日	签订日期：　　年　　月　　日

入职管理篇表单管理工具九

竞业限制协议书

甲方：____________有限公司

乙方：

甲、乙双方根据《中华人民共和国劳动合同法》《中华人民共和国劳动合同法实施条例》和甲方有关规定，遵循平等自愿、协商一致、诚实信用原则，就有关竞业限制事项达成如下协议：

（一）释义

以下词语，除非文义另有所指，在本合同中具有如下含义：

1. 竞业即竞争性业务，包括：

1.1　公司或其关联公司从事或者计划从事的所有业务；

1.2　公司或者关联公司所经营的业务相同、相近或相竞争的其他所有业务。

2. 竞争对手是指，除公司及其关联公司外从事竞争业务的任何个人、公司、合伙企业、合资企业、独资企业。

3. 竞业限制义务还包含，不得用拉拢、引诱、招用或鼓动之手段使甲方其他成员离职或挖走甲方其他成员。

（二）权利与义务

1. 乙方遵守国家法律法规和甲方规章制度，保持良好的职业操守，在与甲方约定的劳动合同有效期内，未经甲方同意，不得从事任何竞争性业务。

2. 乙方不论以何种原因从甲方离职，离职次日起1—24个月内，未经甲方同意，不得从事任何竞争性业务。

3. 乙方承担竞业限制义务的地域范围，包括甲方实际开展经营活动以及未来2年可能开展业务的所有地区。

4. 竞业限制补偿的给付：乙方在甲方离职后每个月向乙方支付在职期间工资的____%，作为竞业限制补偿费用。

5. 出现下列情形时甲方无须再向乙方支付竞业限制补偿金：乙方从甲方领取的补偿费合计超过乙方最近一年平均月工资的6倍。此条款不影响乙方遵守本竞业限制协议义务。

6. 竞业限制期间，乙方应每月向甲方提供其工作情况，和社保缴纳单位信息，甲方可随时核实乙方情况，乙方应予以积极配合。乙方未按甲方要求提供上述信息的，甲方有权停发竞业补偿费用，停发期间不影响乙方遵守本竞业限制协议义务。

7. 严格遵守双方签订的《保密协议》的约定。

（三）违约责任

1. 乙方不履行规定义务的，应当向甲方承担违约责任，乙方应向甲方支付相当于乙方离职时前 12 个月工资总和的违约金。乙方向甲方支付违约金并不免除乙方因违约而实际给甲方造成的损失的赔偿义务，且不免除乙方应当继续履行竞业限制义务。

2. 乙方违约后，在竞业限制期限内剩余补偿金停发。

3. 乙方因违约获得的收益应当归甲方所有。

4. 乙方违约后应当在违约之日起 7 日内以转账形式向甲方支付违约金，逾期支付的每逾期一日按日千分之五支付滞纳金。

5. 甲方未按协议约定按月支付补偿金的，从未支付之当月竞业限制条款失效。

（四）协议的生效

乙方离职时，甲方以书面形式通知乙方需履行的竞业限制期限。

（五）其他

1. 本协议与甲、乙双方签订的劳动合同具有同等法律效力。因履行本协议发生争议的，可向甲方所在地劳动仲裁机构申请仲裁。

2. 本协议一式两份，具有同等效力，甲、乙双方各执一份，经甲、乙双方签字盖章之日起生效。

甲方（盖章）：　　　　　　　　　　乙方（签字或盖章）：

法定代表人（签字）：

______________________　　　　______________________

签订日期：　　年　　月　　日　　　签订日期：　　年　　月　　日

入职管理篇表单管理工具十

员工培训服务期协议

甲方（用人单位）：

乙方（员工）：

身份证号码：

根据员工与企业共同生存、共同发展的理念，现就甲方对乙方进行培训的相关事宜，经协商一致，签订如下协议，以资共同遵守。

第 1 条 培训情况

1.1 培训性质为专业技术培训，培训内容为：________________________。

1.2 培训期限：预计自________年____月____日起至________年____月____日止。以实际培训时间为准。

1.3 培训地点：____________________。

第 2 条 培训费用

2.1 甲乙双方确认：培训费用包括但不限于培训费、材料费、课本费、食宿费、交通费、培训期间生活补助等项目，合计人民币________元。

2.2 培训费用负担方式为：____________甲方负担____________。

第 3 条 培训期间工资待遇

3.1 双方同意培训期间工资待遇按下列第______种方式处理：

（1）原工资待遇不变。

（2）甲方向乙方提供如下待遇：

①生活补助：____________________。

②其他福利待遇：____________________。

③其他：____________________。

④培训期间原工资待遇停发。

（3）培训期间发放基本工资与岗位工资，其他奖金、补贴等不再发放。

3.2 培训期间甲方向乙方额外支付的生活补助等计入本协议第 2 条约定之培训费用中。

第 4 条 培训要求

4.1 乙方保证在培训期间努力学习，取得优异成绩，保证拿到毕业证书/结业证书/职业资格证书。

4.2 乙方承诺，在培训期间遵守甲方有关规章制度，以不亚于正常工作时的态度和纪律参加培训，并遵守培训机构的纪律。如有违反，均视为违反甲方规章制度与劳动纪律。

第5条　服务期

5.1　甲乙双方确定服务期的起始时间为：培训结束。

5.2　服务期的结束时间为下列第________种：

（1）到________年____月____日止；

（2）到劳动合同或聘用合同期满时止。

当服务期的结束时间后于劳动合同期满时间时，甲方可以选择将劳动合同期限顺延至服务期满，也可以选择放弃服务期的权利，劳动合同按原期限终止。

5.3　培训结束后，乙方将按下列第______种条件上岗：

（1）不低于培训结束前的待遇，同时按甲方的正常工资调整制度，优先获得上调薪酬的机会；

（2）不低于如下待遇：____________________。

如双方另有协议，按另行签订协议执行。

第6条　违约责任

6.1　服务期届满前，无论何种原因乙方提前解除劳动合同时，应向甲方支付违约金。

6.2　服务期届满前，有下列情形之一，甲方提出与乙方解除劳动合同的，乙方仍应支付违约金：

（1）乙方严重违反甲方的规章制度的；

（2）乙方严重失职，营私舞弊，给甲方造成重大损害的；

（3）乙方同时与其他用人单位建立劳动关系，对完成甲方的工作任务造成严重影响，或者经甲方提出，拒不改正的；

（4）乙方以欺诈、胁迫的手段或者乘人之危，使甲方在违背真实意思的情况下订立或者变更劳动合同的；

（5）乙方被依法追究刑事责任的。

6.3　违约金金额为________________，培训费用金额为________________，依《劳动合同法》的规定按未履行服务期与全部服务期的比例进行分摊。

6.4　如发生乙方违约事宜，在付清违约金后，甲方将相关培训证书返还于乙方，并办理其他离职手续。否则甲方将依照法律程序追究乙方责任，由此产生的一切后果由乙方负责。

6.5　由于乙方的过错，导致培训不能正常完成，无法实现培训目的的，甲方有权停止培训，并要求乙方支付甲方已经为乙方支付的全部培训费用。

第7条　其他

7.1　培训开始前，甲方有权终止履行本协议，此时本协议不发生效力。

7.2　甲乙双方之间如为非劳动关系，本合同关于服务期、违约责任等条款效力不受影响。

7.3 此协议一式两份，自双方签字或盖章后生效，具有同等法律效力。

签署时间：　　　　年　　月　　日

甲方（盖章）：　　　　　　　　　　　　乙方（签字）：

乙方确认

甲方已经向乙方详细说明甲方承担的培训费用的构成；鉴于部分费用不一定有正规票据，双方在此明确：

1. 甲方承担的培训费用合计金额为人民币________元，详见下表：

费用类别	金额	备注

（上述金额均指分摊到乙方个人名下的金额）

2. 乙方对培训费用金额无异议，不再要求甲方出示票据。

3. 上述培训费用金额将作为计算违约金的基准。

年　　月　　日

乙方确认签字：

入职管理篇表单管理工具十一

入职手续清单

姓名： 入职岗位： 入职时间：

<table>
<tr><td rowspan="2">人事部门意见：

签名：
日期：</td><td>个人资料准备情况：
□员工信息登记表 □担保协议书
□身份证复印件 □离职证明
□学历证书复印件 □个人简历
□文凭验证证明
□彩色照片 5 张</td></tr>
<tr><td>上述完成情况：</td></tr>
<tr><td>任职部门意见：

签名：
日期：</td><td>入司手续办理情况：
□办公位置安排
□岗位安排
□办公用品领取</td></tr>
<tr><td>开发部门意见：

签名：
日期：</td><td>入司手续办理情况：
□PC 配备
□IP 地址________________
□工作账号及密码________________
□QQ________________
□钉钉________________</td></tr>
<tr><td>人事行政部门意见：

签名：
日期：</td><td>入司手续办理情况：
□电话机 □分机号码
□门卡 □工牌
□座位牌 □入职公告
□通讯录更新 □资料存档</td></tr>
</table>

入职管理篇表单管理工具十二

<table>
<tr><td colspan="6" align="center">送达地址确认书</td></tr>
<tr><td>姓名</td><td></td><td>年龄</td><td></td><td>民族</td><td></td></tr>
<tr><td>联系电话</td><td></td><td>邮箱</td><td colspan="3"></td></tr>
<tr><td>微信</td><td></td><td>QQ</td><td colspan="3"></td></tr>
<tr><td>OA</td><td></td><td>钉钉</td><td colspan="3"></td></tr>
<tr><td>邮寄地址</td><td colspan="5"></td></tr>
<tr><td>紧急联系人 1</td><td></td><td>联系电话</td><td></td><td>关系</td><td></td></tr>
<tr><td>紧急联系人 2</td><td></td><td>联系电话</td><td></td><td>关系</td><td></td></tr>
<tr><td colspan="6">1. 员工确认上述任意联系方式和身份证复印件载明的地址均系乙方有效的送达方式（含甲方规章制度、劳动纪律、工资发放等所有通知、仲裁、司法文书等的送达）。员工有义务每日查阅 OA、钉钉、邮箱、微信和短信等所有电子账号信息。所有电子账号的使用记录均视为乙方本人的真实意思表示。</td></tr>
<tr><td colspan="6">2. 合同期限内如乙方的上述信息发生变更，乙方应在变更起三日内书面告知甲方，否则造成的一切后果均由乙方承担，乙方认可甲方已尽送达义务。</td></tr>
<tr><td colspan="6">员工签字：</td></tr>
</table>

入职管理篇表单管理工具十三

背景调查授权书

本人___________（身份证号码：_______________）在此确认，我已经许可并授权__________________公司（以下简称贵司）或其指定的代理机构，在保密的情况下对于与本人有关的工作背景信息予以询问、调查，本人承诺将积极配合并提供相关信息资料。若本人陈述的履历信息及向贵司交付的个人背景材料与贵司背景调查结论不一致的，贵司有权解除劳动合同，并无须向本人支付补偿金。若本人虚假陈述对贵司造成损失的，由本人向贵司承担损失赔偿责任。

特此授权！

本人签字（手印）：___________

日期：___________

入职管理篇表单管理工具十四

【编号：　　　　　】

职工兼职协议

甲方：______________________

乙方：______________________

签订日期：　　　　年　　月　　日

兼职协议

甲方

名称：

地址：

电话：　　　　　　　　传真：

邮编：

乙方

姓名：　　　　　　　　性别：□男　□女

身份证号码：

通信地址：

联系电话：

户籍类型：□本市居民　□外埠居民　□本市农户　□外埠农户

乙方自愿在甲方兼职，甲方聘用乙方为兼职人员，乙方承诺已在其他单位有正式工作并缴纳社会保险；甲乙双方在共同协商的基础上，签订此协议，保证双方遵从本协议的约定，保障双方权益。

一、协议期限

本协议期限为____个月，自______年____月____日开始到______年____月____日结束。

二、甲方的权利和义务

甲方在本协议有效期内，可行使以下权利：

1. 为乙方安排工作，分配任务。

2. 监督检查乙方工作情况。

甲方须履行的义务：

使乙方及时获取劳动报酬。

三、乙方的权利和义务

在本合同有效期内，乙方有以下权利：

1. 依协议履行兼职人员职责。

2. 获取劳动报酬。

乙方须履行的义务：

1. 接受甲方的工作，按要求完成甲方的工作安排；不得无故拖延相关工作进度。

2. 不得从事有损于甲方声誉的活动。

3. 未经甲方同意，不得泄露在甲方兼职期间获得的甲方资料和信息。

四、违约责任

1. 乙方与甲方是相互独立的缔约人，在合作期间，必须严格遵守本协议的条款，除了本协议中已表达的之外，每一方都有独立的权利和义务，若因任何一方的行为引起第三方诉讼、索赔，均由该方独立承担责任。

2. 由于一方原因违反本协议条款而给另 方造成损失的，违约方应承担由此给另一方造成的一切损失。

3. 由于乙方个人原因导致在双方协商的时间内无法完成甲方分配的任务，将对乙方按延误时间扣发相关劳务费，同时给甲方造成的损失由乙方承担。

五、劳动报酬

1. 乙方在本协议有效期内的劳动报酬，甲方按每月支付人民币____________元整。支付时间为每月________日及________日，如遇节假日，发放顺延。

六、协议的变更和解除

1. 本协议在下述情形下可解除：

（1）双方协商一致解除本协议。

（2）本协议期限届满，双方未续签的。

2. 在下列情况下，甲方有权单方解除协议：

（1）乙方不积极履行义务，经劝阻不改时。

（2）乙方不能按甲方要求完成工作任务，经甲方书面限期通知后在限期内未完成时。

（3）乙方泄露甲方保密信息、资料等。

（4）乙方因其他原因不宜继续履行职务时。

（5）因乙方的工作失误而造成甲方损失，经核实后，甲方有权扣除乙方相应比例的劳务费，严重者终止兼职协议。例如，乙方违反公司纪律，或未能通过工作考核评定，甲方可提前解除兼职协议。

（6）乙方如不能胜任兼职工作，甲方可以提前解除兼职协议，但需提前 15 天通知乙方；同样，乙方因故不再兼职，也需提前 15 天书面提出申请，经甲方同意后方可终止兼职协议。

七、备注

以上协议一式两份，甲、乙双方各持一份，自甲、乙双方签字、盖章之日起生效。

甲方：　　　　　　　　　　　　　　　　　　乙方：

签署日期：　　　　　　　　　　　　　　　　签署日期：

入职管理篇表单管理工具十五

【编号：　　　　　】

职工劳务合同

（退休返聘人员）

甲方：________________

乙方：________________

签订日期：　　　　年　　月　　日

劳务合同书

甲方
名称：
通信地址：
电话：
传真：
邮编：

乙方
姓名：　　　　　　　性别：□男　□女
身份证号码：
通信地址：
联系电话：
户籍类型：□本市居民　□外埠居民　□本市农户　□外埠农户

乙方承诺为退休人员并已经开始享受退休待遇，若乙方谎报年龄或伪造证件导致甲方受损的由乙方承担法律责任。根据《中华人民共和国民法典》有关规定，甲乙双方经平等协商一致，自愿签订本劳务合同，共同遵守本协议所列条款。

第一条　本合同期限为________年。本合同于______年____月____日生效，到______年____月____日终止。

第二条　乙方承担的劳务内容、要求为：____。

第三条　乙方提供劳务的地点为：________________________，双方约定，甲方有权制定劳务工作考核标准及方法，乙方提供劳务应接受甲方的考核，达到甲方制定的标准，否则甲方有权解除本合同。

第四条　乙方认为，根据乙方目前的健康状况，能依据本合同第二条、第三条约定的劳务内容、要求、方式为甲方提供劳务，乙方也愿意承担所约定劳务。

第五条　乙方负有保守甲方商业秘密的义务。乙方负有保护义务的商业秘密主要包括：

____。

第六条　甲方支付乙方劳务报酬的标准、方式、时间：

____。

甲方在以下情况有权扣除乙方相应额度的劳务报酬：1. 因乙方的故意或过失给甲方造成经济损失的；2. 乙方违反岗位职责、安全管理制度、甲方规章制度的；3. 双方约定的其他情况。

第七条　乙方依法缴纳个人所得税，甲方依法代为扣缴。

第八条　发生下列情形之一，本协议终止：

一、本合同期满的；

二、双方就解除本合同协商一致的；

三、乙方由于健康原因不能履行本合同义务的。

第九条　甲、乙双方若单方面解除本合同，仅需提前一周通知另一方即可。

第十条　本合同终止、解除后，乙方应在一周内将有关工作向甲方移交完毕，并附书面说明，如给甲方造成损失，应予赔偿。

第十一条　乙方同意在甲方工作期间因病或事故等产生的全部医疗费用均由乙方承担，医疗期内甲方不需支付乙方劳务费。

第十二条　依据本合同第九条、第十条约定终止或解除本协议，双方互不支付违约金。

第十三条　如双方因履行本劳务合同发生争议，双方应协商解决，如争议事项协商不成的，可向甲方所在地法院提起诉讼。

第十四条　本合同首部甲、乙双方的通信地址为双方联系的唯一固定通信地址，若在履行本合同中双方有任何争议，甚至涉及诉讼时，该地址为双方法定地址。若其中一方通信地址发生变化，应立即书面通知另一方，否则，造成双方联系障碍，由有过错的一方负责。

第十五条　本合同一式两份，甲乙双方各执一份。

甲方：　　　　　　　　　　　　乙方：

签署日期：　　　　　　　　　　签署日期：

入职管理篇表单管理工具十六

编号：____________

劳务协议

甲方：
法定代表人：
通信地址：

乙方：　　　　　　　　　　性别：　　　　　　　　　　身份证号：
通信住址：
邮编：
联系电话：

鉴于甲方因工作需要，拟临时用工。乙方具有完成甲方工作的能力。根据《中华人民共和国民法典》等有关规定，甲乙双方经平等协商一致，自愿订立本劳务协议，以资信守执行。

第一条　协议期限

本协议自________年____月____日起至________年____月____日止。

第二条　工作内容

乙方在临时工作期内工作内容由甲方安排，担任________________岗位，工作内容由甲方负责安排与协调，乙方愿意服从。

第三条　劳务报酬

临时工作期内甲方按照乙方实际出勤，以每日人民币________元标准向乙方支付劳务费。本协议履行期乙方不享受公司为正式员工提供的社会保险及其他各项福利。

第四条　甲方的权利义务

1. 负责为乙方提供乙方所承担工作必需的工作条件。
2. 要求乙方遵守国家法律法规和公司该岗位的工作规定。
3. 甲方可以根据工作岗位的要求，为乙方提供必要的岗前培训，乙方须配合。
4. 甲方有权对乙方在工作期间的行为按照甲方规定作出相应处理。
5. 甲方有权结合工作实际情况灵活调整乙方工作内容，乙方需配合。

第五条 乙方的权利义务

1. 根据甲方要求提供真实有效的身份证、专业证件。

2. 遵守国家法律法规及甲方的各项工作规定。

3. 乙方需要根据甲方的要求，参加必要的岗前培训。

4. 维护甲方及所派往单位的声誉及正当利益，如造成重大损害或经济损失，乙方应承担相应责任。

5. 乙方同意其治疗费用自理，乙方因病未按约提供劳务期间甲方不支付劳务费。

6. 乙方对提供劳务期间掌握的甲方商业秘密负有保密义务。乙方应对其因履行本协议获取或知悉的甲方商业秘密进行最高限度的保密。未经甲方同意，乙方不得向第三方披露或自行使用甲方商业秘密。若因乙方原因造成甲方商业秘密泄露，乙方应向甲方承担赔偿责任。该保密义务不受本协议有效期的影响。上述商业秘密为一切可以影响甲方及其关联企业经济利益、竞争优势的信息，以及一切由甲方或其关联企业控制的信息，包括但不限于以下内容：甲方及其关联企业拥有的知识产权、商业或技术秘密、财务资料、人事资料、客户资料、商业渠道、商业计划、产品创意、管理诀窍等经营信息或管理信息。

第六条 协议的解除、终止与续延

1. 出现下列情形之一的，本协议终止：

（1）本协议期满的；

（2）双方就解除本协议协商一致的；

（3）乙方由于健康原因不能履行本协议义务的。

2. 甲乙双方若单方解除本协议，须提前一周通知另一方。

3. 本协议终止、解除后，乙方应在一周内将有关工作向甲方移交完毕，并附书面说明，若给甲方造成损失，应予赔偿。

4. 本协议履行期内，若乙方与甲方签订了书面劳动合同，本协议于双方劳动合同签订之日起自动终止。

5. 本协议期满自动终止。若双方需要继续维持协议关系，则须另行订立新协议。

第七条 协议的变更

本协议有效期内，任何一方情况发生变化，需要变更协议时，应于 3 日内书面送达另一方，另一方应在 15 日内做出书面答复。此种情况下：

（1）若双方协商一致，可变更协议有关内容并继续履行，变更后的协议或协议附件由双方签字有效。

（2）若双方经协商不能达成一致，本协议即行解除。

第八条 违约责任

1. 甲方如违反本劳务协议并给乙方造成经济损失的，应赔偿乙方直接经济损失。

2. 乙方在本协议履行期内未按照约定提供劳务，并给甲方造成经济损失，应赔偿甲方的经济损失。

第九条　其他

1. 因本协议引起或与本协议有关的任何争议，双方首先应协商解决；协商不成，双方均同意由甲方所在地法院诉讼解决。

2. 本协议首部甲、乙双方的通信地址为双方联系的唯一固定通信地址，若在履行本协议中双方有任何争议，甚至涉及诉讼的，该地址为双方明确认可的送达地址。若一方通信地址发生变化，应立即书面通知另一方，否则，因此造成双方联系障碍，相关责任由过错方负责。

3. 本协议一式两份，甲、乙双方各执一份，具有同等效力，经甲、乙双方签字或盖章后生效。

以下无正文

甲方（盖章）：　　　　　　　　　　乙方（签字）：

签约日期：________年____月____日　　　　签约日期：________年____月____日

入职管理篇表单管理工具十七

实习协议

甲方（实习单位）：

法定代表人：

乙方（实习生）：

身份证号：

乙方系________________学校________________专业的在读学生，乙方申请进入甲方企业进行实习活动。甲方同意乙方进入甲方企业进行实习。甲、乙双方经过平等协商，达成以下条款，以资共同遵守。

一、实习项目

1. 实习岗位：________________。

2. 实习期限：自______年____月____日起至______年____月____日止，总计______个月。

3. 乙方在甲方实习期间，应根据甲方工作安排，在下述工作场所履行职责：

（1）甲方的常规办公地点。

（2）应出差服务的场所。

（3）其他基于工作需要而驻留的场所。

实习期限内，甲方有权根据乙方能力及甲方需要对乙方的实习岗位进行调整。乙方应服从甲方的工作安排。

二、工作时间与实习报酬

1. 乙方的考勤与休息、休假管理按照甲方同岗位职工的管理办法执行。

2. 甲方原则上不提倡、不鼓励员工加班。但甲方根据工作需要，要求乙方加班时，除不可抗拒的事由外，乙方应予配合。有关加班事宜，依甲方管理制度办理。

3. 乙方在实习期间不享受甲方正式员工在福利等方面的待遇。

4. 甲方按日计算支付乙方实习报酬，乙方的实习报酬为每日人民币（大写）________________元（￥________）。甲方每月按乙方实际工作日对乙方的实习报酬进行结算。甲方应承担乙方税收的代扣代缴义务。

5. 实习报酬的支付

（1）支付时间

乙方每月的实习报酬由甲方于次月______日向乙方发放。若实习报酬发放日适逢休息日或法定节假日，甲方提前至休息日或法定节假日前一个工作日向乙方发放实习报酬。

（2）支付形式

甲方以转账方式将实习报酬转至乙方提供的个人账户。

乙方接收实习报酬转账

指定收款账号：____________________。

开户行：__________________________。

户名：____________________________。

三、甲方的权利和义务

1. 在实习期间，甲方应为乙方提供必要的实习指导，以帮助乙方完成实习任务。

2. 实习期满后，甲方应当向乙方发放实习结业报告或乙方在读学校要求的其他证明（以下简称实习证明）。

3. 实习期间，甲方应为乙方提供相应的劳动安全卫生条件和必要的劳动防护用品。

4. 在实习期间，乙方在工作场所因工作原因遭受人身损害的，依照相关法律和甲方的管理制度进行处理。

5. 甲方有权根据乙方的实习表现，并根据甲方的管理制度对乙方进行不同程度的奖惩。

6. 如甲方为乙方出资购买了保险（包括但不限于意外伤害保险、医疗保险等），则一旦发生应由甲方承担责任的事宜，保险赔付金额应计算在甲方的赔偿金额之中。

7. 在实习期结束后，甲方有权对乙方进行综合录用考核，在乙方通过甲方考核后，甲方可以考虑优先录用乙方，是否录用乙方的决定权在于甲方。

四、乙方的权利与义务

1. 乙方保证提供给甲方的基本信息是真实可靠的。

2. 乙方在实习期间，应当遵守中国的法律、法规及甲方的规章管理制度，服从甲方上级领导的安排。

3. 乙方在实习期间应当爱护甲方的财产，若因乙方行为造成甲方财产损失的，乙方应当承担赔偿责任。

4. 生产劳动过程中，乙方应遵守甲方的劳动安全卫生规定及操作规程。

5. 乙方应当注意自身在实习期间的安全。乙方在上下班途中等非工作场所非因工作原因遭受人身损害的，甲方不承担责任。

6. 乙方对其在实习过程中接触到的甲方的秘密信息负有保密义务。甲方的秘密信息包括但不限于：甲方的商业秘密、甲方采取保密措施的其他信息、甲方对第三人负有保密义务的信息等。

7. 在实习期结束后，乙方有权自主选择是否参加甲方组织的录用考核。

五、协议的解除或终止

1. 因甲方业务调整或乙方不能胜任甲方工作，甲方有权终止本协议，并提前一周通知乙方。

2. 因法律法规、政策等变更，或者签订本协议的客观情况发生变化等，致使本协议无法履行，甲方有权终止协议。甲方终止本协议时，应当向乙方提供实习证明。

3. 乙方在实习期间有违反甲方劳动纪律等规章制度或违法行为的，甲方有权解除本协议，且不予提供实习证明。

4. 乙方主动提出解除本协议时，需提前一周以书面形式通知甲方。离职时，乙方需按甲方关于离职交接的管理规定办理有关手续。若实习未满一个月的，甲方不予提供实习证明。

5. 在实习期间，乙方无故离开工作岗位超过五个工作日的，将视为乙方单方解除本协议，且甲方不予提供实习证明。因乙方擅自单方解除本协议，给甲方造成损失的，甲方有权向乙方要求赔偿。

6. 任何一方违反本协议，另一方有权要求解除本协议，给对方造成损失的，应向受损害方承担赔偿责任；双方均有过错的，根据其过错各自承担相应的民事责任。

六、争议解决

因本协议引起的或与本协议有关的任何争议，由协议各方协商解决，也可由有关部门调解。协商或调解不成的，应向甲方所在地的人民法院起诉。

七、其他

1. 本协议一式两份，协议各方各执一份。各份协议文本具有同等法律效力。

2. 本协议经各方签署后生效。

签署日期：　　　　年　　月　　日

甲方（盖章）：	乙方（签字）：
联系方式：	联系方式：
地址：	地址：

入职管理篇表单管理工具十八

非全日制用工劳动合同

甲方：

法定代表人：

注册地址：

联系电话：

电子邮箱：

乙方：

身份证号：

证件地址：

通信地址：

联系电话：

电子邮箱：

甲乙双方经平等自愿协商，根据《劳动合同法》订立本合同，供双方共同遵守。

一、合同期限

自_______年___月___日起到_______年___月___日止。

二、工作内容和工作地点

1. 乙方同意按甲方工作需要，在__________岗位（工种）工作，按时、按质、按量完成该岗位（工种）所承担的各项内容。

2. 甲乙双方确认工作地点为____。

3. 乙方每天工作时间不超过4小时（上午__________至__________，下午___________至__________），每周不超过6天，双方为非全日制劳动关系。

三、劳动报酬与其他待遇

1. 乙方劳动报酬按如下标准：____。

2. 双方同意选择以下第_____种劳动报酬结算方式：

（1）乙方同意劳动报酬按月结算。甲方于每月_____日左右发放上月劳动报酬。

（2）每月结算两次。

（3）每_____天结算。

3. 甲方为乙方缴纳工伤保险，不承担其他缴纳社会保险的义务，也无须向乙方返还有关社会保险费用。

四、劳动合同的解除和终止

1. 经甲乙双方协商一致，本合同可以解除。

2. 甲乙双方均可提前7日通知对方，解除本合同，无须向对方支付经济补偿。但合同解除前的劳动报酬应据实结算。

3. 乙方在本合同解除或终止后三日内，应当按照诚实信用原则办理工作交接手续，归还甲方所有财产。

五、声明与确认

1. 乙方确认，甲方已如实告知乙方工作内容、工作条件、工作地点、职业危害、安全生产状况、劳动报酬，以及乙方要求了解的其他情况。

2. 乙方确认，本合同之签订与履行不会损害任何第三方利益，已经得到乙方原受聘单位的同意。如由此导致纠纷，由乙方完全负责。

3. 乙方确认，甲方有关文书（包括有关聘用关系变更和解除的通知）在无法直接送达给乙方的情形下（包括但不限于乙方拒收、下落不明等情形），乙方在本合同中填写的通信地址为邮寄送达地址，甲方以EMS或挂号信邮寄至该地址的，视为送达。

4. 为更好地履行本合同，乙方提供如下联系方式：

（1）通信地址：____________。

收件人：_________________。

邮编：___________________。

（2）电子邮箱：____________。

（3）电话：_______________。

甲方通过上述联系方式之任何一种（包括电子邮箱），就本合同之履行向乙方发送相关通知等，均视为有效送达与告知乙方。上述电子邮箱发出的邮件，视为代表乙方之意思表示。

5. 甲方依法制定的规章制度（包括《员工手册》），乙方确认已充分阅读并愿意遵照执行。

六、违反劳动合同的责任

1. 聘用期间乙方非因工作原因发生人身损害或疾病，乙方应自行负责，甲方依法不承担报销、赔偿或补偿责任。

2. 如甲方为乙方购买了保险（包括但不限于意外伤害保险、医疗保险等），则一旦发生应由甲方承担责任的事宜，保险赔付金额应计算在甲方的赔偿金额之中。

七、其他

1. 合同未尽事宜，按照甲方依法制定的规章制度执行；如果甲方的规章制度未作规定，则按国家有关法律法规政策执行。

2. 本合同一式两份，双方各执一份，具有同等法律效力。

3. 本合同自双方签署后生效。

签署时间：　　　　　年　　月　　日

甲方（盖章）：

乙方（签字）：

入职管理篇表单管理工具十九

劳务合同（外国人简易劳务合同模板）

Employment Contract

甲方 Party A：

乙方 Party B：

签订日期 Date：

甲方 Party A：

地址 Address：

乙方 Party B：

性别 Gender：

国籍 Nationality：

护照号码 Passport No. ：

在华居住地址 Address（Beijing）：

联系方式 Contact：

紧急联络人 Contact person in case of emergency：

一、雇佣期限

Ⅰ Employment term

雇佣期限为________年，自________年____月____日起至________年____月____日止。

The employment term is ______________ year（s）, lasting from ______________ to ________ ________ .

二、雇佣内容及工作时间

Ⅱ Content and working hours

2.1　甲方根据工作需要，安排乙方完成以下内容的工作任务：

Party A gives Party B the following work assignments according to its operating requirements：

工作内容 Job responsibilities：

工作地点 Place：

2.2 工作时间：乙方每日工作时间不超过 8 小时，平均每周工作不超过 40 小时，每周休息日为周六、日。

Party B works no more than 8 hours per day, no more than 40 hours per week, and Saturday and Sunday are set as weekly rest days.

三、报酬及其他福利

Ⅲ Remuneration and other welfare benefits

3.1 乙方的报酬为税前________元/月，大写：________________。

Party B's salary is RMB ____________.

3.2 甲方应于每月 10 日前以货币或转账形式足额支付乙方上述报酬。

Party A shall pay salary to Party B before the 10 day of every month in the form of cash or bank-transfer.

3.3 乙方应遵守国家及地方的税法制度，自行缴纳其个人收入的个人所得税，甲方无义务为其代缴。

Party B shall pay personal income tax voluntarily according to the state's tax law. Party A doesn't shoulder the responsibility to withhold and remit taxes for Party B.

3.4 乙方在合同期内享受中国法律规定的节日，公休假日。

Party B is entitled with all legal holidays in accordance with the state's regulations.

四、雇佣合同的解除和终止

Ⅳ Contract cancellation and termination

4.1 合同期满双方不再续签或者双方约定的合同终止条件出现时，雇佣合同即终止。

This contract shall be terminated once it expires and both parties do not extend the contract.

4.2 经合同双方当事人协商一致，本合同可以解除。

The contract may be canceled based on both parties' mutual negotiation.

4.3 乙方因归国或其他私人原因未正常出勤且超过十天且未向甲方作出书面说明的，本合同自动终止。

The contract will automatically terminate in case Party B is absent for over 10 days without written explanation due to homecoming or other private reasons.

五、其他事项

Ⅴ Others

5.1 其他未尽事宜，双方可参照甲方公司内部的相关规章制度执行。

Other items not stipulated by the two parties can be implemented according to the internal rules and regulations of Party A.

5.2 甲乙双方均应遵守本合同之约定，任何一方违约，非违约方均有权要求违约方承担相应的损失。

The two parties should abide by the contract. In case one party tears up the contract, the other party has the right to require the defaulting party to undertake corresponding loss.

5.3　甲乙双方在本合同的执行中如有争议，可协商解决。

For disputes during the execution of the contract, the two parties can settle them through negotiations.

5.4　本合同分为中英两种文本，每种文本具有相同的法律效力；如两种文本产生冲突，则中文文本为标准文本。

The contract has two versions in Chinese and in English. The two copies are equally authentic. In case any dispute happens, the Chinese version shall prevail.

5.5　本合同一式两份，甲、乙双方各执一份，每份具有同等法律效力。本合同经甲、乙双方签字盖章后生效。

The contract is in duplicate, held by Party A and Party B respectively. The two copies are equally authentic. The contract comes into effect upon signatures or seals of both parties.

甲方（盖章）：	乙方（签字）：
Party A（Stamp）：	Party B（Signature）：
签订日期 Date：	签订日期 Date：

入职管理篇表单管理工具二十

劳务派遣合同

甲方：________________________

乙方：________________________

签订日期：________年____月____日

甲方：________________________

住所：________________________

法定代表人：__________________

乙方：________________________

住址：________________________

邮政编码：____________________

身份证号码：__________________

联系方式：____________________

户口所在地：__________________户口类别：□农业　□非农业

根据《中华人民共和国劳动法》《中华人民共和国劳动合同法》等有关法律规定、法规和规章的规定，本着平等、自愿的原则，经甲、乙双方协商一致，特签订本劳动合同（以下简称本合同）。

第一条　工作内容和工作地点

1.1　根据工作需要，乙方到用工单位工作，具体单位将根据《派遣协议书》确定。

1.2　乙方理解并同意：乙方在用工单位的具体工作岗位、工作内容和工作地点，由乙方与用工单位自行约定。

1.3　乙方应履行用工单位制定的岗位职责，按时、按质、按量完成其本职工作。

1.4　乙方理解并承诺：愿服从用工单位根据其经营需要、乙方工作能力及其表现而安排或者调动的工作岗位、工作内容、劳动定额等。

第二条　合同期限

2.1　本合同为固定期限劳动合同，期限自________年____月____日起至______年____月____日止。其中________年____月____日至________年____月____日为试用期。

2.2　本合同期满即行终止；但期满时，甲、乙双方和用工单位均无异议的，本合同的终止可自动续延________年，并依此类推。

第三条　劳动纪律

3.1　乙方应自觉遵守国家的法律、法规和社会公德、职业道德，自觉维护甲方及用工单位的声誉和利益。

3.2　乙方应严格遵守甲方制定、修改的各项规章制度、劳动纪律。

第四条　工作时间和休息休假

4.1　乙方理解并同意：在用工单位工作期间，具体工时制度由用工单位按国家有关规定执行；用工单位如果经劳动行政管理部门批准实行不定时工作制或综合工时制的，乙方承诺愿意服从用工单位工作时间上的安排。

4.2　乙方理解并同意：在用工单位工作期间，用工单位可以根据国家规定按工作需要安排乙方加班。

4.3　乙方有享受各类国家规定的休息休假的权利，具体时间由用工单位按国家有关规定执行。

第五条　劳动报酬

5.1　在本合同期内，乙方在用工单位工作期间，具体劳动报酬和支付方式根据《派遣协议书》确定。

5.2　乙方理解并同意：用工单位可以根据乙方工作岗位的变更而相应地提高或降低乙方在用工单位的劳动报酬待遇，乙方理解并承诺愿服从用工单位的决定。

第六条　劳动保护、劳动条件和职业危害防护

6.1　乙方享有用工单位提供的相应的劳动保护和劳动条件。

6.2　乙方享有用工单位执行的国家劳动标准和用工单位提供的职业危害防护。

第七条　社会保险

甲方按照国家和____省的有关规定，为乙方参加社会保险，具体约定在《派遣协议书》。

第八条　教育与培训

8.1　用工单位可以根据工作需要定期或不定期地对乙方进行所必需的培训。

8.2　甲方或者用工单位可经常对乙方进行法律、法规和纪律教育。

第九条　保密约定

9.1　本合同期内以及本合同终止或解除后，未经用工单位书面同意，乙方不得向任何第三方（包括但不限于甲方）泄露用工单位的商业秘密或利用该商业秘密获利。

9.2 本合同期内以及本合同终止或解除后，未经甲方书面同意，乙方不得向任何第三方（包括但不限于用工单位）泄露甲方的商业秘密或利用该商业秘密获利。

第十条 利益冲突的约定

10.1 本合同期内，乙方不得从事任何与用工单位利益相冲突的活动。

10.2 本合同期内，乙方不得从事任何与甲方利益相冲突的活动。

10.3 “利益相冲突的活动”包括但不限于投资创业，帮助第三方创业，被第三方雇用等。

第十一条 乙方的保证

11.1 乙方保证应根据用工单位的要求，如实说明与劳动合同和用工单位的使用直接相关的基本情况。

11.2 乙方保证其与原用人单位已依法解除劳动合同或劳动关系，并且不存在任何与用工单位（或甲方）有关的竞业限制。

11.3 乙方保证其将及时向甲方递交办理社会保险等的有效凭证，如因乙方迟延递交而造成的任何后果，乙方应承担相应责任。

11.4 乙方保证其向甲方提供的所有个人信息有变化时及时通知甲方，如未及时通知造成的后果由乙方承担责任。

11.5 乙方理解并同意，诚信是重要的原则。因此乙方保证，不会作出任何不诚信的行为。

11.6 乙方保证在用工单位工作时，以及需离开用工单位时，会根据用工单位的要求进行工作和财务上的移交。

第十二条 乙方有下列情形之一的，甲方可以解除本合同；甲、乙双方依法办理解除劳动合同和退工手续

12.1 乙方因在试用期内被用工单位证明不符合其用人标准或录用条件，被用工单位退回的。

12.2 乙方严重违反用工单位劳动纪律或规章制度，被用工单位退回的。其中严重违纪的行为包括但不限于以下情形：

12.2.1 乙方因卖淫嫖娼被收容教育的。

12.2.2 乙方受公安治安拘留处罚或者被劳动教养的。

12.2.3 乙方被查实在应聘时向甲方或用工单位提供的其个人资料是虚假的。

12.3 乙方理解并同意，违反本合同第九条、第十条、第十一条的约定的，无论情节轻重，均视为严重违反规章制度，甲方可以立即解除本合同。

12.4 乙方严重失职、营私舞弊给用工单位利益造成重大损害，被用工单位退回的。

12.5　乙方同时与其他用人单位建立劳动关系，给完成用工单位的工作任务造成严重影响，或者经用工单位提出，拒不改正，被用工单位退回的。

12.6　乙方被依法追究刑事责任的。

12.7　乙方患病或者非因工负伤，在规定的医疗期满后不能从事原工作，也不能从事用工单位另行安排的工作，被用工单位退回的。

12.8　乙方不能胜任工作，经过培训或者调整工作岗位仍不能胜任工作，被用工单位退回的。

12.9　国家规定可以解除劳动合同的其他情形。

第十三条　凡有下列情形之一的，乙方可以解除本合同；甲、乙双方依法办理解除劳动合同和退工手续

13.1　乙方提前三十日以书面形式通知甲方和用工单位的。

13.2　乙方在试用期内提前三日通知甲方和用工单位的。

13.3　法律、行政法规规定的其他情形。

第十四条　违约责任

任何一方违反本合同均应承担相应之一切责任，包括但不限于赔偿给对方造成的经济损失。

第十五条　其他约定和说明

15.1　释义

15.1.1　本合同中所称“法律”“法规”“规章”，若未作特殊说明，系指中华人民共和国的法律、法规、规章。

15.1.2　本合同中所称第三方，若未作特殊说明，系指除甲方、乙方和用工单位之外的第三方。

15.1.3　本合同中所称《派遣协议书》系本合同附件，是对本合同必要的补充。

15.2　其他可能发生的事宜

15.2.1　甲方可以为符合有关规定与资格的乙方申报和评定专业技术职称提供便利，但所发生的费用由乙方自理。

15.2.2　甲方可以为符合有关规定与资格的乙方落户提供便利，但所发生的费用由乙方自理。

第十六条　附则

16.1　本合同未尽事宜，双方另有约定的从约定；双方没有约定的，从相关法律、法规、规章；法律、法规、规章没有规定的，双方应遵循平等自愿、协商一致的原则，另行签订协议作为本合同的补充协议。本合同如与国家法律、法规不一致，应以法律法规为准。

16.2　乙方可以与用工单位另行签订协议，但甲方不承担该协议任何一方的连带责任。

前述协议如与本合同相冲突，应以本合同为准。

16.3 争议的解决：本合同的签订地和履行地均为________，双方在履行本合同中发生的争议，应向________省劳动争议仲裁委员会申请仲裁；对仲裁不服的向____________人民法院起诉；对判决不服的可以原告住所地法院的判决为终审判决。

16.4 甲方与用工单位所签协议的内容，凡与乙方有关的（包括但不限于岗位、期限、劳动报酬和社会保险等），均与本合同和《派遣协议书》中约定一致；乙方已全部知悉。

16.5 乙方确认甲、乙双方之间的任何文件（包括但不限于本合同）经由甲方送达以下地址即为送达乙方，在以下地址需要变更时乙方应以书面形式通知甲方，否则乙方理解并同意甲方送达以下地址即为送达乙方：

____

邮编：__________________

16.6 甲、乙双方理解并同意：如果国家和/或____省就《劳动合同法》有规范性文件实施的，本合同和附件应根据前述规范性文件变更。

16.7 本合同一式两份，均应由甲方盖章、乙方签字后生效；甲、乙双方各持一份为凭，具有同等法律效力。

以下无正文

甲方：　　　　　　　　　　　　　　　　乙方：

（合同专用章）

签订日期：________年____月____日　　　签订日期：________年____月____日

劳动合同（编号：　　　　　）附件

派遣协议书

甲方：

乙方：

根据甲、乙双方于________年____月____日签订的劳务派遣合同，就乙方被派遣在用工单位工作期间的具体事宜，经甲、乙双方协商一致，达成本协议书约定如下：

第一条　用工单位

因工作需要，乙方到____________________（以下简称用工单位）工作。

第二条　派遣期限

根据工作需要，乙方被派遣在用工单位的期限为____月，自________年____月____日起至________年____月____日止。

第三条　工作岗位

乙方在用工单位的工作岗位为____________________。

第四条　劳动报酬

乙方被派遣在用工单位期间的月工资执行用工单位薪资管理办法，由甲方以人民币支付，在提供正常劳动情况下，每月月工资待遇不低于____市最低工资标准。

第五条　社会保险

用工单位按照国家和____省的有关规定，为乙方参加社会保险，费用应由用工单位和乙方承担，甲方代为缴纳。

第六条　乙方承诺

乙方理解并承诺：其已经在本协议签署前仔细阅读了用工单位依法制定的各项规章制度，其理解并完全同意前述用工单位的规章制度，并且愿意在派遣期限内遵守用工单位的前述各项规章制度，并应诚信地履行与用工单位签订的任何协议或约定，包括但不限于培训服务期协议、保密（竞业限制）协议等。

乙方理解并同意：无论因何原因，一旦被用工单位退回，乙方应在接到退回或撤回的通知后的第一个工作日到甲方报到；乙方愿意服从甲方的安排，并且完全理解并同意甲方的规章制度，愿意自觉遵守甲方的规章制度；乙方逾期未报到的，甲方有权另行通知乙方的最后报到期限，在乙方实际报到前属于旷工；甲、乙双方完全理解并同意此约定，乙方在最后报到期限仍未报到的，属于严重违纪、严重违反甲方规章制度，甲方有权即行解除劳务派遣合同办理退工手续。

第七条　乙方声明

乙方理解并同意，派遣期限内，所有用人单位的义务应由且已经由用工单位履行，包括但不限于告知义务等；乙方在签署本协议前已经知晓甲方和用工单位之间的劳务派遣协议中应被告知的内容；并且已经知晓工作内容、工作条件、工作地点、职业危害、安全生产状况、劳动报酬以及乙方要求了解的其他情况。

第八条　其他

____

____

本协议书自双方签字或盖章后生效，一式两份，甲、乙各执一份为凭。

甲方：　　　　　　　　　　　　　　　　乙方：

（合同专用章）

签订日期：________年____月____日　　　　签订日期：________年____月____日

在职管理篇表单管理工具一

转正评估审批表

<table>
<tr><td colspan="6">员工基本信息</td></tr>
<tr><td>姓名</td><td></td><td>部门</td><td></td><td>聘用日期</td><td></td></tr>
<tr><td>学历</td><td></td><td>毕业院校及时间</td><td></td><td>专业</td><td></td></tr>
<tr><td>岗位及职责</td><td colspan="5"></td></tr>
<tr><td colspan="6">试用期工作小结（本人填写）</td></tr>
<tr><td colspan="6">签字：　　　　　日期：</td></tr>
<tr><td colspan="6">审批情况</td></tr>
<tr><td rowspan="3">部门
意见</td><td colspan="5">试用期工作完成情况（团队负责人填写）
签字：　　　　　日期：</td></tr>
<tr><td colspan="5">试用期考核情况（部门经理填写）</td></tr>
<tr><td colspan="5">结论：□予以转正　□予以辞退
转正日期：________年____月____日
签字：　　　　　日期：</td></tr>
<tr><td>主管
副总经理
意见</td><td colspan="5">签字：　　　　　日期：</td></tr>
</table>

续表

总经理意见	签字：　　　　日期：
财务人事部	聘用日期：________年____月____日 转正日期：________年____月____日 签字： 年　　月　　日

在职管理篇表单管理工具二

请假申请表

年　　月　　日　填单

<table>
<tr><td rowspan="2">请假申请表</td><td>姓名：</td><td>工号：</td><td>入职时间：</td></tr>
<tr><td>部门：</td><td>职位：</td><td>工作地点：</td></tr>
<tr><td colspan="4">请假类别：　□年假　□事假　□病假　□婚假
□产假　□丧假　□调休假　□其他</td></tr>
<tr><td colspan="4">请假原因：

签名：____________</td></tr>
<tr><td colspan="4">请假时间：从 20___/___/___　___时___分　至　20___/___/___　___时___分
总天数：____________</td></tr>
<tr><td>部门负责人：

日　　期：</td><td colspan="2">人事经理：

日　　期：</td><td>总经理：

日　　期：</td></tr>
</table>

在职管理篇表单管理工具三

工作调休单

姓名		部门	
职务		休息日期	
调休事由			
调休时间段	天（ 年 月 日 时至 年 月 日 时）		
备注			
工作交接人			
部门领导签字（日期）		总经理审批	

在职管理篇表单管理工具四

过失单

填写日期：　　　年　　月　　日

责任人	
过失性质	
事故内容	
处理意见	
填写人	
主管签字	
总经理签字	

以上过失描述属实，同意接受处罚。

本人签字：

填写日期：　　　年　　月　　日

在职管理篇表单管理工具五

返岗通知书

__________通知：

经查，您于_______年___月___日起未经公司领导批准，自行脱离工作岗位。经公司研究，现通知您于_______年___月___日前返回公司报到。逾期不返岗，公司将按规定与您终止劳动关系。请将本通知回执以 EMS 形式、传真方式或挂号信形式回寄公司。

特此通知。

__________公司

年　　月　　日

员工确认签收回执

__________公司：

本人已经收到贵公司于_______年___月___日发出的《返岗通知书》。本人意见如下（在选择项的□打“√”）：

□同意遵守公司规定按时返岗

□其他（详细说明）____

____

员工本人签名：

年　　月　　日

在职管理篇表单管理工具六

劳动合同到期通知书

员工___________：

您好，您于_______年___月___日与本公司签订劳动合同，该劳动合同将于_______年___月___日到期，特提前一个月通知您。

如您在本通知发出 10 日内未明确书面答复的，视为“不同意续签”。

___________公司

日期：

员工签字：

回　执

本人决定，与贵公司劳动合同到期后，选择下面第_____种方式。

1. 与贵公司重新签订劳动合同。
2. 由于个人原因不再续签劳动合同。
3. 与贵公司续签劳动合同。

员工签字：

日期：

在职管理篇表单管理工具七

员工调岗通知书

（编号：　　　　　　）

致员工____________：

因_______________，经公司管理层研究并与你协商决定，现调你从_______________岗位到_______________岗位，调岗从________年____月____日开始执行，调岗后的薪资待遇以____________标准执行。

请自收到该通知书之日起______日内将现岗位工作交接完毕并前往新岗位报到。如超期未报到者，视为旷工；旷工达______日（含）以上者，则视为自动离职，公司将按照自动离职的有关规定处理。

特此通知。

____________公司人事部

________年____月____日

注：本通知一式两联，公司和被调岗员工各执一联，此联交由员工留存。

1/2

员工签收回执

本人已于________年____月____日收到编号为________________的《员工调岗通知书》。

我同意调岗（签名：　　　　　　　　）

我不同意调岗（签名：　　　　　　　）

________年____月____日

注：此联由公司人事部存档。

2/2

在职管理篇表单管理工具八

新岗位返岗通知书

（编号： ）

致员工___________：

公司已于_______年___月___日，调你从_______________岗位到_______________岗位，因你未到新岗位报到，现通知你，请自收到该通知书之日起_____日内前往新岗位报到，如你届时未按时报到，则视为旷工，公司将与你解除劳动关系。

特此通知。

___________公司人事部

_______年___月___日

注：本通知一式两联，公司和被调岗员工各执一联，此联交由员工留存。

1/2

员工签收回执

本人已于_______年___月___日收到编号为______________的《新岗位返岗通知书》。

我同意调岗（签名： ）

我不同意调岗（签名： ）

_______年___月___日

注：此联由公司人事部存档。

2/2

在职管理篇表单管理工具九

收入证明承诺书

____________________公司：

本人因□购车/□购房/□其他：____________________需要，特向公司申请出具收入证明，需要证明的收入标准为：人民币________元/月（大写：每月____________），该标准比本人在公司的实际月收入高出人民币________元（大写：________________），为此本人特承诺如下：

本收入证明仅用于____（填写具体事项及其报送对象），不作他用，否则由此造成的一切法律责任由本人承担；由此给公司造成损失的，亦由本人承担。

特此承诺！

承诺人：

身份证号码：

承诺日期：　　　　年　　月　　日

在职管理篇表单管理工具十

劳动合同续订或变更书

经甲、乙双方平等自愿协商一致，对原劳动合同作如下续订或变动：

一、双方最近已经签订的一份劳动合同期限为：自______年____月____日起至________年____月____日止。现经乙方提出，本次续订劳动合同期限为下列第______种（均自原劳动合同到期之日起）：

1. 无固定期限劳动合同。

2. 固定期限劳动合同，续订至________年____月____日终止。

3. 续订以完成一定任务为期限的劳动合同。工作任务为：________________。乙方同意，甲方有权根据工作任务完成及收尾工作的需要安排合同终止的具体时间。

上述期限到期后，如乙方继续在甲方工作而甲方无异议，则视为本劳动合同自动延期______年，并可多次自动延期。但甲方已向乙方发出终止（解除）劳动合同通知或终止（解除）劳动合同证明书，或者乙方确已不再上班时除外。

二、本协议签署之日以前的劳动关系存续期间，甲方已按照劳动合同和国家法律法规规定履行自己的义务（包括但不限于劳动合同签订、社保、年休假、劳动报酬含加班工资等各方面），乙方对此予以确认。

三、双方同意对原劳动合同作如下变更：

1. 工作岗位、内容：____________________。

2. 薪酬：______________________________。

3. 其他：______________________________。

四、凡未作变更或其他特别说明的，依原劳动合同继续履行。

五、本协议一式两份，甲、乙双方各执一份，自双方签订之日起生效。

签署日期：　　　　年　　月　　日

甲方（盖章）：　　　　　　　　　　　　乙方（签字）：

在职管理篇表单管理工具十一

考勤确认表										
序号	姓名	部门	实际出勤（天）	事假（天）	病假（天）	年假（天）	迟到（天）	加班（天）	备注	员工签字
1										
2										
3										
4										
5										
6										
7										
8										
9										
10										
11										
12										
13										
14										
15										
16										
17										
18										
19										
20										

在职管理篇表单管理工具十二

工资变动审批表

<table>
<tr><td colspan="2">姓名</td><td></td><td>性别</td><td></td><td>工作单位</td><td colspan="2"></td></tr>
<tr><td colspan="2">参加工作时间</td><td colspan="3"></td><td>最高学历</td><td colspan="2"></td></tr>
<tr><td colspan="2">原职务（岗位）</td><td colspan="3"></td><td>任职时间</td><td colspan="2"></td></tr>
<tr><td colspan="2">现职务（岗位）</td><td colspan="3"></td><td>任职时间</td><td colspan="2"></td></tr>
<tr><td rowspan="3">现工资情况</td><td colspan="2">管　理　岗　位　☐</td><td colspan="3">岗位工资</td><td colspan="2">薪级工资</td></tr>
<tr><td colspan="2">专业技术岗位　☐</td><td>岗位级别</td><td colspan="2">工资标准</td><td>薪级</td><td>工资标准</td></tr>
<tr><td colspan="2">工　勤　岗　位　☐</td><td></td><td colspan="2"></td><td></td><td></td></tr>
<tr><td rowspan="3">工资变动后情况</td><td colspan="2">管　理　岗　位　☐</td><td colspan="3">岗位工资</td><td colspan="2">薪级工资</td></tr>
<tr><td colspan="2">专业技术岗位　☐</td><td>岗位级别</td><td colspan="2">工资标准</td><td>薪级</td><td>工资标准</td></tr>
<tr><td colspan="2">工　勤　岗　位　☐</td><td></td><td colspan="2"></td><td></td><td></td></tr>
<tr><td rowspan="3">档案工资</td><td colspan="2">管　理　岗　位　☐</td><td colspan="3">岗位工资</td><td colspan="2">薪级工资</td></tr>
<tr><td colspan="2">专业技术岗位　☐</td><td>岗位级别</td><td colspan="2">工资标准</td><td>薪级</td><td>工资标准</td></tr>
<tr><td colspan="2">工　勤　岗　位　☐</td><td></td><td colspan="2"></td><td></td><td></td></tr>
<tr><td colspan="2">变动原因及依据</td><td colspan="6"></td></tr>
<tr><td colspan="5">呈报单位意见：

自　　　年　　月　日起执行

年　月　日</td><td colspan="3">批准单位意见：

年　　月　　日</td></tr>
<tr><td colspan="2">备　注</td><td colspan="6"></td></tr>
</table>

在职管理篇表单管理工具十三

职工劳动合同汇总表

制表时间：　　　　制表人：

序号	部门	姓名	性别	户口性质	身份证号码	通信地址	职务	年龄	手机号	银行卡号	开户行	合同性质	入职时间	到期时间	到期提醒（天）	保险情况	现在状态
1																	
2																	
3																	
4																	
5																	
6																	
7																	
8																	
9																	
10																	
11																	
12																	
13																	
14																	
15																	
16																	
17																	
18																	

在职管理篇表单管理工具十四

员工外出登记表							
姓名：　　　　日期：							
星期	日期	姓名	部门	外出起止时间	外出事由	客户姓名及联系方式	单位负责人确认签字
星期一							
星期二							
星期三							
星期四							
星期五							
星期一							
星期二							
星期三							
星期四							
星期五							
星期一							
星期二							
星期三							
星期四							
星期五							
星期一							
星期二							
星期三							
星期四							
星期五							
注：要求上级负责人每周一签字，每周一上报。							

在职管理篇表单管理工具十五

劳动合同变更协议书

甲方：

乙方：

甲、乙双方平等自愿、协商一致，对双方在________年____月____日签订的劳动合同第__二__条作如下变更：

一、变更后的内容

第二条　根据甲方工作需要，经双方协商同意，甲方安排乙方在项目管理部从事相关工作。

二、本协议书经甲、乙双方签字（盖章）后生效。

三、本协议书一式两份，甲、乙双方各执一份。

甲方（盖章）：　　　　　　　　　　　　乙方（签字）：

法定代表人（签字）：

年　　月　　日　　　　　　　　　　　　年　　月　　日

在职管理篇表单管理工具十六

出差登记表

日期：　　　　年　　月　　日

<table>
<tr><td colspan="2">出差人员姓名</td><td colspan="2"></td><td colspan="2">随行人员姓名</td><td colspan="2"></td></tr>
<tr><td colspan="2">预计费用</td><td colspan="2"></td><td colspan="2">借款金额（大写）</td><td colspan="2"></td></tr>
<tr><td colspan="2">出差地点</td><td colspan="2">出差时间</td><td colspan="4">交通工具</td></tr>
<tr><td>出发地</td><td>目的地</td><td>出发时间</td><td>到达时间</td><td>火车</td><td>汽车</td><td>飞机</td><td>轮船</td></tr>
<tr><td></td><td></td><td></td><td></td><td></td><td></td><td></td><td></td></tr>
<tr><td>事由</td><td colspan="7"></td></tr>
</table>

申请人：

批准：

审核：

在职管理篇表单管理工具十七

放弃无固定期限合同申请书

本人已知悉，本人符合签订无固定期限劳动合同的法定条件，单位也愿意与本人签订无固定期限劳动合同。本人自愿放弃与单位签订无固定期限劳动合同，只与单位签订固定期限劳动合同。

特此申请。

申请人：

日期：

在职管理篇表单管理工具十八

岗位晋升评估表

姓名		所在部门		现任岗位	
出生年月		最高学历		晋升岗位	
毕业院校		专业		现有职称	
主要工作经历	（可附页）				
培训记录	（可附页）				
现岗位主要业绩	（可附页）				
岗位素质要求评估					
项目	（由晋升岗位的直接领导根据评估小组意见填写）				评估小组综合评价
岗位技能					
领导能力					
计划组织能力					
执行力					
创新力					
其他					
主管副总意见					
人力资源部意见					
总经理意见					

在职管理篇表单管理工具十九

工资单

月份	姓名	缺勤天数	基本工资	加班工资	保密费	津贴	绩效工资	工资总额	提成奖金	扣考勤	扣请假	扣绩效	扣社保个人缴纳部分	扣公积金个人缴纳部分	扣个人所得税	应发工资	员工签名

在职管理篇表单管理工具二十

关于春节放假的通知

各部门全体同事：

根据国务院办公厅放假通知精神，结合本企业情况，现将春节放假安排如下：

20____年____月____日—20____年____月____日放假，合计____天，____月____日正常上班，其中____月____日—____月____日为公司统一安排休年休假。

已休完年假的同事，按国家法定时间休假后返岗，于____月____日统一时间返岗的，非法定假日期间为非带薪假。

特此通知。

__________公司

年　　月　　日

在职管理篇表单管理工具二十一

加班申请单

<table>
<tr><td>姓名</td><td></td><td>部门</td><td></td><td>岗位</td><td></td></tr>
<tr><td>加班理由</td><td colspan="5"></td></tr>
<tr><td>加班地点</td><td colspan="5"></td></tr>
<tr><td>工作内容</td><td colspan="5"></td></tr>
<tr><td>拟加班时间</td><td colspan="3">年　月　日至　年　月　日</td><td>预计耗时</td><td></td></tr>
<tr><td>说明</td><td colspan="5">1. 为保证高效率工作，公司原则上不提倡加班。但特殊情况必须加班时，须提前填写本申请，经公司批准后，方可认定为加班。（申请加班每日不超过 3 小时，每月不超过 36 小时）
2. 员工休息日加班原则上以调休方式进行核销，员工对公司作出的调休决定应当服从。无法进行调休的，报人力资源部审核，员工在调休期内未予申报的，视为放弃权利。
3. 加班费计算基数以双方约定或按公司相关规章制度执行。</td></tr>
<tr><td colspan="3">主管确认：________年____月____日</td><td colspan="3">员工确认：________年____月____日</td></tr>
<tr><td colspan="6">人力资源部确认：________年____月____日</td></tr>
</table>

加班确认单

<table>
<tr><td>姓名</td><td></td><td>部门</td><td></td><td>岗位</td><td></td></tr>
<tr><td>加班地点
（员工填写）</td><td colspan="5"></td></tr>
<tr><td>工作内容
（员工填写）</td><td colspan="5"></td></tr>
<tr><td>加班时间
（员工填写）</td><td colspan="3">年　月　日至　年　月　日</td><td>耗时</td><td></td></tr>
<tr><td>说明</td><td colspan="3">以此单据作为确定加班事实的唯一凭证</td><td colspan="2">员工确认：</td></tr>
<tr><td>完成情况</td><td colspan="5"></td></tr>
<tr><td>加班类型</td><td colspan="5">□延时　□休息日　□法定节假日</td></tr>
<tr><td rowspan="2">加班确认</td><td colspan="3">□认可加班</td><td rowspan="2">核销建议</td><td>□计算加班费</td></tr>
<tr><td>□不认可加班</td><td>理由</td><td></td><td>□调休</td></tr>
<tr><td colspan="6">主管确认：　　　　　　　　年　月　日</td></tr>
<tr><td colspan="6">人力资源部确认：　　　　　　年　月　日</td></tr>
</table>

在职管理篇表单管理工具二十二

奖惩申报表

日期：　　　　年　　月　　日

姓名		员工编号	
岗位		部门	
奖惩原因			
部门主管核定	审核人： 日期：　　　　年　　月　　日		
人力资源部核定	审核人： 日期：　　　　年　　月　　日		
总经理意见	审核人： 日期：　　　　年　　月　　日		

在职管理篇表单管理工具二十三

警告通知书

被通知人：________________（以下称你）

所属部门：

职务：

事由：

1. 你于________年____月____日，________________。

2. 上述行为严重违反公司规章制度，影响公司正常工作秩序。

处理结果：

1. 对你予以书面警告（或口头警告）处分一次。

2. 希望你立即改正错误，端正工作态度，配合公司做好各项工作安排。如仍发生类似事情的，公司将依照规章制度严肃处理！

特此通知。

______________公司

年　　月　　日

（本通知发给被通知人本人、财务部门、劳资部门，存档）

在职管理篇表单管理工具二十四

培训申请表

<table>
<tr><td rowspan="3">基本情况</td><td>姓名</td><td></td><td>性别</td><td></td><td>出生年月</td><td></td></tr>
<tr><td>所任岗位</td><td></td><td>学历</td><td></td><td>参加工作时间</td><td></td></tr>
<tr><td>所属部门</td><td></td><td>职称</td><td></td><td>入职时间</td><td></td></tr>
<tr><td rowspan="6">培训情况</td><td colspan="2">学习内容</td><td colspan="4"></td></tr>
<tr><td colspan="2">主办单位</td><td colspan="4"></td></tr>
<tr><td colspan="2">学习形式</td><td colspan="4">□学历教育 □专业技能培训
□素质培训 □专业技术人员继续教育</td></tr>
<tr><td colspan="2">学习时间</td><td colspan="4">年 月 日至 年 月 日
（总学时： ）</td></tr>
<tr><td colspan="2">学习方式</td><td colspan="4">□脱产
□不脱产</td></tr>
<tr><td colspan="2">学费</td><td colspan="4"></td></tr>
<tr><td rowspan="4">审批情况</td><td colspan="2">部门意见</td><td colspan="4">签字： 年 月 日</td></tr>
<tr><td colspan="2">人力资源部意见</td><td colspan="4">签字： 年 月 日</td></tr>
<tr><td colspan="2">主管副总意见</td><td colspan="4">签字： 年 月 日</td></tr>
<tr><td colspan="2">总经理审批意见</td><td colspan="4">签字： 年 月 日</td></tr>
<tr><td colspan="3">培训结果</td><td colspan="4">□毕业 □结业 □未结业 □肄业</td></tr>
<tr><td colspan="3">备注</td><td colspan="4"></td></tr>
</table>

在职管理篇表单管理工具二十五

员工培训登记表

培训内容：　　　　　　　　　　　　　　　　　　　　培训地点：

培训日期：　　　　　　　　　　　　　　　　　　　　主讲人：

工号	姓名	所在部门	员工签名	工号	姓名	所在部门	员工签名

在职管理篇表单管理工具二十六

员工花名册

序号	姓名	性别	民族	政治面貌	身份证号	单位	岗位	入职时间	出生年月	联系方式	备注

在职管理篇表单管理工具二十七

人事档案管理办法

第一条　目的

为规范公司人事档案管理，方便查询和利用，遵照档案管理的相关法律法规，结合公司实际，制定本办法。

第二条　适用范围

本办法适用于公司对人事档案的管理。

第三条　人事档案的分类

根据员工从应聘、录取试用、转正、离职四个环节及人事管理活动，将公司人事档案分为五类：

3.1　求职人员档案

3.2　试用人员档案

3.3　转正人员档案

3.4　离职人员档案

3.5　其他人事档案

第四条　人事档案应包括的内容

4.1　求职人员档案包括的内容

资料名称	备注
求职登记表	√
个人简历	☆
学历证书复印件	√
身份证复印件	√
专业资格证书复印件	☆
面试评估表（测评记录）	进行面试或测评后必须有
候选人背景调查表	要求做背景调查的员工必须有
员工入职审批单	确定录用后必须有
其他资料	☆

注：带“√”为必须有的内容，带“☆”为根据实际情况而定，不作硬性规定。

4.2 试用人员档案包括的内容

资料名称	备注
求职人员档案包括的内容	√
试用情况评估表	√
试用绩效面谈表	√
其他资料	☆

注：带"√"为必须有的内容，带"☆"为根据实际情况而定，不作硬性规定。

4.3 转正人员档案包括的内容

资料名称	备注
试用人员档案包括的内容	√
劳动合同或聘用合同	转正时必须签订入档
员工职务异动表	√
员工工资异动表	√
绩效考核结果记录	√
员工培训情况登记表	☆
员工奖惩记录	√
其他内容	☆

注：带"√"为必须有的内容，带"☆"为根据实际情况而定，不作硬性规定。

4.4 离职人员档案包括的内容

资料名称	备注
转正人员档案的全部内容	√
员工离职审批表	√
员工离职面谈表	√
员工离职交接表	√
其他内容	☆

注：带"√"为必须有的内容，带"☆"为根据实际情况而定，不作硬性规定。

4.5 其他人事档案包括的内容

其他人事档案是指各项人事管理活动中产生的除以上四种档案内容以外的资料。包括培训活动过程记录资料、绩效考核过程记录资料、绩效考核的各种过程记录资料、员工试用/转正的过程记录资料、员工考勤及休假的各种过程记录资料、员工薪酬管理的各种过程记录资料等。

第五条　人事档案的建立

5.1　求职人员档案是在招聘的过程中根据《员工招聘管理办法》收集求职者应聘资料、面试资料、测评资料，并根据录用需要填写入职审批表后建立完成的。

5.2　试用人员档案是在办理新员工试用、转正手续时根据《新员工试用管理办法》收集新员工试用、转正、聘用资料，在求职人员档案的基础上完成的。

5.3　转正人员档案由负责管理人事档案的人员依据员工档案应含资料的规定，收集转正员工在职期间的档案资料。例如，定期收集员工考核记录、培训记录等。

5.4　离职人员档案是在办理离职员工手续时依据《员工离职管理办法》收集员工离职资料，在转正员工档案的基础上完成的。

5.5　电子档案的建立

为了便于员工基础信息的查询，综合管理部需建立员工电子档案，员工电子档案包含以下内容：档案编号、姓名、部门、职位、出生年月、性别、民族、户籍、入党时间、入职时间、转正时间、劳动合同签订时间、劳动合同签订周期、社保办理时间、联系电话等。

5.6　其他人事档案的建立

（1）由负责组织培训的人员将培训过程的记录资料（如培训内容、讲师资料、培训机构、培训签到表等）收集整理后归为员工培训档案。

（2）由负责绩效考核的人员将绩效考核的各种过程记录资料（如考核评估表、工作总结、年度考核评分登记表等）收集整理归档。

（3）由负责办理员工试用/转正手续及考勤的人员将员工试用/转正及考勤过程记录资料收集整理归档。

（4）由负责办理员工薪酬的人员将员工薪酬管理的各种过程记录资料（如调资申请/审批表等）收集整理归档。

第六条　人事档案的保管

6.1　人事档案的保管纳入公司档案管理范围。

6.2　人事档案原则上由综合管理部保管。

6.3　保管档案的人员不得向无关人员传播、议论档案内容，档案需存放于专用的档案保管柜内并单独设锁，无关人员不得接触人事档案。

第七条　人事档案的查阅

因工作需要查阅人事档案的，必须按上签一级的原则，经批准后方可查阅。人事档案原则上不能借阅。

第八条　人事档案的销毁

8.1　销毁人事档案并填写“档案销毁记录表”。

8.2　离职人员档案需保存三年后方可销毁，未经录用的应聘人员档案需保存一年后方可销毁，其他人事档案需保存一年后方可销毁，兼并企业与安置有关的资料需长期保存。

8.3　人事档案的销毁必须做清单记录，有总裁签字，两人以上同时在场进行销毁。

第九条　其他规定

9.1　本办法由综合管理部负责解释、修订。

9.2　本办法经总裁办公会和员工大会审议通过后生效。

9.3　本办法中有关条款与国家相关政策法规相抵触的，按国家政策执行。

在职管理篇表单管理工具二十八

工会征询函

________工会：

我公司于________年____月____日草拟了_____________制度（或：讨论了________问题），并经全体员工进行了讨论，现形成正式文件向工会抄送，请工会工作人员进行审阅，并将有关意见于____月____日前，以邮件/公文形式向公司反馈。

附________制度。

（公章/签名）

年　　月　　日

在职管理篇表单管理工具二十九

特殊工时审批表

用人单位实行不定时工作制申请表

No.

<table>
<tr><td>单位名称</td><td></td><td>单位代码</td><td></td><td>行业分类</td><td></td></tr>
<tr><td>单位性质</td><td></td><td>法定代表人</td><td></td><td>本单位员工总数</td><td></td></tr>
<tr><td>联系人
办公电话
手机</td><td></td><td>地　址</td><td colspan="3"></td></tr>
<tr><td>初次办理时间</td><td colspan="5">____年____月（新办单位无须填写）</td></tr>
<tr><td>申请实行不定时工作制理由</td><td colspan="5"></td></tr>
<tr><td>申请实行不定时工作制的具体工种和人数</td><td colspan="5"></td></tr>
<tr><td colspan="6">申请实行不定时工作制的有效期　　年　　月　　日至　　年　　月　　日</td></tr>
<tr><td colspan="3">工会或员工代表意见：

年　　月　　日
（盖章）</td><td colspan="3">单位意见：

年　　月　　日
（盖章）</td></tr>
</table>

用人单位实行不定时工作制申请表（样表）

No.

<table>
<tr><td>单位名称</td><td>××有限公司</td><td>单位代码</td><td>×××</td><td>行业分类</td><td>制造业</td></tr>
<tr><td>单位性质</td><td>国有企业</td><td>法定代表人</td><td>张三</td><td>本单位
员工总数</td><td>200 人</td></tr>
<tr><td>联系人
办公电话
手机</td><td>李四
123456789</td><td>地　址</td><td colspan="3">深圳市××区××路××
大厦××层</td></tr>
<tr><td>初次办
理时间</td><td colspan="5">2010 年 1 月（新办的单位无须填写）</td></tr>
<tr><td>申请实行不定时工作制理由</td><td colspan="5">我公司销售岗位有员工 10 名，主要负责产品的推销和市场开拓，员工的工作时间和休息时间由他们自行灵活安排，以完成销售任务为主要考核方式。因此岗位上下班时间不固定，无法按标准工作时间衡量，特申请实行不定时工时工作制。</td></tr>
<tr><td>申请实行不定时工作制的具体工种和人数</td><td colspan="5">销售人员 10 人。</td></tr>
<tr><td colspan="6">申请实行不定时工作制的有效期　2013 年 1 月 1 日至 2013 年 12 月 31 日</td></tr>
<tr><td colspan="3">工会或员工代表意见：

同意。
王五（工会主席签名）

2012 年 12 月 20 日
用人单位工会（盖章）</td><td colspan="3">单位意见：

同意。
张三（法人代表人签名）

2012 年 12 月 20 日
用人单位公章（盖章）</td></tr>
</table>

用工单位实行不定时工作制申请表

（劳务派遣岗位适用）

No.

<table>
<tr><td>单位名称</td><td></td><td>单位代码</td><td></td><td>行业分类</td><td></td></tr>
<tr><td>单位性质</td><td></td><td>法定代表人</td><td></td><td>本单位
员工总数</td><td></td></tr>
<tr><td>联系人
办公电话
手机</td><td></td><td>地　址</td><td colspan="3"></td></tr>
<tr><td>初次办理时间</td><td colspan="5">________年____月（新办单位无须填写）</td></tr>
<tr><td>申请实行不定时
工作制理由</td><td colspan="5"></td></tr>
<tr><td>申请实行不定时
工作制的具体
工种和人数</td><td colspan="5"></td></tr>
<tr><td colspan="6">申请实行不定时工作制的有效期　________年____月____日至________年____月____日</td></tr>
<tr><td colspan="6">工会或员工代表意见：

年　　月　　日
（盖章）</td></tr>
<tr><td colspan="3">劳务派遣单位意见：

年　　月　　日
（盖章）</td><td colspan="3">用工单位意见：

年　　月　　日
（盖章）</td></tr>
</table>

用人单位实行综合计算工时工作制申请表

No.

<table>
<tr><td>单位名称</td><td></td><td>单位代码</td><td></td><td>行业分类</td><td></td></tr>
<tr><td>单位性质</td><td></td><td>法定代表人</td><td></td><td>本单位
员工总数</td><td></td></tr>
<tr><td>联系人
办公电话
手机</td><td></td><td>地　址</td><td colspan="3"></td></tr>
<tr><td>初次办理时间</td><td colspan="5">________年____月（新办的单位无须填写）</td></tr>
<tr><td>申请实行综合
计算工时
工作制的理由</td><td colspan="5"></td></tr>
<tr><td>申请实行综合计
算工时工作制的
具体工种和人数</td><td colspan="5"></td></tr>
<tr><td colspan="6">申请实行综合计算工时工作制的有效期　______年____月____日至______年____月____日
申请周期：年□　半年□　季□　月□　周□</td></tr>
<tr><td rowspan="5">上期（周期）
工时实际情况</td><td>工作与休息方式</td><td colspan="4">集中工作、集中休息□　轮休、调休□
弹性工作□　其他□</td></tr>
<tr><td>工作时间累计
（小时）</td><td colspan="4"></td></tr>
<tr><td>平均周工作时间
（小时）</td><td colspan="4"></td></tr>
<tr><td>平均日工作时间
（小时）</td><td colspan="4"></td></tr>
<tr><td>日最长工作时间
（小时）</td><td colspan="4"></td></tr>
</table>

续表

工会或员工代表意见： 年　　月　　日 （盖章）	单位意见： 年　　月　　日 （盖章）

用人单位实行综合计算工时工作制申请表（样表）

No.

<table>
<tr><td>单位名称</td><td>××建筑有限公司</td><td>单位代码</td><td>12345678</td><td>行业分类</td><td>建筑业</td></tr>
<tr><td>单位性质</td><td>国有企业</td><td>法定代表人</td><td>张三</td><td>本单位
员工总数</td><td>1000 人</td></tr>
<tr><td>联系人
办公电话
手机</td><td>李四
123456789</td><td>地 址</td><td colspan="3">深圳市××区××路××
大厦××层</td></tr>
<tr><td>初次办理时间</td><td colspan="5">2008 年 1 月（新办的单位无须填写）</td></tr>
<tr><td>申请实行综合计算工时工作制的理由</td><td colspan="5">我公司为建筑施工企业，存在受气候变化影响较大的特点，每年春、秋两季是生产旺季，工作任务饱满，一段时间内休息较少，而夏季由于受降雨等因素和冬季因气候寒冷影响任务不饱满，较长的一段时间内又没有任务，而且技术上要求各个工种间连续作业，相互配合，导致建设施工现场的生产（施工）人员生产活动不均衡，无法按标准工作时间作息，不能实行标准工时工作制，特为建设施工现场的生产施工人员申请实行以年为计算周期的综合计算工时制。</td></tr>
<tr><td>申请实行综合计算工时工作制的具体工种和人数</td><td colspan="5">木工 10 人、瓦工 20 人、抹灰工 10 人、架工 10 人、混凝土工 10 人、油漆工 5 人、钢筋工 20 人、电工 5 人、电梯司机 5 人、起重工 4 人，合计 99 人。</td></tr>
<tr><td colspan="6">申请实行综合计算工时工作制的有效期 2013 年 1 月 1 日至 2013 年 12 月 31 日
申请周期：年☑ 半年□ 季□ 月□ 周□</td></tr>
<tr><td rowspan="5">上期（周期）工时实际情况</td><td>工作与休息方式</td><td colspan="4">集中工作、集中休息 ☑轮休、调休□
弹性工作□ 其他□</td></tr>
<tr><td>工作时间累计（小时）</td><td colspan="4">2000</td></tr>
<tr><td>平均周工作时间（小时）</td><td colspan="4">40</td></tr>
<tr><td>平均日工作时间（小时）</td><td colspan="4">8</td></tr>
<tr><td>日最长工作时间（小时）</td><td colspan="4">11</td></tr>
</table>

续表

<table>
<tr><td>工会或员工代表意见：
同意。
王五（工会主席签名）

2012 年 12 月 20 日
用人单位工会（盖章）</td><td>单位意见：
同意。
张三（法人代表人签名）

2012 年 12 月 20 日
用人单位公章（盖章）</td></tr>
</table>

用工单位实行综合计算工时工作制申请表

（劳务派遣岗位适用）

No.

<table>
<tr><td>单位名称</td><td></td><td>单位代码</td><td></td><td>行业分类</td><td></td></tr>
<tr><td>单位性质</td><td></td><td>法定代表人</td><td></td><td>本单位
员工总数</td><td></td></tr>
<tr><td>联系人
办公电话
手机</td><td></td><td>地 址</td><td colspan="3"></td></tr>
<tr><td>初次办理时间</td><td colspan="5">________年____月（新办的单位无须填写）</td></tr>
<tr><td>申请实行综合计算工时工作制的理由</td><td colspan="5"></td></tr>
<tr><td>申请实行综合计算工时工作制的具体工种和人数</td><td colspan="5"></td></tr>
<tr><td colspan="6">申请实行综合计算工时工作制的有效期 ______年____月____日至______年____月____日
申请周期：年□ 半年□ 季□ 月□ 周□</td></tr>
<tr><td rowspan="5">上期（周期）工时实际情况</td><td>工作与休息方式</td><td colspan="4">集中工作、集中休息□ 轮休、调休□
弹性工作□ 其他□</td></tr>
<tr><td>工作时间累计（小时）</td><td colspan="4"></td></tr>
<tr><td>平均周工作时间（小时）</td><td colspan="4"></td></tr>
<tr><td>平均日工作时间（小时）</td><td colspan="4"></td></tr>
<tr><td>日最长工作时间（小时）</td><td colspan="4"></td></tr>
</table>

续表

<table>
<tr><td colspan="2">工会或员工代表意见：

年　　月　　日
（盖章）</td></tr>
<tr><td>劳务派遣单位意见：

年　　月　　日
（盖章）</td><td>用工单位意见：

年　　月　　日
（盖章）</td></tr>
</table>

员工本人同意用人单位申请实行特殊工时工作制签名表

单位名称：　　　　　（公章）

序号	姓名	工作岗位	员工签名

注：1. 员工签名栏必须是本人签名，不得由他人代签。

2. 此签名表由用人单位留存。

第二十四章　离职管理表单工具

表单	作用
《离职工作交接单》	员工离职时对工作交接情况做登记的文件
《离职结算单》	员工离职时就员工与用人单位间的金钱给予义务的结算文件
《员工辞退通知书》	过失性解除劳动合同情形向员工发送的通知文件
《解除劳动合同通知工会函》	用人单位解除与员工的劳动合同时向工会作出的通知文件
《员工离职表》	关于员工离职情况用人单位的内部审批文件
《劳动合同到期终止通知书》	劳动合同到期前 30 日用人单位向员工发出的通知文件
《协商一致解除劳动关系协议书》	用人单位与员工协商一致解除劳动合同签订的文件
《离职证明》	员工离职后，公司应向员工开具的证明
《员工辞职信》	员工主动离职应向公司递交的文件
《试用期员工辞退通知书》	向试用期考核不合格的员工发送的通知文件
《无过失性解除劳动合同通知书》	无过失性解除劳动合同情形向员工发送的通知文件
《解除竞业限制协议书》	若认为员工离职后不需要履行竞业限制义务的签署该文件
《竞业限制义务通知》	若认为员工离职后需要履行竞业限制义务的签署该文件

离职管理篇表单管理工具一

离职工作交接单

填报日期： 年 月 日

<table>
<tr><td>姓名</td><td></td><td>所属部门</td><td></td><td>离职时间</td><td></td></tr>
<tr><td colspan="6">本岗位工作交接情况：(如交接内容较多附明细表)

离职人： 接交人： 领导签字：</td></tr>
<tr><td colspan="6">财务结算情况：

出纳签字： 会计签字：</td></tr>
<tr><td colspan="6">工具、办公用品交接情况：

主管部门经理签字：</td></tr>
<tr><td colspan="6">人力资源部意见：</td></tr>
<tr><td colspan="6">总经理意见：</td></tr>
<tr><td colspan="6">离职人员申明：1. 我保证上述情况真实；
2. 离开________公司时不存在任何未解决问题。

签字：</td></tr>
</table>

离职管理篇表单管理工具二

离职结算单

1. 公司尚有合计______元各项费用未向员工结清（以上费用包括甲方应向乙方支付的所有法定费用，包括但不限于剩余薪资、绩效、经济补偿金、赔偿金等），公司于______年____月____日前向员工支付。

2. 员工社会保险缴纳至________年____月____日。

3. 本人已从公司领取保密费______元。

4. 本结算单费用结清后，双方无任何劳动争议。

5. 双方劳动关系于________年____月____日____时结束。

以下无正文

员工签字：

签字时间：　　　　年　　月　　日

注意：计算劳动关系结束时间时，应当考虑该名员工是否休满年假，未休年假的，应当让员工休完年休假（填写休假单），劳动关系结束时间可为休假最后一天的下班时间。

离职管理篇表单管理工具三

员工辞退通知书

____________：

本公司与你于________年____月____日签订了劳动合同（试用期×个月），双方建立了劳动关系。在劳动合同履行过程中，由于你个人以下原因：

1. ____

2. ____

3. ____

为此，本公司决定与你解除劳动合同，终止与你的劳动关系。请你接到本辞退通知后，在________年____月____日前联系人事部负责人办理离职手续。

同时，也非常感谢你一直以来辛勤工作，并承诺在任职的最后一个月能按时按质完成上级交代的工作任务。请勿私自以公司名义开展任何商业及业务上的活动，我公司也将在次月工资结算时，正常发放你的剩余工资。

特此通知！

______有限公司

年　　月　　日

员工确认书：

本人已知晓《员工辞退通知书》，并将在规定的时间内办理离职手续。

员工签名：

年　　月　　日

离职管理篇表单管理工具四

解除劳动合同通知工会函

工会：

因________________________，根据《劳动合同法》相关规定，经公司研究决定，与_______________解除劳动合同，解除劳动合同时间为_______年___月___日。

请工会在收到此函后五个工作日内提出意见，公司将对工会的意见进行研究，作出最终处理决定。如果工会在五个工作日内没有复函，则视为工会同意公司的处理意见，公司将依据有关法律法规和公司的规章制度解除劳动关系。

特此函告，盼复！

附件：

1. 公司与员工签订的《劳动合同》、《员工手册》、《岗位职责》、谈话记录等。
2. 处罚依据：_____________________________。

______公司人力资源部

年　月　日

送达人：　　　　　　　　　　被送达人：

年　月　日　　　　　　　　　年　月　日

证明人：　　　　　　　　　　送达记录：

年　月　日　　　　　　　　　年　月　日

本通知一式两份，送达公司工会一份，企业留存一份，涂改无效。

关于《解除劳动合同通知工会函》的复函

人力资源部：

经研究，同意公司依据有关法律法规和公司的规章制度解除与______________之间的劳动关系。

______公司工会

年　月　日

离职管理篇表单管理工具五

员工离职表

单位：　　　　　　　　　　　　　　　　　　　　填表日期：　　　年　　月　　日

<table>
<tr><td>姓名</td><td></td><td>出生年月</td><td></td><td>联系电话</td><td></td></tr>
<tr><td>所属部门</td><td></td><td>入职日期</td><td></td><td>辞职日期</td><td></td></tr>
<tr><td>所任职位</td><td></td><td>薪资/月</td><td></td><td>合同到期时间</td><td></td></tr>
<tr><td colspan="6">辞职原因：</td></tr>
<tr><td colspan="6">辞职申请人签名：　　　　　　　　　　年　　月　　日</td></tr>
<tr><td colspan="6">直接主管意见：</td></tr>
<tr><td>人事部意见</td><td colspan="2"></td><td colspan="2">总经理意见</td><td></td></tr>
<tr><td>备注</td><td colspan="5"></td></tr>
</table>

制表：　　　　　　　　　　　　　　　　　　　　审批：

离职管理篇表单管理工具六

劳动合同到期终止通知书

员工________：

您好，您于________年____月____日与本公司签订劳动合同，该劳动合同将于______年____月____日到期，特提前一个月通知您，劳动合同到期后将不再续签。

______________________________（本人已知晓上述内容）

员工签字：

日期：

离职管理篇表单管理工具七

协商一致解除劳动关系协议书

甲方（用人单位）：

乙方（劳动者）：　　　　　　身份证号码：

乙方于________年____月____日与甲方签订《劳动合同》，担任________________岗位，现经甲、乙双方友好协商，一致同意解除劳动合同关系，并共同就解除事宜达成以下协议：

1. 双方经协商劳动关系于________年____月____日____时①，正式解除，双方的权利义务随之终止。

2. 本人已从公司领取保密费______元（大写：人民币________________元），签署本协议后，甲方向乙方支付人民币______元（大写：人民币________________元），以上费用包括甲方应向乙方支付的所有法定费用，包括但不限于剩余薪资、绩效、经济补偿金、赔偿金等。

3. 乙方于本协议书签订之日起______个工作日之内，按甲方要求办理完毕全部离职交接手续。

4. 甲方缴纳乙方社会保险至________年____月，甲方将于________年____月____日前对乙方社会保险进行减员。

5. 乙方在正式解除劳动合同前须全力配合甲方完成本岗位相应工作，不得出现推诿、怠工行为。双方解除劳动合同后，均不得作出有损公司和个人名誉或利益之行为。

6. 本协议经双方平等自愿协商一致。乙方不得再以任何理由对甲方提起关于劳动关系之仲裁/诉讼或主张权利。双方之间不再存在其他任何劳动争议。

7. 此协议书一式两份，具有同等的法律效力，甲乙双方各持一份。自双方签署之日起成立并生效。

以下无正文

甲方（盖章）：　　　　　　　　　　乙方（签字）：

日期：　　　　　　　　　　　　　　日期：

---

① 注意：计算劳动关系结束时间时，应当考虑该名员工是否休满年假，未休年假的，应当让员工休完年休假（填写休假单），劳动关系结束时间可为休假最后一天的下班时间。

离职管理篇表单管理工具八

离职证明

员工________（身份证号_________________），自________年____月____日入职我公司，担任________部________职务，经双方协商一致，自________年____月____日起解除劳动关系。双方未签订相关保密协议，工资、年假等一切福利待遇已结清，无任何纠纷，遵从择业自由。

特此证明。

公司（盖章）：

日期：

员工签名：

（公司存根）

（员工保存）

离职证明

员工________（身份证号_________________），自________年____月____日入职我公司，担任________部________职务，经双方协商一致，自________年____月____日起解除劳动关系。双方未签订相关保密协议，工资、年假等一切福利待遇已结清，无任何纠纷，遵从择业自由。

特此证明。

公司（盖章）：

日期：

离职管理篇表单管理工具九

员工辞职信

尊敬的公司领导：

本人定于近期辞职。在离职前，本人仍将尽职尽责，完成单位交代的工作任务，并在离职时按照规章制度办妥离职交接手续。

辞职原因为下列第______项：

一、个人原因。

二、其他：____________________。

正式离职时间：________________

签名：

年　　月　　日

离职管理篇表单管理工具十

试用期员工辞退通知书

__________：

______有限公司与你于________年____月____日签订了劳动合同（试用期×个月），双方建立了劳动关系。在劳动合同履行过程中，由于你不符合录用条件，为此，本公司决定与你解除劳动合同，终止与你的劳动关系。请你接到本辞退通知后，在________年____月____日前联系人事部负责人办理离职手续。

勿私自以公司名义开展任何商业及业务上的活动，办理完离职交接手续后，结算薪资。

特此通知！

______有限公司

________年____月____日

员工确认书：

本人已知晓《试用期员工辞退通知书》，并将在规定的时间内办理离职手续。

员工签名：

________年____月____日

离职管理篇表单管理工具十一

无过失性解除劳动合同通知书
（公司联）

×××（身份证号码：　　　　　　　）：

你好。

依据《劳动合同法》及公司规章制度的相关规定，公司依法与你解除劳动关系，解除原因如下：你于________年____月____日入职，由于公司________________原因，现公司依据法律规定与你解除劳动关系并给予你经济补偿。现正式通知你劳动合同将于________年____月____日解除。请你于________年____月____日前办理好工作的交接，在你办理工作交接后×日内公司将向你支付经济补偿________元。

特此通知。

______有限公司

年　　月　　日

员工签字：

无过失性解除劳动合同通知书
（员工联）

×××（身份证号码：　　　　　　　）：

你好。

依据《劳动合同法》及公司规章制度的相关规定，公司依法与你解除劳动关系，解除原因如下：你于________年____月____日入职，由于公司______________原因，现公司依据法律规定与你解除劳动关系并给予你经济补偿。现正式通知你劳动合同将于________年____月____日解除。请你于________年____月____日前办理好工作的交接，在你办理工作交接后×日内公司将向你支付经济补偿______元。

特此通知。

______有限公司

年　　月　　日

离职管理篇表单管理工具十二

解除竞业限制协议书

甲方（用人单位）：

乙方（员工）：
身份证号码：

鉴于乙方入职时，双方签订了《竞业限制协议书》，甲、乙双方于________年___月___日结束劳动关系，现作出约定如下：

1. 甲、乙双方一致同意，解除《竞业限制协议书》，乙方离职后无须履行竞业限制义务。

2. 乙方离职后对掌握的甲方所有信息，甲方尚未公开的部分，仍有保密义务，遵守双方签署的《保密协议》义务。

以下无正文

甲方（签章）：　　　　　　　　　　乙方（签字）：

双方签订协议时间：　　　　年　　月　　日

离职管理篇表单管理工具十三

竞业限制义务通知

×××（身份证号码：____________）：

您好！

您于______年____月____日（离职日）与公司办理离职手续。就竞业限制相关事宜，特通知如下：

1. 根据您与公司签署的竞业限制协议，您负有竞业限制义务。

2. 竞业限制义务的期限为______个月，自离职日起算。

但是，公司有可能通知您提前终止竞业限制义务，以公司通知为准。

3. 您的竞业限制补偿金为：每月人民币______元（税前）。

4. 您的竞业限制义务的具体范围以协议约定为准。尤其下列业务范围或下列公司属于竞业限制的范围（您不能直接或间接从事）：

____。

__________公司

年　　月　　日

《竞业限制义务通知》签收回执

1. 本人已收到公司发出的《竞业限制义务通知》，同意履行竞业限制义务。

2. 本人离职后的联系方式为：

收件地址：

电子邮箱：

联系电话：

签署时间：　　　　年　　月　　日

离职员工签名：

第二十五章　离职后管理表单工具

表单	作用
《竞业限制月度汇报表》	对负有竞业限制义务员工履行义务情况汇总的文件

离职后管理篇表单管理工具一

竞业限制月度汇报表

员工姓名	联系电话	工作情况	社保缴纳情况	收到竞业补偿情况	备注

图书在版编目（CIP）数据

人力资源合规管理全流程手册 / 何丛，梁晓静著
.—北京：中国法制出版社，2023.2
ISBN 978-7-5216-2955-2

Ⅰ.①人… Ⅱ.①何… ②梁… Ⅲ.①人力资源管理
-手册 Ⅳ.①DF243-62

中国版本图书馆 CIP 数据核字（2022）第 182700 号

策划编辑：赵 宏　　责任编辑：王 悦　　封面设计：杨泽江

人力资源合规管理全流程手册

RENLI ZIYUAN HEGUI GUANLI QUANLIUCHENG SHOUCE

著者 / 何丛　梁晓静
经销 / 新华书店
印刷 / 三河市国英印务有限公司
开本 / 710 毫米×1000 毫米　16 开　　印张 / 28　字数 / 342 千
版次 / 2023 年 2 月第 1 版　　2023 年 2 月第 1 次印刷

中国法制出版社出版
书号 ISBN 978-7-5216-2955-2　　定价：88.00 元

北京市西城区西便门西里甲 16 号西便门办公区
邮政编码：100053　　传真：010-63141600
网址：http：//www.zgfzs.com　　**编辑部电话：010-63141837**
市场营销部电话：010-63141612　　**印务部电话：010-63141606**